裁判文书说理丛书

主 编 宋北平

刑事裁判文书说理

XINGSHI CAIPAN WENSHU SHUOLI

刘树德 王海虹 等·著

人民法院出版社

图书在版编目（CIP）数据

刑事裁判文书说理 / 刘树德等著. -- 北京：人民法院出版社，2022.7
（裁判文书说理丛书 / 宋北平主编）
ISBN 978-7-5109-3046-1

Ⅰ.①刑… Ⅱ.①刘… Ⅲ.①刑事诉讼－法律文书－研究－中国 Ⅳ.①D926.13

中国版本图书馆 CIP 数据核字（2020）第 252026 号

刑事裁判文书说理
刘树德　王海虹　等　著

责任编辑	丁塞峨
出版发行	人民法院出版社
地　　址	北京市东城区东交民巷27号（100745）
电　　话	（010）67550656（责任编辑）　67550558（发行部查询）
	65223677（读者服务部）
客服QQ	2092078039
网　　址	http：//www.courtbook.com.cn
E－mail	courtpress@sohu.com
印　　刷	天津嘉恒印务有限公司
经　　销	新华书店
开　　本	787毫米×1092毫米　1/16
字　　数	394 千字
印　　张	23.25
版　　次	2022年7月第1版　2022年7月第1次印刷
书　　号	ISBN 978-7-5109-3046-1
定　　价	79.00元

版权所有　侵权必究

《裁判文书说理丛书》

编委会

主　任：江必新
副主任：姜建初　李重庵
委　员（按姓名汉语拼音排序）：
　　　　黄太云　李　林　孙佑海　宋鱼水
　　　　宋北平　王利明　王振宇　薛　琦
　　　　许传玺　杨　光　周光权
主　编：宋北平
副主编：潘传平

编务部

主　任：王子旗
副主任：刘方敏

组稿单位：北京华夏国典教育科技研究院

序

由宋北平教授主编，四级法院多位法官和专家、教授共同执笔撰写的"裁判文书说理丛书"即将由人民法院出版社出版发行，令人欣喜和振奋。这套丛书以习近平法治思想为指导，科学分析了裁判文书释法说理的意义及重点、难点问题，结合优秀裁判文书实例阐明了说理技巧，就厘清裁判思路、提炼裁判要旨提出了具有可操作性的意见和建议，有助于提高法官释法说理能力、提升法院司法公信力、促进"说理型"社会的形成，对法学界了解新时代法官释法说理、理性司法实践具有良好的参考意义。应丛书编委会和主编之邀，谨就裁判活动和裁判文书释法说理略抒己见，代为序。

司法是一项神圣的理性事业，它既是公平正义的守护神，也是法治文明的顶梁柱。"法律之内，应有天理人情在。""法律的基本意图是让公民尽可能的愉悦。""法，非从天下，非从地出，发于人间，合乎人心而已。"自古以来，在法治的叙事中，司法并非只以权威而获得服从，却是因"理智"和"善意"而赢得赞美。在当代中国，社会关系、法律关系、诉讼关系日趋复杂，公众法律知识、法治意识、法理修养日渐增长，特别是随着全面依法治国背景下司法公开的强力推进，司法裁判文书的说理性、说服力和可接受性日益成为保障公民诉权、提高司法公信力、培育全社会理性司法文化的基本要求。为此，法官不能局限于"法条主义"一判了之，而要善于"释法说理"以理服人，把裁判意见当中的法理、事理、情理讲清、讲明、讲透，使当事人和普通公众知法明理、遵法循理，切实感受到公平正义就在身边。

习近平总书记指出："法律不应该是冷冰冰的，司法工作也是做群众工作。一纸判决，或许能够给当事人正义，却不一定能解开当事人的'心结'，'心结'没有解开，案件也就没有真正了结。"[①] 执法的最好效果就是让人心服口服，所以要"坚持以法为据、以理服人、以情感人，努力实现最佳的法

[①] 习近平：《论坚持全面依法治国》，中央文献出版社2020年版，第23页。

律效果、政治效果、社会效果。"① 司法人员"要坚持以法为据，以理服人、以情感人，既要义正辞严讲清'法理'，又要循循善诱讲明'事理'，感同身受讲透'情理'，让当事人胜负皆明、心服口服。"② 习近平总书记的重要论述和法理命题传承了中华法系的优良传统，借鉴了人类法治文明的思想精华，为我们正确认识司法过程中的法、理、情关系提供了科学指引，是做好释法说理工作的根本遵循。

对于裁判文书释法说理工作，以习近平同志为核心的党中央早有系统部署和安排。2013年，《中共中央关于全面深化改革若干重大问题的决定》提出"增强法律文书说理性"。2014年，《中共中央关于全面推进依法治国若干重大问题的决定》中提出"加强法律文书释法说理，建立生效法律文书统一上网和公开查询制度。"2015年，《最高人民法院关于全面深化人民法院改革的意见——人民法院第四个五年改革纲要（2014—2018）》明确提出"推动裁判文书说理改革"，尤其是要"加强对当事人争议较大、法律关系复杂、社会关注度较高的一审案件，以及所有的二审案件、再审案件、审判委员会讨论决定案件裁判文书的说理性。""完善裁判文书说理的刚性约束机制和激励机制，建立裁判文书说理的评价体系，将裁判文书的说理水平作为法官业绩评价和晋级、选升的重要因素。"中央政法委和最高人民法院先后出台了一系列文件，贯彻落实习近平总书记的重要指示和党中央决策部署，具体指导裁判文书释法说理工作。2015年，《中央政法委关于建立律师参与化解和代理涉法涉诉信访案件制度的意见（试行）》中提出，律师参与化解和代理涉法涉诉信访案件，应当遵循"依法据理"的原则，即"严格依照法律和政策，向信访人讲清法理、讲明事理、讲通情理，向政法机关提出法律意见。"2018年，最高人民法院印发《关于加强和规范裁判文书释法说理的指导意见》，提出"裁判文书释法说理，要阐明事理，说明裁判所认定的案件事实及其根据和理由，展示案件事实认定的客观性、公正性和准确性；要释明法理，说明裁判所依据的法律规范以及适用法律规范的理由；要讲明情理，体现法理情相协调，符合社会主流价值观；要讲究文理，语言规范，表达准确，逻辑清晰，合理运用说理技巧，增强说理效果"。2021年，最高人民法院印发《关

---

① 习近平：《论坚持全面依法治国》，中央文献出版社2020年版，第260页。
② 习近平在中央政法工作会议上的讲话（2019年1月15日）。

于深入推进社会主义核心价值观融入裁判文书释法说理的指导意见》，指出"裁判文书释法说理应积极回应人民群众对公正司法的新要求和新期待，准确阐明事理，详细释明法理，积极讲明情理，力求讲究文理，不断提升人民群众对司法裁判的满意度，以司法公正引领社会公平正义"。此外，最高人民法院多个有关司法工作文件也具体就释法说理进行了工作安排。例如，2012年，最高人民法院研究室印发《关于编写报送指导性案例体例的意见》《指导性案例样式》，提出指导性案例中的裁判理由要"根据案件事实、法律、司法解释、政策精神和法学理论通说，从法理、事理、情理等方面，结合案情和裁判要点，详细论述法院裁判的正确性和公正性"。2017年，《最高人民法院对十二届全国人大五次会议第1549号建议的答复》提出加强基层法官能力培养，"加强社会知识、人文素养等方面的培训，帮助基层法官拓宽视野，善于从法律视角和社会视角通盘考虑法理、事理、情理，实现法律效果和社会效果相统一"。2019年，最高人民法院印发《全国法院民商事审判工作会议纪要》提出，"在民商事审判工作中要弘扬社会主义核心价值观，注意情理法的交融平衡，做到以法为据、以理服人、以情感人，既要义正辞严讲清法理，又要循循善诱讲明事理，还要感同身受讲透情理，争取广大人民群众和社会的理解与支持"。这些部署表明，释法说理已经成为中国司法不断进步、追求善治的实践议程。

释法说理，重在"理"。古人云："理者，物之固然，事之所以然也。"[①]在司法审判中，"理"恰承载着事实之"固然"和法律之"所以然"，因而具有真理和正义的双重力量。"释法说理"就是向当事人和公众展示裁判合法性、正当性、合理性、可信性的论证过程，体现出法官法律思维、法治思维和法理思维相统一的鲜明特征。具体而言，释法说理的"理"主要包括法理、事理、情理等。

法理，顾名思义，就是"法之理"。"法者，天下之理。"[②] 一般来讲，法理乃"蕴含于法中的道理。可用以说明某事物、某现象、某说法之类能够成立，如：'这是合乎法理的'；也可用来支持某主张、某事物、某现象，如：

[①] 语出自王夫之哲学著作《张子正蒙注》。
[②] 语出自朱熹《朱文公文集》中的名篇《学校贡举私议》。

'从法律上讲应当如此'。"① 就诉讼案件而言，法理，含法律原理、法律原则、法治精神、法治原则、法学通说等多重意涵，亦指法律条文内在的或其背后的法的精神、法的价值、法的理念、道德公理、公共政策等，或曰裁判的合法性依据和正当性理据。事实表明，法理在制度生活中有很多被权威所认可而转化为实在法，但任何法律（法典、法规）规定均无法承载全部的法理，更难以淋漓尽致地全面展现法理精义，从而有待法官去分析、挖掘、提炼，并有的放矢地给当事人讲清法理、道明"言外之意"。在"公说公有理、婆说婆有理"的现实情况下，尤其是在已经陷入"舆论风波"的公众关注的案件中，更加需要法官"义正词严地讲清法理"，用法理来"定风波"。讲清法理，直接任务是说明与案件相关的法律规范的准确含义和意义、法律适用的理由根据，间接任务则是把法律条文内在的或其背后的法理揭晓出来，使当事人和公众"明达法理"，即知晓权利、义务、责任的法律根据和法理依据。鉴于"万物各异理，而道尽稽万物之理"②，必要时还应向当事人和公众讲一讲与案件相关的法律之"道"（普遍法理），诸如"公序良俗""诚实信用""公平正义""权利义务对等"等法治核心价值。

当然，长于法理的法官不只是真知灼见的表达者，更是法理经典的诠释者和创作者。卡多佐说："判决应当具有说服力，或者具有真挚和热情这样感人至深的长处，或者带着头韵和对偶这样有助记忆的力量，或者需要谚语、格言这样凝练独特的风格。忽视使用这些方法，判决将无法达到目的。"③ 卡多佐以感悟告诉我们，为了增强裁判文书释法说理的解释力、论证力、穿透力和感染力，法官应当注重引用以简洁、优雅、精湛的语言承载和表达出来的脍炙人口的法理格言和法谚，诸如，"法不阿贵，绳不挠曲""法律面前人人平等""宪法法律至上""法官除了法律就没有别的上司""国有国法、家有家规""无规矩不成方圆""法律的生命在于实施""法律必须被信仰，否则形同虚设""权利不得滥用""享用自己的财物应以不损害他人利益为度""不得损人利己""任何人不得从其错误中获利""法律活动不得违背公序良

---

① 参见周旺生、朱苏力主编：《北京大学法学百科全书——法理学、立法学、法律社会学》，北京大学出版社2010年版，第243页。
② 语出自《韩非子·解老》。
③ [美]本杰明·N.卡多佐：《演讲录法律与文学》，董炯、彭冰译，中国法制出版社2005年版，第115页。

俗""法律不可强人所难""没有无义务的权利，也没有无权利的义务""有权利的地方就有救济，有救济的地方就有权利""法不溯及既往""法律不保护权利上的睡眠者""善有善报，恶有恶报""躲得过初一、躲不过十五""打官司就是打证据""罪刑法定""疑罪从无"等。

事理，顾名思义，就是"事之理"、事物的使然之理。"事有必至，理有固然"①"物之所在，道则在焉"②，任何事物，其形成、存在和发展都有"规律""轨迹""常理""条理"，可谓"事事有事理""事象之中必有事理"。在法律实践领域，"事理"系指蕴含于法律行为、法律关系、法律事件等法律事实当中的"规律""常理""条理"，或者是法律事实的主观动因、客观原因，或者是法律行为的根本原因、动机、活动与其结果的因果联系，或者是具体法律事实中权利、义务和责任的关联度，或者是诸如不可抗力、紧急避险、善意取得等法律事实的过程、环境、情节、事由等。讲清事理，最关键的是向当事人，尤其是"不明事理"的当事人回溯性地说明裁判所认定的案件事实，注重"让证据说话"，解释证据采信与事实认定的根据和理由，展示案件事实的客观性、类案的普遍事理和个案的具体事理，讲明案件事实认定的科学性、准确性和公正性，全面公开事实认定与采信的正当程序，营造当事人亲历性场景，让当事人"心知肚明"，以臻致"已判定的事项应当被视为真理"的理想效果。

情理，顾名思义，就是"情之理""人之常情"。法谚云："人类受制于法律，法律受制于情理""情理是法律的生命"。波斯纳认为，"在许多案件中，并且是在那些最重要的案件中，法官将不得不接受一个合乎情理的、一个说得通的结果……什么才合乎情理，什么才说得通，这常常取决于道德感觉、常识、同情，以及其他不易转换成可测度后果计算的思想情感成分。"③。中国在司法实践中一直注重协调法律与情理的关系。在法律适用当中，情、理、法都是共同的价值考量，法官在严格司法的同时，充分考虑"仁义礼智信"，兼顾人情世故、伦理纲常等因素，塑造了中华司法文明的优秀传统。在现代法律生活中，情理的内涵是极其丰富的，诸如我们时常挂在嘴边的"合

---

① 语出自《战国策·齐策四》。
② 语出自南宋叶适撰写的《习学记言》。
③ 参见［美］理查德·波斯纳：《波斯纳法官司法反思录》，苏力译，北京大学出版社2014年版，第5~12页。

乎情理""人之常情""人情世故""社会常情""普遍感情""同理之情""恻隐之心""良知爱心""社群情怀""礼之用，和为贵""国无德不兴，人无德不立""要酌理、要揆情""情理上说得过去"等。在利益多元化、价值多元化、道德多元化、审美多元化的现代社会，法律情理属于"同理心"意义上的情理。滋贺秀三的一段论述表达了"同理心"的情理观和判断方法，他指出："情理判断的中心部分是任何人都不会想到提出异议的普遍和不言而喻之理，其边缘部分则依具体情况可以呈现出千变万化的灵活性。不过，这种灵活性并非完全无原则，其程度和范围是熟悉这个环境的人们大体上能够把握的东西。"[①] 我们所谓"己所不欲勿施于人""人同此心，心同此理""老吾老以及人之老，幼吾幼以及人之幼""勿以恶小而为之，勿以善小而不为""言必信，行必果""人无信而不立""德不孤，必有邻"等，就是"人们大体上能够把握的东西"。法律情理包括为人处事的基本道理、普遍公认的是非曲直、为人称道的人伦情操、社会大众的公理公德、历史形成的公序良俗等，法律上的情理不仅包含私人良知（同情、友善、博爱等），也包含公共良知（正义、平等、自由、人权等）。讲透情理，就是要在重视民心、尊重民意、体察民情的基础上，激发当事人和大众的"法感"，知行合一，"言必信，行必果""德不孤，必有邻""人而无信，不知其可也"，做一个法律上、伦理道德上、公共生活中的"明白人"，有情有义、重情重义的人，诚实守信、一诺千金的人。要激活当事人的"同理心""同情心""恻隐心""道义感"等，引导当事人换位思考、将心比心、善解人意、善待弱者、懂得感恩、珍惜亲情、父慈子孝、见义勇为、互惠互利、有福同享等。让当事人不仅在个案中感受到公平正义，而且通过个案感受到法的真善美，进而基于"法感"之"共情"而成为法治的尊崇者和捍卫者。

应当认识到，释法说理并不意味着裁判文书就是修辞技术和文字游戏，其意义并非限于强化裁判过程的说理性、提升裁判文书的合理性、增强裁判文书的公信力，而且也在于提升社会公众对司法裁判的认同感，本质上表达的是对当事人诉讼权利的尊重，是"以人民为中心"的法治理念在司法领域的具体体现。英国女王王室法律顾问路易斯认为，"陈述判决理由是公平之精

[①] ［日］滋贺秀三：《清代诉讼制度之民事法源的考察——作为法源的习惯》，载王亚新、梁治平编：《明清时期的民事审判与民间契约》，法律出版社1998年版，第80页。

髓。在现代民主社会中，越来越多的人承认，受到判决的人有权知道判决是如何做出的。"① 裁判活动与裁判文书的释法说理不是法官自说自话，而是法官与当事人和公众的真诚对话和理性沟通，是司法民主、民主司法的常规形式。释法说理本身不是目的，其目的是让当事人知法明理、胜败皆服，达到案结事了人和，"人"才是"理"的归宿。裁判和裁判文书的感染力，主要不在法律条文的逻辑，也不在司法实践经验，而在于晓之以法、以法为据，导之以理、以理服人，动之以情、以情感人的裁判艺术，"三理融合"是其至高境界所在。

中华优秀传统法律文化以"当人情、合法理""谨持法理，审察人情"②"融天理、国法、人情为一体"为底色，自古以来孕育并沉淀在定分止争、利国安民的司法经验之中。法理、事理、情理不是孤立存在的，而是有机统一、息息相通、彼此交融。其中，法理是根本理据，事理是科学判定，情理是道义基准，法理尚"善"，事理求"真"，情理通"美"。它们共同演绎出司法维护公平正义的和谐韵律，通达于"让人民群众在每一个司法案件中感受到公平正义"的终极目标。

张文显
二〇二二年三月

---

① ［英］彼得·斯坦、［英］约翰·香德：《西方社会的法律价值》，王献平译，中国法制出版社2004年版，第114页。

② 详见（宋）郑克：《折狱龟鉴译注》卷八，《何武夺财》，刘俊文译注，上海古籍出版社1988年版，第461页。

编写说明

随着全面依法治国、建设法治中国进程的不断推进，裁判文书释法说理在提升国家治理能力方面的作用日益凸显，成为展示人民法院公正形象的载体。从裁判文书的制作看，它是提高司法质量和审判效率的优化工程，是推进司法公正的升华工程，是提升人民群众幸福感、获得感的民生工程。如何进一步增强裁判行为的公正度和透明度，规范审判权行使，提升司法公信力和司法权威，发挥裁判的定分止争和价值引领作用，弘扬社会主义核心价值观，切实维护诉讼当事人合法权益，努力让人民群众在每一个司法案件中感受到公平正义，促进社会主义现代化国家的建设和发展，是本丛书编撰力求实现的目标。

为此，我们按照优秀法官与学者相结合的原则选择作者，按照应用研究与基础研究相结合的原则架构丛书体系，以《裁判文书论证与说理》《裁判文书语言与说理》《英美法系裁判文书说理——以判例分析为重点》解决通用需求，而《刑事裁判文书说理》《民事裁判文书说理》《行政裁判文书说理》探讨说理实践，在总结、借鉴学界相关成果的基础上，力求有所创新和超越，为提升法官的释法说理能力、提高法院司法公信力和促进"说理型"社会的形成与发展提供些许智慧与经验。

本丛书在编撰过程中，得到了多方支持，作者们多年辛勤耕耘，主编、副主编承担实施《丛书编撰方案》的任务，在撰写样稿、召集作者会议、申报国家出版基金、联系出版等方面做了很多具体工作，在此一并致谢。

《裁判文书说理丛书》编委会
二〇二二年三月

前　言

2018年6月，最高人民法院颁布《最高人民法院关于加强和规范裁判文书释法说理的指导意见》（法发〔2018〕10号），该指导意见是在总结提炼近年来人民法院裁判文书写作的问题经验基础上，对全国法院裁判文书写作这项意义重大的工作，所提出的总的、最新的规定和要求，足见裁判文书说理对于法院工作之价值。

多年来，刑事裁判文书写作或多或少存在不足和问题，例如，内容不详尽、格式不统一、说理不充分、文字表述不到位等。这样既不利于社会各方，特别是当事人读懂人民法院的刑事司法裁判思路，同时也给法院内部的工作交流和工作安排带来不便；从某种程度上说，经常通过《工作说明》《补充说明》等非正式形式，或者《补正裁定》的文书方式对已作出特别是已生效的文书进行补充说明，不利于体现裁判文书的权威性和公信力。因此，各级人民法院均应当认识到裁判文书写作、说理的规范价值，在随着员额制改革、法官精英化改革以后，在实现繁简分流的大背景下，集中精力解决裁判文书说理方面存在的问题，逐步提高刑事裁判文书说理实践和理论水平。

不过，刑事裁判文书的制作与传统民事、商事和知识产权等类型的裁判文书存在巨大差异。这既表现在刑事裁判文书的任务和定位等形而上的方面，也表现在语言文字风格、话语顺序和词汇选择等技术层面，当然，深层次的表现在于刑事裁判文书所透露出的刑事思维方法和刑事案件特征。判断事物的好坏需要"货比三家"、联系地看问题，我们如果随机拿两份刑事裁判文书进行对比，仅仅查看文字篇幅、说理字数、被告人数量等，这些还不足以体现文书说理水平之优劣。相反，我们应当确立明确的衡量标准和评价体系，从说理内容的法、理、情角度进行审视，同时综合运用法律专业逻辑和文字逻辑进行评判，或许就能够审查出其精妙或不足之处，从而能够以更广阔的视角、更超然的规格得出判断结论。

为此，在对比各地部分法院裁判文书基础上，我们进行了一定研究，从现实成果看，各地均有值得学习和肯定的优秀文书，各地法官对裁判文书说理的重视程度确实较过去有了明显改善，特别是一些优秀裁判文书，能够反映出这一领域的新情况、新规律，具有启发性，这是积极的方面。而我们同时也看到，一些文书在论证时，没有跳出就案论案、孤立评价的思维定式，甚至于在没有理清思路、逻辑矛盾的情况下，误以为裁判文书"越长越好""越让人看不懂越高深""越贴近时尚用语越紧跟时代潮流"，这些观念已经背离了裁判文书说理的初衷。因此，我们需要静下心来，重新回到文书的任务和价值本身，扎扎实实地将需要讲清楚的事情用一种更为理性、更加缜密、更为妥当的方式表达出来，我们认为，唯有如此，才能形成一篇令人信服、值得赞叹的好文书。

本书旨在帮助读者鉴赏、评析和学习优秀裁判文书的写作方式，理解优秀刑事裁判文书的写作思路和技巧，以利于今后的刑事审判工作，确保每个判决能够让人民群众满意、让当事人心服口服，实现"让人民群众在每一个司法案件中感受到公平正义"的目标。

在本书的写作过程中，一些同志付出了辛苦的劳动，他们为了课题的研究加班加点，在实务操作和理论反思之间不断切磋、考量，将实践中的智慧和理论研讨的成果大胆结合起来，敢于提出新的论点和寻找新的论据。正是有了他们的努力，方才让我们见到了现在的成果。

本书作者按照章节顺序先后是：

刘树德（法学博士、最高人民法院审判管理办公室副主任，导论）；

张　威（法学博士、郑州轻工业大学政法学院讲师、北京师范大学刑事法律科学研究院犯罪与矫正研究所兼职研究员，第一、二章）；

万　方（法学博士、北京师范大学公共管理社会发展与公共政策学院博士后研究员，第三章）；

于靖民（法学博士、盈科刑辩学院全国金融犯罪研究中心副主任、盈科北京刑事实务研究中心副主任，第四章）；

魏　彤（法学硕士、北京市第三中级人民法院刑事审判第一庭法官助理，第五章）；

王海虹（法学博士、北京市第三中级人民法院刑事审判第一庭庭长，第六章）；

张　润（法学博士、中国人民公安大学法学院讲师，第七、九、十章）；

龚浩鸣（法律硕士、北京市朝阳区人民法院党组书记、院长，第八章）；

刘砺兵（法学博士、北京市朝阳区人民法院刑事审判庭副庭长，第八章）。

本书的策划、统稿等，得到了宋北平博士的大力帮助，特此致谢！

笔者

二〇二二年五月

目 录

导 论 ··· 1
 一、选题背景与研究价值 ··· 1
 二、国内实践及研究概览 ··· 4
 三、本书研究重点与特色 ·· 10

第一章 刑事裁判文书说理概述 ·· 13
 第一节 刑事裁判文书说理的概念界定 ······························ 13
  一、刑事裁判文书的概念与特征 ····································· 13
  二、刑事裁判文书说理的概念与构成 ······························ 17
 第二节 刑事裁判文书说理的发展历程 ······························ 21
  一、西方国家刑事裁判文书说理的发展和现状 ················· 21
  二、我国刑事裁判文书说理的发展和现状 ······················· 24
 第三节 刑事裁判文书说理的必要性 ·································· 29
  一、刑事裁判文书说理有助于促进司法公正 ···················· 30
  二、刑事裁判文书说理有助于提升司法公信力 ················· 31
  三、刑事裁判文书说理有助于提高司法水平 ···················· 33
 第四节 刑事裁判文书说理目的与价值 ······························ 34
  一、刑事裁判文书说理的目的 ·· 34
  二、刑事裁判文书说理的价值 ·· 37

第二章 我国刑事裁判文书说理的现状考察 ··························· 40
 第一节 我国刑事裁判文书事实认定说理现状 ···················· 40
  一、刑民裁判文书证据说理的比较分析 ··························· 41
  二、刑事裁判文书证据采信方面的说理情况 ···················· 42
  三、依据证据认定案件事实的说理情况 ··························· 43
 第二节 我国刑事判决书法律适用说理现状 ······················· 44
  一、法律适用说理情况 ·· 44

二、对定罪说理的考察 ·· 45
　　三、对量刑说理的考察 ·· 48
第三节　我国刑事裁判文书审级说理现状 ··························· 52
　　一、我国刑事裁判文书审级说理概述 ······························ 52
　　二、我国刑事裁判文书审级说理存在的不足 ··················· 53
　　三、我国刑事裁判文书审级说理不足的原因分析 ············ 55
第四节　制约我国刑事裁判文书说理的具体因素分析 ········· 56
　　一、观念层面的因素 ··· 57
　　二、现实层面的因素 ··· 58
　　三、制度层面的因素 ··· 60
　　四、法官层面的因素 ··· 61

第三章　刑事裁判文书说理的内容与方法 ·························· 62
第一节　刑事裁判文书说理的内容 ···································· 62
　　一、阐明事理 ··· 62
　　二、释明法理 ··· 65
　　三、讲明情理 ··· 66
　　四、讲究文理 ··· 67
第二节　刑事裁判文书说理的方法 ···································· 69
　　一、运用法源说理 ·· 69
　　二、运用法理说理 ·· 78
　　三、运用情理说理 ·· 84

第四章　刑事裁判文书说理的原则与标准 ·························· 95
第一节　刑事裁判文书说理的原则 ···································· 95
　　一、逻辑性原则 ·· 95
　　二、合法性原则 ·· 96
　　三、正当性原则 ·· 97
　　四、针对性原则 ·· 97
　　五、必要性原则 ·· 98
第二节　刑事裁判文书说理的前提和标准 ·························· 99
　　一、将繁简分流作为裁判文书说理选择的基本前提 ········ 99
　　二、一审刑事裁判文书说理的标准 ······························ 104

三、二审刑事裁判文书说理的标准 …………………………… 108

四、再审刑事裁判文书说理的标准 …………………………… 119

第五章 刑事裁判文书证据审查判断的说理 ………………… 131

第一节 刑事裁判文书证据审查判断说理概述 ………………… 131

一、刑事裁判关于证据的说理逻辑 …………………………… 131

二、刑事裁判关于证据的说理策略 …………………………… 135

第二节 对证据能力的说理 ……………………………………… 137

一、关于是否具有证据资格的说理 …………………………… 138

二、排除非法证据的说理 ……………………………………… 140

三、境外证据的说理 …………………………………………… 145

第三节 对证据证明力的说理 …………………………………… 147

一、直接证据和间接证据的证明力说理 ……………………… 147

二、原始证据和传来证据的证明力说理 ……………………… 149

三、将证明力认证规则运用到说理中 ………………………… 155

第四节 对证据采信的说理 ……………………………………… 156

一、证据摘录 …………………………………………………… 156

二、证据罗列 …………………………………………………… 162

三、证据采信 …………………………………………………… 164

第六章 刑事裁判文书事实认定的说理 ……………………… 171

第一节 刑事裁判文书事实认定说理概述 ……………………… 171

一、事实认定说理的概念、特征与意义 ……………………… 171

二、事实认定说理应当遵循证据规则 ………………………… 176

三、刑事裁判文书中事实认定的说理现状 …………………… 179

第二节 对定罪事实的说理 ……………………………………… 183

一、定罪事实 …………………………………………………… 183

二、对定罪事实的说理 ………………………………………… 185

第三节 对量刑事实的说理 ……………………………………… 188

一、量刑事实 …………………………………………………… 188

二、对量刑事实的说理 ………………………………………… 189

第四节 对免除或减轻刑事责任的说理 ………………………… 191

一、免除或减轻刑事责任 ……………………………………… 191

二、对免除或减轻刑事责任的说理 …………………………… 192
第七章　刑事裁判文书法律适用的说理 ………………………… 199
　第一节　刑事裁判文书法律适用说理概述 …………………… 199
　　一、法律适用说理的目标 ……………………………………… 200
　　二、法律适用说理的对象 ……………………………………… 207
　第二节　法律适用说理的评述方式 …………………………… 224
　　一、运用繁简分流选择必要案件做法律适用说理 …………… 224
　　二、法律适用说理的类型和思路 ……………………………… 226
　第三节　法律适用说理的依据范围 …………………………… 235
　　一、说理依据的多样呈现 ……………………………………… 235
　　二、类案检索制度的引入 ……………………………………… 244

第八章　刑事裁判文书说理的技术要求 ………………………… 248
　第一节　说理的体例结构要求 ………………………………… 248
　　一、刑事裁判文书体例结构的演进历程 ……………………… 248
　　二、我国刑事裁判文书说理体例结构的反思 ………………… 251
　　三、刑事裁判文书说理改革的体例结构驱动 ………………… 252
　第二节　说理附件的运用与语言规范 ………………………… 256
　　一、刑事裁判文书说理附件的运用 …………………………… 256
　　二、刑事裁判文书说理的语言规范 …………………………… 259
　第三节　引用规范性法律文件的注意事项 …………………… 269
　　一、确保完整引用规范性文件 ………………………………… 270
　　二、引用确保遵循一般规则 …………………………………… 270

第九章　常见刑事裁判文书的说理 ……………………………… 272
　第一节　危害公共安全案件裁判文书的说理 ………………… 273
　　一、危险驾驶罪中"情节恶劣"认定的说理 ………………… 273
　　二、交通肇事罪法定刑升格的说理 …………………………… 274
　第二节　破坏社会主义市场经济秩序案件裁判文书的说理 … 276
　　一、销售伪劣产品罪中"明知"认定的说理 ………………… 276
　　二、非国家工作人员受贿罪中"为他人谋利"认定的说理 … 279
　　三、非法吸收公众存款罪中"公开性"认定的说理 ………… 281
　　四、强迫交易罪认定的说理 …………………………………… 282

五、侵犯商业秘密罪中"重大损失"认定的说理 …………… 288
第三节　侵犯公民人身权利案件裁判文书的说理 ………………… 290
　　一、轻伤害案件中"加害故意"认定的说理 ……………… 290
　　二、绑架罪中"情节较轻"认定的说理 …………………… 292
　　三、认定"公民个人信息"的说理 ………………………… 293
　　四、认定虐待被监护、看护人罪的说理 …………………… 296
第四节　侵犯财产案件裁判文书的说理 …………………………… 298
　　一、盗窃罪、诈骗罪与抢夺罪界分的说理 ………………… 298
　　二、敲诈勒索罪与诈骗罪界分的说理 ……………………… 299
　　三、敲诈勒索罪与抢劫罪界分的说理 ……………………… 302
　　四、通过第三方支付平台进行的盗窃罪认定的说理 ……… 303
　　五、职务侵占罪与诈骗罪界分的说理 ……………………… 305
第五节　妨害社会管理秩序案件裁判文书的说理 ………………… 308
　　一、妨害公务罪中判定"公务合法性"的说理 …………… 308
　　二、非法获取计算机信息系统数据罪与破坏计算机信息系统
　　　　罪界分的说理 …………………………………………… 309
　　三、帮助信息网络犯罪活动罪"情节严重"认定的说理 … 313
　　四、传授犯罪方法罪认定的说理 …………………………… 315
　　五、侮辱国旗罪认定的说理 ………………………………… 316
　　六、拒不执行判决、裁定罪认定的说理 …………………… 318
　　七、非法行医罪致人死亡认定的说理 ……………………… 321
第六节　职务犯罪案件裁判文书的说理 …………………………… 323
　　一、"层层请托"型贿赂犯罪认定的说理 ………………… 323
　　二、私分国有资产案件中违法所得如何追缴的说理 ……… 325
第七节　量刑情节的说理 …………………………………………… 326
　　一、适用免予处罚的说理 …………………………………… 326
　　二、是否适用缓刑的说理 …………………………………… 328
第十章　我国刑事裁判文书说理机制改革的具体路径 …………… 331
第一节　完善刑事裁判文书说理指导机制 ………………………… 331
　　一、加强刑事裁判文书说理指导机制的必要性 …………… 331
　　二、完善刑事裁判文书说理指导机制的具体路径 ………… 332

第二节 加强刑事裁判文书说理激励与考核机制 …………… 334
一、刑事裁判文书说理激励与考核机制的现状考察 …………… 334
二、刑事裁判文书说理激励机制的实践探索分析 ……………… 335
三、建立健全刑事裁判文书说理激励机制的路径 ……………… 337

第三节 完善法官刑事裁判文书说理能力养成机制 …………… 342
一、法官刑事裁判文书说理能力的基本内容 …………………… 342
二、完善法官裁判文书说理能力养成机制的具体路径 ………… 346

导 论

一、选题背景与研究价值

随着我国政治、经济、法律、社会、文化、技术各方面的发展与变化，人民群众对司法越来越多地提出新需求和高标准。为此，各级人民法院始终秉持"公正司法、司法为民"的立场和理念，围绕解决人民群众司法需求与司法供给之间的矛盾，不断推进司法体制机制改革，充分发挥审判职能作用，最大程度地满足人民群众司法方面的获得感、幸福感。其中，持续地推进和深化司法公开就是重要一环和关键之举。下列有关裁判文书上网的推进历程就足以证明最高人民法院的坚定决心和不懈恒心。

1. 2007年6月4日印发的《最高人民法院关于加强人民法院审判公开工作的若干意见》（法发〔2007〕20号）提出，"各高级人民法院应当根据本辖区内的情况制定通过出版物、局域网、互联网等方式公布生效裁判文书的具体办法，逐步加大生效裁判文书公开的力度"。

2. 2009年3月17日最高人民法院发布的《人民法院第三个五年改革纲要（2009—2013）》（法发〔2009〕14号）提出，"研究建立裁判文书上网发布制度和执行案件信息的网上查询制度"。

3. 2009年12月8日印发的《最高人民法院关于司法公开的六项规定》（法发〔2009〕58号）中"文书公开"部分提出，"除涉及国家秘密、未成年人犯罪、个人隐私以及其他不适宜公开的案件和调解结案的案件外，人民法院的裁判文书可以在互联网公开发布。当事人对在互联网上公开裁判文书提出异议并有正当理由的，人民法院可以决定不在互联网上发布"。

4. 2010年11月21日印发的《最高人民法院关于人民法院在互联网公布裁判文书的规定》（法发〔2010〕48号）第二条规定：人民法院的生效裁判文书可以在互联网公布，但有下列情形之一的除外：（1）涉及国家秘密、个人隐私和未成年人犯罪的；（2）以调解方式结案的；（3）当事人明确请求不在互联网公布并有正当理由，且不涉及公共利益的；（4）其他不宜在互联网公布的。最高人民法院和高级人民法院具有法律适用指导意义的生效裁判文书应当在互联网公布。

5. 2013年6月27日最高人民法院办公厅印发的《最高人民法院裁判文书上网公布暂行办法》（法办发〔2013〕10号）第三条规定：最高人民法院发生法律效力的判决书、裁定书、决定书应当在中国裁判文书网公布，但法律另有规定的除外。

6. 2013年11月21日印发的《最高人民法院关于推进司法公开三大平台建设的若干意见》（法发〔2013〕13号）中"推进裁判文书公开平台建设"部分提出，最高人民法院建立中国裁判文书网，作为全国法院统一的裁判文书公开平台。地方各级人民法院应当在政务网站的醒目位置设置中国裁判文书网的网址链接。

7. 2013年11月21日发布的《最高人民法院关于人民法院在互联网公布裁判文书的规定》（法释〔2013〕26号）第四条规定：人民法院的生效裁判文书应当在互联网公布，但有下列情形之一的除外：（1）涉及国家秘密、个人隐私的；（2）涉及未成年人违法犯罪的；（3）以调解方式结案的；（4）其他不宜在互联网公布的。

8. 2016年8月29日发布的《最高人民法院关于人民法院在互联网公布裁判文书的规定》（法释〔2016〕19号）第三条规定：人民法院作出的下列裁判文书应当在互联网公布：（1）刑事、民事、行政判决书；（2）刑事、民事、行政、执行裁定书；（3）支付令；（4）刑事、民事、行政、执行驳回申诉通知书；（5）国家赔偿决定书；（6）强制医疗决定书或者驳回强制医疗申请的决定书；（7）刑罚执行与变更决定书；（8）对妨害诉讼行为、执行行为作出的拘留、罚款决定书，提前解除拘留决定书，因对不服拘留、罚款等制裁决定申请复议而作出的复议决定书；（9）行政调解书、民事公益诉讼调解书；（10）其他有中止、终结诉讼程序作用或者对当事人实体权益有影响、对当事人程序权益有重大影响的裁判文书。第四条规定：人民法院作出的裁判文书有下列情形之一的，不在互联网公布：（1）涉及国家秘密的；（2）未成年人犯罪的；（3）以调解方式结案或者确认人民调解协议效力的，但为保护国家利益、社会公共利益、他人合法权益确有必要公开的除外；（4）离婚诉讼或者涉及未成年子女抚养、监护的；（5）人民法院认为不宜在互联网公布的其他情形。第六条规定：不在互联网公布的裁判文书，应当公布案号、审理法院、裁判日期及不公开理由，但公布上述信息可能泄露国家秘密的除外。

从上述规范性文件中可以得知几点：一是互联网公布裁判文书的范围、类型逐步扩大；二是互联网公开裁判文书经历了选择性公开到"公开为原则，不公开为例外"的变化（亦即从"可以公开"到"应当公开"的变化）；三是适用"不宜公开"兜底项的管控日趋严格；四是强调互联网公开裁判文书的及时性（从30日压缩至7日）。

伴随着上述规范性文件的出台，下列几个重要节点值得铭记：（1）2013年7月1日中国裁判文书网正式开通，率先向全社会公布最高人民法院生效裁判文书，标志着裁判文书上网公开工作迈出历史性一步。（2）2014年1月1日，全国各级法院生效裁判文书均在中国裁判文书网公布，并于2015年6月实现全国四级法院全覆盖、案件类型全覆盖和办案法官全覆盖。（3）2015年12月15日，中国裁判文书网全新改版上线，增加了一键智能查询、关联文书查询、个性化服务等功能，并开通蒙古语、藏语、维吾尔语、朝鲜语、哈萨克语等五种民族语言裁判文书的浏览和下载功能。（4）2016年8月30日，中国裁判文书网App手机客户端同时上线运行。截至2020年上半年，中国裁判文书网共公布全国各级法院生效裁判文书全文超过7855万篇，访问量超过368亿次，单日最高访问量高达5000万人次，访问范围覆盖全球210多个国家和地区，已经成为全球最大体量的裁判文书公开平台。

习近平总书记强调，"永远把人民对美好生活的向往作为奋斗目标"。可以说，人民群众的司法形式公开需求向实质公开需求的拓展与升华，无疑是人民法院不断深化司法公开包括裁判文书说理改革的不竭动力。1999年10月20日发布的《人民法院五年改革纲要》、2009年3月17日发布的《人民法院第三个五年改革纲要（2009—2013）》均对裁判文书改革作了安排，但从实际效果来看，裁判文书说理性不强、说理不充分、论证不到位等问题仍未得到较好的解决，进而使得一些案件不时地成为热点敏感案件，严重损害司法公信力。立足于新时代建设中国特色社会主义的新要求，党的十八届三中全会《中共中央关于全面深化改革若干重大问题的决定》、党的十八届四中全会《中共中央关于全面推进依法治国若干重大问题的决定》从更高的层面对裁判文书的说理性或者释法说理方面的改革作出"增强法律文书说理性""加强法律文书释法说理"的新部署和安排。为此,最高人民法院2014年7月4日发布、2015年2月4日修订的《关于全面深化人民法院改革的意见——人民法院第四个五年改革纲要(2014—2018)》除在"完善民事诉讼证明规则""强化审级监督""健全主审法官、合议庭办案机制"中涉及裁判文书改革的内容外,又专列"推动裁判文书说理改革"条目,即"根据不同审级和案件类型,实现裁判文书的繁简分流,加强对当事人争议较大、法律关系复杂、社会关注度较高的一审案件,以及所有的二审案件、再审案件、审判委员会讨论决定案件裁判文书的说理性。对事实清楚、证据确实充分、被告人认罪的一审轻微刑事案件,使用简化的裁判文书,通过填充要素、简化格式,提高裁判效率。重视律师辩护代理意见,对于律师依法提出的辩护代理意见未予采纳的,应当在裁判文书中说明理由。完善裁判文书说理的刚性约束机制和激励机制,建立裁判文书说理的评价体系,将裁判文书的说理水平作为法官业绩评价和晋级、选升的重要因素"。于2018年6月1日发布的《最高人民法院关于加强和规范裁判文书释法说理的指导意见》(法发〔2018〕10号,以下简称《意见》),既是落实中央两个《决定》和《人民法院第四个五年改革纲要(2014—2018)》具体任务的实际举措,又是作为未来一个时期指导全国法院裁判文书释法说理工作的重要文件。正如最高人民法院李少平副院长所言,裁判文书释法说理改革是"深化依法治国实践和提升国家治理能力的基础工程""展示法院公正形象的载体工程""提高司法产品质量和审判效率的优化工程""推进司法公开的升华工程""改善人民群众公平正义获得感的民生工程"[①]。立足于此,无论是实务界还是理论界,结合《意见》的具体规定进行深入、全面、系统的研究,无疑具有重大的实践指导功能和学术理论价值。

二、国内实践及研究概览

新中国成立以来,伴随着刑事法治的跌宕起伏,刑事裁判文书经历了一个从继承借鉴到自主探索、从初具雏形到基本成型、从不完善到逐渐完善的发展过程。从样式来看:(1)1951年,司法部颁布《诉讼用纸格式》,对包

[①] 参见李少平:《新时代裁判文书释法说理改革的功能定位及重点聚焦》,载最高人民法院司法改革领导小组办公室:《最高人民法院关于加强和规范裁判文书释法说理的指导意见理解与适用》,中国法制出版社2018年版,序言第2~5页。

括刑事裁判文书在内的诉讼文书进行格式统一，改变了先前不同地区法官沿用民国时期或者陕甘宁边区的刑事判决文书样式（"主文—事实—理由"模式）的不一致情况。（2）1954年，在中国司法工作者访苏代表团访问苏联回国后，我国刑事裁判文书样式开始学习苏联司法工作经验，调整采用"事实—理由—主文"模式。（3）刑事裁判文书的具体制作格式倒退到以案件审批表代替裁判文书的地步。（4）改革开放以来，特别是1979年刑法和刑事诉讼法的实施，标志着刑事法治事业进入重建阶段。1980年6月，司法部颁发了《诉讼文书样式》，供人民法院参照。1992年6月，最高人民法院发布《法院诉讼文书样式（试行）》，初步解决了我国诉讼文书制作格式的规范化、统一化问题。（5）为适应1996年修正刑事诉讼法实施的需要，1999年4月，最高人民法院发布《法院刑事诉讼文书样式》，共有45种样式，供各级人民法院参照执行。2003年3月，最高人民法院补充了关于适用普通程序审理"被告人认罪案件"的判决书样式。2009年10月，最高人民法院又发布《一审未成年人刑事案件适用普通程序的刑事判决书样式和一审未成年人刑事公诉案件适用简易程序的刑事判决书样式的通知》，增加了相关文书样式。可以说，至此，我国现行刑事裁判文书已经实现了从封闭到公开、从简单到翔实、从强职权主义到"职权+当事人"主义的基本转变。

从说理来看：（1）1949—1951年，按照《诉讼用纸格式》制作的大多数刑事判决书主要是根据事实情况说理，不涉及法律适用说理（当时尚未有刑事实体法和程序法出台）。（2）1954年，刑事判决书的说理部分，趋于求简。至1957年以后，刑事判决书的说理部分过于简化，几乎流于公式化，说理模糊、说理不足的情况严重[①]。为此，1961年5月18日，最高人民法院发出的《关于改进审判文书质量问题的通知》（〔61〕法行字第47号）要求，"写判决书和裁定书，一定要把事实、理由叙述清楚，文理要通顺，要合乎逻辑，力避前后矛盾；上诉案件的判决书或裁定书上驳斥上诉理由时，一定要针对上诉的理由来批驳，要说得有理有据"。（3）"文革"十年，刑事裁判文书的说理严重倒退，以公式化的阶级斗争话语代替法律推理论证，以政治语言代替规范性法律用语，证据更是毫无踪迹。（4）1992年《法院诉讼文书样式（试行）》从三个方面来促进刑事裁判文书说理改革：一是"事实认定说

[①] 李滇：《建国60年刑事判决书说理制度的回溯与展望》，载《行政与法》2009年第10期。

理",写明三方事实,即控方事实、辩方事实和法院查明的事实;二是"适用法律说理",法院根据庭审查明的事实、证据,认定被告人是否犯罪、犯什么罪、从轻或从重处罚的理由,评析控辩双方关于适用法律的意见和理由;三是"程序说理",增写案件由来和审判过程。(5)《法院刑事诉讼文书样式》下发后,刑事裁判文书的修订重点突出了控辩式的审理方式,将人民检察院的指控和被告人的辩解、辩护人的辩护意见分列表述;"经审理查明"部分的事实和证据的表述,由试行样式的较为原则、简单的写法,修改为层次较为清晰、具体的写法,强调对证据要进行分析和认证;"理由"部分删去试行样式中有关对控辩理由不能成立时"予以批驳"的表述方式,同时明确规定:"控辩双方关于适用法律方面的意见,应当有分析地表示是否予以采纳,并阐明理由"。随后,最高人民法院不时地通过发布文件、会议纪要、优秀裁判文书等方式指导刑事裁判文书说理工作,例如,2007年8月28日发布的《最高人民法院关于进一步加强刑事审判工作的决定》(法发〔2007〕28号)第30条提出,"进一步提高裁判文书的质量,强化说理性,详细阐明裁判理由,辨法析理,增强裁判的公信力"。可以说,随着刑事立法的不断修改完善和刑事司法公正高效权威的逐步提升,刑事裁判文书说理改革亦伴随刑事司法公开制度改革继续向前深化和推进,刑事裁判文书说理总体上亦有较好的进展。

需指出的是,因未能对相对长时间段的所有刑事裁判文书进行实证和大数据分析(例如,以1996年刑事诉讼法修改前后各五年),自然就难以对其说理的整体特点、变化态势等作出数量化的评估报告。当然,学术或实务界间或进行过刑事裁判文书说理方面的小样本分析,例如,以某院自2010年10月至2011年9月共97份刑事判决书为研究样本,经实证分析量刑说理得出:这些样本中,附加刑完全不说理的判决书占比64.95%;63份并处罚金的文书均没有对并处罚金进行量刑说理;33份判处缓刑的文书记载了缓刑理由,但过于抽象和简单,普遍缺乏对被告人人格等具体个人情况的反映;量刑说理方式缺乏个案特色,常常套用相同的文字对被告人的量刑情节进行简单描述和论证,缺乏针对性,给人"千案一面"的感觉;量刑心证过程和计算方法不够透明与公开等。[①] 无疑,这样的实证分析所得出的结论究竟有多大的代表

---

① 李琴:《刑事判决书量刑说理问题实证研究——以D法院97份刑事判决书为样本》,载《中国刑事法杂志》2012年第6期。

性（立足于全国法院某时间段的刑事裁判文书）仍是个疑问。

正如司法实践中间或会出现精彩说理的优秀裁判文书，例如，被告人褚某某、罗某某、乔某某贪污、巨额财产来源不明案一审刑事判决书①，被告人熊某职务侵占案一审刑事判决书②，念某投放危险物质案二审刑事附带民事判决书③，于某水盗窃案一审刑事判决书④，余基平交通肇事案二审刑事判决书⑤，等等，但我们亦从一些刑事裁判文书中可以发现说理方面存在的若干不足，进而需要采取有针对性的改进和完善举措，具体包括：

1. 审查判断证据说理。有的只列采信的证据，未列不予采信的证据；有的过于冗长地罗列证据，对证据可采信一概而论、分析模糊，简单地一句表述即"上述证据经庭审举证、质证，本院对言词证据相互印证的部分及其他证据予以确认"，有的把无关的证据列举进来，有的将已经查明的证据遗漏，有的把未经查明的证据列入，等等。为此，一是要列明证据的标题，且清楚反映证据证明的内容；二是要对证据存在的矛盾作出反应和说明；三是要充分体现认证和采信证据的过程，对经过庭审质证的证据效力以及是否采纳作出客观入理的分析；四是要切实遵循证据规则，从客观性、合法性和关联性方面对证据的证明力作出评价；五是根据个案选择证据的叙述方法，案件简单或者被告人没有异议的，可以集中列举，简要概括证据内容，案件复杂或者被告人有异议的，应当逐一列举，详细述明证据内容。

2. 认定事实说理。有的仅确认证据和事实的结论，未能明确反映法官内心对这些证据和事实确信的推断过程，而仅在罗列案件证据后，附缀一句"上述事实有经当庭举证、质证，本院予以确认的证据证实"，并直接套用公式化表述："事实清楚，证据确实、充分，指控的罪名成立。本院认为，被告人构成某罪"；有的叙述事实条理不清晰，重点不突出，详略不得当。为此，一是要将证据的分析认证与案件事实的确认紧密结合，清晰反映用证据认定事实的推断过程。二是因案件类型不同，"事理"的具体叙述宜有所侧重，但

---

① 云南省高级人民法院刑事判决书（1998）云高刑初字第1号，见《最高人民法院公报》1999年第2期。
② 成都高新技术产业开发区人民法院刑事判决书（2010）高新刑初字第98号，参见颜九红、鲁玉兰：《刑事裁判文书常见问题与建议》，中国法制出版社2015年版，第145~154页。
③ 福建省高级人民法院刑事附带民事判决书（2012）闽刑终字第10号。
④ 广东省惠州市惠阳区人民法院刑事判决书（2014）惠阳法刑二初字第83号。
⑤ 北京市第一中级人民法院二审刑事判决书（2019）京01刑终628号。

一般包括作案时间、地点、作案人和被害人、作案动机、目的、手段、情节、结果、作案后态度等。三是叙述事实要层次清楚、条理明晰，一般按时间先后顺序叙述；一人犯数罪的，应当按照罪行主次的顺序叙述；一般共同犯罪案件，应当以主犯为主线进行叙述；集团犯罪案件，先综述集团的形成和共同的犯罪行为，再按首要分子、主犯、从犯、胁从犯或者罪重、罪轻的顺序分别叙述各个被告人的犯罪事实。

3. 适用法律说理。有的未能准确地"找法"；有的缺乏事实、理由与裁判结论之间的逻辑关系，即未能清晰地呈现要件事实涵摄于法律规范的动态过程（疑难案件需要多次往返、穿梭于事实与规范之间）；有的缺乏对适用法律条款所蕴含的精神和法理的翔实阐释；有的未能严格地遵循犯罪构成理论体系的逻辑顺序来进行定罪判断，即"四要件犯罪论体系"的犯罪客体→犯罪客观方面→犯罪主体→犯罪主观方面，"三阶层犯罪论体系"的构成要件该当性→违法性→有责性；有的未能选择合适的法律解释方法或者未能综合性地采用多种法律解释方法或者未能遵循法律解释方法位阶来解释法律条款；有的量刑说理普遍不足甚至缺失[①]，未能清晰阐释量刑情节、量刑过程及量刑理由，量刑说理还呈现出不重视"附加刑说理""缓刑说理""量刑幅度选择说理"的特点，等等。为此，要在准确地"找法"基础上，选择一种或者数种法律解释方法对法律条款作出符合立法目的、最大限度地体现"法律效果和社会效果有机统一"的个案解释；要强化要件事实与法律规范"耦合"的说理论证；要强化量刑说理，切实改变不重视量刑说理的局面，域外的相关做法值得借鉴，例如，德国法官充分考虑和全面衡量控辩双方的量刑意见和建议，通过公开量刑的具体事实根据和相关法律依据，具体列明在量刑过程中应考虑的对被告人有利和不利的各种情节，清晰展现"确定量刑基准—调整刑罚幅度—确定宣告刑"的量刑步骤和精细化的量刑过程，最终给出一个

[①] 有学者认为，为公众普遍关注的"许某案"重审刑事判决书140个字的量刑说理，"鉴于许某是在发现银行自动柜员机出现异常后产生犯意，采用持卡窃取金融机构经营资金的手段，其行为与有预谋或者采取破坏手段盗窃金融机构的犯罪有所不同；从案发具有一定偶然性看，许某犯罪的主观恶性尚不是很大。根据本案具体的犯罪事实、犯罪情节和对于社会的危害程度，对许某可在法定刑以下判处刑罚"，不足以将从无期徒刑降至5年有期徒刑这巨大的落差解释清楚。参见颜九红、鲁玉兰：《刑事裁判文书常见问题与建议》，中国法制出版社2015年版，第66页。

说理过程具有说服力的量刑结果[1]。英国则在借鉴行政法领域中的理由说明制度基础上建立了刑事裁判上的法定强制的量刑说理制度。1973年英格兰及威尔士刑事法院权力法第20条规定：治安法官在对21岁以上的人科处第一次监禁时，必须说明理由。1994年英国刑事审判与公共秩序法第48条第2款规定：如果由于考虑了有罪答辩事项，法庭对被告人作出了较之通常情况下轻的量刑，那么法院应在公开的法庭上说明这一事实。2003年英国刑事审判法第174条规定：量刑法官有说明判刑理由并解释判刑效果的义务；量刑法官必须在公开的法庭上，以通俗的语言和一般的术语，说明其决定所判刑罚的理由[2]。

4. 程序性说理。这方面比较突出的问题是"重指控轻辩护"的倾向，对起诉书指控的事实一字不落地"照搬"，而对于被告人及其辩护人的辩护意见则"高度概括"，有违司法中立性、公正性、客观性、对等性原则，间或会因概括的不准确、精简的不恰当而妨害被告人辩护权的正当有效行使。德国刑事判决书的经验值得学习，法官"善于抓住控辩双方争议的焦点问题，并针对控辩双方的争议焦点，具体而深入地予以分析，以便逐一回应双方的争议焦点，形成判决理由，目的在于消除控辩双方可能存在的质疑和顾虑"[3]。换言之，法官要从庭审质证、辩论的过程中准确概括出控辩双方对犯罪证据、事实、主体、法律适用等一方面或数个方面的争议，进而有的放矢地释明和说理。正如有学者所言，"裁判说理，不但要将事实认定、证据采信、法律适用、定罪量刑的依据和理由说清楚、说透彻，而且也要对控辩双方提出的意见特别是辩护意见——作出合法、合理的评判，把是否采纳的情况和理由说清楚。不但要在法庭上说，而且要在裁判文书上说，并且公布于众"[4]。

此外，如同上述刑事裁判文书说理的整体状况、变化态势欠缺大数据实证分析一样，学术和实务界对此种说理现状的形成原因及其机理亦缺乏全面、完整的调查实证研究，更多地停留在简单的"原因素描"之上，例如，基层

---

[1] 曹波：《德国刑事判决书说理方法探微——以马斯洛依故意杀人一案刑事判决书为视角》，载陈兴良主编：《刑法学评论》（第33卷），北京大学出版社2013年版，第327~329页。
[2] 康黎：《量刑说理初探》，载《中国刑事法杂志》2008年第6期。
[3] 曹波：《德国刑事判决书说理方法探微——以马斯洛依故意杀人一案刑事判决书为视角》，载陈兴良主编：《刑法学评论》（第33卷），北京大学出版社2013年版，第327~329页。
[4] 颜九红、鲁玉兰：《刑事裁判文书常见问题与建议》，中国法制出版社2015年版，第184页。

法院法官案件较多、工作压力大，没有足够的时间用于判决书的精细说理；审级较高的法院因办案任务重而影响对下指导审判工作的开展，进而给审判质量（包括说理）带来消极影响；判决书说理质量尚未纳入法官绩效考核范围，远没有受到像主审结案数、改判发还案件数、再审案件数、引发信访数次等指标那样的关注；受司法外部环境尤其是"信访不信法"的群体心理等因素的影响，法官愿意采取"少说为佳"的保守策略或者仅在审理报告中予以详说；判决书不载明文书制作者、不反映少数意见等惯常做法有碍法官个体说理积极性的发挥[①]；"四要件"犯罪构成理论及其思维相比于"三阶层"犯罪论体系及其思维而言，不利于刑事裁判文书的精致化说理[②]；最高人民法院相关部门下发的刑事裁判文书样式及其结构安排，亦存在不便于说理、易重复说理之处，需要作出相应的调整[③]；司法责任制转型阶段部分员额法官独立履职能力（包括文书制作和写作能力）尚有欠缺、绝大部分文书不再实行行政式逐级审核把关致使说理质量有所下降；等等。

三、本书研究重点与特色

裁判文书说理，随着近些年来的司法体制改革包括裁判文书改革的逐步深化，越来越受到实务界和理论界的关注和研究。相比于既往的研究成果而言，例如，《裁判文书的语言、逻辑和理由研究》（宋北平著，人民法院出版社2000年版）、《裁判文书制作》（"法官智慧丛书"之一，沈志先主编，法

[①] 美国法院判决书，除极少数例外，都由撰写判决书的个人署名，而不是审判庭署名；多数意见、并存意见、反对意见并存的制度，激励法官们去竞争和对抗，更愿意表现说理才华和能力，更需花时间和精力去加强论证来提升判决对包括异议法官在内受众的说服力。参见苏力：《判决书的背后》，载《法学研究》2001年第3期。

[②] 《德国波恩州法院关于哈迪姆·马斯洛依故意杀人未遂案的判决书》（参见冯军主编：《比较刑法研究》，中国人民大学出版社2007年版，第443~454页），首先是对定罪量刑的宣告，之后便是判决理由的详细阐释，具体分为"被告人背景调查—客观行为事实—主观心理事实—证据认定—法律评价（定罪）—法律评价（量刑）—司法处遇—诉讼费用承担"，环环相扣，细致而严密，严格遵循"事实判断先于价值判断、客观判断先于主观判断、形式判断先于实质判断、定型判断先于个别判断"的逻辑思维（参见孙智超：《中德两国判决书制作风格初探》，载《刑事法评论》（第33卷），北京大学出版社2013年版，第291~301页）。该判决书的定罪说理部分，具体运用德国三阶层犯罪构成要件体系理论，层次分明，论证严密，说理透彻。

[③] 刘树德：《无理不成"书"——裁判文书说理23讲》，中国检察出版社2020年版，第19~52页；另见最高人民法院司法改革领导小组办公室：《最高人民法院关于加强和规范裁判文书释法说理的指导意见理解与适用》，中国法制出版社2018年版，第170~193页。

律出版社2010年第1版、2017年第2版)、《刑事审判实务技能》("人民法院工作实务技能丛书"之一，齐奇主编，人民法院出版社2013年版)、《刑事裁判文书常见问题与建议》("裁判文书制作研究丛书"之一，颜九红、鲁玉兰著，中国法制出版社2015年版)、《裁判文书如何说理——以判决说理促司法公开、公正和公信》（孙华璞、马来客、王利明主编，北京大学出版社2016年版)、《示范性刑事裁判文书评析》("示范性裁判文书评析丛书"之一，杨万明主编，人民法院出版社2017年版)、《裁判文书释法说理方法——〈最高人民法院裁判文书释法说理指导意见〉的案例解读》(胡昌明主编，人民法院出版社2018年版)、《司法改革背景下裁判文书说理繁简分流研究》(罗灿著，法律出版社2018年版)、《最高人民法院关于加强和规范裁判文书释法说理的指导意见理解与适用》(最高人民法院司法改革领导小组办公室编，中国法制出版社2018年版)，等等，我们此次研究主要有以下几个特点：一是紧扣落实《意见》第20条规定，即"各级人民法院可以根据本指导意见，结合实际制定刑事、民事、行政、国家赔偿、执行等裁判文书释法说理的实施细则"，着重对刑事裁判文书说理相关问题进行较为深入系统的研究，进而为有关实务部门制定刑事裁判文书说理方面的规范性文件提供可借鉴的理论素材。二是紧密结合《意见》的具体规定来安排设计研究框架、结构及重点，具体包括刑事裁判文书说理的概念界定、目的与价值、内容与方法、原则与标准，刑事裁判文书审查判断证据说理，刑事裁判文书事实认定说理，刑事裁判文书法律适用说理，刑事裁判文书说理的技术要求，刑事裁判文书说理机制的改革与完善。三是紧盯刑事裁判文书说理的"堵点""难点""弱点"，着力开展有针对性的研究，提出具有操作可行性的主张与建议，例如大多数案件的审查判断证据说理相比于适用法律说理而言更"难"，量刑说理相对于定罪说理而言普遍较"弱"，刑事敏感案件裁判文书说理相对于常规案件而言存在更多的"堵点"，等等，为此有所侧重地对这些问题进行细致详尽的研究。四是紧随《意见》"释法说理"的主旨特色，既重视搜集典型的优秀裁判文书，结合其精彩说理之处来展开对相关问题的具体分析，又重点关注刑事个案裁判文书说理经常需要详细说理的事项，例如，"明知"认定的说理，追缴违法所得的说理，适用免于处罚的说理，适用缓刑的说理，等等。当然需要指出的是，作为一部由诸位同仁合作而成的作品，难免存在前后内容的不融贯，间或还会存有重复之处，同时基于文责自负的原则，尽量不对各自的观点（除非存有明显的冲突）及其表述进行高度一致地协调处理，敬请诸位读者宽谅。此外，受课题结项管理、研究能力有限等主客观因素的影响，此次研究仍未能充分利用中国裁判文书网所提供的海量刑事裁判文书说理进行大数据分析，希望在未来有机会弥补这一遗憾。

第一章　刑事裁判文书说理概述

刑事裁判文书是人民法院对刑事案件进行全面审理后,在对案件的事实和证据进行准确分析和认证的基础上,援引正确的裁判依据,进行充分的说理论证,所最终得出的具有法律约束力的书面结论。刑事裁判文书是展现司法公正、弘扬社会法治最为直接的平台,是"看得见的正义"的直接载体。一份高质量的刑事裁判文书,不仅仅要求裁判结果得到社会认可,还应该在规范撰写的基础上,进行严密的论证和完备透彻的说理,只有这样才能取得最好的法律效果和社会效果。

第一节　刑事裁判文书说理的概念界定

裁判文书是对司法活动的客观记载,是展示审理程序、反映法官心证过程并给出裁判结果的最终载体,具有法律效力。裁判文书的说理是连接案件事实与裁判结果的桥梁,能直观反映司法审判工作的质量,也是衡量司法活动公正与否的重要标尺。刑事裁判文书反映的是刑事案件的审判过程和结果,刑事裁判文书中的说理论证是刑事裁判文书的重要组成部分,而且具有自身的特点。

一、刑事裁判文书的概念与特征

人民法院通过对刑事案件的全面审理,依照法律对案件事实予以分析、认证,最终形成的具有法律约束力的书面结论就是刑事裁判文书。刑事裁判文书的制作尤其独有的特征与规律。

（一）刑事裁判文书的概念

在司法程序中，司法机关和公证、仲裁机构在处理各类普通诉讼案件和特殊诉讼案件时，会使用制作不同类别的具有法律效力或者法律意义的文书。这些文书是一个国家司法活动的真实记录，这些文书的质量高低是非常重要的，对社会、对国家都具有重要的意义。因为，这些文书不但影响着相关当事人合法权利和利益的保护，而且反映了一个人、一个组织甚至整个国家的法律素质高低以及国家的法治发展现状[1]。裁判文书是法律文书中最为重要的一种，记载了人民法院对案件的审理过程和结果，是对当事人诉讼请求的回应，是诉讼活动结果的载体。裁判文书自古有之，在我国古代被称为"判词"，也有相应的制作要求。现代意义上的裁判文书，一般认为是人民法院代表国家行使审判权，依照法律、法规和有关司法解释审判案件，对案件的诉讼程序问题和实体问题作出的具有法律效力的书面处理决定[2]。简而言之，裁判文书是法官依据裁判过程和结果最终形成的具有法律效力的权威文书，是法官办理案件中形成的创造性劳动成果。

根据不同的诉讼内容又可将裁判文书分为民事裁判文书、刑事裁判文书、行政裁判文书等。其中，刑事裁判文书是指人民法院行使国家审判权，对人民检察院或者自诉人提起自诉的刑事案件，在审理终结后或者在审理过程中，依照法律及有关司法解释的规定，对案件的实体问题和程序问题所作出的具有法律效力的书面处理决定。相对而言，刑事裁判行为是一个相对独立的行为系统，该系统的全部行为和功能就是进行刑事裁判，一旦作出裁判，该行为系统的使命就告完成。对于发生效力的刑事裁判，需要由另一个执行裁判的行为主体去执行，该执行主体会要求刑事法官给他一个书面的处理决定，作为执行生效判决的依据。因此，刑事裁判文书实质上是法官行使裁判权力，依法对刑事案件进行审理后作出的书面裁判决定。刑事裁判文书也可以依据不同的划分标准分为不同的种类，一般而言，我们会以裁判的依据将其划分为刑事判决书和刑事裁定书。其中，刑事裁定书是指人民法院在刑事案件审理或判决执行过程中，就程序问题和部分实体问题所作的书面决定；刑事判

---

[1] 陈卫东、刘计划：《法律文书写作》，中国人民大学出版社2016年版，第1页。
[2] 沈志先：《裁判文书制作》，法律出版社2010年版，第3页。

决书则是人民法院依照刑事诉讼法规定的程序,对刑事案件审理终结,根据查明的事实和证据,依据相关法律规定对被告人进行定罪量刑的书面决定。

在现代法治社会中,刑事裁判文书担负着重要的法治功能。首先,刑事裁判文书具有裁判过程与结果的宣示功能。刑事裁判文书中的记录是刑事庭审过程合法性与公正性的载体。倡导司法公开,意味着诉讼程序也需要公开。所以,裁判文书中展示审判中许多重要的程序性内容,如审判的组成人员、审判的时间、适用何种程序以及是否公开审理等程序问题。同时,裁判文书中还包括对事实的查明与确认,对证据的审查、认定等实体问题的载明。概而言之,裁判文书是对裁判过程与结果的一种宣示。其次,刑事裁判文书具有行为准则的示范功能。刑事裁判文书记载的是被告所犯罪行相应法律适用的结果,给人们再现了某种客观事实在法律上会导致何种法律后果,这样的惩罚性结果会为后人提供某种示范,让人们吸取教训、引以为戒。而且,自从最高人民法院规定裁判文书要上网公开以来,其示范功能更为突出。所以,刑事裁判文书具有教育公民自觉遵纪守法并且宣传社会主义法治的示范性作用,而一篇好的、具有影响力的刑事裁判文书必定能够对社会公众产生较强的导向性。最后,刑事裁判文书还具有监督功能。刑事裁判文书的制作是我国司法机关办案水平的反映。随着我国法治进程加快,公民的法律意识也随之增强,哪怕刑事裁判文书中展示的司法程序或实体裁判结果有某一项、某一点有违反法律规定或者与立法精神不相符合,都难以满足现代人对司法公正的需求,难以使当事人息诉服判。刑事裁判文书的公开给予当事人及社会公众以间接性监督的机会;反过来,群众对司法公正的期待性也愈加要求法官在制作文书时须作出全面、谨慎的斟酌和考虑,应通过详尽地叙述裁判理由,结合争议事实与法律规定,作出维护当事人利益平衡的公正判决。

(二) 刑事裁判文书的特征

刑事裁判文书的制作具有其自身的特征和规律,刑事裁判文书质量的高低,既反映人民法院司法水平的高低,又直接关系司法执行力的社会效果。

1. 合法性

刑事裁判文书是在基于事实和证据的基础上,依据刑事审判程序和刑事实体法规最终产生的法律文书,所以其制作过程必须符合刑事法律规定,需要按照具体的要求来制作,不能随意制作。具体而言包括以下几方面,第一,制作主体。刑事裁判文书的制作主体只能是人民法院中审理刑事案件的审判人员或者独任法官，非法定的制作主体不得制作刑事裁判文书。第二，制作程序和格式。刑事裁判文书的制作需要符合法定程序和格式。裁判文书中会体现一定的法律程序、环节。在不同的刑事审判阶段和诉讼执行阶段，需要制作不同的裁判文书。同时刑事裁判文书的制作不仅需要内容符合法定程序；在刑事裁判文书的拟稿、审核、签发、宣布、送达等具体运作上也须符合法定的手续。第三，制作时限。刑事裁判文书的制作需要符合法定的时限。刑事案件的审理是有时限的，同样，刑事裁判文书的制作也需要符合法定时限的要求。

2. 准确性

刑事裁判文书是具有法律效力的法律文书，因此，在语言的论证和表述方面不但需要严谨准确，而且要精炼简洁；既不能模棱两可、似是而非，也不能晦涩难懂、佶屈聱牙。具体而言，第一个方面要求对事实的认定要准确。以事实为依据是任何审判的基础，因此对案件事实的认定要尽可能地追求客观真实，准确地认定和表述证据，然后结合全面的案件事实对案件的定性作出准确的判断。在具体的表述上，应当结合全面的案件事实，对案件的来龙去脉、人物关系、情节变化、前因后果等进行如实陈述，不作夸张描述，不添枝增叶，也不能简略案情，遗漏情节。如果出现证据来源不明，未经质证核实的证据，就不能用作认定案件事实的证据。同时，对于诱供、刑讯逼供等违法手段获取的非法证据，更不能作为定案依据，并且应在裁判文书中表明其违法而不予采信的理由，使受众得以全面地了解案情，防止产生片面性。第二个方面是适用法律要准确。首先，刑事裁判文书中引用的法律条文应当准确无误，这也是最基本的要求。其次，引用多个条款时，不要出现前后矛盾的现象。引用条款之间的互相矛盾，必然会影响裁判结果的得出，也会大大削弱裁判结果的公信力。最后，刑事裁判文书要准确反映司法机关的司法活动。裁判文书不仅要如实反映案件实体问题的处理决定，在程序方面的决定也要体现出来。只有准确反映了相关司法活动，才更有利于社会大众的监督和司法公正的最终实现。

3. 强制性

刑事裁判文书是人民法院代表国家行使审判权，依照国家刑事法律的规定处理刑事案件所制作并使用的具体的法律文书，具有受国家强制力保证执行的法律效力。具体而言：首先，必须依法执行，不具有任意性。刑事裁判文书的稳定性体现在文书一经生效就必须按照文书的内容无条件立即执行，有关机关、单位、个人等都应当履行或者认可，不得违抗，否则就应当承担相应的法律后果，达到严重情节的甚至还要被追究刑事责任。其次，非法定事由，不得随意改变。刑事裁判文书生效后就不允许随意变更或者撤销。若认定的事实或者适用的法律确有错误的，必须严格依照一定的法律程序进行救济。唯有如此，才能保证司法机关的权威性与至上性，以保障司法公正最大化地实现。

二、刑事裁判文书说理的概念与构成

人民法院严格依照相关法律法规结合法学理论的认识，以案件事实为根本出发点，通过具体证据及案情分析论证认定案件性质，并依据控辩双方提出的辩论观点进行分析，最终加以评价判断的过程就是裁判文书的说理[①]。刑事裁判文书的说理，在说理主体、说理对象和说理内容方面存在其独有的特征。

（一）刑事裁判文书说理的概念

说理，顾名思义，就是要说明道理，讲清楚一个事物的来龙去脉。在字典中，说理有两个解释：一是指说明道理。最早出自汉朝扬雄《法言·寡见》："说天者莫辩乎《易》，说事者莫辩乎《书》，说体者莫辩乎《礼》，说志者莫辩乎《诗》，说理者莫辩乎《春秋》。"其中的"说理"是指阐说微言大义的意思。二是指讲道理，不蛮横。基于此，裁判文书中的说理就是要通过一定的阐述论证，揭示判决过程中的程序和步骤，阐明判决作出判决结果的理由。换言之，一方面要准确表述裁判过程中的程序性问题，另一方面还要清楚地阐明作出裁判结果的依据和理由。实质而言，裁判文书的说理是法官智慧的结晶，法官需要通过运用系统的文字表达最终将纸面上的法律规范融入具体案件中，呈现于相关当事人和社会公众面前，实现良好的法律效果和社会效果。

[①] 沈志先：《裁判文书制作》，法律出版社2010年版，第133页。

基于上述论证，我们可以将刑事裁判文书说理定义为：在刑事裁判文书中，基于规范流畅的语言和严谨科学的逻辑演绎，揭示裁判的过程、阐明认定的案件事实、说明裁判的法律依据、讲明裁判的情理来源，以期最大限度地增加裁判行为的透明度、公正度，最终实现法律效果和社会效果的有机统一。在裁判文书中进行充分的说理，体现的是法官对相关当事人的尊重以及对法律的敬畏。同时，一份逻辑清晰、论证充分、说理透彻的裁判文书也是对当事人、对社会大众的一次普法教育，能够起到较好的警示和引导作用。因为刑事案件大多涉及人身自由甚至关系生命，刑事裁判文书相比较于民事裁判文书和行政裁判文书而言，对说理的要求也就更高。刑事裁判文书更应当结构严谨、说理详尽。缺乏说理、简单套用法条的刑事裁判文书不但无法使当事人和社会公众信服，更是对当事人、对法律的一种不负责任。

（二）刑事裁判文书说理的构成

刑事裁判文书的说理具有特定的主体，广泛的受众，以及明确的说理内容。

1. 刑事裁判文书说理的主体

裁判文书说理的主体是法官，这里的法官是指审理案件的独任法官或者合议庭的组成人员，如果是经审委会讨论过的案件，还应包括审委会的各组成员。法官要把自己在案件审判过程中的完整心证过程都记录下来，用文字的形式详细说明定罪量刑的理由。需要说明的是，从世界范围看，基于不同国家的历史、文化、法律制度等方面的差异，各国在刑事裁判文书说理主体上并不相同。例如，在美国，由于受到陪审团制度的影响，审理案件主要是由法官进行，而罪行的认定问题是由陪审团完成，陪审团并不需要对罪行认定问题进行解释说明，说理主体是负责本案审理工作的法官。

从主体层面看，以下因素会影响刑事裁判文书说理的质量高低。第一，法官的职业道德。作为一名法官，不但需要具有较高的社会道德意识，更应该具备法官这一职业所要求的特殊的职业道德规范。法官应当具有崇尚法律的精神和信念，具有捍卫正义和公平的信念，在工作中崇尚法律、相信法律，不忘为国家、为社会、为当事人尽心办事、全力负责的初心。第二，法官的职业素养。法官的职业素养是指从事司法工作所必须具备的法律专业知识和业务能力。要求法官具有丰富的法律专业知识和良好的法律意识，熟悉实体法和程序法，能够综合运用法律知识创造性地解决各种复杂和疑难案件。第三，法官的实践经验和社会阅历。作为一名法官，不仅要具备深厚的法律职业素养，还应当逐渐积累丰富的审判经验和生活阅历，只有这样，才能更好地在实践中解决各种疑难案件。

2. 刑事裁判文书说理的对象

刑事裁判文书说理对象包括当事人、公诉机关、其他法律共同体以及社会公众。

首先，刑事案件的相关当事人和诉讼参与人是刑事裁判文书说理最直接的对象。刑事判决书的直接任务就是在裁判文书中进行说理性论证，说明形成裁判结果的道理和理由，让公诉人、受害人、被告人及其辩护人、诉讼代理人等接受最终的判决结果。相对而言，这些人大多数诉讼的参与者，对裁判的过程和结果有自己的感受和预期，如果裁判结果与他们的期望不一致，就需要通过裁判文书中的说理论证来答疑解惑，实现息讼宁人。

其次，裁判文书说理的第二大群体是法律职业共同体中的其他成员，也就是要让整个法律职业共同体中的其他成员接受并信服裁判结果。法律职业共同体是受过专门的法律教育和职业训练，以从事法律事务为职业，具有统一的法律知识背景和思维方式的社会群体。法律职业共同体的形成与发展是一个法治国家赖以存在的基础。在刑事诉讼案件中，除直接参与人之外的法律共同体中的其他人员，如法学研究者、其他的法官、检察官、律师等，也不同程度地关注着案件的裁判过程和结果，因此裁判文书的说理也要经得起这些相关人员的检验。

最后，裁判文书说理的对象还当然包括社会大众。裁判文书作为司法审判活动的记录载体，是社会公众了解个案审判和司法活动的重要途径。只有得出的裁判结果能为社会公众理解并接受，才能提升司法公信力。其中，裁判文书的说理论证能起到重要的作用，社会大众通过阅读裁判文书可以知悉何种行为会受到何种处罚，这也恰恰体现了法律的积极指引与教育作用，也同时能够让人民群众在每一起司法案件中感受到公平正义。因此，要通过详细的说理论证，让每一起案件都成为经得起检验的案件。

3. 刑事裁判文书说理的内容

按照最高人民法院发布的《关于加强和规范裁判文书释法说理的指导意见》，裁判文书说理应当包括四个方面的内容，其中，前三项是实质性的内容要求，分别聚焦于对案件事实、裁判的法律依据、裁判在情理方面的正当性等三方面的说理论述；最后一项是形式性的要求，是对裁判文书的语言文字、逻辑演绎、论述技巧等方面的要求。

一是要阐明事理，即说明裁判所认定的案件事实及其根据和理由。事理主要是指案件的事实发展经过、来龙去脉，也是刑事裁判文书说理的根基部分。法官首要任务就是要说明案件事实发生的全过程，交代清楚案件事实的前因后果，讲清楚、讲明白，做到事实清楚、证据确凿。如果论述不清，就会使说理对象认为案件存在事实不清、是非不明的情况，难以让人信服，甚至可能会产生误解。

二是要释明法理，即说明裁判所依据的法律规范以及使用所选法律规范的理由。法理，简单来说就是作出案件最后判决的法律依据。对于大多数的当事人来说，并不了解相应的法律规范以及这些法律规范背后所蕴含的道理和价值取向。因此，在裁判文书的说理过程中，要有针对性地讲清楚其中的来龙去脉，解答疑惑。具体而言：第一是要在法律条文分为不同情况时，对符合哪一种情况要进行分析说明；第二是在法律规定了多种处罚方式时，最后选择何种处罚方式以及选择此种处罚方式的理由；第三是在法律规定较为模糊或是没有具体规定的情况下，作出合理说明及解释。

三是要讲明情理，即裁判文书要体现法理相协调，符合社会主流价值观。情理是裁判文书说理最不可或缺的一部分。所谓讲明情理，用最浅显的话来讲就是要讲人情世故。刑事裁判文书最后能不能被被告人所接受，会不会得到社会公众的支持不仅取决于判决结果是否合理，同时还受到刑事裁判文书的可接受性的影响，情理的融入可以显著提升社会大众对裁判结果的可接受度。同时，刑事裁判文书并不是冰冷无情的，在一定程度上，法律并不排斥人情的存在。尤其是在社会舆论可能会影响案件走向的情况下，更要注意通过说理积极化解社会公众的不满情绪，营造良好的社会氛围。

四是要讲究文理，即裁判文书要语言规范、表达准确、逻辑清晰，合理运用说理技巧，增强说理效果。文理主要是指法官的说话技巧与说话方式。法官对案件裁判合不合理并不仅仅取决于法官的心理活动，最后的裁判结果还是要通过语言表达出来。一份有理有据、富有逻辑性的裁判文书可以最大限度地让当事人明白其中的缘由。法官撰写裁判文书主要目的就是要把整件事说清楚，而要想说清楚就需要法官具有一定的语言表达能力，能够将事理、法理和情理，通过精炼流畅的文字、严谨的论证逻辑和合理的行文结构表现出来。很多时候，遣词造句，甚至是标点符号的运用都需要反复修改、仔细推敲。

第二节　刑事裁判文书说理的发展历程

裁判文书应当说理，是古今中外人类理性认知与历史经验所达成的共识[①]。当今社会，裁判文书说理是司法文明的重要标志，也已经成为法官制作裁判文书的基本要求，同时也是裁判文书的重要组成部分。

一、西方国家刑事裁判文书说理的发展和现状

相对而言，西方国家的裁判文书说理制度有着较为深厚的历史渊源，而且无论是大陆法系还是英美法系，在刑事裁判文书的说理方面，都形成了自己独特的风格和特点。

（一）西方国家刑事裁判文书说理的发展

西方国家的刑事裁判文书说理，具有深厚的历史渊源和优良的司法传统，但是其具体的发展过程存在一定的差异。

就大陆法系而言，欧洲大陆刑事裁判说理的萌芽可以追溯到罗马时代。例如，从公元前126年《爱布兹法》制定后开始，在罗马审判中就出现了由执法官制作的书面训示，其作用是列举诉讼主张和所涉事实，指示审判员如果事实是真的就处罚被告，反之就开释被告。[②]之后，由于神明裁判制度和神判证明方法的实行，阻碍了其继续发展。到了中世纪，由于教会法的盛行，裁判理由的阐释仍然不受重视。到了16世纪随着罗马法的复兴，裁判的说理才逐渐又受到重视。直到19世纪，法官必须在判决中写明理由的要求才作为义务出现在西欧。例如，德国到了1879年才将说明判决理由作为一项普遍义务强制法官接受。

[①][②] 孙华璞、王利明、马来客：《裁判文书如何说理》，北京大学出版社2016年版，第7页。

相对而言，在英美法系国家更为重视裁判文书的说理。早在 11 世纪，英国皇家法院的巡回法官定期到各巡回区巡回审判，并在此基础上建立了平衡法，运用法律原则衡平社会利益，并需要比援引制定法更充分地说明理由。[①] 在爱德华一世统治时期，法官开始成为专职人员，律师的准入使法律开始成为一种职业，进而使有组织的法律教育成为必需，出现了进行法律教育的律师学院。律师学院的学生为了与司法实践保持一致，开始对法庭审理进行记录。之后进入"年鉴时期"，在这一时期更注重辩论过程，不注重判决理由。进入 1537 年到 1865 年的这段私人汇编和出版判例的记名判例集时期后，由于诉讼对答由口头转向书面，人们对判决结果和判决理由开始重视起来，并最终于 1854 年基于《国会法令》的原则性规定最终形成"遵循先例"原则。美国由于历史较短，主要继承普通法的判例理论，也实行遵循先例的原则。

整体来看，域外两大法系的发展都有自己的特点。大陆法系的发展是建立在理性的哲学基础上的，理性主义者主张理性是唯一的认识方法，认为像数学公式一样可推导而出的结论才是有据可循的，而依靠感性所获得的结论都是薄弱的。因此，大陆法系的法官更注重逻辑的严密性，偏向于使用逻辑推理、借助严谨的语言来作出裁判，因此大陆法系国家的裁判文书说理具有准确、简明、概括性强等特点。英美法系实行的是判例法制度，裁判理由是发挥其约束力的关键，这导致裁判说理成为英美法系法律制度的基本要求。所以，英美法系国家侧重于在撰写裁判文书时进行法理分析，反对适用格式化语言，讲究用具有个人特色的方式及语言阐释观点，注重语言的观赏性和逻辑性。而刑事裁判文书更是推崇以理服人，提倡通过翔实透彻的说理来证实自己所作裁决的正确性与适当性。另外，在裁判文书的撰写上也十分重视，要求叙事清楚、分析透彻、逻辑清晰。一份结构完整、逻辑紧密、语言精美的裁判文书有很大的可能性会被其他法官参考和学习。

（二）西方国家刑事裁判文书说理的现状

纵观现在西方各国对刑事裁判文书说理的现状，无论是英美法系还是大陆法系，虽然在具体的方式和制度上存在差异，但是，毋庸置疑都十分重视

[①] 孙华璞、王利明、马来客：《裁判文书如何说理》，北京大学出版社 2016 年版，第 8 页。

裁判文书的说理。可以说，时至今日，裁判文书进行说理已经成为国际法律界的通识。

在英美法系国家中，经典的判例或者说有约束力的判例并不是判例本身，而是判决理由。通过对案件事实的讨论提炼、引申出法律原则和规则，这就是所谓的"法官造法"。这实质上也必然要求对裁判的理由要详加说明，只有这样裁判结果才更容易被公众认同，也才能使公众产生对法律的尊重和敬仰。当具体案件适用或排斥适用某一先例时，法官需要阐明适用或不适用的理由，说明本案与先例的相同或差别。而在无先例可引的情形下，判决的依据就靠立论性的说理，这时候法官可以通过说理创造性地引出一些法的普遍规则来。另外，英美法系的裁判文书中，经常会出现"并存意见"和"反对意见"。其中，前者是指赞同结论但是对法律推理和逻辑有不同看法的意见；后者是指反对法院判决的意见。最后从形式上看，由于注重说理，所以其裁判文书一般都篇幅较长，动辄上万字的说理论证。

在大陆法系中，虽然对裁判说理的要求是逐步完善起来并形成法律制度的，但是当前在裁判文书中必须要体现法院对事实和证据的分析认证，对法律条文的充分阐释的根本要求在两大法系的发展趋势中是完全一致的。例如，日本刑事诉讼法第44条规定，判决中必须附具体理由，德国刑事诉讼法典以第267条专门规定了判决理由事项。从具体的特点看，大陆法系的裁判文书倾向于高度的概括性和整体性，倾向于以法律专业术语进行表达，但相对缺少充分阐述裁判理由的动力。[①] 大陆法系的裁判文书大多是结论性的，只能在裁判文书中出现一种意见，不能将法官的不同意见写入其中，难以呈现出对话性。

另外，即便从国际刑事法院的情况看，同样十分注重对裁决的说理。有学者经过对国际刑事法院已有裁决的考证后指出："司法裁决设置目录，是因为篇幅太长；篇幅太长的原因是需要充分说理，何时说透何时结束。不说理或简约说理的文书，不需要目录……法官有充分说理的义务，就有了挥洒自如的权利；篇幅限制从来都不针对法官裁决，裁决目录便由此而生。"[②]

[①] 孙华璞、王利明、马来客：《裁判文书如何说理》，北京大学出版社2016年版，第10~13页。
[②] 宋建强：《司法说理的国际境界》，法律出版社2010年版，第18页。

二、我国刑事裁判文书说理的发展和现状

从历史发展看，我国具有较为悠久的法律文化，在数千年的司法活动中，留下了大量的司法财富。新中国成立后，我国的刑事判决说理制度又经历了从无到有、从继承借鉴到自主探索的发展过程。目前，我国的刑事判决说理仍然存在较多的问题需要进一步完善。

（一）我国刑事裁判文书说理的历史发展

在我国古代就出现了裁判文书说理的雏形。在我国古代，判词，又称判牍、判状，是法官解决民间纠纷、断案决狱、判别曲直的裁判文书。早在西周时期，判词就已经存在。到了秦汉时期，判词更加精确书面，基本成型。这一时期的"春秋"决狱主要是依据《春秋》将儒家经典中的经义和事例作为断案判刑的准则和依据。判词的内容一般有案情、法律分析、结果和理由四部分组成。到了唐宋时期，由于法律思想、体系，以及各项法律制度的逐渐完备，判词也取得进一步发展。唐朝有"以判取士"的制度，在科举考试中会以虚拟案情作为科举考试的内容。同时，"以判为贵"取向也导致对诉讼文书尤其是判词的制作有严格的规定。宋代虽然废除了"书判拔萃"制度，但是仍然保持了唐代"以准为律"的连续性，同时更加突出法理内容，注重礼法结合，尊重客观事实，注重证据分析。到了明代，我国处于封建社会的成熟时期，虽然重典治国，但是仍然兼顾刑礼，判词的发展也进入成熟期。这一时期的判词析案分明、证据翔实、定性准确、断语精辟、文辞优美。判词到了清朝，有进一步发展，发展至"我国判词的最高峰"[①]。在清代的判词中，会要求详尽说明案件的来龙去脉，清楚写明诉讼的争议焦点，详细标明犯罪事实以及行为人的主观罪恶，理由部分言简意赅，干脆利落。

整体而言，我国古代的判词具有其自身的特点。首先，在内容上，我国古代的判词蕴含着我国独特的传统法文化，而且这种法文化往往与封建等级秩序及纲常伦理相关。无论是"春秋决狱"还是"以礼断狱"，都体现着"德礼为政教之本，刑罚为政教之用"。判词成为道德教化的重要渠道。其次，

[①] 汪世荣：《中国历代判词研究》，中国政法大学出版社1997年版，第85页。

在形式上，古代判词大多引经据典、语言优美、对仗工整、词情并茂、音韵铿锵，用词凝练。特别是唐代讲究"文理优长"，骈判盛行，存在大量文采飞扬的判词。最后，在说理方式上，注重法、理、情相互为用。古代判词强调先礼后法，强调和谐无讼的秩序观，以维护国统人伦，所以注重国法、天理、人情的结合。兹列两则判词：

其一为沈家本《历代刑法考》中记载的"拾道旁弃儿养以为子"案判词：

时有疑狱曰："甲无子拾道旁弃儿养以为子，及乙长，有罪杀人，以状语甲，甲藏匿乙，甲当何论？"仲舒断曰："甲无子，振活养乙，虽非所生，谁与易之，《诗》云，螟蛉有子，蜾蠃负之。《春秋》之义，父为子隐。甲宜匿乙，诏不当罪"。

其二为《名公书判清明集》卷十二中的一段判词：

孔子曰："不在其位，不谋其政。"曾子曰："君子思不出其位。"圣贤之以意，善欲天下之人，各安其分，各至其所，以无相夺伦而已，否则位卑而言高，其不陷于罪者几希。

（二）我国近代刑事裁判文书说理

到了中国近代，我国开始由传统司法制度向现代司法制度转型。清朝末年，随着"西学东渐"运动的影响，变法图强成了当时的主题词。戊戌变法虽然最后以失败告终，但促成了其后以沈家本为首的修律运动。修律运动制定了一系列对裁判理由的规定。关于刑事裁判，光绪三十三年生效的《各级审判厅试办章程》中第三十八条规定："证明犯罪的缘由、援据法律某条、援据法律之理由须在有罪判决中载明。"[①] 到了民国时期，我国沿袭了清末法律文书的格式和写法，同时借鉴了大陆法系国家法律文书的格式，推动了中国

---

① 陈刚：《中国民事诉讼法制百年进程（清末时期第一卷）》，中国法制出版社2004年版，第43页。

向现代司法制度进一步的迈进。裁判文书也形成主文—事实—理由的三段式结构,将裁判理由放到更加突出的位置。其中的理由部分需要法官详细叙明双方争议点所在,并在此基础上作出判决。另外,此时已经出现了有关刑事判决说理的立法规定,而且是规定于刑事诉讼法典这样的根本法之中。例如,刑事诉讼法第三百一十条规定,有罪判决书应记载:认定犯罪事实所凭之证据及其认定理由;对被告人有利之证据不予采纳者,其理由;刑罚有加重、减轻或免除者,其理由;易以训诫或缓刑者,其理由;谕知保安处分者,其理由。到了新中国成立前,革命根据地审判案件,虽然裁判文书结构上基本沿用主文-事实-理由的三段式结构,但实行的是完全不同于国民党政府统辖地域的法律制度,注重走群众路线。虽然一般案件都不经过严格的庭审程序,但是,裁判文书的说理规范仍有所发展。例如,1941年5月陕甘宁边区高等法院在《陕甘宁边区高等法院对各县司法工作指示信》中要求:"判决必要写成判决书,说明案件经过及判决的理由,向诉讼当事人宣判,同时将判决书交给诉讼当事人,使诉讼当事人对案件的判决完全明白。"

(三) 新中国成立后的刑事裁判文书说理

新中国成立后,我国的刑事裁判文书说理制度的发展虽然有所曲折,但是一直处于不断的探索、改革和完善中。整体来看,新中国成立后的刑事裁判文书发展可以分为以下几个阶段。第一阶段是创建时期。1951年,司法部正式颁布了《诉讼用纸格式》,对诉讼文书包括刑事诉讼判决文书进行了格式上的统一,缓解了新中国成立伊始实践中刑事判决说理情况的混乱。但是,由于缺乏相应的实体法与程序法,当时的判决书在说理过程中主要以事实进行说理。之后由于向苏联司法工作学习,刑事裁判文书的说理开始求简,逐渐导致出现公式化、模糊化的倾向。基于此,最高人民法院于1961年向各省高院、中院发出《关于改进审判文书的文风问题》的通知,要求裁判文书一定要把理论叙述清楚,文理要通顺,要合乎逻辑,力避前后矛盾;在上诉案件的裁判文书上驳斥上诉理由时,一定要有针对性,要有理有据。[1] 第二阶段为停滞时期。从1957年反右派斗争扩大化到"文化大革命"期间,国家法治

---

[1] 唐文:《法官判案如何讲理——裁判文书说理研究与应用》,人民法院出版社2000年版,第121页。

遭到严重的破坏，司法机关不能正常工作，也直接导致刑事判决说理制度的发展出现倒退。这一时期的裁判文书政治说理代替法律说理，斗争逻辑代替法律逻辑，政治色彩十分浓厚。第三阶段是重建时期。党的十一届三中全会后，我国法治建设重回正确道路，刑事裁判文书说理制度也开始重建。1980年司法部制定了《诉讼文书样式》，强调刑事裁判文书必须要写明理由以及相关法条的引用。1987年，最高人民法院又明确将刑事裁判文书说理问题的研究工作提上官方议事日程，并成立了专门的诉讼文书研究小组，对该领域的问题开始进行系统研究。第四阶段是发展时期。1992年，最高人民法院诉讼文书研究小组起草并修改的《法院诉讼文书样式（试行）》颁发，对裁判文书的写作提出了更高的要求：要求均应写清事实、证据、理由和处理结果之间的内在逻辑关系，强化裁判文书的说服力与公信力。1999年最高人民法院对1992年格式的刑事裁判文书部分进行了修订，并最终颁布了《法院刑事诉讼文书格式》，以此为标志，我国刑事裁判文书制定正式开始走上规范发展的道路，进入高速发展时期。而刑事判决说理突出科学、民主、对抗的诉讼特点，形成了当今刑事裁判文书发展的方向。第五阶段是新发展阶段。2013年，党的十八届三中全会通过的《中共中央关于全面深化改革若干重大问题的决定》中提出要增强法律文书的说理性，推动公开法院生效的裁判文书。2014年通过的《中共中央关于全面推进依法治国若干重大问题的决定》中也提出要"加强裁判文书说理，建立生效法律文书统一上网和公开查询制度"。这实际上从国家层面明确了裁判文书的发展方向，对推动裁判文书说理的发展具有重要的意义。之后，2015年，最高人民法院发布《人民法院第四个五年改革纲要（2014—2018）》明确要求必须加强法律文书释法说理，推进裁判文书说理改革。2018年，最高人民法院又印发《关于加强和规范裁判文书释法说理的指导意见》进一步深入推进强化裁判文书的说理，为裁判文书说理改革指明了方向。刑事裁判文书说理也必定越来越科学、规范。

（四）我国刑事裁判文书说理现状

裁判文书说理在我国经历了曲折的发展过程，虽然已经得到了极大的重视，也已经取得了较大的进步，但是从实际效果看，仍存在说理性不强、说理不充分、论证不到位等问题。[①] 这些问题在刑事裁判文书的说理中也有自己的表现形式，具体而言，当前的刑事裁判文书说理主要存在以下几方面的问题。

第一，证据的认定缺乏论证。案件事实的确认是裁判的前提和基础，而让证据说话，则是查明案件事实的关键。在实践中，有的裁判文书中缺乏深入的证据分析论证，导致证据和事实脱节。一方面，存在证据论证的片面性。对片面表述经法庭质证、认证、采信的证据，对未采信的证据缺少足够的说理论述；另一方面，对采信证据的认证过程、采信的根据、证据的效力、证据与案件的逻辑关系、证据与其他证据的相互印证程度等也缺乏相应的分析论证。大多只是简单的罗列证据、照搬照抄，且没有顺序、分类标准和总结归纳。

第二，法律适用依据缺乏说理。在具体的司法实践中，由于法律体系日渐庞大和疑难案件的增多，如何准确选择并适用法律，是司法裁判中的重要问题。这就需要针对案件事实阐明适用法律的道理，不能只是机械式的引用，要实现案件事实与法律规范之间的有效衔接。但是，当前较多的裁判文书只写明依据的法律条文是哪些，但是对为什么依据此条文作出判决，甚至条文的内容都没有进行足够的说明论证。裁判文书的受众除了专业法律人士，最主要是要给双方当事人以及普通社会大众看的，如果在裁判文书中不对适用依据作详细透彻的说明，这些非法律人士很难有比较清楚的认识，对裁判结果的接受程度也会有所影响。即便是专业人士也需要通过裁判文书中的说理了解并判断法律规范与案件事实的契合度。

第三，对辩护意见不重视，未回应争议焦点，难以保障控辩平衡。在刑事案件的庭审中，辩护人虽然是独立的诉讼参与人，但是却相对处于弱势地位，这就导致长期以来辩护人的辩护意见不受重视，控辩双方意见在裁判文书中严重失衡。这一状况在裁判文书中就表现为法官不重视辩护意见，不对辩护意见进行积极回应，难以直接对争议的焦点问题进行论证说理，而且辩护意见的采纳率不高。即便予以采纳，也没有进行足够的说理。在刑事裁判文书的说理中，应当针对控辩双方的不同意见进行必要的回应，哪些意见可

[①] 最高人民法院司法改革领导小组办公室：《最高人民法院关于加强和规范裁判文书释法说理的指导意见理解与适用》，中国法制出版社2018年版，第2页。

以采纳，哪些意见不能采纳都要进行充分说明，对双方的意见都要作出相应的回应，合理的部分进行阐述，不合理的部分进行说明。

第四，程序说理缺失。相对而言，现有的刑事裁判文书对于实体说理的展开较为重视，却在很大程度上忽略了对程序的说理。实体性问题与程序性问题都是法院审理的必要事项，是必须要在裁判文书中有所体现的。而且，随着我国法治进程的加快，公民的权利意识和程序意识觉醒，程序已经成为审判活动和社会的重要关注点，传统的重实体轻程序的裁判文书说理方式已经不符合时代的需求和公众的期望。[1] 另外，不同审判程序说理的重点也是存在差异的。例如，相对而言，适用简易程序的刑事案件因事实清楚且证据较为充分，所以应当以定罪说理为主，可以适当减少对证据的说理；而适用普通程序的刑事案件，可能就需要针对有争议的证据进行充分的说理。

第五，量刑说理缺乏。在司法实践中，裁判文书中的说理往往以定罪问题的说理为主，对具体量刑的说理过少。实质上，最后的量刑往往是双方当事人关注的重要问题。所以，量刑说理的目的不仅仅是要使受众了解量刑结果，还要通过说理使之理解量刑公正的具体原因，明白为什么如此量刑。通过对量刑程序的说理，能够进一步保证实现实体上的公平公正。所以，在量刑说理方面不能太格式化，不能简单地套用"认罪""悔罪""自首""坦白"等格式化的词语，而要阐述论证清楚背后的原因和依据。应当依据案件具体情形和法律条文进行论证，详细阐明犯罪嫌疑人的量刑理由和根据。

第三节　刑事裁判文书说理的必要性

相对于民事裁判文书和行政裁判文书，刑事裁判文书关乎公民的人身自由乃至生命的予夺，这对刑事裁判文书的释法说理提出了更高的要求。加强刑事裁判文书的说理对促进司法公正、提升司法公信力，以及提高司法服务水平具有重要的作用。

---

[1] 任素贤、秦现锋：《刑事裁判文书说理展开的滞碍和解决路径》，载《东华大学学报（社会科学版）》2018年第2期。

一、刑事裁判文书说理有助于促进司法公正

公正司法是我国实施依法治国方略的有效保障,也是我党通过司法途径保持同人民群众血肉联系的重要纽带。加强裁判文书释法说理,对促进司法的实体公正和程序公正都具有十分重大的现实意义。

(一) 避免司法擅断,恣意妄为

权力必须受到制约,绝对的权力会导致绝对的腐败。同样,在现代司法中,绝对的自由裁量权也往往会带来绝对的司法腐败与不公,侵蚀公平正义。毋庸置疑,法官的自由裁量权有其自身存在的价值。但是,同样可以确定的是,如果不对法官的自由裁量权进行限制,就会违背法治精神,会最终陷入司法擅断,造成某些法官的恣意妄为。因此,法官的自由裁量权不能是一种漫无边际的权力,只能是一种相对自由权,需要进行适当的限制。

加强刑事裁判文书说理,可以有效制约法官自由裁量权,防止司法擅断、恣意妄为。对法官自由裁量权的限制可以通过多种方法实现,既可以通过立法途径进行限制,也可以通过司法途径实现。其中,加强裁判文书的说理是制约法官自由裁量权的有效方法之一。一方面,从实质上讲,法官运用逻辑推理形成最终结论,并以裁判文书的形式呈现给当事人的过程,是法官将案件事实与法律规定相耦合的过程,同时也正是法官运用逻辑推理将案件事实与法律规定相结合的说理过程。最终形成的说理必须逻辑自洽,严谨周密,才能令人信服。另一方面,加强裁判文书说理可以最大限度地将案件审理过程纳入法律监督体制之下,呈现在法律监督主体的面前,实现把法律监督落到实处,减少法律适用的不确定性,实现司法公开最大化。正如美国法学家沃尔德所说:"对一个认真的法官来说,撰写一项具有说服力的阐明一个案件结局的意见的单纯责任就是对司法自由裁量权的深切的抑制因素"。[1]

(二) 加强裁判文书说理是司法公正的必然选择

公正的实现本身是不够的,公正必须是公开的。法谚有云:正义是从裁

---

[1] 劳东燕:《自由心证制度的当代命运》,载《刑事法评论》(第9卷),中国政法大学出版社2001年版,第45页。

判中发声的。司法正义不是抽象的,而是具体的,裁判文书只有说理充分准确,方能使胜诉者赢得堂堂正正,败诉者输得明明白白。人民法院的裁判文书不仅是审判过程和裁判结果的书面反映,而且能够公开表明法官在审理案件时审判权的运用是否公正。在裁判文书中,通过恰当、合理的说理,可以使案件相关的每个当事人,以及关注案件的其他人,都能够获知案件审判的程序、裁判的结果和裁判的理由和依据。通过这种公开,能够在一定程度上促使正义的实现,并且使人们能够看到这种正义的实现。

正义不仅应当实现,而且应当以看得见的方式实现。作为司法公正最后载体的判决书,其"理由"部分最集中、最直观地体现着正义的实现与否,是裁判文书的灵魂。不说理的裁判文书、说理不充分的裁判文书,都难以使相关人员信服,显然也难以体现司法公正。理由论证作为人民法院裁判文书的灵魂,它直接体现着司法机关的司法理念,是司法公正的重要保障。裁判文书说理能够最大限度地保证当事人司法获得感。通过明确的说理过程,阐述法律规范中所蕴含的正义价值,让社会大众真正体验到或者看到公正和正义的存在,这同时也有助于促进整个社会正义观念的形成。

二、刑事裁判文书说理有助于提升司法公信力

司法公信力建设是现代社会主义法治建设的重要内容之一,是树立司法权威和保障社会秩序的重要举措。裁判文书作为最重要的法律文书之一,作为实现司法判决价值功能的手段,将对保证司法公正、提高司法公信力起到重要作用。

(一) 裁判文书说理是体现司法公信力的重要途径

司法公信力是指民众对裁判过程和裁判结果的信赖、尊重和认同程度,或者指公众对法律的信任度。一方面,司法公信力体现为民众对司法的充分信任与尊重,包括对司法主体的充分信任与尊重、对司法过程的充分信赖与认同、对司法裁判的自觉服从与执行;另一方面,司法公信力体现为法律在整个社会的权威与尊严已经树立,广大民众对法律持有坚定的信心。刑法虽然在所有的法律中具有最为严厉的强制性,但是其公信力和权威性的形成并非天然生成,只有通过深入透彻的说理,使其能够被社会大众接受,并真正体现并契合人民内心的是非判断和信仰，才能有效地树立司法的公信和权威。

刑事裁判文书不仅仅是法官对于案件的审理结果，同时也是法院作为行使国家公权力这一机关对于国家审判权行使好坏的衡量标准。司法公信力更直观地体现在裁判文书上，法律的公信力也要依靠裁判文书来实现。裁判文书是对审判过程的最终概括，是对裁判是否理性的评判标准。裁判文书说理是对案件最终判决的论证过程，关系到当事人以及社会公众对判决结果能否认可与接受。一份有理有据的刑事裁判文书不仅仅可以缓解案件当事人之间的矛盾，能够在对犯罪分子作出处罚的同时对社会公众进行教育与指引，实现一般预防。一份说理透彻的裁判文书可以最大限度地鼓励法官公正裁判，展示法官的社会良知、个人水平，使得社会公众信任司法。可以说，裁判文书是实现司法公信力的载体与最终方法。

另外，刑事裁判文书虽是针对个案撰写，但是却具有相当大的辐射范围。一方面，社会公众可以通过法院判决得知什么行为会受到处罚、会受到何种处罚，而何种行为是合法的，从而对社会公众起到指引作用。刑事裁判文书通过清楚明了的说理，把法律专业术语与通俗易懂的社会用语相结合，准确列出所适用的法律条文，能够使社会公众清楚地明白其中的要点。另一方面，充分的裁判说理可以发挥刑事裁判文书的社会预期作用，减少类似纠纷的再次发生，使得人们信赖法律，自愿依照法律的规定安排自己的生产生活，而不必担心随时有被处罚的可能。

（二）提升司法公信力需要加强裁判文书说理

裁判文书不说理，则无以服人。在当前裁判文书公开的背景下，裁判文书的说理对司法公信力的影响十分关键。现代社会，无论是大陆法系还是英美法系法治国家，裁判说理都是诉讼制度的重要组成部分，裁判文书往往旁征博引、分析缜密、说理充分，这是因为，在任何一个法治国家司法都是解决社会冲突最终、最彻底的方式，而要使公众对司法机关的司法判决产生信任和信赖，法官不仅要拿出合法合理且公正的判决结果，更应该将这一结果完整地展现出来。法官笔下的裁判文书详细记录着审判活动的全过程，是程序公正和实体公正的最终体现，其字里行间可以让公众清楚认识到审判是否公正、诉讼者的诉求是否实现、审判人员是否违规。因此，对于司法活动来说，法官的裁判文书是司法最为直观的表达，裁判文书不仅体现法院的司法行为，更体现司法的信用，公众对司法信任最明显的表现形式就是服从、履行判决结果，因此裁判文书的说理必须让当事人和公众能够理解和接受。说理部分作为一份裁判文书的核心内容，是法官审判思路的集中体现，也是实现判决结果正当化的有效途径，裁判文书中对审判结果的论证说明展示了法官裁判的理性和敢于公正司法的态度，如果论述严谨、说理充分，当事人和公众就会服从和信仰司法裁判，保持对司法公信力的信任。

另外，裁判文书说理的对象不仅仅是当事人，而且包括法律共同体其他人员以及社会大众。在此层面而言，裁判文书的说理已经成为提高司法透明度，保障公众知情权，强化司法监督，同时向社会传播法律知识，培养法律信仰，提高司法认同度的重要途径。因此，只有在文书中更加充分、透彻地阐述裁判理由，让裁判文书经受住全国人民的打量，才能够真正向人民群众传递看得见、摸得着的公平正义，提升司法公信力。

三、刑事裁判文书说理有助于提高司法水平

裁判文书公开以后，将裁判文书置于全社会的检视目光下，这对裁判文书的质量提出了更高的要求，一定程度上能够倒逼促使我国司法工作人员司法水平的提升。

（一）裁判文书说理反映司法服务水平

裁判文书是代表国家行使审判权的重要标志，法官司法实务水平的高低反映在裁判文书的论证与说理中。裁判文书是案件审理过程的文字记录，一份好的裁判文书，可以全面展现法官的法律素养、文字水平和价值取向，是法官职业化水平的最好标尺，同时也是司法文明程度的集中体现。

在现实的司法实践活动中，由于司法从业人员水平的参差不齐，导致了一些典型问题的出现。例如，在裁判文书中，要么因为怕授人以柄而草草了事不去说理；要么流于形式，通篇废话、套话；要么故作高深、灌输说教，导致阅读起来佶屈聱牙、晦涩难懂。这些问题的深层次原因在于一些法官素质不高，不敢说理、不会说理。这最终会导致相关当事人不能清晰了解裁判结果产生的原因，从而产生理解上的空隙。理解的空白如果不能有效填补，又会进一步激发当事人以及社会大众与司法审判机关之间的矛盾。例如，会

造成高上访率。

(二) 加强裁判文书说理可以倒逼司法水平的提升

强化保障裁判文书的说理性，必然会倒逼我国司法能力的强化提升。裁判文书的论证与说理对促进司法实务水平的提高，推进法官的专业化水平无疑有着重要的意义。裁判文书说理水平的提高，需要提高法官驾驭法庭审判的能力，提高法官研究、推理、分析、判断、解决各种复杂疑难案件的能力，还能提高其演绎、归纳、论证、说理的文字功底。总而言之，加强裁判文书说理能够从多个方面促进司法实务水平的提升。

具体而言：一方面，从外部环境而言，加强刑事裁判文书说理能够从源头上提升刑事法官选拔标准。例如，不但能够从源头上促进将刑事裁判文书的撰写能力纳入法官选拔考核的内容，同时也能促进在日常工作中加大对法官撰写裁判文书的培训力度，增强其专业素养和论证说理能力。另一方面，从内部建设而言，加强刑事裁判文书说理能够敦促法官积极增进自身业务素质水平，进而提升裁判文书质量。从其根源上讲，加强裁判文书说理并将裁判文书置于全社会的检视目光下，实质上必然意味着对法官提出了更高的要求。法官作为刑事裁判文书撰写的主体，为了职业荣誉，必须加强裁判文书说理。而法官在加强裁判文书说理的同时，也必然会相应提升了文字驾驭能力、逻辑推理能力和法律适用能力，不断提升自信，不断强化说理，由此又能不断提升法官的司法水平，最终大幅度促进司法公正。

第四节　刑事裁判文书说理目的与价值

一、刑事裁判文书说理的目的

刑事裁判文书说理的目的是通过阐明裁判结论的形成过程和正当性理由，

提高裁判的可接受性,实现法律效果和社会效果的有机统一。①

(一) 直接目的

刑事裁判文书说理的直接目的是提高刑事裁判文书的质量。说理是裁判文书的核心要素,说理是否清楚、透彻和深刻,是衡量裁判文书的质量高低的重要标志。缺乏说理的裁判文书会显得苍白无力,难以使社会大众对法律产生信服和信赖。因为,裁判文书是法院裁判过程和裁判结果的直接载体,缺乏说理将会导致裁决由于缺乏事实与规范的沟通从而沦为一种缺乏权威性的单纯的暴力,而裁判文书的主体部分是审查判断证据、认定事实和适用法律,加强和规范裁判文书释法说理必然会直接地促进裁判文书质量的提高。②

通过加强刑事裁判文书说理,可以从以下三个层面提高裁判文书的质量。首先是文字方面。裁判文书的文字表达要清楚、准确。具体而言:一方面,要繁简适当,当繁则繁、当简则简,力求能够讲清楚、说明白,用词应当平实易懂,不能过于深奥冷僻,用句也要尽量以短句为主,少用复杂的长句。换言之,裁判文书的说理要使哪怕是社会普通大众读起来也是非常容易理解的。另一方面,裁判文书说理的语言要准确。使用语言要间接、明确,语句和用词要能够准确表达法官的逻辑思维,还要能够有利于不同层面的受众对这些内容的理解。同时要讲究精炼,避免空话、套话。其次是内容方面。在说理的内容方面,要在尊重客观事实的基础上,围绕辩诉双方的争执焦点进行说理。要将说理的内容与需要说理的对象紧密联系起来,形成叙事、说理和裁判结论之间的相互照应。也就是说,认定的事实要服务于说理,而说理的内容也是围绕着最终的裁判结果来进行的。不能主次不分、避重就轻,顾左右而言他,导致该说理的地方没说透,不该说理的地方却长篇大论。最后是逻辑方面。加强裁判文书说理,可以促进裁判文书形成严密的逻辑和严谨的结构。裁判文书逻辑方面的问题实质就是自圆其说的问题。一方面,一份裁判文书,应当知道该说什么、先说什么、后说什么、怎么说,不但要具有选择性和针对性,而且还要各个部分环环相扣、前后呼应、一脉相承。另一

---

① 最高人民法院司法改革领导小组办公室:《最高人民法院关于加强和规范裁判文书释法说理的指导意见理解与适用》,中国法制出版社2018年版,第9页。

② 最高人民法院司法改革领导小组办公室:《最高人民法院关于加强和规范裁判文书释法说理的指导意见理解与适用》,中国法制出版社2018年版,第10页。

方面，整个裁判文书要条理清晰、层次分明。在裁判文书中，裁判文书的结构安排应贴近诉讼程序的自然推进次序，既方便当事人清楚容易地理解裁判说理，又符合法官的法律思维规律。在具体的说理中，各个环节应逐步展开，层层推进、清晰明了，不能前后矛盾、混乱无章。

（二）根本目的

裁判文书释法说理的根本目的是提高裁判文书的可接受性，最终实现法律效果和社会效果的统一。法律效果是指在审判过程中，通过对法律的适用所最终达到的法律的实现程度。法律效果是审判活动的基本职责，是法律应有的功能与作用。法律的社会效果是指在审理案件后，裁判的程序和结果所起到的社会评价和社会舆论的效果。加强刑事裁判文书的说理的根本目的就是为了促进法律效果和社会效果的统一，可以从两个层面理解这一点。

第一个层面，我们应当确信法律效果和社会效果是可以有机统一的。裁判的法律效果和社会效果并不是鱼与熊掌的关系。法律并不是真空运行的，必须基于一定的社会环境，受多种社会因素的影响。广泛的公众参与才能够保证法律的持久运行和有效实施，法律也必须要以整个社会的福利和健康发展为目标，只有这样社会大众也才会更尊重法律。因此，评价一个裁判的好坏，仅仅从合法的角度衡量是不够的，还需要得到社会大众在最朴素的感情上的认可，如果抛弃社会效果，裁判的法律效果也会大受影响。一个良好的裁判既应该有良好的法律效果，同时还应该追求完美的社会效果，实现有机的统一。

第二个层面，我们有理由相信，加强裁判文书的说理能够有效促进实现法律效果和社会效果的统一。裁判文书承载着诸多法治使命：对当事人来说，是定分止争的稳定器，是行使权利、履行义务的依据；而对社会大众来说，是预防违法犯罪的警醒剂，是受法治教育的生动案例。裁判结果需要理由，没有理由，便没有可接受性，公正便无从说起，社会效果也就更无从谈起。案件多种多样，裁判的理由也更加多元，各种理由如果不以合理的方式呈现出来，理由存在缺失或缺陷，难以发挥裁判的作用和效果，也难以体现法律的秩序和公正，从而影响社会效果。加强裁判文书的说理无疑可以同时促进法律效果和社会效果的提升，而且可以实现两者的和谐统一。

二、刑事裁判文书说理的价值

裁判文书说理的主要价值体现在增强裁判行为公正度、透明度，规范审判权行使，提升司法公信力和司法权威，发挥裁判的定分止争和价值引领作用，弘扬社会主义核心价值观，努力让人民群众在每个司法案件中感受到公平正义，切实维护诉讼当事人合法权益，促进社会和谐稳定。[1]

（一）定分止争，维护当事人合法权益，节约司法资源

裁判的首要功能是解决社会纠纷，保障当事人的权益，维护社会稳定。在刑事案件中，司法机关承担的是追诉犯罪，维护被害人权益，恢复被损害的社会秩序。在具体的刑事审判过程中，司法机关通过法定程序，排除非法证据，对犯罪人进行定罪量刑。通过这一过程，一方面，能够充分保障被告人的权益，使其受到合法、公正的审判，确保无罪的人不会受到追究；另一方面，切实保护被害人能够充分行使自己的权利，得到法律的有效保护。在这一过程中，要求法官要做到公平、公正，只有这样，才能有效维护社会秩序。

加强刑事裁判文书说理可以更好地促进定分止争的作用，并且能够有效节约司法资源。效率与公正对于司法活动来说缺一不可，公正能够息讼止争，提升效率能够节约司法资源。加强裁判文书的说理，一方面，能够使裁判结论有理有据、论证清晰准确，可以使双方当事人和社会大众都从内心里觉得案件得到了认真公平的审理，对裁判结果更容易产生认同感。另一方面，论证充分清晰的裁判文书，可以有效化解当事人之间的矛盾，消除当事人的不满情绪，从而不会再诉诸诉讼或者产生更为极端的上访与缠诉行为，间接节约了司法资源。相反，如果一份裁判文书论证简单、说理不清，会造成即使是专业人士也会难以从中得出裁判原委的局面，那么作为没有法学知识的当事人更是会难以理解，无形中会对裁判结果产生质疑，进而对裁判不服而上诉的概率就会增大，检察院也有可能会因此提起抗诉，这样一来，既不能有

---

[1] 最高人民法院司法改革领导小组办公室：《最高人民法院关于加强和规范裁判文书释法说理的指导意见理解与适用》，中国法制出版社 2018 年版，第 9 页。

效地定分止争，还会造成司法资源的浪费。

（二）提升裁判质量，监督裁判活动，优化审判效率

随着我国法治进程的逐步推进，我国公民的法律意识也在不断增强，无论是裁判中的司法程序还是裁判的实体结果都在经受着社会大众的监督，这也直接对裁判的质量提出了更高的要求。在整个裁判活动中，如果存在违法法律规定或者与立法精神不符的情况，都会直接影响当事人和社会公众对司法公正的感受和需求，更难以使其息讼服判。

裁判文书是司法机关办案水平的反映，裁判文书同时也是当事人和社会公众进行司法监督的重要渠道。实质而言，裁判的质量直接地体现在裁判文书的质量上，而裁判文书的说理又是影响裁判文书质量的关键因素。相对于说理简单，论证模糊的裁判文书，当事人和社会公众更期待看到一份精准到位、说理透彻的裁判文书。只有这样，人民群众才能实实在在地在每个司法案件中感受到公平正义。因此，裁判文书的说理能在很大程度上提升裁判的质量，促进当事人和社会大众对裁判活动的监督，最终提升司法公信力和司法权威。

（三）发挥价值引领作用，弘扬社会主义核心价值观

裁判文书不仅仅是裁判过程和结果的载体，不只具有裁判过程和结果的宣示功能，更具有行为准则和价值观的示范功能。刑事裁判文书记载的是被告罪责刑的认定和后果，向当事人和社会大众展示的某种行为或者客观事实会在法律上导致什么后果。从其功能而言，不但具有特殊预防的功能，而且具有一般预防的功能，能够为社会公众提供某种示范，让人们吸取教训，引以为戒。一篇说理规范，论证严谨的刑事裁判文书，不亚于一篇好的普法文章，能够对社会公众产生很强的引导作用，惩恶扬善、宣传教化，不但能够教育社会公众遵纪守法，还能宣传社会主义法治，弘扬社会主义核心价值，起到价值引领的作用。

在裁判文书中加强裁判说理是引领社会大众树立社会主义核心价值观的重要途径之一。可以从两个层面来理解这一观点：第一，在裁判文书里会通过说理表明什么是违法行为，什么是合法行为。这就直接让社会大众明白哪些行为当为，哪些行为不当为，为每个人的行为都设定了范围和底线，使每

个人都能崇尚法治，敬畏法律。第二，裁判文书说理的倾向性也间接表明了支持和提倡什么、反对和谴责什么。这个层面直接涉及行为规范和价值的引领。裁判文书通过对符合社会正义的主流价值观的提倡，引导社会公众践行社会主义的核心价值观，倡导社会文明和谐，凝聚社会的正能量。使每个人在信奉法律的同时也能够遵守社会的伦理道德，能够诚信友善、履约尽责，能够自觉地将社会主义的核心价值观内化于心、外化于行。

第二章　我国刑事裁判文书说理的现状考察

对于刑事裁判文书来说，说理的过程是法官立足犯罪事实，依据公诉机关提供的证据，结合刑事法律的相关规定，对刑事裁判文书得出的判决结果进行全面分析论证的过程。刑事裁判文书的说理，主要包括事实认定和法律适用两方面的说理。对事实认定的说理，主要是针对证据进行分析论证，在确定证据是否采纳的基础上，推演出犯罪事实的认定过程；对法律适用的说理，主要是在证据审查和事实认定的基础上，根据相关刑事法律规定推导出裁判结论的过程。同时，事实认定说理是法律适用的前提，法律适用说理是事实认定的深化，两者相互印证，逻辑一致。[①]

第一节　我国刑事裁判文书事实认定说理现状

证据说理是事实认定说理的核心和关键。刑事判决书中的证据说理是刑事判决书说理的核心所在。加强刑事判决书证据说理是提高司法公信力和维护司法权威的有效途径。法官只有对证据的采纳、采信以及案件事实认定的心路历程，进行充分、详细的论证说明，使当事人以及社会公众明白裁判结论的理由，才能消除疑惑与不满，减少申诉上访，提高社会对司法的信任，进而树立司法权威。

一直以来，最高人民法院就非常重视刑事裁判文书的证据说理工作。早在1999年发布的《最高人民法院关于印发〈法院刑事诉讼文书样式〉（样本）的通知》就针对证据说理问题指出：以往刑事裁判文书中存在"叙述事实部分，不证明犯罪，不写具体证据""法官的认证、采信证据在裁判文书中体现不出来"等缺点，并要求"执行修订后的文书样式，改革诉讼文书的制

[①] 王永兴：《试论刑事裁判文书法律适用的说理》，载《江汉论坛》2014年第7期。

作，要抓住重点，即在加大对证据的分析、认证和增强裁判的说理性这两个问题上下功夫"。2009 年发布的《最高人民法院关于进一步提高裁判文书质量的通知》再次强调"说理是裁判文书的灵魂，增强裁判文书说理的针对性、透彻性，要重点围绕案件争议焦点、事实认定、证据采信、裁判理由、法律适用进行阐释，努力做到'辨法析理、胜败皆明'"。

党的十八届四中全会通过的《中共中央关于全面推进依法治国若干重大问题的决定》指出，要"构建开放、动态、透明、便民的阳光司法机制，依法及时公开生效法律文书，加强裁判文书释法说理，建立生效法律文书统一上网和公开查询制度"。《人民法院五年改革纲要》第十三条也规定"加快裁判文书的改革步伐，提高裁判文书的质量。改革的重点是加强对质证中有争议证据的分析、认证，增强判决的说理性"。这对我国刑事裁判文书证据说理，证据裁判原则作为刑事诉讼的一项基本原则，增强刑事裁判文书证据说理具有重要的现实意义。当事人提交的证据为什么被采信或不采信、依据是什么、为什么法官不调查取证等，往往是当事人不服判决的症结所在。因此，增强刑事裁判文书证据说理势在必行。

一、刑民裁判文书证据说理的比较分析

裁判文书证据说理是准确查明事实和作出公正裁判结论的根基。比较分析刑事和民事裁判文书证据说理的异同，主要是意在通过刑民裁判文书证据说理的比较分析，进而构建一种二者共通的主导型证据说理方法。有法官通过实证研究认为，刑民裁判文书证据说理的差异主要体现在表现形式、说理方法和说理详略度等三个方面。[①]

（一）证据说理表现形式存在差异

证据说理表现形式存在差异主要体现在证据说理部分在判决书结构中的位置和证据列举情况两个方面。通过考察裁判文书实例发现，以审理查明事实部分为参照，刑事和民事裁判文书证据说理部分在判决书结构中的位置存

[①] 冯妍：《异或同：刑民判决书证据说理比较分析——一种主导型方法的构建》，载胡云腾主编：《司法体制综合配套改革与刑事审判问题研究——全国法院第 30 届学术讨论会获奖论文集（上）》，人民法院出版社 2019 年版。

在显著差异。民事判决书的证据说理部分主要置于查明事实之前，而刑事判决书的证据说理部分主要置于查明事实部分之后。在证据列举方面，刑事判决书证据列举情况比较一致，整体倾向于对证据的完全列举，而民事判决书各类证据列举情况呈现完全列举、不完全列举和未列举三种形态。

（二）证据说理详略程度存在差异

证据说理详略程度主要是根据刑民判决书中是否进行证据说理以及对争议证据是否作出充分且有针对性地回应来衡量的。有法官以有无证据说理的大分类为分析的着眼点，再将有证据说理的情况分为对无异议证据的概括式说理和对争议证据说理两大类进行再分类分析。总体而言，刑民判决书证据说理的详略因案件对证据的异议比重不同而不同，并且在一定程度上倾向证据说理的简化。

（三）证据说理方法使用侧重存在差异

证据说理方法使用侧重存在差异主要体现在证据说理属性程度、相关性证据说理程度、举证责任说理程度等方面。在证据属性说理程度方面，民事判决书相较于刑事判决书偏重对证据属性的考量评断。在相关性证据说理程度方面，民事判决书在证据印证证明和证据结合证明这两种说理方法的使用程度略高于刑事判决书。刑事判决书偏重证据印证证明说理方法的使用，而民事判决书偏重证据结合证明说理方法的使用。在举证责任说理程度方面，民事判决书相较于刑事判决书偏重于对举证责任的说理。

二、刑事裁判文书证据采信方面的说理情况

证据采信方面的说理，涉及证据的证明力以及证据最终是否被认为可信并被作为定案根据。[①] 通常，个案判决书针对没有争议的证据，一般以"本院审理查明的事实和证据与起诉指控的事实和证据一致，本院予以确认"或"上述证据，经过质证，证据来源合法、客观真实，与本案具有关联性，故本

[①] 最高人民法院刑事审判第三庭：《刑事证据规则理解与适用》，法律出版社 2010 年版，第 51~54 页。

院予以采纳"进行概括式说明。只有在控辩双方对证据证明力持有异议的情况下，法官才会在判决书中进行一定的评判说理。

有法官以被告人"不认罪"刑事判决书为样本的争议证据说理为研究对象，具体考察了刑事判决争议证据的说理问题。研究认为当前刑事"不认罪"判决书中争议证据说理主要呈现出三个特点：

第一，重事实、轻证据。目前刑事"不认罪"判决书比较注重事实说理，对争议证据的实效性说理较为缺乏，容易造成证据与事实脱节、缺乏相关性，与裁判认定的案件事实不相匹配，且在量刑时又忽略这些证据的情形，尤其在基层法院一审时比较常见。

第二，重指控、轻辩护。针对被告人有异议的控方证据和事实，法官往往会以"综上所列证据和所证明的事实，经举证、质证，其收集程序合法，内容客观真实，虽被告人在庭审过程中不认罪，但结合本案大量证据事实，与其他关联证据佐证，证据之间均能相互印证，形成锁链，本院予以采信"进行回应。此外，也有法官针对被告人及辩护人提交的证据，简单地以"经查实，该证据来源不合法，不予采信"进行回应。

第三，重言证、轻物证。实践中，有法官在刑事判决书中采用长篇复述方式罗列"证人证言"，对勘验、检查、辨认、侦查实验等笔录以及实物证据等多采用简单罗列名称的方式，证据表述详略不当。刑事判决书证据部分总体呈现出证据类型比例失衡的特征，过度重视言词证据，轻视物证等客观性证据，反映出刑事裁判实务中对各类争议证据说理重点抓取不准或重视程度偏颇。①

三、依据证据认定案件事实的说理情况

综合全案证据认定案件事实是刑事诉讼证明的关键环节，它是法官依据已经采纳和采信的证据，形成关于案件事实的最终心证的过程。最高人民法院发布的《法院刑事诉讼文书样式》要求，判决书在认定事实的说理部分，应当写明经庭审查明的事实；其次要写明经举证、质证后的定案证据及其来

---

① 胡许晴：《刑事判决争议证据的说理方式——以 389 份刑事"不认罪"判决书为样本》，载胡云腾主编：《司法体制综合配套改革与刑事审判问题研究——全国法院第 30 届学术讨论会获奖论文集（上）》，人民法院出版社 2019 年版。

源；最后对控辩双方有异议的事实和证据进行分析、认证。实践中，我国法院刑事判决书的制作基本上是符合上述要求的：法官就如何认定事实展开的说理，限于控辩双方对案件事实持有异议的案件；在控辩双方对案件事实没有争议的案件中，法官仅对控方指控事实予以肯定。法官就辩方对控方指控持有异议的案件，主要是以该受异议的事实"有其他证据相互印证"为由进行否定。①

但从审判实践看，我国目前刑事裁判文书在证据表述上尚存在以下问题：（1）证据摘录不全，遗漏关键性信息、证据来源及特征等；（2）证据摘录不中立，容易忽视一些有利于被告人的信息；（3）证据与事实脱节，与裁判认定的案件事实不匹配，量刑事实时常被忽略；（4）罗列的证据与案件事实之间缺乏相关性，或者为明显多余的证据材料；（5）在对具体证据的内容摘录和全案证据的整体处理上，均存在繁简不分的问题；（6）定案的证据未经庭审出示、质证，未经庭审举证、质证的可能是单个证据，也可能是该证据的某些重要信息；（7）证据列举随意、混乱、无序；（8）对证据内容的语言表达不清晰、不规范、不准确等。如何恰当地表述证据，直接关乎裁判文书的制作质量。②

第二节 我国刑事判决书法律适用说理现状

一、法律适用说理情况

法律适用说理是指说明依据法律规定对具体案件事实进行处理的理由。法官应当根据法律规定的具体内容阐明对案件性质、罪与非罪、此罪与彼罪、量刑情节等问题进行分析论证。法律适用说理主要包括定罪说理和量刑说理两大方面的内容。总体而言，我国刑事裁判文书法律适用说理不足主要体现在以下四个方面：

---

① 陈盛：《刑事判决书中证据说理问题的实证分析》，载《法律方法》第17卷。
② 于同志：《刑事判决的证据说理》，载《人民法院报》2017年11月22日。

第一，刑事裁判文书法律适用说理简单化。所谓简单化，是指行文表述过于模式化，缺乏个案论证。刑事判决中常以格式化的语言形式阐述是否定罪、为何定罪等问题，在分析过程中推理缺乏有效的、实质的理论和法理支撑，论述苍白无力，流于形式，导致犯罪事实和法律适用之间缺乏必要的说理桥梁，表述过于简单化、模式化，不能以理服人，更不能教育被告人。

第二，刑事裁判文书法律适用说理直叙化。所谓直叙化，是指说理过程缺少法律推理。实践中，部分刑事裁判文书判决书在犯罪事实和法律适用之间缺乏法律推理，造成认定的事实与适用的法律之间相互分离，导致两者联系不紧密，逻辑性不强的问题。

第三，刑事裁判文书法律适用片面化。所谓片面化，是指说理重定罪说理，轻量刑说理。在传统的司法理念和庭审模式下，法庭审理重定罪、轻量刑，重事实认定，轻量刑理由，导致刑事裁判文书量刑说理欠缺，更多的是确认量刑事实而往往不说明情节认定和法律适用的理由。

第四，刑事裁判文书法律适用回避化。所谓回避化，是指有些刑事裁判文书不敢说理或者轻描淡写。由于法官主观上可能存在"没有必要说"，能力上可能存在"不好说"，客观上可能存在"没有时间说"等种种原因，导致法官对刑事裁判文书说理有顾虑和畏难情绪，对应当阐述的法理当说不说，或者一笔带过，或者含糊其词。常常是对控辩双方在庭审中提出的争议焦点，在裁判文书中不予回应，或者是简要回应，不充分论述采纳与不采纳的理据，也不论证法院作出裁判的根据。[①]

二、对定罪说理的考察

（一）定罪说理概述

定罪说理是法官对从证据到事实再到结论的逻辑推演过程的恰当诠释。法官适用刑事法律裁判案件的过程是一个三段论推理的过程，即刑法规范是大前提，案件事实是小前提，刑事责任则是结论。刑法规范适用到具体的案件中，并非简单、直接、机械地套用三段论的过程，需要法官对大小前提进

---

① 王永兴：《试论刑事裁判文书法律适用的说理》，载《江汉论坛》2014年第7期。

行合理建构，将抽象的刑法规范与具体的案件事实进行有效论证。证据是案件事实认定的基础，而建立在证据基础上的事实又是刑法规范使用的依据。因此，定罪说理应当恰当诠释从证据到事实再到结论的逻辑推演过程。[1]

在定罪说理方面，法官应全面分析、阐述相关罪名的构成要件要素，对控辩双方围绕质控所进行的举证、质证以及法庭的认证过程逐一评判，将法官究竟如何定罪量刑的"证据→事实→适用法律→裁判"逻辑思维过程全面展现于裁判文书中，展现于社会公众的视野之下。只要庭审结束时控辩双方对这些争点的认识没有达成共识，这些争点没有解决，裁判文书就应当对此有所回应，在这里必须坚持回应一切争点的原则。

（二）刑事案件定罪说理的模式

讨论刑事案件定罪说理模式，这就需要分析刑事案件的定罪模式。通过考察我国刑事裁判文书的制作可以发现，当前我国刑事案件的定罪模式是"构成式"的定罪模式，即首先认定被告人的行为构成犯罪，其次逐一驳回辩解理由和辩护意见，最后则是引用刑事法律条文判定被告人构成犯罪。

有法官指出，这种定罪模式或说理机制在一定程度上制约了定罪说理的有效展开。制约定罪说理具体体现在以下几个方面：

一是说理空间受到限制。"构成式"定罪说理模式将说理限制在两头定罪的夹缝内，导致说理的内涵与外延实际上被强制界定，说理的外延不能超出法律条文的语义规范，其内涵也不可能突破被告人行为的事实认定，使定罪说理显得可有可无。

二是说理要素受到挤压。"构成式"说理模式，主要是论证被告人的行为符合规范要件，但较少涉及价值的诠释和评判，这就使定罪说理要素受到挤压。

三是逻辑思维僵化。"构成式"定罪说理模式使得定罪说理长期处于"场景化"状态，思维趋向定势，容易形成"想当然"的模糊判断，使得法官不愿甚至不会去分析行为与行为、行为与规范之间的差异，不愿考虑价值问题，使得法官裁判案件的思维僵化。

---

[1] 张云鹏、孙长江、李万涛：《庭审实质化视角下刑事判决书的罪刑说理》，载《社会科学辑刊》2016年第4期。

四是说理内容虚化。从辩护权的实际运行来看，由于受到定罪说理机制的正反双向的"误导"，辩护权的行使路径变得模糊不清，致使辩护权普遍存在着实体或有效辩护不足的问题。

五是说理方式泛化。完美的法治需要完善的司法和发达的学理，需要司法与学理的良性互动。然而，"构成式"说理模式制约了说理的充分展开，导致其在深度上很难与学理处于同一层面进行对话互动。

在分析了"构成式"定罪说理模式的不足后，该法官提出要构建"要件式"的定罪说理模式。所谓"要件式"定罪说理模式，是指以刑法规定的定型化犯罪构成要件要素为基础，通过对要件要素的诠释求证被告人的行为是有罪还是无罪，是此罪还是彼罪的说理模式。具体而言，"要件式"定罪说理机制的内容包括：一是列明某一罪名的全部构成要件，包括主体、主观方面、客体、客观方面；二是释明所有或部分要件的基本含义，尤其是当要件的用语与其通常意思不尽一致时；三是阐明要件的具体含义，特别是当要件的语义存在多种合理性解读时；四是表明要件背后的价值取向，尤其是当要件的内容是以某种价值判定为基础构建而学说上又存在争议时；五是在价值问题上保持足够宽容，不轻易否定某种价值认识的正当性；六是在辩护问题上保持足够尊重，不轻易批驳某种辩解理由和辩护意见的合理性。

诚然，"要件式"定罪说理模式并非完美无瑕，同样也面临以下几个问题或挑战：

其一，对既有学理的依赖。"要件式"定罪说理机制要求裁判者围绕定罪规范的要件和行为的事实要素展开符合性论证，使得裁判者必须放弃说理的概括性而追求对正义和价值的论证。在"要件式"说理转型的初期，裁判者可能会过多依赖学理已有的解说，然而学理的解说众说纷纭、难以统一。

其二，裁判的风险可能增加。"要件式"定罪说理机制要求裁判者心中充满正义，并通过说理将新中国的正义呈现为裁判的依据。由于人们对正义认识的不同、人类理性的有限，裁判者同样可能错判。这就需要在错案终身负责制的背景下，必须建立一种更为合理的评价机制。

其三，说理篇幅可能过长。"要件式"说理模式覆盖了"构成式"说理模式的内容，"要件式"说理的篇幅应该比"构成式"说理的篇幅要长。当然，这是法治发展的必然进程。①

此外，也有法官对定罪裁判模式进行了深入研究，借助大陆法系"规范出发型"思维模式，结合具体案件的审理过程，全面整合、打通定罪裁判的重要元素与相关范畴，通过流程化、步骤式、明确性的操作及阐释，将定罪裁判的展开路径分解为五个有机联系的基本步骤，这就是所谓的定罪裁判"五步法"。具体而言，"五步法"分别是针对起诉书界定审判范围、针对起诉罪名解析构成要件或要素、针对指控事实搭建证明体系、针对诉讼争点论证裁判理由以及针对罪刑关系检验定罪结论。定罪裁判"五步法"比较强化裁判文书的论证说理。

事实上，"五步法"也奠定了定罪说理的基本架构，可以从根本上保障判决质量与正当性。例如，就成罪问题，既要从指控事实与犯罪构成要件之间相互匹配、充足的角度加以判断，也不能忽视对指控事实本身是否达到刑事诉讼证明标准的审查，有时还须从罪刑关系上对情节显著轻微、社会危害性不大的行为作出罪化处理；就罪名问题，则应以不同犯罪构成要件（要素）的差异入手，将说理重点放在法条解释以及对个案事实的涵摄上；就罪数问题，还应结合刑法理论关于罪数形态的处断规则阐明裁判理由。②

三、对量刑说理的考察

（一）我国刑事裁判文书量刑说理概述

量刑是指人民法院根据行为人所犯罪行以及刑事责任的轻重，在定罪的基础上，依法决定对犯罪分子是否判处刑罚、判处何种刑罚、刑度及所判刑罚是否立即执行的刑事审判活动③。量刑说理是指根据案件事实与法律对量刑进行学理分析与说明。量刑是刑事裁判的重要方面，也是有罪判决的最终落脚点。因此，刑事裁判文书说理必然包括量刑说理，量刑说理是裁判说理的

---

① 王守亮：《刑事案件定罪说理机制之新构建——从"构成式"到"要件式"说理模式的转变》，载《山东审判》2015年第2期。

② 赵宇翔：《从经验到理性：定罪裁判五步法——思路、内容与价值》，载《上海法学研究集刊》2019年第12卷。

③ 高铭暄、马克昌：《刑法学》，北京大学出版社、高等教育出版社2000年版，第259页。

应有之义。

量刑说理在我国刑事裁判实践中具有重要的法律意义：

其一，量刑说理是制约法官自由裁量权的有效途径。由于我国法定刑的幅度较大，这就使得法官在量刑时享有较大的自由裁量余地，这就需要对法官的量刑自由进行合法合理的制约和监督。完善量刑说理制度和裁判文书公开制度能够有效实现目的。

其二，量刑说理是促进量刑理性化的必要措施。通过量刑说理，能够促使法官集中精力仔细和审慎地审查、分析各种量刑情节和考量的多种因素，进而实现量刑的理性化和科学化。

其三，量刑说理有利于实现量刑统一。量刑说理是展示法官量刑心理、量刑方法及量刑依据的集中体现。各级法院法官在判决书中将量刑理由充分展现出来，使最高人民法院全面、准确掌握相关信息，针对不同案件类型科学、合理地制定量刑政策和出台相应的司法解释，最终实现全国量刑的统一。

其四，量刑说理有利于吸收当事人的不满，减少诉累，提升司法公信，树立司法权威。[①]

（二）我国刑事裁判文书量刑说理的现状

随着司法体制和工作机制改革的深化，量刑规范化改革从 2010 年 10 月 1 日起在全国法院正式实施，改革对刑事裁判文书的量刑说理作出了明确的要求。2010 年 9 月 30 日起试行的《人民法院量刑指导意见（试行）》，明确了未成年犯、未遂犯、自首、立功等 14 种常见量刑情节对基准刑的调节幅度，选择了常见、多发的交通肇事、故意伤害、抢劫、盗窃、毒品等 15 种犯罪进行规范。2013 年 12 月 23 日，最高人民法院在 2010 年《人民法院量刑指导意见（试行）》的基础上进行了一定的完善，公布了《最高人民法院关于常见犯罪的量刑指导意见》。2016 年，最高人民法院决定扩大量刑规范化的适用范围，又增加了八个罪名。2021 年 7 月 1 日开始施行的《最高人民法院、最高人民检察院关于常见犯罪的量刑指导意见（试行）》，对符合规范范围的 23 种常见犯罪的量刑作了明确规定。

量刑规范化改革的主要任务是在现行刑罚制度比较粗放、法定刑幅度较

---

① 康黎：《量刑说理初探》，载《中国刑事法杂志》2008 年第 6 期。

大、裁量空间比较大的情况下，让法官的量刑越来越公正和精细，确保量刑公平公正。量刑说理是量刑规范化改革的应有之义，加强刑事裁判文书量刑说理是推进量刑规范化的必然举措。

关于我国刑事裁判文书量刑说理的现状以及存在的问题，理论与实务界也进行了较为深入的研究。有法官以某法院 97 份刑事判决书为分析样本，对刑事判决书的量刑说理问题进行了实证研究，指出我国量刑说理的现状体现为：重定罪说理，轻量刑说理；重主刑说理，附加刑完全不说理；重实刑说理，轻缓刑说理；重罪名选择说理，轻量刑幅度选择说理；说理方式格式化，缺乏个案特征。① 也有法官以中国裁判文书网公布的刑事裁判文书为样本对量刑说理的现状进行了考察。研究指出，我国量刑规范化改革的进行，使得我国刑事裁判文书量刑说理部分在结构上更为独立、内容上更加丰润。总体而言，我国量刑说理不足的问题并未得到根本的改善，主要表现在以下几个方面：量刑事实简单，演绎逻辑不清；说理格式化，量刑情节作用不详；法条引用缺失，量刑幅度不明；忽视辩护意见，辩方观点模糊。②

有学者以某市三个基层人民法院 2013 年 75 份一审刑事判决书为研究对象，选取了 24 种罪名为样本进行了实证分析。经分析认为我国司法实践中刑事判决书量刑说理不足体现为：用语概括、模糊，难以体现个案特征；未阐明所选刑种刑度的具体理由；说理针对性不强；欠缺对附加刑的说理；忽视对被害人量刑意见的论证。③

同样，也有学者选取 2014—2015 年度我国十个基层法院一审刑事判决书共计 100 份作为研究样本进行了系统分析，经研究认为当前我国刑事判决书中量刑说理存在的主要问题是不说理或者说理粗疏化。具体体现在以下几个方面：量刑说理方式普遍呈现固定化、格式化的特征；主刑说理粗略，附加刑基本不说理，裁量制度说理疏漏；混淆处罚规范与非处罚规范，导致量刑说理缺乏逻辑性；说理时"张冠李戴"，让人难以接受；缺乏必要的分析和论

---

① 李琴：《刑事判决书量刑说理问题实证研究——以 D 法院 97 份刑事判决书为样本》，载《中国刑事法杂志》2012 年第 6 期。
② 丁敏：《量刑说理研究：现状、标准、成因及改革——以 2014 年 8 月 1 日中国裁判文书网公布的刑事裁判文书为样本》，载《安徽警官职业学院学报》2015 年第 6 期。
③ 焦悦勤：《刑事判决书量刑说理现状调查及改革路径研究》，载《河北法学》2016 年第 2 期。

证,导致说理缺乏信服力;用语生硬、刻板,影响刑事裁判的社会效果。①

(三) 我国刑事裁判文书量刑说理不足的成因分析

正如前述,我国刑事裁判文书量刑说理总体上呈现出量刑不说理或者量刑说理质量不高的特点。人们从不同视角、不同维度分析了刑事裁判文书量刑说理不足的原因。归纳起来,主要包括以下几个方面的原因:

第一,量刑程序规范不完善的影响。量刑程序的不完善使得法官掌握的量刑信息不足,缺少对被告人犯罪动机、成长经历、社会交往、家庭状况、受教育状况、犯罪后的悔罪表现及被害人本人过错等具体情况的掌握。法官量刑信息的不全,影响了法官对量刑展开全面、有针对性的说理。

第二,定罪中心主义庭审模式的影响。从目前情况来看,法庭审判主要还是围绕着定罪而展开的,法庭要解决的主要问题还是被告人的行为是否构成犯罪、构成何种罪名,缺乏对量刑事实和证据的调查和辩论,影响了法官量刑素材的掌握,造成判决书量刑说理缺乏说服力。

第三,职权主义诉讼模式的影响。现行刑事诉讼法虽然吸收了当事人主义诉讼模式的因素,强化了控辩双方在诉讼中的对抗性,弱化了法官的职权作用,但长期以来在职权主义模式下形成的不重说理的惰性很难在短期内彻底改变。

第四,审判权的行使存在缺陷。因司法体制的影响,我国审判权的运作方式存在弊端,对法官量刑说理产生了消极影响。我国现行的刑事司法很大程度上仍带有较浓的"行政化"色彩,影响了法官量刑说理的独立话语权,也一定程度上造成法官不敢、不能在判决书中完全公开量刑理由。欠缺对裁判文书不说理或说理不充分的追究制度。

对此,有法官经深入研究建议法官在量刑说理时应当遵循合法性原则、正当性原则、针对性原则、区别性原则。具体而言,合法性原则的内容包括量刑事实认定符合客观真相、量刑结果符合实体公正、量刑过程符合程序公正;正当性原则的内容包括量刑说理内容正当合理、量刑说理平等对待诉讼各方、量刑说理符合正当程序原理和程序正义的基本要求和内在精神;针对

---

① 彭文华:《量刑说理:现实问题、逻辑进路与技术规制》,载《法制与社会发展》2017年第1期。

性原则的内容包括量刑说理应当针对诉讼各方的主张进行、量刑说理应当针对诉讼各方的争议焦点、量刑说理应当针对不同的受众进行精准化说理；区别性原则的内容包括区别量刑情节多寡进行繁简适度说理、区别普通和简易程序判决书格式说理、区别四级法院制作的判决书量刑说理。① 也有法官对我国刑事裁判文书量刑说理指引模式的理性构建提出了建议，探索构建具有技术规制性的量刑说理指引模式。

具体内容包括：

其一，构建阶梯式逐级适用情节的说理规则。即改变过去杂糅式的无序型方式，形成逐层渐进适用情节的说理步骤和方式，明确各情节在量刑体系中的比重，还原法官的考量过程。

其二，完善繁简得宜、张弛有度的说理方式，衡量说理繁简的根本标准是量刑事实规范对量刑结论的支持度高低、法官量刑的自由裁量权大小和社会影响力强弱，据此合理把握说理的范围和深度。②

第三节　我国刑事裁判文书审级说理现状

一、我国刑事裁判文书审级说理概述

我国法院的审级制度采取的是四级两审终审制，大部分的案件主要集中在基层法院，部分案件因当事人的上诉或人民检察院的抗诉而进入二审程序。无论是一审，还是二审，法官都需要对事实认定和法律适用进行充分的说理。法理上，二审的诉讼理由主要包括三类：一是事实不清，证据不足；二是法律适用不当；三是量刑不当，包括量刑过重或过轻。实践中，二审法院通常以"原审事实认定不清，证据不足""法律适用错误"等理由发回重审。

二审法院将案件发回原审法院重审，需要充分说明理由。2015 年 5 月 28

---

① 杨凯、苏丽蓉、韩秋林：《论量刑规范化与量刑说理规范化之统一》，载胡云腾主编：《司法体制综合配套改革与刑事审判问题研究（上）——全国法院第 30 届学术讨论会获奖论文集》，人民法院出版社 2019 年版。

② 王丽枫、韩锋：《量刑说理指引模式的理性构建》，载《人民司法》2019 年第 7 期。

日，山西省高级人民法院制定出台的《关于推进发回重审案件三公开的指导意见》对发回重审的理由和依据进行了规定。第一，要公开发回的理由。在案件裁定书中，应当对裁判形成的正当性、合法性以及合理性予以公开说明，并着重说明原审裁判事实不清、证据不足或违反法定程序、法律适用错误的具体情形以及原审法院应做的改正和弥补工作等。事实不清、证据不足要说明为什么不清、哪儿不清和证据怎么不足；程序违法、法律适用错误的案件需要说明为什么违法、哪儿违法以及怎么错误，力戒简单笼统、含糊不清、语焉不详。第二，要公开发回的依据。在案件裁定书中，应当对发回重审所适用的法律、法规、司法解释等条文全部列明，并着重阐明适用该法律条文的理由。法律规定比较原则或者条文复杂，当事人各方对法律条文理解容易产生歧义的，应当对法律条文的内容含义进行阐释。此外，还有公开发回的方式。对发回重审的案件应当实行公开宣判、现场送达，使案件当事人和辩护人以及其他相关人员当场知晓案件审判的结果、当场知晓案件发回重审的理由和依据，其他人员也能通过案件裁定书看得一清二楚、一目了然，以减少"暗箱操作"的疑虑。

二、我国刑事裁判文书审级说理存在的不足

关于刑事裁判文书审级说理存在的不足，有法官选取近 100 份刑事裁判文书作为研究的样本进行了分析。研究发现我国刑事裁判文书审级间说理存在的实践偏失主要体现在以下几个方面。[1]

第一，机械复制比较明显，审级间说理雷同度比较高。裁判理由是判决书最主要的组成部分，是支持裁判结果各种事实和法律依据。如果裁判文书直接复制或照搬，将会直接影响裁判结果的正当性、权威性和可接受性。考察发现，实践中有二审裁判文书说理的内容与一审裁判文书基本相同，说理的内容甚至完全一致；有些法官直接以"事实经审查与一审一致"为理由将事实论证予以省略。可见，我国刑事裁判文书审级说理在内容上机械复制现象比较严重。

---

[1] 高娟、叶丹：《刑事裁判文书审级说理的检视与修正——以中部地区 H 省 S 市法院 96 份刑事裁判文书为研究样本》，载贺荣主编：《尊重司法规律与刑事法律适用研究（上）——全国法院第 27 届学术讨论会获奖论文集》，人民法院出版社 2016 年版。

第二，审级说理存在"该繁不繁，该简不简"的错位，繁简尺度把握不一。一是"该简不简"的错位。案件采用简易程序审理，但是产生的裁判文书仍用较大篇幅对事实证据予以认定，其说理程度与采用普通程序审理的案件并不差别。二是"该繁不繁"的错位。部分因"事实认定不清、证据不足"的上诉案件，二审程序理应详细认证，但是存在部分文书以"经审理查明"或"经充分质证"等套话对当事人诉求予以模糊化。

第三，事实论证弱化，审级说理差异小。审级说理事实论证的偏失主要体现在以下两个方面：一是审级间事理说理差异小，一审事理说理功能未加强。审级间事理说理一审程序未充分发挥其查明事实的优势，二审中因"事实不清，证据不足"的上诉、抗诉率较高，办案任务加重。二是证据简单罗列，论证说理缺乏针对性。争议性证据论证推理偏失，未采用证据规则对证据三性以及证明内容予以阐述，证据的堆砌难以体现法官自由心证的论证过程，有关争议性证据的论证被忽视或模糊化，导致文书中控辩事实和法院认定事实呈现"两张皮"现象。论证说理也缺乏针对性，裁判文书多以"本院予以采纳或不予采纳"等概括性方式回应，或对多项诉求、多项辩护意见进行选择性回应或笼统性回应。

第四，法理形式单一，形式重于实质。据考察，现行裁判文书说理在法律引用、论证推理与法律解释等方面仍比较粗糙，审级间法理说理差异性较小，二审法理说理略高于一审说理。具体体现为：一是形式推理重于实质推理。部分法理说理直接引用法条进行法律适用，从形式上采用法条对案件定罪量刑，具体案件事实如何符合法律规定的犯罪构成要件、个案事实如何适用抽象的法律条款等均未从实质层面解释。二是法律条款引用不具体。部分文书简单以"根据相关规定"或"依法"等词条代替具体法条说理，具体依据的法律条文未予说明，也未以附录形式列明。总体而言，审级说理中法律条款引用缺乏规范性、具体性，二审文书说理问题相较于一审可能更突出。

第五，量刑说理格式化，说理结构失调。首先是审级间量刑说理差异小，对因量刑不当引起的二审案件说理薄弱。其次是审级间表达方式格式化严重，大部分文书以"被告人××犯罪后自动投案，如实供述自己的罪行，系自首，依法可以减轻处罚"等形式进行"公式化"说理，说理不充分且针对性不强。此外审级间说理结构失调。说理重定罪轻量刑，量刑说理空间被压缩；量刑说理重结果轻过程,对量刑结果的产生过程未论证。①

三、我国刑事裁判文书审级说理不足的原因分析

关于我国刑事裁判文书审级说理不足的具体成因,有法官从理论层面、制度层面、现实操作层面等多个维度进行了系统分析。②

(一)理论层面分析

我国审级制度呈现"柱形结构",不论一审程序、二审程序,还是再审程序,均为区分事实审和法律审,不同层级间法院功能同质化,审查内容以全面审查为原则,导致案件事实被反复审查,上诉程序成为"第二次的第一审"、初审程序成为上诉程序的"预备性程序"。上诉审法院成为上级法院,各级法院的相互关系主要是政治和管理的,而不是功能和分工的。因此,这就产生了一系列的不良影响,例如,二审程序任务加剧,审级间形成恶性循环;司法能动性降低;上下级法院关系趋行政化等。我国审级制度功能的错位在很大程度上导致了审级说理定位的混乱。具体而言,包括说理方式重对内轻对外,承办法官更加注重以审理报告、合议庭等形式对内部人员进行详细说理;说理方式重综合概括说理轻演绎推理;受理内容重形式轻实质;说理内容重事理轻法理;说理受众重法官轻当事人等。

(二)制度层面分析

规范设计的不合理导致审级说理存在错位现象。规范设计的不合理主要包括两方面的内容:

一是缺乏科学的司法绩效考评制度。绩效考评是评价法官工作业绩的重要制度,科学、合理的考评制度是推进审级说理良性发展的重要推力。法院系统绩效考核中机械地将改判、发回重审率、上诉率、上访率等指标作为评价案件质量好坏的做法值得反思。加之合议庭联合署名的制度,承办法官没有动力去精心撰写文书,导致裁判说理的填充式、机械复制、形式化等问题

---

①② 高娟、叶丹:《刑事裁判文书审级说理的检视与修正——以中部地区 H 省 S 市法院 96 份刑事裁判文书为研究样本》,载贺荣主编:《尊重司法规律与刑事法律适用研究(上)——全国法院第 27 届学术讨论会获奖论文集》,人民法院出版社 2016 年版。

较明显。

二是刑事裁判文书样式在一定程度上具有滞后性。判决书说理方法的形成很大程度上依赖于一定的制度背景，特别是判决书样式结构。因此，文书样式结构合理与否直接影响文书的说理性。然而，我国采用的刑事裁判文书样式是1999年最高人民法院颁布的《法院刑事诉讼文书样式（样本）》，历经多年及刑事诉讼法2012年大幅修正，文书样式并未相应修正完善。随着文书说理要求的提高，现行样式中说理要素不完整，如缺少事实与证据间综合性说理、缺少独立量刑说理等，样式结构的滞后性、不合理性已日益凸显。因此，因刑事裁判文书通用格式不合理和说理指导技术性规范缺失，导致法官说理无所适从，部分法官囿于样式要求选择性说理或"大杂烩"式说理，说理较粗糙。

（三）操作层面分析

现实因素的多重复杂性给审级说理带来了挑战。一是法官主体存在"不愿为"的心理。有法官调查发现，担心言多必失、任务繁重、判决书样式限制、激励机制缺乏成为制约说理较为主要的因素。二是检法间关系和案卷移送制度影响裁判文书有效说理。我国宪法第一百三十五条规定公检法间关系是"分工负责，互相配合，互相制约"，即检察机关不仅在诉讼中具有原告身份，而且具有法律监督的角色。控辩审三方中，控诉方检察机关既代表国家行使犯罪追诉权，具有侦查取证的权力，又具有对法院裁判的监督权，控辩双方地位呈现不平等性，导致实践中双方地位的衡平度难以把握。实践中，法官审理案件更倾向于重公诉机关诉求，文书说理重公诉机关轻当事人的倾向。

第四节 制约我国刑事裁判文书说理的具体因素分析

关于我国刑事裁判文书说理的制约因素，理论界认为主要包括四个方面的原因：一是体制不完善，不要说理；二是法官腐败，不敢说理；三是法官缺少监督,不愿说理;四是法官素质不高,不会说理。① 归纳起来,制约我国刑事裁判文书说理的因素,既有观念层面的因素,也有法官自身的因素;既有现实层面的影响,也有制度体制方面的制约。

一、观念层面的因素

(一)职权主义思想的困扰

职权主义思想的困扰,使得法官主观上"不愿说理"。受两千多年的封建专制制度和大陆法系国家法律制度的影响,我国刑事审判制度从根本上讲,至今仍未能完全摆脱职权主义思想的桎梏,反映在裁判文书中,便是"不说理"或"不够说理","用'我说你听'的方式、行政的方式、决断的方式处理纠纷还是为许多法官所接受,并认为是天经地义的,理所当然的。他们不仅是不大会说理,他们更不大习惯说理。"在这种思想的支配下,有的裁判文书仅在"本院查明"之后便直接引用法条,有的判决理由与案件事实没有因果关系,对不采纳的理由仅以"无事实和法律依据"加以否定。

(二)重实体轻程序法律传统的影响

重实体结果、轻程序的法律传统也制约了法官裁判说理。长期以来,我国裁判文书崇尚逻辑、说理简练,追求诉讼纠纷的解决,法官作出判断的思维过程通常被省略,对证据认定和适法过程的法理分析也多一笔带过。这种传统背景下,部分刑事法官存在重结果、轻程序的思想,错误地认为只要当事人对裁判结果没意见,就没有必要过多阐述裁判理由。②

---

① 苏国华、陈义熙:《裁判文书说理完善的样式驱动》,载贺荣主编:《司法体制改革与民商事法律适用问题研究(上)——全国法院第 26 届学术讨论会获奖论文集》,人民法院出版社 2015 年版,第 468 页。

② 王学文:《正义如何发声:刑事裁判文书说理问题的反思与超越——从两份刑事裁判文书的"本院认为"部分说起》,载《山东审判》2016 年第 4 期。

二、现实层面的因素

（一）案多人少矛盾的制约

案多人少矛盾的突出，在很大程度上制约了法官裁判说理。由于司法资源配置不均，很多法院案多人少，法官办案压力大，这是我国的司法现实，尤其是基层法院法官，一天要审结好几件案子，这在一定的程度上造成法官无暇说理的弊端，也影响办案质量。多数法官在案件面前开始变得麻木，为了寻求纠纷解决效率，放弃本应履行的说理义务，选择格式条款式的判决书，批量生产出司法判决，而不论这样是否会破坏司法公信力。① 有法官撰文也指出，法官在高强度的工作压力下，"白加黑""五加二"的工作强度相对比较普遍，法官体力消耗甚大，大多处于亚健康的状态，根本没有过多时间和精力来纠结裁判文书说理好与不好。

另外，司法实践中，大多数当事人在拿到裁判文书之后，最为关心的是裁判结果，常常是直接翻到最后的判决主文，如果对判决结果满意的话，前面的内容基本上不看，在对判决结果不满的情况下，则会仔细阅读判决理由。在相当一部分法官眼里，只要裁判结果对了，说理过得去就行，顾及不到裁判文书说理的质量。

此外，在案多人少、司法资源紧缺的情况下，法官根本无暇顾及法言法语的阐述。譬如在诸多刑事裁判文书中，一些诸如"防卫过当""共同犯罪""犯罪中止""酌情从轻处罚"等一些充满抽象、理性、严谨的法律术语，迫切需要法官在进行裁判文书说理时候通过日常用语进行充分的论证解释，从而形成与人们生活经验和现实生活的对接。然而，有些法官没有对出现在判决文书中"晦涩难懂"的法律术语进行详细的说理，结果常常导致民众理解判决难度大，实践中时不时导致当事人乃至社会公众陷入"云里雾里"，甚至引发社会公众对判决结果产生质疑。②

---

① 杨月娥：《我国裁判文书说理困境及其对策——以惠阳"许霆案"判决为例》，载《淮海工学院学报（人文社会科学版）》2016年第7期。
② 陈建华：《裁判文书"说理难"的现实语境与路径选择》，载《时代法学》2018年第5期。

（二）审判权运行机制的不足

审判权行使存在的"审判分离"现象也制约了法官进行说理。从法院内部情况来看，"审判分离"现象仍然存在，合议庭虽为作出具有法律效力的裁判内容的法定审判组织，但一些案件的判决，合议庭必须充分考虑庭长、院长的意见，如果庭长或院长不同意合议庭的拟处理意见，合议庭需复议，如双方意见仍不一致，可提交审判委员会讨论决定，而实际上，合议庭因坚持自己的意见而最终由审判委员会作出决定的情况并不多见。况且，即使某些案件确是根据审判委员会的决定作出裁判的，具体制作裁判文书的仍是承办法官，而非审判委员会，法官在无法充分说服自己的情况下，自然也就很难用精辟的语言和缜密的思维和逻辑来说服当事人及社会公众。

与裁判文书相比，案件的审理报告或审结报告往往十分全面和翔实，除裁判文书中有的被告人基本情况、案件的审理过程、起诉书指控的事实、被告人的辩解及辩护人的辩护意见、经审理查明的事实及证据、对被告人辩解及辩护意见的分析、认定、适用法律和裁判结果外，还包括裁判文书中无法体现的承办人个人对本案某些关键问题的看法和态度、合议庭不同意见、庭长、院长意见、有关领导的批示、上级法院的意见等。特别是针对上述现象的存在，审理报告或审结报告便越发起到关键的作用。与裁判文书不同，审理报告更带有承办法官的个人色彩，由于该报告系"内部文件"，直接编入副卷，故承办法官大可不必担心因自己"言语不慎"而导致社会或新闻媒体的非难，同时，审理报告和大量内部批示以及承办法官内部交换意见的工作说明或工作记录，能够真实地反映承办法官的工作情况和对案件走向起到作用的各种因素，具有"内部说清"的重要作用，在案件二审、复核、再审、案件评查及内部监督中显得尤为重要。所以承办法官一般不惜花费大量精力去完成审理报告。相形之下，裁判文书的对外公开性，使得法官对其"慎之又慎""惜字如金"。

三、制度层面的因素

（一）刑事裁判文书说理的激励考核机制有待健全

相应激励机制的缺乏，使部分法官感到"不必说理"。英美等普通法系国家实行判例法制度，强调遵循先例并承认法官造法。法官在撰写判决书时，更看重对判决的论证和推理及法律的解释。由于判决书通常由撰写判决书的法官署名，而不是审判庭署名，因此，如果法官撰写了一份出色的判决，就意味着会成为经典判例。这样可以激励法官提出新理论，促进法学的发展和法律的更新。英美法系国家的法官，在制作裁判文书的时候，不仅要考虑到本案法律关系的处理是否恰当、周延，更要考虑到本案判决中的适用法律思想对未来司法的影响，法官将判决定案的主旨放在了"即将成为明天的今天"上，希望自己的判决在解决现实纠纷的基础上，能够产生历史功效。

如果法官在审理过程完成后，仅仅作出一个命令式的判决结果，没有合理地对案件的证据与事实进行分析论证，对适用法律进行必要的法律推演的话，当事人往往不会对判决结果信服，从而导致对整个审判程序的怀疑。[①] 因此，裁判文书的说理性的加强是法院审判能力提高的重要表现，也是切实维护当事人合法权益的重要表现，积极探索和实践提高裁判文书说理性的方式和途径已刻不容缓。

（二）刑事法官裁判文书说理能力养成机制有待完善

法律文书是全面展现法官理解和适用法律的能力、说理能力、逻辑思维能力、文字表达能力的一个载体，也是考评法官能力的一个重要依据。毫无疑问，裁判文书的质量特别是裁判文书的说理性很大程度上取决于法官的职业素养和水平，而后者又与法官的选拔方式、培养模式、考评制度等密切相关。

[①] 王婧：《法官"讲理"与刑事裁判文书"说理"》，网址：https://www.china-court.org/article/detail/2015/07/id/1663425.shtml，最后访问时间：2020年5月12日。

四、法官层面的因素

法官队伍的不稳定以及法官裁判文书说理经验的传承问题。在制作裁判文书方面，绝大多数的法官是在审判实践中跟随前辈学习、请教、摸索而自学成才，缺乏专业的制作方法和技巧方面的培训，这种师徒传帮带式或是自学成才式的学习方式，在能够很快适应基层实践的同时，也易将很多不好的习惯延续下来。

原有法官选拔、考评制度的缺陷所导致的法官素质参差不齐，使部分法官"不会说理"。诉讼文书的质量绝不仅仅是一个文化水平和驾驭语言文字的技巧问题，还是法官的政治、法律素养、审判业务、文化水平、文字表达能力和审判作风等综合素质作用的结果。要制作一流的裁判文书，就必须有一流的办案质量；要有一流的办案质量，必须有一流的高素质的法官。

当前，我国法官的整体素质得到很大程度的提升，但理论功底扎实、实务技能高超、责任担当感强、廉洁自律性强的法官还是处于"供不应求"的状态。有的法官重实体、轻程序，忽视提高自身职业水平，缺乏论证说理的技巧的相关训练。有的法官不注重增强自己的法学理论的积累，导致在审判案件时没有相应的知识储备，在写判决书时略显吃力，不能旁征博引。我国也没有专门针对判决书说理的培训，多数法官们都是入职以后跟前人学习，没有进行系统的训练。

第三章 刑事裁判文书说理的内容与方法

刑事裁判文书说理的内容要从事理、法理、情理、文理等四个方面进行着手,而刑事裁判文书说理的方法则比较多,需要根据具体情况进行选择,或者单一使用,后者混合使用。

第一节 刑事裁判文书说理的内容

裁判文书说理的基本内容包括四个方面:阐明事理,即说明裁判所认定的案件事实及其根据和理由,展示案件事实认定的客观性、公正性和准确性;释明法理,即说明裁判所依据的法律规范以及适用法律的理由;讲明情理,体现法、理、情相协调,符合社会主流价值观;讲究文理,语言规范,表达准确,逻辑清晰,合理运用说理技巧,增强说理效果。

一、阐明事理

阐明事理是关于案件真实情况的认定说理,属于实体性内容,是裁判文书的根基部分。法官首要的任务就是要说明案件发生的过程,准确并清晰地阐述案件事实的前因后果。从具体的实践中,阐明事理需要围绕着案件事实和证据展开,因此,可以分为事实认定的说理和证据认定的说理。

(一)事实认定说理

对案件事实认定的说理就是要把案件的事实叙述清楚,客观、公正、准确地讲清楚案件的来龙去脉和发展过程。在刑事裁判文书中必须写明已经查明的、具有犯罪行为法定特征的事实或者能够出罪的具有法定特征的事实。

首先,刑事裁判文书说理中认定的事实是依法查证的客观事实。诉讼过程中的事实认定是一种回溯性认识,是司法机关通过法定程序还原的案件事实。因为有些客观事实可能会随着时间的增长而变得难以证实,所以有些时候法庭查证的事实可能未必与客观事实符合。但是,经依法查证获得的事实已经是一种"看得见的公正",能够避免不公正裁判的风险。[①] 在这种情况下,由于存在一定的局限性,很难完全真实客观地还原客观真相,只能按照法定程序,依据已有的证据,尽最大努力做到与客观事实相一致。另一方面,刑事判决所要论证的事实本身就是一种认识论层面的事实,是一种事实判断。客观的事实已经成为过去,裁判者很难通过感知的方式进行直接把握,只能借助一定的程序和证据通过间接的方式获得对案件事实的了解。

其次,刑事裁判文书认定的事实是一种法律事实。法律事实不同于客观事实。客观事实是指在时间和空间中存在的事物、现象和过程,属于本体论的范畴。而法律事实是指法律规定的、能够引起法律关系产生、变更和消灭的现象。两者具有较为密切的关系:一方面,客观事实是法律事实的基础,法律事实必须以客观事实为追求目标,法院在审判过程中所采取的各种认定事实的审判程序、证据规则以及其他法律手段,都是以追求客观事实为目标的。一种审判程序和证据规则是否合理,要看其是否能够最大限度地保证认定的客观事实与法律事实相一致;另一方面,法律事实是客观事实的再现或者反映。法律事实是通过审判程序规则、证据规则和法官心证等法律手段对客观事实的再现或者反映。总而言之,法律事实具有法律意义,能够产生法律效果,同时又受到法律程序的制约,符合一定的法律要求和限制。

(二)证据认定说理

证据的说理也是裁判文书说理的重要内容,好的刑事裁判文书说理需要把证据问题厘清楚、讲透彻、说充分。证据是认定事实的基础,对法律事实的认定离不开证据。从这种意义上说,打官司就是打证据,因此,缺乏证据认定说理的刑事裁判文书是难以具有良好的说服力和公信力的。刑事裁判文书中的证据认定说理,主要围绕以下三个方面开展:

1. 证据的真实性说理

证据的真实性也可以称为证据的客观性或者确实性,是指证据客观、真

[①] 孙华璞、王利明、马来客:《裁判文书如何说理》,北京大学出版社2016年版,第65页。

实,是一种不依赖于主观意识而存在的客观事实。证据的真实性是证据最本质的特征,因为虚假的、伪造的证据不能成为定罪量刑的依据。在刑事案件的审判中,证据的真实性问题尤为重要,如果出现证据之间相互矛盾,双方在证据的真实性方面存在较大争议的时候,就需要在裁判文书中进行证据真实性的说理。这也是对控辩双方质证意见的关注和回应,让双方明白采信了什么样的证据,为什么采信这些证据。通常而言,可以从证据形成的原因、发现证据时的客观环境、证据是否为原件原物、提供证据的人与当事人是否具有利害关系等方面进行说理论证。

2. 证据的合法性说理

证据的合法性是指证明案件真实情况的证据必须符合法律规定的要求。维护证据的合法性,是实现法律公平正义的重要方面。证据并不具备天然的合法性,是否具备合法性是证据是否被采信的基本要求,在刑事案件的审判过程中必须要进行证据合法性的审查,排除非法证据,保留合法性证据。那么,在审判结束后,在进行刑事裁判说理的时候就应当对证据是否具备合法性进行说明和论证。证据合法性的说理主要从证据的主体是否合法、取得证据的程序和方式是否合法;证据的形式是否合法等方面进行说理论述。强化证据合法性说理,有助于促进非法证据排除,预防刑讯逼供,防止冤错案的发生,能够保障诉讼参与人的合法权利,同时也有助于诉讼制度与国际接轨。

3. 证据的关联性

证据的关联性是指证据应当与案件所要查明的事实存在逻辑上的联系。也就是说,证据要同案件事实存在联系,对证明案件情况有实际意义。证据的关联性是判决说理的重要内容,只有与案件有关的事实材料才能作为证据使用,因此,刑事裁判文书说理应当对证据与案件之间的相关性进行说明论证。对证据关联性的说理可以从证据的证明性和实质性两个方面进行论证。其中,证明性是证据支持其欲证明的事实主张成立的一种倾向性。如果剔除的证据能够证明其所要证明的事实主张,那么该证据就具有证明性。实质性涉及的是证据与案件待证事实之间的关系,也就是证据能否证明待证事实。如果证据的证明目的有助于证明争议事实,该证据就具有实质性;如果特定证据的证明目的并非指向本案的待证事实,则该证据不具有实质性,也就没有关联性。

二、释明法理

释明法理实质上就是法律适用说理，需要围绕案件的定罪量刑针对案件的焦点进行论证说理，也就是要阐明依据法律规定对认定的案件事实进行处理的理由。法律适用是刑事裁判文书说理的必要组成部分，是将刑法和刑事诉讼法适用于具体案件以获得刑事判决的过程。简而言之，就是要运用法条条文、司法解释、司法政策等规范性文件，结合法学理论，解释论证清楚被告的行为是否构成犯罪、构成什么犯罪、是构成一罪还是数罪、具有哪些法定或酌定量刑情节，应当如何量刑。

通常而言，法律适用说理需要经过三个过程。首先是法律发现，也就是找法的过程。法律发现是法律获取的过程，也就是裁判者寻找能够适用于案件事实的法律规范的活动。这是法律适用过程的第一个步骤。裁判者首先获得的是对于证据和事实的认识与判断，形成确证后再去进行法律适用活动。在法律发现时，法官的预感在起着关键作用。所谓法官的预感乃是经过长期的专业学习和职业训练以及实践经验积累形成的法律思维能力，即法官的法感。从实质上看，法律发现是一种出于法感的假设，因此在裁判文书中有义务对法律发现活动进行说理。其次是法律选择的过程。一般而言，裁判者通过法律发现会寻找到多个可能适用于案件的法律规范，裁判者接下来就需要进行法律选择，也就是要在已经发现的法律法规中进行更为准确的选择，又可以将这一过程称为选法的过程。法律的选择并不是一个简单的过程，需要在事实和法规之间往返，进行反复的检视和修正。法律的选择也直接体现了一个法官的知识水平和业务素养。而且，在某些时候，由于法律不可避免地具有滞后性，再加上社会现实的复杂多变性，会导致并非所有的社会事实都有直接相对应的法律条文，这时候会导致法律选择的难度加大。因此，在裁判文书中，需要对法律选择的过程和结果进行论证说理。最后是法律确认的过程。法律确认是法律适用的最后阶段。在这一阶段中，裁判者将法律条文适用于法律事实，形成裁判结论。这是一个从抽象的法律规范到具体的事实适用的过程。在这一过程中，涉及法律解释的问题，需要进行规范化的论证，说明适用此规范的理由。实质而言，法律适用的过程也即是法官将刑事法律规范适用于认定的案件事实的过程，在这一过程中必然涉及对法律的理解与阐释，要向社会大众展示法律适用方面的理由依据。也即是必须要说明和论证具体案件为什么要适用这个法律规范，从而推导出法律裁决的过程。

从说理的内容看，法律适用说理需要从两个方面进行。第一方面是法理分析。也就是需要首先对法律条文进行一定程度的阐释，将其具体化到千变万化的事实中。在具体的分析中，要根据法律条文，围绕具体案件的罪与非罪、此罪与彼罪、量刑的情节进行透彻的说理论证，最终确定被告人是否构成犯罪、构成什么犯罪，以及具体的量刑依据和结果，不能只是简单地引用法律条文便直接给出裁判结果。第二方面是学理分析。在刑事裁判文书的说理中，有时候会需要进行学理分析，特别是在审理过程中出现涉及刑法理论的争议问题时。作为裁判者不能故意回避这些问题和争论，应当给予积极的回应，在裁判文书的说理中有针对性地进行阐释和说明，只有这样才能使人信服裁判的结果，取得良好的法律效果和社会效果。

三、讲明情理

裁判文书不仅要合法，而且要通人情、合情理，只有这样才更具有说服力。自古以来，那些能够流传后世的优秀判词都体现了法理和情理的完美融合。所谓"情理"，是指对裁判间或要顾及法律之外的道德、政治、民族、外交、民意与舆情、国民常识与情感等因素方面提出的要求。[1] 在刑事裁判文书中进行情理论证，可以缓解刑事裁判文书冰冷生硬的公文色彩，动之以情、晓之以理，能达到更好的说理效果，从而打动人心，让社会信服。另外，在绝大多数的情况下，法理和情理并非是相互对立和相互排斥的关系，而是相辅相成的关系。法不外乎人情，一部好的法律，实际上已经包含了一定的情理。因此，裁判文书在进行说理时也应当将其中的情理部分准确清楚地解释出来。而且，相比法律的强制力量，情理的力量很多时候更能达到好的说理效果，有些时候一句充满人情味的话语可能要比一段大道理更有说服力。

在刑事裁判文书的说理中，讲明情理可以分为两种情况。第一种情况是法理和情理存在包容关系。在这种情况下，情理是法理的基础，情理已经被

---

[1] 刘树德：《刑事裁判说理的实践之维——以理论与实务互动为视角》，载《南海法学》2018 年第 6 期。

法理包容。但是，在进行说理的时候不能以已经存在包容关系为由，就只重视对法理的论证，而轻视甚至放弃对情理的论证。如果法理中对某种程度的人情能够包容，裁判文书就应当把法律所包容的人情阐发出来，以展示法律的可亲可近之情。[1] 这种包容关系下的情理，不是代表极少数的个别的情理，而是一种代表人民的普遍的情理。只有阐释清楚法条中蕴含的情理，才能展示出法律条文的灵性，法律也才真正能够成为代表广大人民利益的规则，裁判者也才能够真正成为人民的法律代言人。第二种情况是法律条文所蕴含的价值取向与民情不一致的情况。法律是经过冷静、理性的思考而创造出来符合法律逻辑的理论结晶，有些时候难免会与普通的民情舆论有所冲突。在这种情况下，作为刑事案件的裁判者更不能置民情于不顾，反而更要注重通过裁判文书说理对民情进行有效的引导和化解。此时，虽然不能法外用情，但是我们应当在尊重人情、理解民情，通过裁判文书的详细说理来充分发挥法律的指引作用。

四、讲究文理

所谓文理，是指说理的语言、形式和技巧，反映一个人的说理能力特别是文字能力、思维能力、逻辑能力等。[2] 裁判文书的文理是属于形式方面的内容。在刑事裁判文书的说理中，讲究文理主要体现在以下几个方面：

（一）语言表达

首先，裁判文书的语言要措辞精确易晓。刑事裁判文书具有严肃性，因此需要在语言上保持一定的庄严性。在说理过程中，应当使用精确的字词、专业性的语言以及理性的表达方式，能够准确反映案件的真实情况，力求做到精确无误，保证分析论断无歧义，能经得起事实和历史的检验。其次，语言应当简明精练。裁判文书的语言应当简明切要，直言其事，高度精要，不应当泥沙俱下、枝蔓丛生。

然而在追求简明的同时，我们也不能因为过于追求语言的精炼而不适当

---

[1] 最高人民法院司法改革领导小组办公室：《最高人民法院关于加强和规范裁判文书释法说理的指导意见理解与适用》，中国法制出版社 2018 年版，第 19 页。

[2] 胡云腾：《论裁判文书的说理》，载《法律适用》2009 年第 3 期。

地简化案件事实，笼统地表述证据而不加分析，缩减甚至遗漏重要的辩护意见、争议问题等，这都会出现舍本逐末，因一味求简而忽略了其完整性。最后，说理论证要寓情于理。虽然刑事裁判文书的说理要求使用平实、专业化的法律语言进行表述，但是并不意味着语言要生硬呆板、一味地平铺直叙。文章不是无情物，裁判文书作为惩恶扬善的载体，其语言可以适当体现个性化和人文情怀，赋予一定的人文色彩，在说理论证中呈现出鲜明的爱憎态度，表露出高尚的价值取向。作为刑事裁判文书，尤其可以多用刚健严峻的语言，使字里行间都充满洋溢着褒贬之意和爱憎之情，真正体现惩恶扬善、匡扶正义的态度和决心。

（二）语言逻辑

刑事裁判文书的说理要具有逻辑性，一份逻辑清晰、层次分明、论证严谨的裁判文书才具有较高的说服力和社会接受度。

首先，裁判文书的说理应当遵循基本逻辑原理，具有逻辑性的说理才能逻辑自洽，自圆其说，从而更具有说服力。在刑事裁判文书的说理中，应当综合运用形式逻辑、数理逻辑和辩证逻辑等逻辑论证方式来进行说理论证。因此，无论是案件事实的梳理、证据的确认，还是法官自由心证的过程的论证说明，都需要具有严密的逻辑性。例如，对证据的论证应当按照控辩审的顺序展现证据，增强证明列举的逻辑性，以更加全面地展示法院的审判流程和充分控辩双方的意见。

其次，刑事裁判文书说理时还要注重各部分之间的相互关系。只有各部分之间逻辑清晰严谨，部分之和才能形成一个完整的整体，而且部分之和才能大于整体。例如，在对证据进行说理时还要注重各个证据之间的相互印证，对于间接证据，能够将间接证据串联起来，形成环环相扣的证据链，从而判断控辩双方哪一方的证明力较大，形成合理的联系分析。

（三）语言技巧

刑事裁判文书的说理论证在遣词造句等方面还需要注重书写技巧方面的训练。首先，在句式方面，作为刑事裁判文书的论证说理要尽量用肯定句式，直接表明要表述的观点和意思，避免使用否定句式，防止引起歧义和误解。其次，要注意不同词类使用的规范问题。在裁判文书的书写中，对于一些词类的运用有一定的要求和限制。例如，在数词的使用上已经存在一定的使用规范。什么时候使用汉字数字、什么时候使用阿拉伯数字都是应当进行注意和区分的。另外，代词的使用也是需要注意的，如果不当使用也会产生歧义，从而让人误解。最后，整个行文要规范流畅，尽量避免使用较长的句子，适合阅读、适合宣判。

第二节　刑事裁判文书说理的方法

刑事裁判文书的说理方法有许多种，按照其说理的依据，可以将其大致分为以下几种。

一、运用法源说理

所谓"法源"也就是指法的渊源。法的渊源这一概念是法学各学科的基础性概念，同时也是法学研究的重要内容，因为其既是重要的理论问题也是非常重要的实践问题。从其发展过程看，虽然法的渊源的发展经历了一个不断演进变化的过程，但是，目前法学界对法律渊源的概念仍然并未形成有效共识，法学家们也都从各自的角度对它进行不同的解说。从词意方面来看，法的渊源原意是指法的来源或源泉，大意是指法源于何处、缘何而来。由于一个行为规则从产生到上升为法律具有法律上的效力是由多种因素共同作用产生的结果。[①] 所以，法源一词往往可以指不同的对象，也由此便引申出了法的渊源的一系列形态，诸如法的历史渊源，法的理论渊源，法的政治渊源，法的物质渊源，法的形式渊源，法的解释渊源等。但是，严格而言，大多数的学者都认为，作为法学研究中的专门术语，法的渊源是指法律效力的来源，也就是法的创制方式和法律规范的外部表现形式，[②] 或者称之为"有效力的法律表现形式"。[③] 具体而言，法的渊源主要是用来说明一个行为规则通过什么

[①] 卢建平：《刑法法源与刑事立法模式》，载《环球法律评论》2018年第6期。
[②] 牛克乾：《刑法渊源、规范性刑法解释与刑事判例》，载《法律适用》2004年第5期。
[③] 刘作翔：《"法源"的误用——关于法律渊源的理性思考》，载《法律科学（西北政法大学学报）》2019年第3期。

方式产生、具有何种外部形式才被认为是法律规范，具有法律规范的效力。这实质上是认为法的渊源是效力来源和表现形式的统一，二者是同一事物的两个方面。因此，刑法的渊源就是指刑法规范的表现形式和效力来源。如日本的大谷实教授认为，"所谓刑法的渊源，是指刑法的存在形式，它是法官进行法律判断的依据"。①

关于刑法渊源的分类，虽然传统观点认为只包括刑法典、单行刑法、附属刑法，以及民族自治地方的省级人民代表大会根据当地民族的政治、经济、文化特点和刑法典的基本原则制定的变通或补充规定，但是，目前有较多的学者认为刑法渊源可以按照不同标准进行分类。从它对司法机关的法律适用而言，可以分为直接渊源和间接渊源。所谓直接渊源是指体现在权威性法律文件中，具有约束力，法官能在刑事判决中直接饮用作为判决依据的法律渊源；所谓间接渊源是指没有体现在权威性法律文件中，没有约束力，但对法官确定直接渊源的内容和范围时具有说服力的法律渊源。还可以分为正式渊源和非正式渊源。正式渊源是指法律上有约束力的渊源，一般指比较明确的、由立法机关制定或认可的行为规范，在我国主要包括制定法、经国家认可的习惯和国际条约等。非正式渊源是指虽然没有明显的法律上的约束力，但对法官等职业法律群体来说有很大影响力和说服力的渊源。具体而言，在大陆法系国家，刑法的直接法源一般局限于法律、国际条约以及特定委任立法下的政令。在我国，由于特殊的历史和现实原因，刑法的直接法源有：法律（含刑法及其修正案、单行刑法、附属刑法）、国际条约、行政条例、命令以及刑法立法解释与司法解释。与上述直接法源不同，刑法的间接法源没有经过法定的程序形成权威性的规范性法律文件，对法官没有约束力，但具有重要的说服力，包括习惯、规范性刑法文件、刑事判例等。

在司法实践中运用法源进行说理的刑事裁判案例占绝大多数，其中，以依据法律条文说理、援引司法解释进行说理和援引指导性案例进行说理居多。

（一）依据法律条文说理

法律条文是说理的基础。依据法律条文说理是刑事裁判文书中最常见的一种情形，也就是通过说理将已有的抽象的法律条文适用到具体的个案中。

---

① ［日］大谷实：《刑法总论》，黎宏译，法律出版社2003年版，第42页。

这个时候就需要结合案件事实，明确法律条文的内容和含义，首先依据犯罪构成要件论证罪与非罪、此罪与彼罪的问题，之后依据具体情节来确定量刑，从而实现准确的法律适用。

我们可以以杭州市莫焕晶放火案、盗窃案一审刑事判决书为例进行论述，实际上，该判决书是围绕犯罪的动机与目的、是否有放火故意、实施犯罪行为和造成的危害后果、被告人的罪责问题等方面综合运用证据和法律进行释法说理，充分回应了双方争议的焦点问题和社会所关切的问题。[1]

关于被害人诉讼代理人、被告人莫焕晶及其辩护人所提相关意见，评析如下：

……

（2）关于犯罪动机和目的。诉讼代理人提出，被告人莫焕晶放火后从1802室入户大门离开并故意将门关闭，极有可能系为毁灭盗窃罪证而放火，且还有故意杀人之嫌。经查，诉讼代理人出示的证人杨某1的自书材料与电梯监控视频显示的杨某1和莫焕晶乘坐电梯的路线、剪刀形消防楼梯的状况及杨某1在侦查阶段所作证言均不相符，该自书材料不实，不予采信，故现场电梯监控视频及相关证人证言不能证明莫焕晶有故意杀人、毁灭盗窃罪证的动机和目的。

（3）关于被告人莫焕晶所提书本点着后没有明火，没有故意引燃沙发、窗帘的辩解和辩护人所提莫焕晶无放火故意的辩护意见。经查，案发前被告人莫焕晶通过手机搜索"家里火灾赔偿吗""起火原因鉴定""睡到半夜家里无端着火了""沙发突然着火""放火要坐牢吗""家里窗帘突然着火""火灾起点原因容易查吗"等信息，反映其有明显的放火预谋。莫焕晶归案后均供认，其点火的时间为4时55分左右，其用打火机两次点书本，在第一次未点燃封皮后又点燃书的内页，看到书燃起火星后将书本扔在布艺沙发上，随后沙发、窗帘被迅速引燃。

---

[1] 最高人民法院审判管理办公室：《全国法院百篇优秀裁判文书》，法律出版社2019年版，第528~544页。

故被告人莫焕晶在案发前多次搜索与放火相关的信息，案发时点燃书本，并将已引燃的书本扔掷在易燃物上，引发大火，显系故意放火，辩护人所提莫焕晶无放火故意的辩护意见与查明的事实不符，本院不予采纳。

……

（5）关于辩护人所提物业设施不到位、消防救援不及时是造成本案人员伤亡、财产损失的介入因素，对危害结果具有影响力，请求对被告人莫焕晶从轻处罚的辩护意见。经审理认为，放火罪系严重危害公共安全的犯罪，放火行为一经实施，就有可能造成不特定多人伤亡或者公私财产损失的严重后果。莫焕晶不顾雇主及其年幼子女生命安全，选择凌晨4时55分许在高层住宅内放火，最终造成四人死亡及巨额财产损失的严重后果，其放火行为与犯罪后果之间存在直接的因果关系，依法应对全部后果承担刑事责任。消防部门于5时04分50秒接群众首次报警，于5时07分52秒派出第一批消防车，消防车于5时11分16秒到达蓝色钱江小区正门，消防战士于5时16分53秒到达着火建筑楼下，随即携带灭火救援装置乘电梯前往事发楼层，接手物业保安实施灭火。消防战士在实施灭火过程中发现供水管网水压不足，遂沿楼梯蜿蜒铺设水带进行灭火。火灾扑救时间延长，与案发小区物业消防安全管理落实不到位、应急处置能力不足及消防供水设施运行不正常，致使供水管网压力无法满足灭火需求有一定关联。但上述情况不足以阻断莫焕晶本人放火犯罪行为与造成严重危害人身、财产安全犯罪后果之间的因果关系，故辩护人认为可以减轻莫焕晶罪责的意见不能成立，本院不予采纳。

综上，本案事实清楚，证据确实、充分，足以认定。

本院认为，被告人莫焕晶在高层住宅内故意使用打火机点燃易燃物引发火灾，造成四人死亡和重大财产损失，其行为已构成放火罪；莫焕晶还在从事住家保姆工作期间，多次盗窃雇主财物，数额巨大，其行为已构成盗窃罪。公诉机关指控莫焕晶所犯罪名成立，本院予以支持。莫焕晶犯有两罪，应依法并罚。莫焕晶于凌晨时分故意在高层住宅内放火,导致四人死亡和重大财产损失,犯罪动机卑劣,犯罪后果极其严重,严重危害公共安全,社会危害性极大,依法应予严惩。虽然莫焕晶归案后能坦白放火罪行,但不足以对其从轻处罚。莫焕晶归案后主动交代公安机关尚未掌握的盗窃罪行,系自首,对其所犯盗窃罪可予从轻处罚。

据此,依照《中华人民共和国刑法》第一百一十五条第一款、第二百六十四条、第六十九条、第五十七条第一款、第六十七条第二款之规定,判决如下:

被告人莫焕晶犯放火罪,判处死刑,剥夺政治权利终身;犯盗窃罪,判处有期徒刑五年,并处罚金人民币1万元,二罪并罚,决定执行死刑,剥夺政治权利终身,并处罚金人民币1万元。

(二) 运用司法解释说理

司法解释是指最高人民法院和最高人民检察院就具体应用法律问题所作的解释。[①] 而刑事司法解释通常专指最高人民法院在审判工作中,就具体应用刑法的问题所作的解释。我国刑事司法解释数量庞大且形式多样,常见的有"解释""规定""批复"等。

在我国,刑法司法解释具有普遍的强制性约束力,既能约束司法机关的刑法适用活动,又能规范一般公民的刑事违法行为。刑法的司法解释实质上是将罪刑规范进行明确化和细则化,能够对刑法规范存在的模糊之处或有争议的地方进行进一步的规定和说明。因此,在实际的刑事裁判中援引司法解释进行裁判的案例也是非常多的。

以上海市高级人民法院审理的魏某明等人抢劫案为例。[②] 该案件中,魏某明等三人持仿真玩具手枪和三棱刮刀等凶器,在上海市嘉定区马陆镇石岗村的芳芳商店内对在此经营和居住的陈某飞夫妇实施了抢劫。

[①] 周道鸾:《论司法解释及其规范化》,载《中国法学》1994年第1期。
[②] 参见《最高人民法院公报》2005年第4期,上海市高级人民法院(2003)沪高刑再终字第4号。

起诉书认为：根据《中华人民共和国刑法》（以下简称刑法）第二百六十三条的规定，魏某明等人的行为已构成了入户抢劫财物，应依法予以惩处。

一审上海市嘉定区人民法院经审理认为，魏某明3人抢劫对象为尚在营业中的商店，不属于法律规定的"户"之范畴，故岳某的辩护人关于各被告人的行为不应认定为入户抢劫的辩护意见予以采纳。

上海市嘉定区人民检察院以一审判决没有按入户抢劫认定有误，对各被告人应处以十年以上有期徒刑为由提出抗诉。

二审法院上海市第二中级人民法院同样认为被抢劫的店铺不具备刑法中"户"的主要特征，故驳回抗诉，维持原判。

二审裁定发生法律效力后，上海市人民检察院以上海市嘉定区人民法院和上海市第二中级人民法院的判决、裁定确有错误为由，再次以审判监督程序向上海市高级人民法院提出抗诉。

本案争议的焦点是：被告人以假借购物为由，进入他人经营和生活的区域缺乏明显隔离的店铺进行抢劫财物的行为，是否构成入户抢劫？虽然一审和二审得出了一致的裁判结果，但是并未进行充分的说理论证，所以导致检察机关的抗诉。

最终，上海市高级人民法院援引司法解释，进行了有理有据的论证说理，才真正起到定分止争的效果。上海市高级人民法院经审理认为：

> 芳芳商店系被害人公开营业的商店，该店有工商管理机关核发的营业执照，故不应认定其为居民的住宅，而是认定其为营业场所。该店由连成一体的三间店面房组成，内部各房间之间没有明确的隔离，其中两间分别用于放置货架或作为门市，另一间内有一张床和一具液化气灶具，同时也堆放着数袋大米、货架和冰柜，以上情况说明店内的生活区域与营业场所没有明确的分隔，生活功能和营业功能的区分不明显。刑法"入户抢劫"中的"户"，是指公民的私人住宅，即公民以居住、生活为目的，与外界相对隔离的场所。《最高人民法院关于审理抢劫案件具体应用法律若干问题的解释》规定："户为他人生活的与外界相对隔离的住所，包括封闭的院落、牧民的帐篷、渔民作为家庭生活场所的渔船、为生活租用的房屋等。"根据该解释，作

为刑法意义上的"户"，应当是以生活为目的或主要以生活为目的设立的场所，而其他为生产、经营、学习设立的场所，则不宜认定为"户"。芳芳商店是以营业为目的开设的公开营业场所，虽部分区域兼有生活功能，但不具有居民私人住宅相对封闭性的特征。本案事实表明，魏某明3人在实施抢劫时，芳芳商店还在营业之中。魏某明等人是以抢商店的营业款为目的而实施犯罪，犯罪意图和指向明确。被害人的卧室仍然是商店的一部分，与商店的经营区域不处于封闭的状态，故不能以魏某明等人在此亦实施了抢劫就认定构成入户抢劫。根据本案事实，魏某明、岳向海、岳雷3人虽共谋抢劫，并共同以暴力威胁为手段实施了抢劫财物的行为，均已构成抢劫罪，但尚不能认定魏某明、岳向海、岳雷3人的具体行为构成了"入户抢劫"。

（三）运用指导性案例说理

指导性案例是指由最高人民法院确定并统一发布的对全国法院审判、执行工作具有指导作用的案例。2010年颁布的《最高人民法院关于案例指导工作的规定》，标志着我国正式建立了案例指导制度。我国实行案例指导制度的目的是为了完善法律适用，是以成文法为主，结合司法解释，以案例指导为辅，在不影响成文法作为正式法律渊源的前提下，借鉴判例法的一些具体做法，发挥典型案例的指导作用，对法律规则准确理解和适用进行指导，以弥补成文法之不足。其本质上是一种法律适用活动和制度。

指导性案例在我国具有一定的权威性和指导性。指导性案例的权威性体现在两个方面：一方面是指导性案例的发布机关所具有的法律地位的权威性；另一方面是案例本身所体现出的在法律的解释、丰富和发展方面所具有的学术和法理上的权威性。因此，在司法实践中，指导性案例的裁判要点既可以作为说理的依据引用，也可以作为裁判的依据引用。运用指导性案例强化法官的说理论证，可以使当事人更容易接受判决结果，有助于提升裁判的说服力和权威性。而且，我国在实施指导性案例制度以来，也已经取得了良好的实践效果，经过了实践的检验。

以张某平、雍某贪污、受贿案为例。① 在此案中，控辩双方争议的焦点之一是：

> 土地使用权能否成为贪污的对象。因为贪污的对象是相关单位的财产，而土地所有权是否具有财产性质，是否是财产性利益，就成为裁判文书说理中要解决的问题。针对这一焦点问题，该判决引用 2012 年 9 月 18 日最高人民法院发布的第三批指导性案例第 11 号杨延虎贪污犯罪案例进行说理，明确了土地使用权具有财产性利益性质，可以成为贪污的对象。

> 本院认为：一、关于贪污罪的问题。根据一、二审认定的事实，结合控辩双方的观点，该部分涉及以下几个焦点问题：（一）公诉机关指控的被告人侵吞的公共财产究竟是什么，土地使用权能否成为贪污的对象；（二）被告人是否具有利用职务上的便利侵吞公共财产的主观故意的问题；（三）被告人客观上是否有利用职务上的便利侵吞公共财产的行为；（四）鉴定意见能否采信。

> 关于公诉机关指控的被告人侵吞的公共财产究竟是什么，土地使用权能否成为贪污的对象。案涉的是四宗没有房产证和国有土地使用证的房地产。由于我国实行土地公有制，行为人永远不能侵害到国有土地的所有权，行为人即使侵犯土地也是在一定时期内通过非法行使土地使用权从而达到侵犯土地所有人用益物权的不法后果。2012 年 9 月 18 日最高人民法院发布了第三批指导性案例第 11 号《杨延虎等贪污犯罪案》案例，判决认定，杨延虎购买拆迁区域内的农村房屋是不能获得拆迁补偿的，其为了达到补偿目的，利用职务之便，伪造材料使其从不具备补偿条件变成具备补偿条件，无偿骗取国有商业用地，并得以确权，从而获得两间门面（72 平方米）土地的拆迁安置补偿。判决认为"土地使用权具有财产性利益，属于《刑法》第三百八十二条第一款规定中的公共财产，可以成为

---

① 胡昌明：《裁判文书释法说理方法》，人民法院出版社 2018 年版，第 68~71 页。

贪污的对象"。在该案中，最高人民法院将贪污罪的对象从"财产"扩大到"财产性权益"，故土地使用权能够作为贪污罪的对象。

关于被告人是否具有利用职务上的便利侵吞公共财产的主观故意。虽然2002年、2003年张某平已经以镇政府的名义以抵政府欠款和出卖的方式"处置"没有两证的房地产，且约定镇政府负责办证、税费各自承担。这类房地产，其所在地的石马镇政党组织和镇人民政府均无权转让或出让。此次"处置"比照先前模式，虚构2004年由党组织集体决定，并由张某平代表镇政府签约，这样操作只能达到其可能自认为的"处置"程序合法、合规的目的。从此次签订的合同第五条内容（"上述房地产办理过户手续按规定缴纳税费，由甲乙双方各自承担"）看，双方对"购买"的房产没有两证是明知的，对两证要办到"买受人"名下，还要依法承担税费也是明知的，亦即办证时该向国家支付的还要支付，但须等待，只是暂时"购买"案涉的房产和暂时实际控制。但是，暂时的实际控制也是侵占。因此，应当认定张某平和雍某尚有侵吞公共财产的主观故意。

关于被告人客观上是否有利用职务上的便利侵吞公共财产的行为。在土地使用权无证、依法不能出让或转让的情况下，由于我国实行土地公有制，这种特殊制度决定了土地使用权人在处分土地使用权时，要受到国家法律、法规在实体及程序上的严格限制。本案被告人虽然仅虚构了2004年由党组织集体决定"处置"、2004年由张某平代表镇政府签约合同，并虚构了合同上的购买人的事实，还没有达到有权机关可以确权到购买人的名下或者已确权到购买人的名下的程度。但是，被告人已达到了对案涉房地产的控制，因此，能够认定被告人客观上具有利用职务上的便利侵吞公共财产的行为。

二、运用法理说理

法谚有云"法律是理与力的结合"。每一法律条文后面都蕴含着法理基础。具体而言，法理就是形成某一国家全部法律或某一部门法律的基本精神和学理。法理本质上就是立足于法律背后的人性基础，形成与民众的常识、常理和常情相同的共同价值观。法官在阐释法律时，需要合乎法理。在这个意义上而言，法理是论证刑法争议的基础，也是评判刑法理论、刑法解释是否科学的标准。

在具体的立法实践中，法律规定无论如何详尽，也不可能把错综复杂、千变万化的社会现象都毫无遗漏地加以规定，在这种情况下，法理就可以用来补充法律的空隙。也就是说，在一些特殊情况下，法理可以当作法律规范适用或者作为某一案件判决的参照。也就是要针对案件争议的理论问题，运用法理深入案件的争议焦点，找出争议的理论误区，排除认识上的谬误，使案件清晰化，并最终得出裁判结果。另外，在很多的时候，在裁判文书的说理中，如果仅仅只是援引法理依据进行说理会显得单薄和苍白，因为法律依据只是一种抽象的、概括的法的形式，所以刑法解释必须在法律思维、法治思维的基础上融入法理思维。[①] 如果能够从法律的基本精神、基本原则或者基本学理出发，结合裁判案件的真实情况进行全面的论证说理，就能够有效地丰富裁判文书的说理内容，提升裁判文书的说服力。

运用法理进行说理常见的类型有以下两种：

（一）运用法律原则说理

法律原则是指集中反映法的一定内容的法律活动的指导原则和准则，是法律的基础性真理、原理。无论是从法律制定还是法律实施的角度看，法律原则都有着重要的作用。法律制定方面，法律原则直接决定的法律制度的基本性质、内容和价值取向；法律实施方面，法律原则指导着法律解释和法律推理，又通过补充法律漏洞来强化法律的调控能力。虽然从表面看，法律原则所规定的内容似乎是大而无当的空洞内容，但是其在具体的司法实践中是

[①] 姜涛、柏雪淳：《刑法解释当重视法理思维的运用》，载《学术界》2019年第5期。

具有较强的可适用性和实践效力的。

从具体适用层面看，法律原则虽然具有较强的可适用性，但是法律原则的适用是有一定条件限制的，否则就会有损法律安定性和权威性。通常而言，法律原则可以在以下情况下适用于裁判之中：第一种情况是当法律规则的内容有明显漏洞时，法律原则可以以补漏的方式直接产生法律效力；第二种情况是当法律规范之间出现冲突时，可以根据法律原则的一般规定来协调法律之间的冲突；第三种情况是当法律规则的内容出现模糊时，可以借法律原则进行明确；第四种情况是当法律规则对有关的社会关系没有具体规定调整对策时，可以适用法律原则。

首先，我们可以以郑某等人非法经营案为例进行阐述。该案涉及"组织出卖人体器官罪"和"非法经营罪"两个罪名。因为该案发生于《刑法修正案（八）》增设的"组织出卖人体器官罪"实施之前，按照当时的法律规定该案涉及的行为构成"非法经营罪"。这个时候就需要适用刑法中的"从旧兼从轻"原则。在刑法修正前后都认为是犯罪的，则适用处罚较轻的罪名。在该案中就需要比较处罚的轻重，需要比较法定刑的轻重，如果主刑相同，则就需要通过比较附加刑来确定。经比较得出如果依照组织出卖人体器官罪进行处罚，要比依照非法经营罪进行处罚判处的罚金数额轻，因此二审裁判认为适用组织出卖人体器官罪符合法律规定。

【基本案情】

2009年底至2010年初，被告人郑某在了解到北京市各大医院有大量肾病患者急需实施肾脏移植手术的信息后，经与北京304医院泌尿外科主任叶1接洽，以能够帮助该医院提供进行肾脏移植手术的患者以及尸体肾源为由，取得对方同意，确定由304医院作为其所提供他人已摘除肾脏的移植手术实施地点。同年3月，被告人郑某通过他人结识被告人周某，并向周某提出通过有偿收购肾脏的方式招募肾脏供体，非法实施人体肾脏摘除手术，由其组织人员将上述肾脏转售给肾病患者，进而谋取经济利益的方案。被告人周某对郑某的上述提议予以应允，随后根据郑某的要求在徐州寻找实施人体肾脏手术的医疗机构和手术医师。同年4月至8月，被告人周某承租了江苏省徐州市泉山区火花社区卫生服务中心、在此非法实施人体肾脏摘除手术数十例,由被告人郑某将摘除后的肾脏送往北京304医院,经郑某组织人员向29名患者收取肾源费用后,联系安排该29名患者在304医院实施了肾脏移植手术。在此期间,被告人郑某、周某招募被告人赵1作为肾脏摘除手术的主刀医师,被告人赵1邀约被告人杨某忠参与实施肾脏摘除手术,被告人杨某忠召集单位同事赵2(江苏籍,另案处理)作为麻醉师,协助完成手术;被告人郑某招募被告人支某光负责供体的术后护理工作。2010年9月至12月,被告人郑某承租北京市海淀区颐和山庄玉华园×××号,将此处作为非法实施人体肾脏摘除手术的地点,实施人体肾脏拆除手术22例,由被告人郑某将摘除后的肾脏送往北京304医院,经郑某组织人员向29名患者收取肾源费用后,联系安排该29名患者在304医院实施了肾脏移植手术。被告人周某、赵1、杨某忠以及另案处理人员赵2(江苏籍)在此期间继续参与手术实施相关工作,被告人支某光不仅参与供体术后护理工作,亦与被告人樊某雁协助赵1、杨某忠、赵2(江苏籍)实施肾脏摘除手术;被告人郑某招募被告人王某红、王某兰,在此从事供体手术前后的护理工作。

【文书精华】

对于上诉人郑某、赵2、原审被告人杨某忠以及郑某的辩护人对于本案一审判决适用罪名提出的相关上诉理由、辩解及辩护意见,经查,虽然本案发生在《刑法修正案(八)》增设组织出卖人体器官罪之前,但依据之前的法律规定,本案涉及的行为已构成非法经营罪,应当追究刑事责任。依据刑法第十二条之规定,对于此类情况应根据"从旧兼从轻"的原则选择适用罪名。根据郑某等人实施罪行的具体情节,无论非法经营罪还是组织出卖人体器官罪,均应适用有期徒刑五年至十五年的量刑幅度,该两个罪名相比,虽然主刑幅度相同,但在附加刑方面,组织出卖人体器官罪可能判处的罚金刑要低于非法经营罪,一审法院据此适用组织出卖人体器官罪判决符合法律规定,对于上诉人、原审被告人及辩护人的上述相关上诉理由、辩解及辩护意见，本院不予采纳。

其次，可以再以李某某交通肇事案①为例。在该案中，适用了刑法中的禁止重复评价原则。交通肇事后逃逸既可以作为影响犯罪成立与否的定罪情节，也可以作为影响法定刑升格的量刑情节。但是，当定罪情节与量刑情节重合时就要禁止重复评价，不能既作为定罪情节又作为量刑情节进行考量。该案件中，逃逸情节已经作为定罪情节加以考量，所以就不能再作为量刑情节进行重复评价。

【案情简介】

2011年10月10日21时30分许，被告人李某某驾驶中联牌重型特殊结构货车由东向西行驶至本市朝阳区朝阳北路金榆路口西内侧车道时，适逢樊某某骑普通二轮摩托车由东南方向驶来，李某某所驾车辆碾轧樊某某，造成樊某某当场死亡。事发后，李某某继续驾车向前行驶六七十米后停车，后驾车驶回公司。经公安交管部门认定：李某某发生交通事故后驾驶车辆逃逸，樊某某未按照驾驶证载明的准驾车型驾驶机动车，李某某为主要责任，樊某某为次要责任。当日23时许，被告人李某某连人带车被公安机关一并查获。

【裁判结果】

北京市朝阳区人民法院于2013年6月14日作出（2013）朝刑初字第316号刑事判决，认定被告人李某某犯交通肇事罪，判处有期徒刑一年。宣判后，被告人未上诉，公诉机关未提起抗诉，判决已发生法律效力。

【裁判理由】

本案公安交管部门认定被告人李某某在事故发生后具有逃逸行为，故推定其负全部责任；鉴于被害人樊某某未按照驾驶

---

① 胡昌明：《裁判文书释法说理方法》，人民法院出版社2018年版，第88~89页。

证载明的准驾车型驾驶机动车,存在一定过错,最终认定李某某负主要责任,樊某某负次要责任。公诉机关据此指控李某某的行为构成交通肇事罪,已将逃逸行为作为入罪情节加以考量,如再将该行为作为量刑加重情形,则有违刑法禁止重复评价原则,故本案被告人李某某尽管肇事后具有逃逸行为,但不属于《中华人民共和国刑法》(以下简称《刑法》)第一百三十三条规定的"交通运输肇事后逃逸"的情形。被告人李某某法制观念淡薄,违反交通运输管理法规,造成一人死亡的后果,承担事故主要责任,其行为触犯了《刑法》,已构成交通肇事罪,依法应予惩处。鉴于被告人李某某具有投案情节,法院在量刑时酌情予以考虑。

(二)运用立法目的说理

立法目的,又称立法原意或立法精神。所谓的立法目的,是指具体的法律条文所表现出的立法者的意图和目的。狭义而言,法律条文字面意思背后所隐含的立法者的意思表示就是立法目的;广义而言,立法目的包含了对立法所欲调整的社会关系的所有立法者意识。[①]在具体的司法实践中,有些时候,由于法律规定的较为原则、模糊、不明确,因此,在解释适用法律的案件中,法官要凭借专业知识从立法本意、法律的精神实质进行充分、有效的论证、解释,才能获得较好的裁判效果。

在刑事裁判中探寻立法目的,应当从以下几个方面着手。首先,必须要根据法律条文的文字意义来探寻立法目的。也就是要理解法条中的文字意义、语法关系以及语词间的逻辑关系,然后在此基础上探寻立法目的。其次,要通过刑事立法的政策、方针和原则等来探寻立法目的。对政策、方针和原则的审视可以使我们确立立法原意的价值取向和范围,进而探寻当时立法者的意图。[②]最后,要通过对立法背景的考察来确定立法目的。要坚持历史的视角,考察刑事立法的历史背景,从历史背景的角度去探寻法律条文所蕴含的目的和精神。

[①][②] 田维:《论立法原意》,载《刑法论丛》2014 年 3 期。

在司法实践中，运用立法目的来进行裁判说理的案例也并不少见。我们以张某华伪造居民身份证案①为例。在该案中，被告人张某华不慎遗失居民身份证，因其户口未落实，无法向公安机关申请补办居民身份证，遂于2002年5月底，以其本人照片和真实的姓名、身份证号码和暂住地地址为信息，出资让他人伪造了居民身份证一张。2004年3月18日，张某华在中国银行上海市普陀支行使用上述伪造的居民身份证办理正常的银行卡取款业务时，被银行工作人员发现而案发。之后，上海市静安区人民检察院以被告人张某华犯伪造居民身份证罪，向上海市静安区人民法院提起公诉。

上海市静安区人民法院认为：被告人张某华伪造居民身份证，其行为违反了《居民身份证条例》的规定，应承担法律责任。但从查明的事实看，张某华是在客观上无法补办身份证，又不知道可以申办临时身份证的情况下，以本人的照片和真实的姓名、身份证编码等伪造了本人的居民身份证，且本案也是因张某华持伪造的居民身份证在为自己办理正常的银行卡业务时而案发。综上，张某华伪造居民身份证的行为情节显著轻微，危害不大，不能认为是犯罪。并于2004年4月29日判决张某华无罪。

一审宣判后，上海市静安区人民检察院提出抗诉，理由是：无论是1985年颁布的《居民身份证条例》，还是2004年开始实施的居民身份证法，都规定伪造居民身份证的依照刑法处罚。刑法规定的伪造居民身份证罪，犯罪客体是国家对居民身份证的管理制度。行为人只要侵犯了国家对居民身份证的管理制度，就构成此罪；至于行为人主观上是否有从事违法或犯罪活动的动机，不影响犯罪构成。被告人张某华伪造的居民身份证，虽然内容是真实的，但不能改变其伪造的犯罪性质。张某华出资让他人伪造身份证，并在办理银行业务时使用这个伪造的证件，显然不属于情节显著轻微，应当受到刑法处罚。

通过上述介绍，我们可以看到，该案的焦点在于，张某华的客观行为侵犯了居民身份证管理制度，但是这一行为是为了保证自己生活的基本需要，且社会危害性非常小。面对这一问题，二审法院上海市第二中级人民法院援引居民身份证法的立法目的来进行论证说理，很好地解决了这一焦点难题。最终裁定驳回抗诉，维持原判。

---

① 参见《最高人民法院公报》2004年第12期。

上海市第二中级人民法院认为：我国刑法第十三条的规定，揭示了犯罪应当具有社会危害性、刑事违法性和应受刑罚惩罚性等基本特征，其中社会危害性是犯罪的本质特征，这是认定犯罪的基本依据。某种表面符合刑法分则规定的犯罪构成客观要件的行为，只要它属于刑法第十三条规定的对社会危害不大，不认为是犯罪的行为，则也就不具有刑事违法性和应受刑罚惩罚性。因此，把握行为的社会危害性程度，是界定罪与非罪的关键。

居民身份证法第一条规定："为了证明居住在中华人民共和国境内的公民的身份，保障公民的合法权益，便利公民进行社会活动，维护社会秩序，制定本法。"第八条规定："居民身份证由居民常住户口所在地的县级人民政府公安机关签发。"由此可见，居民身份证是公民维护自己合法权益和进行社会活动时不可或缺的身份证明。张某华的户口从原址迁出后，一直无法落户。由于缺乏"常住户口所在地"这一要件，其身份证丢失后，户籍管理机关不能为其补办，使其在日常生活中遇到困难。在此情况下，张某华雇佣他人伪造一张身份证，仅将此证用于正常的个人生活。张某华使用的居民身份证虽然是伪造的，但该证上记载的姓名、住址、身份证号码等个人身份信息却是真实的，不存在因使用该证实施违法行为后无法查找违法人的可能。张某华在使用银行信用卡时虽有透支，但都能如期如数归还，且在日常生活和工作中无违法乱纪的不良记录。法庭调查证明，张某华伪造并使用伪造居民身份证的目的，是解决身份证遗失后无法补办，日常生活中需要不断证明自己身份的不便。张某华伪造居民身份证虽然违法，但未对社会造成严重危害，属于情节显著轻微危害不大。一审法院根据刑法第十三条的规定认定张某华的行为不是犯罪，并无不当。抗诉机关以张某华用伪造的居民身份证申领银行信用卡并在银行透支现金，推定张某华的行为具有潜在的社会危害性，没有事实根据，其抗诉理由不充分，不予支持。

三、运用情理说理

法律与情理息息相通，情理蕴含于法律之中。所谓情理，就是情感和道理，是一个社会最基本的善恶观、是非观、价值观，包含着社会的公序良俗和道德规范。情理广泛地存在并被应用于生活的方方面面，以其纯朴而天然的约束力规制着人们的行为。法律本质上源于生活，是以国家机器作为保障来规范社会生活强制性规范，因此，法律规范中必然蕴含生活中的常情和常理。换而言之，在绝大多数时候，现行国家法律、法规中所蕴含的社会价值取向与情理中所蕴含的社会价值取向是一致的。现代法治不可能缺乏人性基础和人民基础，法律体现了情理中的底线，体现了人类的基本良心相悖。完全背离人类常识、常理和常情的法律必定也是与民心向背的法律。

司法裁判的结果不仅应当合法，而且应当合情合理，努力做到情理交融，增强裁判的人性和温情。在司法裁判时，在严格依法裁判的同时，法官应当阐发出法律条文背后所蕴含的情理，高度关注社情民意，尽可能做到"情、理、法"相统一，而不是只进行机械的说理。只有做到法、理、情相协调，才能取得较好的法律效果和社会效果，既体现出了法律尺度，又体现出了司法温度，更提升了裁判文书的境界。当然，如果具体个案中的法律与情理发生明显冲突时，我们不能法外用情、法外说情，应当坚持依法裁判，同时兼顾情理。

在司法实践中，随着对裁判说理的重视，在裁判文书说理中运用情理进行论证的裁判案例也越来越多，不断涌现出了一些被社会大众关注的"最具人情味判决""最诗意判决"等。综合来看，这些判决大多引入了常识、常理和常情进行说理论证，取得了良好的说理效果。

（一）运用常识进行说理

常识，通常是指社会成员所共有的经验和知识。换言之，常识是一个心智健全的人所应该具备的基本知识和经验，是对过去各种生活经验的积累总结，并不需要通过专业的培训才能获得。在现实生活中，常识的应用无处不在，在司法裁判中也是如此，无论是事实和证据的认定，还是从事实到法律的涵摄，都会运用到常识。

以韦某权盗窃案为例。[①] 在该案中，案件的焦点为：涉案物品是否属于"遗忘物"。针对这一问题，法官在具体的论述中结合案件具体情形，运用了日常生活中的一般判断标准和社会日常生活观念来进行说理论证，有效地解决这一问题。

---

① 参见《最高人民法院公报》2006年第4期。

【案情简介】

2004年4月10日凌晨6时许,被告人韦某权(系出租车司机)上班途经西安市文艺路,发现一辆白色凌志400型轿车四个车窗玻璃未关,车灯未熄,车中无人,停靠在机动车车道。约一小时后,韦某权驾车再次途经此路段,发现该车仍然停放原处,即将自己所驾驶的出租车放好后,潜入白色凌志车中。此时,韦某权又发现车钥匙未拔,且也无人对其干涉,便将车开走,藏匿于西安市建设西路解放军三二三医院停车场。嗣后,韦某权对车辆进行检验,发现了失主的身份证、名片、手机、皮鞋、高尔夫球杆等物品及200美元。韦某权使用了手机和皮鞋,将美元挥霍,将高尔夫球杆藏匿于其姐家中。为了便利其使用,韦某权还对车辆进行了维修,更换了车牌。2005年1月,被害人发现了被盗车辆,公安机关将韦某权抓获。被盗车辆以及高尔夫球杆等物品已发还被害人。经鉴定,涉案陕AL54××白色凌志400轿车价值人民币373380元。案发后,韦某权自愿拿出2万元补偿车主以及司机,郑某予以接收。陕西省西安市人民检察院以被告人韦某权犯盗窃罪,向陕西省西安市中级人民法院提起公诉。

西安市中级人民法院于2005年6月11日判决被告人韦某权犯盗窃罪,判处有期徒刑10年,并处罚金人民币1万元。韦某权不服一审判决,以开走涉案车辆只是对他人遗忘物的非法侵占,没有非法占有的主观故意,不构成盗窃罪为由,向陕西省高级人民法院提出上诉。陕西省高级人民法院于2005年12月26日裁定驳回上诉,维持原判。

【裁判要旨】

对于涉案物品是否属于"遗忘物",应当就案件的具体情形,参酌日常社会生活的准则加以判断。对于财物来说,一般以是否能够移动并且移动后是否损害其经济价值为标准,可分为动产和不动产。有一类动产较为特殊,例如机动车、船舶等,它们虽可移动,且移动后也不会影响其经济价值,但是这类财物的价值较大，所有人必须以所有权凭证来主张自己的所有权，相关交易，必须经办理过户登记手续，所有权才发生转移。它们的物权变动遵照不动产物权变动的规则，具有区别于一般动产的特性。对于一般的动产而言，成为遗忘物的外部表现形式为物品附近没有人或者无人对该物品声明支配。但是对于机动车这类财产的占有支配，不以特别声明为必要，也不以持续不断的实际控制为先决条件，司机离开车辆，并不意味着完全失去对机动车的控制。另一方面，从社会日常生活观念来看，所有人或占有人对停放在路边的机动车的支配关系也并不因车窗未关、车门未锁、钥匙未拔而受影响，即使机动车辆的外在表现形式为暂时无人支配，也能从常理推断该车并非被人遗忘。故涉案机动车虽未关窗、关门，没拔钥匙，亦不能推定其是遗忘物。

（二）运用常理进行说理

所谓常理，字面意思是通常的道理，也就是社会成员所认同的一般道理。与常识相比，常理强调的是道理，常识强调的是经验和知识。需要注意的是，常理不是某个人或者某个群体的道理，而是特定时空下多数人所认同的道理。因为所谓"常"，体现的是一种高概率和高比例。在司法裁判中，不仅要追求法理的科学严谨，还要兼顾常理。如果违背了事物的常理，就难以真正定分止争，难以取得良好的裁判效果和社会效果。在裁判说理中，实现常理与法理的融合，才能建立法律的权威，才能使法律真正指导、规范和调整人们的行为。

以吴某艳伤害案[①]为例。在该案中，面对闯入自己宿舍实施不法侵害行为的暴徒，被告人吴某艳持刀防卫，造成一人死亡。裁判的争议点在于是否构成防卫过当。在裁判说理中，法官运用常理进行说理，指明在当时情况下，面对不法侵害，要求被告人吴某艳选择采取其他方式制止或避免不法侵害是不符合常理和客观情况的。

---

① 参见《最高人民法院公报》2004 年第 11 期。

【基本案情】

北京市海淀区北安河村农民孙某刚、李某辉曾是饭店职工。孙某刚于 2003 年 8 月离开饭店，李某辉于同年 9 月 9 日被饭店开除。9 月 9 日 20 时许，李某辉、张某强（同系海淀区北安河村农民）将孙某刚叫到张某强家，称尹某红向饭店经理告发其三人在饭店吃饭、拿烟、洗桑拿没有付钱，以致李某辉被饭店开除；并说孙某刚追着与尹某红交朋友，尹某红非但不同意，还骂孙某刚傻。孙某刚听后很气恼，于是通过电话威胁尹某红，扬言要在尹某红身上留记号。三人当即密谋强行将尹某红带到山下旅馆关押两天。当日 23 时许，三人酒后上山来到饭店敲大门，遇客人阻拦未入，便在饭店外伺机等候。次日凌晨 2 时许，孙某刚见饭店中无客人，尹某红等服务员已经睡觉，便踹开女工宿舍小院的木门而入，并敲打女工宿舍的房门叫尹某红出屋，遭尹某红拒绝。凌晨 3 时许，孙某刚、李某辉、张某强三人再次来到女工宿舍外，继续要求尹某红开门，又被尹某红拒绝后，遂强行破门而入。孙某刚直接走到尹某红床头，李某辉站在同宿舍居住的被告人吴某艳床边，张某强站在宿舍门口。孙某刚进屋后，掀开尹某红的被子，欲强行带尹某红下山，遭拒绝后，便殴打尹某红并撕扯尹某红的睡衣，致尹某红胸部裸露。吴某艳见状，下床劝阻。孙某刚转身殴打吴某艳，一把扯开吴某艳的睡衣致其胸部裸露，后又踢打吴某艳。吴某艳顺手从床头柜上摸起一把刃长 14.5 厘米、宽 2 厘米的水果刀将孙某刚的左上臂划伤。李某辉从桌上拿起一把长 11 厘米、宽 6.5 厘米、重 550 克的铁挂锁欲砸吴某艳，吴某艳即持刀刺向李某辉，李某辉当即倒地。吴某艳见李某辉倒地，惊悚片刻后，跑出宿舍给饭店经理拨打电话。公安机关于当日凌晨 4 时 30 分在案发地点将吴某艳抓获归案。经鉴定，李某辉左胸部有 2.7 厘米的刺创口，因急性失血性休克死亡。

北京市海淀区人民检察院以被告人吴某艳犯故意伤害罪，向北京市海淀区人民法院提起公诉，附带民事诉讼原告人李某有、张某华同时提起附带民事诉讼。北京市海淀区人民法院于

2004年7月29日判决：一、被告人吴某艳无罪；二、被告人吴某艳不承担民事赔偿责任。

【裁判要旨】

孙某刚、张某强是本案的两个主要证人。二人证言中虽然没有涉及李某辉如何拿铁锁砸被告人吴某艳，以及吴某艳如何刺中李某辉的情节，但这一情节在吴某艳的供述以及证人尹某红、石某荣的证言中均得到证实。张某强的证言中，提到李某辉站在门口用瓶子向屋里扔。纵观吴某艳的供述和尹某红、石某荣、张某强的证言，结合现场勘察情况，可以认定：张某强所认为的瓶子，即是李某辉从宿舍内桌子上拿起并准备砸向吴某艳的铁锁。另外，关于孙某刚、张某强和李某辉在上山前的密谋经过，公诉人最初虽未宣读，但在辩护人的提议下已经补充示证，故对这一情节也应认定。

涉案女工宿舍，是单位向女服务员提供的休息和处理个人隐私事务的住所。未经许可闯入女工宿舍，严重侵犯住宿人的合法权利。本案中，孙某刚、李某辉、张某强事前曾预谋将尹某红带到山下关押二天，要在尹某红身上留下记号；继而三人上山要求进入女工宿舍，在遭到拒绝后就破门而入图谋不轨。

刑法第二十条第一款规定："为了使国家、公共利益、本人或者他人的人身、财产和其他权利免受正在进行的不法侵害，而采取的制止不法侵害的行为，对不法侵害人造成损害的，属于正当防卫，不负刑事责任。"第三款规定："对正在进行行凶、杀人、抢劫、强奸、绑架以及其他严重危及人身安全的暴力犯罪，采取防卫行为，造成不法侵害人伤亡的，不属于防卫过当，不负刑事责任。"

孙某刚等人在凌晨3时左右闯入女工宿舍后，动手殴打女服务员、撕扯女服务员的衣衫，这种行为足以使宿舍内的三名女服务员因感到孤立无援而产生极大的心理恐慌。在自己和他人的人身安全受到严重侵害的情况下，被告人吴某艳持顺手摸到的一把水果刀指向孙某刚，将孙某刚的左上臂划伤并逼退孙某刚。此时,防卫者是受到侵害的吴某艳,防卫对象是闯入宿舍并实施侵害的孙某刚,防卫时间是侵害行为正在实施时,该防卫行为显系正当防卫。

当孙某刚被被告人吴某艳持刀逼退后,李某辉又举起长11厘米、宽6.5厘米、重550克的铁锁欲砸吴某艳。对李某辉的行为,不应解释为是为了制止孙某刚与吴某艳之间的争斗。在进入女工宿舍后,李某辉虽然未对尹某红、吴某艳实施揪扯、殴打,但李某辉是遵照事前的密谋,与孙某刚一起于夜深人静之时闯入女工宿舍的。李某辉既不是一名旁观者,更不是一名劝架人,而是参与不法侵害的共同侵害人。李某辉举起铁锁欲砸吴某艳,是对吴某艳的继续加害。吴某艳在面临李某辉的继续加害威胁时,持刀刺向李某辉,其目的显然仍是为避免遭受更为严重的暴力侵害。无论从防卫人、防卫目的还是从防卫对象、防卫时间看,吴某艳的防卫行为都是正当的。由于吴某艳是对严重危及人身安全的暴力行为实施防卫,故虽然造成李某辉死亡,也在刑法第二十条第三款法律许可的幅度内,不属于防卫过当,依法不负刑事责任。

被告人吴某艳于夜深人静之时和孤立无援之地遭受了殴打和欺辱,身心处于极大的屈辱和恐慌中。此时,李某辉又举起铁锁向其砸来。面对这种情况,吴某艳使用手中的刀子进行防卫,没有超过必要的限度。要求吴某艳慎重选择其他方式制止或避免当时的不法侵害的意见,没有充分考虑侵害发生的时间、地点和具体侵害的情节等客观因素,不予采纳。

(三) 运用常情说理

所谓常情,也就是人之常情,是指社会成员最朴素、最日常的普通情感,也是整个社会普遍认同的感情,同时又代表着社会大众的价值观和善恶观。常情中蕴含了人性的基础,蕴含了一定的价值取向,关系着公序良俗的维系。情、理、法相互交融一直是中华法系的重要特点。在进行裁判时,法官也要在依据法律规范的基础上,充分考虑当事人的感情世界,甚至是更细致地考虑当事人的情感接受度、情感倾向和情绪触发点等。[①] 只有做到情理法融于一体，才能使司法裁判最大程度符合普通民众的善恶观念，促成判决的正当性和可接受性。

以李某醉酒驾驶案为例。该案件虽然是一例相对简单的交通肇事案，但是该案件的裁判文书说理却饱受赞誉。原因在于，法官在裁判说理中，不仅仅旁征博引、逻辑清晰，而且真正做到了人文关怀和法律说理的交融统一，既坚持了法律的理性，又细腻且充分地照顾到了被害人的情感。其中，关于合议庭成员的情感与法律的艰难抉择的心路历程刻画，更是交融了情理和法理，取得了非常好的法律效果和社会效果。

【基本案情】

2013年9月23日晚，被告人李某与刘某等人一起饮酒后，由李某的同学驾驶被告人李某的速腾牌轿车（车牌号：京P7NX××）将李某送回家。之后，被告人李某不听李某的同学言语劝阻，又驾驶汽车到舜泽园小区接上高某向延庆县第七中学方向行驶。

当日21时10分左右，被告人李某超速行驶到延庆县第七中学门口处时，恰逢学生下晚自习，大量学生陆续走出校园，李某未避让行人，其车辆前部将走人行横道过公路的北京市延庆县第一中学高三学生张某撞飞，致张某受伤。

被告人李某发现发生事故后，驾车从道路前方断口处返回，将车辆停在道路北侧非机动车道上，用自己手机拨打120，说自己在第七中学门口撞人，后来到事故现场。民警和急救车赶到现场后，将张某送往北京市延庆县医院急救。李某向民警承认是其饮酒后驾车撞人。后被张某因闭合性颅脑损伤经抢救无效于当日死亡。经鉴定，被告人李某在案发当时其体内血液的酒精含量为227.1mg/100ml。被告人李某负此次交通事故的全部责任。2013年9月23日，被告因涉嫌犯交通肇事罪被羁押，次日被刑事拘留。同年10月30日，因涉嫌犯以危险方法危害公共

---

① 胡昌明：《裁判文书释法说理方法》，人民法院出版社2018年版，第211页。

安全罪被逮捕。

北京市延庆县人民检察院以危险方法危害公共安全罪提起公诉。

一审法院北京市延庆县人民法院认为，被告人李某违反交通管理法规，在道路上醉酒超速驾驶机动车，遇行人通过人行横道，未采取措施避让，致一人死亡，负事故全部责任，其行为已构成交通肇事罪，依法应予刑罚处罚。延庆县人民检察院指控被告人李某醉酒驾驶，致一人死亡的事实清楚，证据确实、充分，但认定被告人李某的行为构成以危险方法危害公共安全罪的指控，证据不足，指控的罪名不能成立。

之后，北京市延庆县人民检察院以一审判决改变公诉机关指控罪名有误，导致对被告人量刑畸轻为由提出抗诉。

北京市人民检察院第一分院支持抗诉的意见为：李某酒后在人流密集的限速道路上高速行驶，与放火、爆炸、投放危险物质一样，都对不特定多数人造成了严重的生命威胁；李某不听他人劝阻执意酒驾，驾车过程中明知延庆七中附近有前往学校的提示标志和限速40公里/小时的标志，仍然没有按照交通提示行驶，对危害结果的发生没有采取任何避免措施，且案发地能见度高、人流密集，李某没有对此予以重视，强行高速通过，结合案发前后的表现，可以证明李某在明知危害后果可能发生的情况下，没有采取任何避免措施，放任危害结果发生，具有危害公共安全的间接故意，故李某的行为应构成以危险方法危害公共安全罪，而非交通肇事罪。

北京市第一中级人民法院驳回北京市延庆县人民检察院的抗诉，维持原判。

【裁判要旨】

虽然在法律层面上，本案只是一起典型的醉酒超速驾车发生事故致人死亡的交通肇事案件，但在情感方面，本案被害人张某是一名对未来人生充满美好憧憬、正在努力准备高考的高三女生。可以想象，当这个正值花样年华的少女在完成一天繁重的课业，准备通过人行横道过马路返回家中享受父母的呵护时，无论如何不会想到自己那本该精彩的人生、尚未绽放的生命，会终结在一个素昧平生的醉酒司机手中。而更加残酷的是，本案被害人母亲当时正在马路另一侧准备迎接自己的女儿。近在咫尺的母亲目睹女儿被车撞击的过程，此时这对母女之间的距离也许就是人世间最近却又最遥远的距离。这一场景对于任何具有正常情感和同情心的人来说，都是可以想象到的最为悲伤的画面之一。正因如此，在本案二审审理过程中，特别是在面对正处中年却已早生华发的被害人之母以及沉默寡言的被害人之父张某时，合议庭法官同样经历了最为痛楚的心路历程。

　　如果基于一般的社会情感及其体现出的情绪评价，一审判决对被告人李某科处的刑罚可能无法与被害人父母遭受的痛苦相匹配。但基于前文对本案事实、证据认定及法律适用方面的分析，这种失衡并非源于一审判决在事实、证据认定或法律适用方面存在错误，而是源于罪刑法定原则与个人情感接受度之间的冲突。在面对内心悲伤情绪激动的被害人亲属时，合议庭也曾经多次讨论过是否要为了追求被害人亲属的情感接受度与刑罚的高度契合，而改变本案的定罪与量刑。但法官不应是情绪化的法律人，而应是能够遵守法律规定，严守法律底线，在法律框架内从事审判活动的理性法律人，不能以个人同情之心去突破法律规定和司法认知界限。

　　因此，在经历情感与法律的艰难抉择后，合议庭一致认为，对于案件的审判只能以法律为唯一标准和底线。虽然尊重被害人亲属的情感是司法联系人民群众的重要纽带，更是司法裁判合法性及正当性的基础，是实现公平正义的重要依托，但是司法对于当事人情感的尊重不能是盲目的和随意的，必须是基于理性而非感性，必须遵循司法规律而非个人道德观念，必须保证坚守法律界限而非个人价值选择，必须坚持公正立场而非袒护一方。

　　无论是根据法律，还是司法规律，刑事审判都应该坚持以罪定刑，如果仅仅为追求最终刑罚后果与被害人亲属情感的契合来决定案件罪名，就会演变为以刑定罪，不仅会使刑事责任失去确定性，而且会使刑事法律规范也失去确定性，其代价就是牺牲刑法的基本原则和法治的基本精神。

也许，在个案角度，突破罪刑法定的基本原则选择适用重罪罪名得出的刑罚结果可以满足被害人亲属情感对个案公正的需求，但在这种情况下，定罪沦为量刑的装饰，司法权力堂而皇之地摆脱了制约，甚至会导致司法权篡夺立法权；更加危险的是，这种思路势必导致审判结果更多取决于法官个人道德观念或是并不稳定的当事人情绪，司法很容易为个人情感所左右，法律的尊严终将丧失殆尽，民众对于法律尚未坚固的信仰会轰然坍塌，建设法治化国家的努力也将付诸东流。若此，何谈依法治国？因此，无论怎样追求罪刑均衡，均不能突破罪刑法定原则的底线。

面对本案这样一起对被害人一家造成严重伤害的悲剧，合议庭法官完全能够理解被害人亲属，特别是被害人父母在本案诉讼过程中，多次强烈表达诉求的心情，也深知如何严谨的逻辑论证也不能挽回被害人的生命，如何专业的法律分析也不能抚平被害人亲属的悲伤。也许在被害人亲属看来，上述判决理由过于冰冷无情，但可以确定的是，本案的裁判结果是合议庭法官经历对情与法的纠结和挣扎后，严格依据法律所作，而且也是合议庭唯一能够作出的裁判结果。

第四章　刑事裁判文书说理的原则与标准

《最高人民法院关于加强和规范裁判文书释法说理的指导意见》第三条规定了裁判文书说理所需要遵循的基本原则和标准，刑事裁判文书的释法说理要符合刑事裁判本身的外在需要和裁判制度的内在逻辑，因为具有鲜明的刑事特征，区别于民商事、行政裁判。通常，我们会看到格式规范、风格统一的刑事裁判文书及其说理的内容，用简练的语言阐明了鲜明立场，精炼地呈现了人民法院的裁判思路。对于简单案件，释法说理的任务显然并不重，甚至简明扼要概括观点更符合实际需要，而非论述越详尽越好；相反，对于疑难复杂、争议较多的案件，详细说理显得非常有必要。通过准确把握刑事裁判释法说理的原则和标准，可以更好地选择和完成文书的释法过程，保障说理的效果，节约释法说理的资源付出，并规避不应出现的裁判风险。

第一节　刑事裁判文书说理的原则

《最高人民法院关于加强和规范裁判文书释法说理的指导意见》第三条规定："裁判文书释法说理，要立场明确、内容合法、程序正当，符合社会主义核心价值观的精神和要求；要围绕证据审查判断、事实认定、法律适用进行说理，反映推理过程，做到层次分明；要针对诉讼主张和诉讼争点、结合庭审情况进行说理，做到有的放矢；要根据案件社会影响、审判程序、诉讼阶段等不同情况进行繁简适度的说理，简案略说，繁案精说，力求恰到好处。"据此，可以归纳总结刑事裁判文书说理所要坚持的基本原则。

一、逻辑性原则

逻辑性原则，是指释法说理的内容要反映具有逻辑思维特征的裁判思路。

如果论述过程前后矛盾、标准不一、指代不明，则会出现内容上的错乱，导致论理失败。

第一，释法说理的表述过程要有逻辑性。关于主题，需要在论述的各方面和主题做到同一性，论证和结论要具围绕同一个主题。关于分类，围绕同一问题可以分项展开，各分项之间不应存在类别上的重合或者兼容，而应满足集合覆盖索要表达的全部含义，且类别间的界限划分明确。关于内容，各分项的表达内容间不存在矛盾，各分项整合起来是为形成统一思路、表达一致含义。

第二，释法说理的思维方式要具有逻辑性。关于论述深度，因为需要表达同一主题的多个方面，对于确需要进行释法说理的内容，其在翔实度应有基本的均衡，实现各环节之间的串联。关于引证深度，裁判文书在表达上要通过证据进行说明，各项关键证据的内容、呈现和所能证明的内容本身都要兼顾。关于法律适用，要在证据审查和事实认定的过程中遵守证据规则，运用解释学的原理将抽象法理具象化，运用到事实和关系的辨析之中。

第三，释法说理的表达效果要具有逻辑性。裁判文书充分反映裁判事实，诉讼逻辑是要具体运用到其中的，包括诉讼各方在法庭上的论争、反驳等，支持或者不支持都要进行逻辑化的论辩，表达裁判者的观点。同时，因为审判逻辑要求同案同判，故对个案裁判应与其他类案裁判进行必要的分析评议，而不是突出个案的独特性。

二、合法性原则

合法性原则，是指刑事裁判文书说理所表述的内容要符合法律的规定，既包括其形式要符合法律的规定，又包括其内容要符合法律的规定。作为人民法院刑事裁判司法成果的集中体现，释法说理的合法性原则是最基础的原则，且贯穿于刑事裁判说理的始终。

第一，释法说理的内容要求论述的内容和表达的理论意见符合刑法刑事诉讼法和相关司法解释的规定。比如，在论述自首情节是否成立时，要遵循法律的规定并进行必要的展开解释，用自动投案、如实供述两个关键性要件为要素进行论述，缺少任何一个要件都不符合法律的规定。比如，在论述诈骗犯罪是否成立时，要遵循法律的规定进行必要的展开解释，围绕非法占有目的、欺骗的手段方法进行理论和实践相结合的阐释。比如，在论述盗窃金额是否达到入罪标准、如何量刑时，需要结合具体司法解释的规定，在确定的法定刑幅度内进行考量，甚至可以结合类案裁判进行综合性论述。

第二，释法说理的论述过程要符合法律的规定，符合诉讼程序的要求。在进行实体论述以前，应当首先论述诉讼程序和证据能力问题；如果存在排除非法证据的情况，则应根据最高人民法院、最高人民检察院、公安部、国家安全部、司法部《关于办理刑事案件严格排除非法证据若干问题的规定》进行证据能力的论述；如果在取证过程上存在争议，则应结合法律上规定的公诉机关举证责任进行论述。

第三，释法说理的用词和表达必须符合法律法规的规定，要严格遵守立法法、《最高人民法院关于裁判文书引用法律、法规等规范性法律文件的规定》等适用法律的相关法律法规以及相关民事法律、行政法规等[①]。

三、正当性原则

正当性原则，是指裁判文书释法说理的表达内容和表达取向上要具有社会总体视角和公正公平的诉求。作为审判机关，人民法院的裁判文书需要从司法机关的角度看待事实、分析问题，而不能因为同情任何一方当事人而出现内容、观点和语言上的倾向性。

一是符合主流价值观和价值诉求，符合社会发展的基本规律和大趋势，要符合宏观的政治方向，为党和国家的事业说话。二是应平等对待诉讼参与人，包括被告人、被害人、被害人的近亲属、证人等，充分反映各方在刑事诉讼中的观点并做同等重视程度的回应。三是程序正当性，裁判文书说理应当着重在程序问题上，特别是辩护人提出了关于程序的质疑时，要对程序的合法性、合理性、正当性进行回应，表达支持或者不支持的态度。

四、针对性原则

针对性原则，主要是指释法说理的内容要有明确的指向，使得公众能够

[①] 最高人民法院司法改革领导小组办公室：《最高人民法院关于加强和规范裁判文书释法说理的指导意见理解与适用》，中国法制出版社2018年版，第29页。

从释法说理的内容中不迟疑地找到关键的论述对象、论述观点、论述结论，不能事实而非。

第一，针对辩护人提出的辩护观点，裁判文书说理需要逐项进行回应，对于其辩护符合事实、证据的，应当予以支持；对于不符合经审理查明的事实或者法律规定的，要予以明确不支持。有些裁判文书认为，自己的论理部分的确难以应对辩护人所提观点，辩护意见确实不好回应，便自以为无所谓地采取"鸵鸟政策"，即回避论述和拒绝回应，从而将辩护人所提观点空置处置。这样的处理是极其不正确的，作为将要接受社会公众检验的裁判文书，很不可以出现裁判者或因能力不足，或者底气不足，而"私吞"辩护观点的情况。

第二，针对控辩双方的主要观点和法庭审理中的争议焦点展开论述。在繁简分流基础上，针对确实需要详细论证的问题，裁判文书应展开观点鲜明的论述，将司法裁判智慧和资源倾力用在最需要论证的问题上，从而突出裁判文书的理论和实践价值。面面俱到、平铺直叙的表达方式，不仅不利于突出重点，而且也是对裁判力量的削弱，不足为取。

第三，针对诉讼程序进行重点倾斜展开论述。在一审案件中，针对性体现在控辩双方的争议焦点；二审维持案件中，针对性体现在二审的上诉理由；改判、发回重审的二审案件中，针对性体现在原判存在障碍、错误或疏漏的方面；再审案件中，针对性体现在再审启动的原因。

五、必要性原则

必要性原则与繁简分流有关，但又有所区别。对必要性原则的坚持，就是通过繁简分流实现这一目的，最大限度节省司法资源投入。同时，繁简分流所解决的是司法活动任务分配机制和分配效果，而必要性则更大范围体现在裁判文书的自身表达方式和技巧，不仅是任务本身。

一是法官应当根据案件难易、讼争事实、庭审情况的不同情况，在繁简分流的基础上做必要的简化处理，过滤可说可不说、可论可不论的材料和内容。二是对于判决书、裁定书等，要进行必要的说理划分，对于判决书需要进行详细说理，而在裁定书方面则除个别情况外，简化说明或许更为可取。三是对于程序类的裁定书和决定书，基本不要求论理。四是从不同层级法院功能角度看，因肩负裁判指导的任务和定位，层级越高的法院，论理越充分，则越利于裁判立场的传播，进而应当在高级别法院中着重强调文书说理的写作价值。

第二节 刑事裁判文书说理的前提和标准

一、将繁简分流作为裁判文书说理选择的基本前提

刑事裁判文书的繁简分流是司法改革的重要内容。《最高人民法院关于进一步推进案件繁简分流优化司法资源配置的若干意见》（法发〔2016〕21号）第15条明确提出要根据法院审级、案件类型、庭审情况等对裁判文书的体例结构及说理进行繁简分流，复杂案件要加强说理，简单的案件要简化说理。

（一）裁判文书繁简分流的必要性

刑事裁判文书制作繁简分流不但符合我国司法实践的客观需要，而且能够在优化司法资源配置的基础上更好地实现其本职功能，缓解当前刑事裁判文书制作的短板。

1. 裁判文书繁简分流能有效提升司法效率，优化司法资源配置

改革开放以来，我国经济社会不断发展，整个社会处于快速变迁的过程中，刑事案件的发案率不断上升，相应地，人民法院受理的刑事案件也越来越多。据统计，2018年人民法院审理刑事一审案件的收案数为1203055件，1980年人民法院审理刑事一审案件收案数为197856件，增长了6倍之多。[①]同时，党的十八大以来，我国加快了司法体制改革步伐，随着立案登记制度和员额制的实施，各级法院，特别是基层法院，受理案件的相对数量迅速增多，"案多人少"更是成为法院普遍面临的问题，显著影响了办案质量和效率。在这一背景下，提升司法效率成为司法实践中面临的重要难题。为了优

[①] 数据来自国家统计局网站公布数据，网址：https://data.stats.gov.cn/easyquery.htm?cn=C01，最后访问时间：2020年10月17日。

化司法资源配置,提高司法效率,我国在司法体制改革中,提出了案件审理的繁简分流,也就是坚持"简案快审、繁案精审"的原则,科学调配和高效运用审判资源,依法快速审理简单案件,严格规范审理复杂案件,通过合理设计诉讼程序最大限度地提高司法资源的效益。相应地,裁判文书的繁简分流也成为其中的一个重要环节。

裁判文书的繁简分流已经成为平衡司法公正与效率的有效途径。首先,从实际来看,并非所有的案件都需要长篇大论,"繁案详写、简案精写",才是正确的说理之道。对于那些事实清楚、证据充分、案情简单、争议较小,以及当事人达成和解协议的刑事案件。裁判文书的繁简分流能够通过简化裁判文书的释法说理,减轻法官文书撰写与案牍的压力,改善他们"5+2""白加黑"的工作状态,有效缓解"案多人少"现状。能够通过投入尽可能少的司法资源取得尽可能多的诉讼结果。其次,裁判文书的繁简分流能够让法官将主要精力专注于哪些复杂疑难案件,提升疑难案件的审判质量,促进社会公正的实现。对于简单案件,能够有效解决久拖不决的现象,防止迟到的正义。另外,从世界范围看,大多数国家和地区在诉讼法和宪法中都对加强说理和简化说理的情形进行了规定,裁判文书的繁简分流在司法实务中也已经成为世界通例。[①]

需要注意的是,裁判文书的繁简分流并不是意味着对司法公正的忽视或舍弃,而是要在优化司法资源配置的基础上促进效率与公正的平衡。对简单案件进行简化说理并不会损害办案的质量和司法公正的实现,反而可以将节省的时间和精力用于繁杂案件的审理,取得较好的社会效果和法律效果。从而在更高层次上实现司法公正与司法效率的统一。

2. 刑事裁判文书繁简分流符合裁判文书的本职功能

定分止争是裁判说理的本职功能,实现双方当事人以及关注案件的社会公众的满意,使其感受到公平正义的存在。因此,受众的感受对于裁判文书说理至关重要。受众在面对不同类型的案件时,心理的预期希望是不同的,这也是刑事裁判文书要有针对性地满足这些不同要求,就要进行说理繁简分流。

对于那些简单的案件,通常具有犯罪事实清楚、证据充分、案情简单、

---

① 罗灿:《司法改革背景下裁判文书说理繁简分流研究》,法律出版社 2018 年版,第 11 页。

争议不大、处刑较轻的特点。无论是当事人还是社会大众,在面对此类案件时更多地关注最终的裁判结果,希望能够一目了然地知晓他们关注的内容。例如,罪名、量刑的轻重、服刑的时间等。此时,如果再不分主次,长篇累牍地对那些毫无争议的内容进行长篇大论,反而会引起受众的反感。因此,对简单案件进行简化说理能够更好地照顾当事人以及社会公众的感受,实现较好的社会效果和法律效果。

对于那些疑难复杂案件、争议较大案件或者社会关注度高的案件,大多存在案件事实错综复杂、争议大、疑点多,甚至证据之间相互矛盾等状况。在这种情况下,当事人以及社会公众关注的焦点就不仅仅是裁判的结果,还当然包括对争议焦点的处理,此时如果简化说理,会使受众难以知其所以然,难以信服地支持裁判结果。因此,对于疑难案件或者社会关注度高的案件,首先要详写判决,充分梳理案件事实,论证回应案件的争议点;其次还要字斟句酌,反复推敲,精写判决。让受众明白事实的真相,弄清法律的适用,最终心悦诚服地接受裁判的结果。只有这样,裁判文书才更具有权威性和可接受性。

3. 裁判文书繁简分流能够有效缓解刑事裁判文书同质化现象

当前,我国刑事裁判文书同质化现象比较严重,主要表现为最高人民法院制定的法院刑事诉讼文书样式同质化和实践中各地各级人民法院制作的刑事裁判文书也存在同质化这两个方面。① 刑事裁判文书的同质化不能反映不同刑事审判程序的特点,反而造成裁判文书和刑事审判程序相脱离,影响刑事审判程序功能作用的发挥。同时,刑事裁判文书的同质化,还造成了司法资源的浪费,影响了司法资源的科学化、合理化配置。

(二) 刑事裁判文书繁简分流的标准

1. 刑事裁判文书繁简分流的基本原则

关于繁简分流的划分存在几种不同的观点,有不少学者认为可以参照经济学里的"二八"定律进行两分,分为简单案件和复杂案件。② 但是,这种划分还是较为模糊的,难以进行有效的区分。应当参照以下两个基本原则

---

① 王新清:《刑事裁判文书繁简分流问题研究》,载《法学家》2017 年第 5 期。
② 罗灿:《司法改革背景下裁判文书说理繁简分流研究》,法律出版社 2018 年版,第 30 页。

进行：

第一，案件的关注度和社会影响。案件的社会影响程度直接代表了社会大众对案件的关注程度，也间接代表了案件的重要程度和重大程度。通常情况下，社会关注度较高的案件其案情也相对会重大复杂，例如，那些可能会判处死刑或者无期徒刑的案件。另外，也有个别案件社会关注度高的案件是随着社会的发展出现的新型案件，此类案件的案情虽然不太复杂，但是在法律适用层面可能会存在一些复杂的地方，同时由于其类型较新，所以社会影响较大。针对上述两类案件，因为其关注度高，社会影响较大，所以在裁判文书说理时，要充分论证，详细说理，注重裁判的法律效果和社会效果，有助于树立人民法院的司法权威和公正形象。

第二，控辩双方的争议大小和对抗程度。有学者提出控辩双方在审判中的对抗程度是审判程序、裁判文书繁简分流的决定因素，[①] 这是具有一定的科学性。从裁判的本质层面而言，审判的目的就是为了定分止争，通过实现公平和正义来维护社会的和谐稳定。那么如果在刑事案件中，控辩双方能够达成合意，也就意味着双方的态度是相对一致、争议较小的，在这种情况下，案件的审判难度较低，工作量较小，完全可以通过快审程序尽快使嫌疑人受到应有的惩罚，使被害人得到应有的补偿，使被犯罪行为侵害的社会秩序得到快速的恢复。而在裁判文书的制作上，因为双方的认识一致，就不需要长篇累牍地对案件事实认定、证据审查、法律适用等内容进行过多的论证，可以适用简式文书，简化说理论证。而对于那些控辩双方对抗程度较高、争议较大的案件来说，往往难以达成合意。对此类案件的审判就需要投入较大的人力物力和财力进行调查审理。在这种情况下，裁判文书的制作就必须要详细说理、加强分析论证，给出足够的裁判理由，说明裁判的正当性，向社会展示裁判结果的正确性，既达到服判息诉的效果，又能获得社会舆论的支持。

2. 刑事裁判文书繁简分流的具体标准

在具体的实践中，应当以案件的社会影响和控辩双发的对抗程度为基本判断原则，根据不同的情况，结合以下具体标准，整体判断进行繁简分流。

第一，案情的复杂程度。案情的复杂程度主要是指事实认定的复杂程度。如果案情简单，事实清楚，证据确凿充分，可以考虑简化裁判文书的说理。

---

① 王新清：《刑事裁判文书繁简分流问题研究》，载《法学家》2017 年第 5 期。

对于那些案情复杂，事实错综的案件，需要进行充分的说理，详细论证案件事实。因为无论是案件事实处于模糊状态、依靠已有证据难以认定事实，还是法律适用存在困难，例如规范冲突或者矛盾。都需要有充分的理由来进行支撑法官作出的裁判结论。一旦出现说理上的懈怠，必将会引起社会的质疑，难以实现说理的本质功能。另外，随着社会的不断发展，会不断涌现出一些之前从未遇到过的新型案件，这些新类型案件是过去司法实践不曾遇到过的，也没有现成的经验可以借鉴，需要给今后案件审理确立标准[①]。具体而言，此类案件在具体案情方面可能没有一般意义上的"繁案"那么复杂，有些甚至会比较简单，但是在法律适用方面可能会存在一定的复杂性，因为法律往往会存在一定的滞后性，所以可能会出现制度规范供给不足，甚至存在法律漏洞的情况。同时，此类案件往往具有较高的社会关注度，最终的裁判结果会具有较大的影响和社会关注度。因此，此类案件也需要加强说理，使其对以后的类似案件具有一定的指导意义。

第二，审级。裁判文书的繁简分流除了依据案件的复杂程度进行开展，还应当依据不同的审级进行繁简分流处理。不同层级的法院在职能定位上存在差异，相应地，不同层级法院裁判文书说理的侧重点也应当有所区别，对于需要重点说理的部分就要浓墨重彩，充分论证，详细分析；对于不需要侧重的部分就要简化说理，惜墨如金。具体而言，一审判决书应当把重点放在认定案件事实和确定法律适用上，做到以事实为依据，以法律为准绳；二审判决书应当把重点放在解决事实争议和法律争议的说理上，要针对抗诉的主张和理由进行说理，实现二审终审，避免与一审裁判文书在事实和证据部分存在不必要的重复，要简化原审内容介绍，侧重存在差异的部分；再审判决书应当把重点放在依法纠错，维护司法裁判的权威上，主要针对申诉、申请再审或抗诉的主张和理由进行说理，同时对之前裁判文书中的不当和错误进行补强和修正，也应当简化原审内容介绍，侧重对与一审、二审存在差异的地方。另外，相对而言，审理法院的层级越高，影响力也越大，背后肩负的责任也越重，所以在裁判文书的制作方面，其要求也更高。

第三，刑事审判程序。在我国目前的刑事审判体系中，存在三种类型的

[①] 最高人民法院司法改革领导小组办公室：《最高人民法院关于加强和规范裁判文书释法说理的指导意见理解与适用》，中国法制出版社2018年版，第137页。

刑事审判程序，分别是：刑事普通程序、刑事速裁程序，和刑事简易程序。其中，一审简易程序要求：事实要件层面，案件事实清楚，证据充分；态度要件层面，被告人能够承认自己所犯罪行，对指控的犯罪事实没有异议；程序层面，被告人同意适用简易程序没有异议。一审速裁程序适用要求：刑罚要件层面，属于可能判处3年有期徒刑以下的刑罚案件；事实要件层面，要求案件事实清楚，证据确实、充分；态度要件层面，要求被告人认罪认罚；赔偿要件层面，要求已经达成和解协议、赔偿协议。从上述要求可以看出，适用上述两种刑事审判程序的案件，控辩双方之间存在较小的对抗性，同时已经形成了"合意"。因此，针对此类案件不但可以在审理过程中从程序上进行精简，简化庭审的某些环节，而且也可以在裁判文书的制作方面进行简化，适用"简式裁判文书"。

第四，案件类型。在刑事案件中，一些特殊类型的案件是需要特别加强裁判文书说理的。具体而言，在刑事审判中，那些拟宣告无罪、拟判处法定刑以下刑罚，以及拟判处死刑的案件需要加强裁判文书的说理。这是因为：首先，通常情况下，此类判决结果一经公布，必然会引起社会的强烈关注，因此需要详细论证作出裁判的理由；其次，此类裁判涉及嫌疑人的重大人身权利，同时也涉及被害人的重大权利保障以及社会法益的保护，一旦作出突破常识的特殊裁判结果，必然会在一定程度上超出双方当事人的以及社会的预期，此时就需要有足够的理由支撑，详细阐释作出判罚的正当性和合法性。

第五，文书种类。裁判文书具有多种类型，如判决书、裁定书、决定书、调解书等。在司法实践中，不同的文书种类也分别具有不同的说理要求。相对而言，实体性案件比程序案件更应当加强说理。因为实体性内容多涉及事实的认定和法律的适用。具体而言，裁判文书的说理主要指的是判决书说理，因此，判决书说理的要求要比裁定书、决定书的要求更高，在说理上要更加详尽充分。

二、一审刑事裁判文书说理的标准

在完成繁简分流的筛选以后，裁判文书说理要根据一定的标准进行展开，做适当的释法说理。整体标准上，刑事裁判文书要坚持简案简写、繁案繁写，同时还要注意不能一刀切，在具体的个案中要做到简处简写、繁处繁写，该繁则繁、当简则简。同时，还应当具有全面性、公开性、客观性、理论性、合法性、充分性和透彻性。只有这样，才能在优化司法资源的基础上取得较好的社会效果与法律效果。

（一）简式裁判文书的说理标准

简式刑事裁判文书是指对那些事实清楚、证据充分、双方无争议的刑事案件可以采取简化说理的方式进行。但是，简化说理，并非一刀切地对所有内容都进行简化。因此，相对而言，简式裁判文书的核心是要处理好如何简略的问题。也就是在裁判文书的制作过程中，哪些裁判文书需要简写？不同类型的裁判文书中哪些内容需要简讲？哪些内容可以省略不讲？哪些部分又需要说理，说到什么程度？这些问题是需要慎重把握的。

从整体层面而言，刑事裁判文书的简化说理需要注意以下几个方面。首先，要符合简写的对象要求。适合简写的对象应当是事实清楚、证据确实充分、被告人自愿认罪，没有争议或争议不大的案件，不是所有的案件都适用。其次，符合简写的方式要求。简写方式的选择一定要根据指控和认定的事实确定，不能一概而论。再次，注重逻辑性。刑事裁判文书简写并非没有任何说理论证的绝对简化，而是要前后、详略照应协调。最后，简写不是概写，要注重对证据、事实和情节的准确表达。一方面要准确发表证据的证明作用，另一方面要准确表达不能略写的要素。

从具体的内容层面而言，简式裁判文书的制作应当注意以下几个方面。首先，在事实的论证方面，因为此类案件的案情都相对简单，事实清楚，且双方当事人对案件事实和证据都没有异议，所以，在进行说理时就没有必要对案件事实进行大篇幅的论证，只要简单叙述清楚审理查明的事实以及相应的支撑证据即可。其次，在法律适用部分，要根据相关法律，阐明被告人的行为构成什么罪，怎么量刑（包括法定和酌定的量刑情节）。这一部分虽然也不用过多论证，但是对其中的量刑问题有争议的部分要进行相应的说理论证。最后，在整体逻辑和语言风格上，要言简意赅，体现效率。

（二）要式裁判文书的说理标准

要式裁判文书说理就是要针对疑难复杂案件或者社会关注度高的案件进

行强化说理，做到有针对性、充分性、逻辑性和规范性。①

1. 刑事裁判文书事实认定说理标准

刑事裁判文书的事实论证说理就是要以法律关系的构成要件为指导，运用各种证据证明案件事实的过程。其最终的目的就是要遵循证据裁判规则，把案件的来龙去脉和前因后果叙述清楚，通过裁判文书认定的证据充分还原案件事实。

第一，在格式的要求上，刑事裁判文书的事实论证说理要结构严谨且逻辑严密。结构严谨，一方面是指要遵循严格的证据审查规范，也就是要公开举证、质证，公开认证，只有经过公开举证、质证和认证才能将具有证据效力的证据认定为定案依据。同时还要同等对待、居中审查，不因控辩双方诉讼地位的实际差异而产生偏向。另一方面是指要严格按证据规则认定案件事实，严格遵循证据的采信规则，对有效证据、瑕疵证据以及无效证据作出认定和决定取舍，最终依据证据确认案件事实。逻辑严密则主要表现为证明对象的完整性和论证形式的严密性。事实论证对象的完整性是指事实论证的对象是一个完整的被指控为犯罪的行为系统；论证形式的严密性是指根据证明的内容和要求，由表及里，由一般到重点，最后得出唯一的结论。②

第二，在具体的论证内容层面要紧紧围绕证据的"三性"进行事实论证。首先，要通过分析证据的真实性进行事实论证。虽然很多时候在裁判文书中没有必要对所有证据的真实性进行论证说理。但是，当证据存在较大争议或者相互矛盾时，法官应当在裁判文书中进行必要的论证和说明。其次，通过论证证据的合法性进行事实论证。在刑事案件中，证据的合法性经常会成为控辩双方争议的焦点，所以在裁判文书的制作中应当根据法律所规定的证据规则，结合案件具体情况，分析证据的资格问题，最终确定能否成为定案的依据。最后，还要通过论证证据的关联性进行事实论证说理。证据不仅应当具有真实性和合法性，还应当与待证案件事实具有密切的关联性，要能够在裁判文书的说理中清晰地看出证据与事实之间的逻辑联系，使受众能够直观地看到证据是怎么证明案件事实的。

2. 刑事裁判文书的法律适用说理标准

刑事裁判文书中法律适用的论证说理是依据事实、法律和法理，阐述应

---

① 罗灿：《司法改革背景下裁判文书说理繁简分流研究》，法律出版社 2018 年版，第 105 页。
② 沈志先：《裁判文书制作》，法律出版社 2017 年版，第 169 页。

当适用哪些法律处理案件的理由。适用法律的论证是在定性和情节论证的基础上，结合案件事实与相关法律之间的逻辑关系最终选择使用的法律，是裁判文书最后也是最高层次的论证。[1] 法律适用说理不能仅仅机械单纯地援引法条，而是应当结合事实说明依据法律规定对案件进行处理的理由。在简单案件的裁判文书中，法官应当根据相关规定准确完整具体地适用相关法律条文，从而让一个受过法律训练但不熟悉案情的人能够无须求助书面判决以外的材料就能评估该判决在法律上的正确性，使裁判文书具有充分的说服力和教育意义。[2] 在复杂的案件中，在上述论证说理的基础上，如果法律规定比较概括或者复杂，抑或是控辩双方对法律条文理解存在分歧、法律条文存在竞合的，法官还应当在裁判文书中对该法条的含义作出准确的解释，并阐明适用该法条的理由。

在具体的说理方法上可以综合运用法理和学理进行说理。首先，运用法理分析说理是指通过对法律的解释，将法律的规定运用于具体案件并最终得出结论的过程。在裁判文书的制作中，不能单纯引用，而是要注意对法律进行一定程度的阐述论证。要紧紧围绕罪与非罪、此罪与彼罪以及各种法定或酌定量刑情节，对法律规定作出合理适当的解释，并将其与具体的案件事实进行比较，从而得出被告人的定罪量刑结果。其次，运用学理进行分析说理是指运用刑罚理论对相关案件进行说理论证。虽然目前刑法学派众多，学术观点也较为纷繁复杂，但是面对一些疑难案件特别是控辩双方在审理过程中提到的刑法理论问题，应当在裁判文书中进行有效的说理回应。

3. 刑事裁判文说理的行文标准

首先，在写作方式上应当遵循以下标准。第一，要据实论证。刑事裁判文书说理必须要据实论证，不能割裂事实，仅仅截取部分似是而非的事实片段进行裁判说理，更不能仅凭主观臆断就得出片面结论。第二，要言之有物，少说空话套话。合格的裁判说理，需要根据事实和法律边叙边议或者先叙后议，不能脱离实际、违背事实，进行没有依据的高谈阔论。要言之有物，针对争议性内容能够摆事实、讲道理，做到以理服人。第三，要详略得当。该详则详、该简则简，该详时要充分透彻，该简时要简而得当，不能喧宾夺主。

---

[1] 沈志先：《裁判文书制作》，法律出版社2017年版，第188页。
[2] 罗灿：《司法改革背景下裁判文书说理繁简分流研究》，法律出版社2018年版，第146页。

第四，不能千篇一律。要根据个案的不同情况和特点，运用不同的方式进行说理，不能对不同类型和性质的案件都采取千篇一律的套路。

其次，在具体的遣词造句方面，刑事裁判文书说理要符合以下标准。第一，表述必须准确，避免产生歧义。例如，裁判文书中代词的使用问题。第二，表述证据的证明作用应当遵从证明的逻辑要求，具有严密的逻辑性。第三，在表述事实或分析证据时，要避免使用否定句式，要用肯定句式直接表明意思。第四，遵从数字使用规范，规范使用数字。第五，要注重裁判用语的规范流畅，容易表达，适合宣判。

三、二审刑事裁判文书说理的标准

《最高人民法院关于加强和规范裁判文书释法说理的指导意见》第十条规定："二审或者再审裁判文书应当针对上诉、抗诉、申请再审的主张和理由强化释法说理。二审或者再审裁判文书认定的事实于一审或者原审不同的，或者认为一审、原审认定事实不清、适用法律错误的，应当在查清事实、纠正法律适用错误的基础上进行有针对性的说理；针对一审或者原审已经详尽阐述理由且诉讼各方无争议或者无新证据、心里有的事项，可以简化释法说理。"二审裁判文书的说理标准面临三重规则需要遵循。

（一）说理目标的强针对性

二审裁判文书不同于一审文书，其与上诉、抗诉的诉讼程序制度有一切关系，故应当充分反映诉讼程序的诉求和价值。

1. 上诉案件

上诉来自于被告人、被告单位、附带民事诉讼原告人等主体，是其主张自身诉讼权利的表现。对于上诉意见不同于一审判决分析内容的，上诉后的二审裁判文书应当予以明确的回应。例如，如果被告人上诉是认为其无罪，那么二审文书的制作就要从定罪理由是否充分出发，进行缜密的罪与非罪的论述；如果被告人上诉是认为存在此罪与彼罪之分，则二审文书的制作要重点放在罪名的辨析上，考虑不同构成要件与证据的印证关系，从而释法析理得出令人信服的罪名选择；当然，如果是量刑问题，则需要回到法定、酌定从轻处罚情节，以及从重情节的论述上来，针对性地解决上诉人的疑惑。

2. 抗诉案件

抗诉案件占二审案件的比例相对较少，抗诉需要消耗更多的司法资源。根据刑事诉讼法有关规定，抗诉案件必须开庭且应当提交审判委员会讨论，因此二审裁判文书要针对抗诉的理由进行充分回应，并且需要将审判委员会讨论的结果进行梳理，形成完整的论证体系。

在抗诉案件的二审裁判文书中是否需要详细表达检察机关的抗诉意见，从各地法院的实践情况看，是确定无疑的。抗诉本身所代表法律监督的特色和立场，需要在裁判文书中进行详细的列举、回应，特别是对原审被告人而言，其切身利益完全有可能因抗诉而被影响，进而更加具有详细进行释法说理的必要性。

（二）基于不同于原判结论的强化说理

强化说理是二审结论不同于原判情况下的选择，前提在于二审确实改变了一审的判决内容，否定了一审的既判力。对此，二审有必要就一审存在的问题和二审之所以不支持一审结论的原因进行说明，目的不仅在于向诉讼参与人、公众解答疑惑，很大程度上也要形成书面的论证逻辑，接受类似于对一审文书一样的专业审查。

其中，如果二审裁判文书是改判案件，则要根据新查明的事实、证据与原判认定时的事实、证据的差异进行针对性陈述，并作出结果评价。

大多数情况下，如果二审裁判文书是发回重审的裁定书，则通常尚不做过多论述，只是做程序性地回应即可。然而这并不妨碍发回重审工作的公开性和理由的明示性。之所以不在文书上进行释法析理式的展示，主要是考虑到案件的生效裁判认定尚未形成，仍要为法律事实的论证留出空间。

不过，也有的省份要求对发回重审的文书进行充分的释法析理，并做内容详尽的公开公示；然而，这样的做法是否有必要，值得进一步商榷。山西省高级人民法院与2015年出台了《关于推进发回重审案件三公开工作的指导意见》[①]，其中明确了"三公开"原则：（1）公开发回理由。在案件裁定书中，应对裁判形成的正当性、合法性及合理性予以公开说明，并着重说明原

---

① 最高人民法院司法改革领导小组办公室：《最高人民法院关于加强和规范裁判文书是法说理的指导意见理解与适用》，中国法制出版社2018年版，第166~167页。

审裁判事实不清、证据不足或违反法定程序、适用法律错误的具体情形及原审法院应做的改正和弥补工作等。事实不清、证据不足要说明为什么不清、哪儿不清和证据怎么不足；程序违法、适用法律错误的案件要说明为什么违法、哪儿违法以及怎么错误，力戒简单笼统、含混不清、语焉不详。（2）公开发回依据。在案件裁判文书中，应对发回重审所适用的法律、法规、司法解释等条文全部列明，并着重阐明适用该法律条文的理由。法律规定比较原则或者条文复杂，当事人各方对法律条文理解易产生歧义的，应对法律条文的内容含义进行阐释。（3）公开发回方式。对发回重审案件应当实行公开宣判、现场送达，使案件当事人和代理人、辩护人及其他相关人员当场知晓案件审判的结果、当场知晓案件发回重审的理由和依据，其他人员也能通过案件裁定书看得一清二楚、一目了然，以减少"暗箱操作"的疑虑。

（三）基于支持原判结论的简化说理

如果一审、二审所查明的事实、适用的法律、裁判的结论基本一致，那么，二审文书的篇幅要有相当幅度的控制，不得超过一审文书的论述规模，防止做不必要的论述。

【典型案例】
周某刚、胡某培犯受贿罪二审改判案[1]

【基本案情】
四川省江安县人民法院审理四川省江安县人民检察院指控原审被告人钱某良犯行贿罪，原审被告人周某刚、胡某培犯滥用职权罪、受贿罪一案，于2016年11月22日作出（2015）江安刑初字第197号刑事判决。原审被告人钱某良、周某刚、胡某培不服，提出上诉。

【裁判结果】
依照《中华人民共和国刑事诉讼法》第二百二十五条第一

---

[1] 参见中国裁判文书网，四川省宜宾市中级人民法院（2017）川15刑终30号刑事判决书。

款第（二）项、第二百二十六条第一款和《中华人民共和国刑法》第三百八十五条第一款、第三百八十九条第一款、第三百九十七条、第六十九条、第三百八十三条、第三百八十六条、第六十七条、第五十二条、第五十三条第一款、第六十四条，1997年修订的《中华人民共和国刑法》第三百九十条，《最高人民法院、最高人民检察院关于办理渎职刑事案件适用法律若干问题的解释（一）》第一条第二款第（二）项、《最高人民法院、最高人民检察院关于办理行贿刑事案件适用法律若干问题的解释》第四条第（三）项、《最高人民法院、最高人民检察院关于办理贪污贿赂刑事案件适用法律若干问题的解释》第二条之规定，判决如下：

一、维持四川省江安县人民法院（2015）江安刑初字第197号刑事判决的第一、四项，即对被告人周某刚的定罪量刑及没收周某刚、胡某培违法所得部分；

二、撤销四川省江安县人民法院（2015）江安刑初字第197号刑事判决的第二、三项，即对被告人胡某培、钱某良的定罪量刑部分；

三、上诉人（原审被告人）胡某培犯受贿罪，判处有期徒刑三年，并处罚金人民币二十万元；犯滥用职权罪，判处有期徒刑三年。数罪并罚，决定执行有期徒刑五年六个月，并处罚金人民币二十万元；

四、上诉人（原审被告人）钱某良犯行贿罪，判处有期徒刑六年。

【文书精华】

关于各上诉人、辩护人及二审出庭检察员对本案事实及法律适用提出的意见，本院依照审理查明的事实，结合相关法律规定，综合评析如下：

（一）关于江远煤矿是否符合领取奖补资金的条件

上诉人周某刚及其辩护人、上诉人钱某良的辩护人提出，江远煤矿经政府部门审计后合法获得奖补资金的行为未经行政部门否定。该煤矿虽发生水害，但无证据证明该水害无法治理，采矿证过期并不能否定该煤矿合法性，因此江远煤矿符合奖补资金领取条件。上诉人胡某培及其辩护人提出，江远煤矿虽证照过期，但属于在建矿井，不属于非法煤矿，江远煤矿符合领取奖补资金的条件。

经查，依照四川省煤矿企业兼并重组工作领导小组下发的《四川省整顿关闭煤矿补助（奖励）资金管理办法》第二条和第五条的规定，获得煤矿关闭奖补资金的煤矿必须为主动退出和直接关闭或兼并重组关闭的"合法生产矿井和在建矿井"，且不属于四川省人民政府《关于推进煤矿企业兼并重组的实施意见》规定的非法违规煤矿。

首先，江远煤矿虽于2007年经四川省人民政府批准与五阁煤矿进行兼并重组，并于2008年取得了四川省国土资源厅的划定矿区范围批复，但其并未取得初步设计、安全专篇的行政审批。该煤矿于2008年3月擅自进行技改施工，属非法建设，在此过程中揭穿矿井含水层导致发生透水事故致使井下全部被淹。经采取各种治理方案后均治理无效，该煤矿的采矿许可证等证件截至2010年已相继过期，预留的矿区范围已到期，上诉人钱某良已将该煤矿关停。因此，江远煤矿违规实施技改，不属于合法的在建矿井；其采矿许可证已经过期，无法进行生产，不属于合法的生产矿井。江安县安监局副总工程师倪某、江安县经信局能源安全股股长杨某、宜宾市经信委工作人员蒲某、陈某2、许某的证言及上诉人周某刚、胡某培侦查阶段的供述也分别印证了江远煤矿并非合法生产、建设煤矿的事实。同时，《四川省煤矿企业兼并重组工作领导小组办公室2014年12月10日主任会议纪要》载明，"在审查奖补资金申报材料中，发现采矿许可证过期失效等不符合奖补条件的问题"，亦证实江远煤矿不是合法矿井，不符合领取奖补资金条件。

其次，四川省人民政府《关于推进煤矿企业兼并重组的实施意见》规定的非法违规煤矿中第7类为"存在水害威胁等重大安全生产隐患，经论证在现有技术条件下难以有效防治的。"

江远煤矿发生水患后，经抽水治理造成周边地面塌陷而无法进行抽水。后其委托了四川省煤田地质工程勘察设计研究院编制了地面钻孔注浆治理方案，但依照该方案治理后依然失败。该方案经过了相应专家的审查，且上诉人钱某良供述其先后去北京、成都等地找专家意图治理水患无果。上诉人周某刚也曾将江远煤矿作为上述情形的非法违规煤矿上报，因此可以认定江远煤矿属于上述规定的非法违规煤矿。

因此，上述证据足以证实江远煤矿在关闭时采矿许可证已经过期，不属于合法的生产矿井和在建矿井，且属于非法违规煤矿，不符合领取财政奖补资金的条件。上列诉辩意见不能成立，本院不予采纳。

（二）关于上诉人周某刚、胡某培是否构成滥用职权罪

1. 关于上诉人周某刚及其辩护人提出，其在上报该煤矿资料时并未隐瞒真相。其将该煤矿上报关闭原因由"存在水患，不能按期完成建设"修改为"企业申请，直接关闭"是真实情况的反映；矿井图纸时间由2008年修改为2013年，二者反映的矿井情况一致。因此原判认定其构成滥用职权罪的证据不足。

首先，如前所述，江远煤矿不符合领取奖补资金的条件。上诉人周某刚作为经办人，曾于2013年6月5日，根据江远煤矿的实际情况，按照四川省人民政府《关于推进煤矿企业兼并重组的实施意见》（川府发〔2013〕15号文件）规定的17类非法违规矿井中的第7类，5类资源整合矿井中的第3类，将江远煤矿作为"存在水害威胁，不能按期完成项目建设的矿井"的非法违规煤矿拟在当月底之前予以关闭，并报送给了宜宾市兼并重组领导小组办公室。该行为证实其主观上知晓江远煤矿属于非法违规煤矿，江安县经信局能源安全股股长杨某的证言也证实周某刚曾在2013年6月5日的会议上提出江远煤矿不符合兼并重组的条件，也印证了周某刚明知江远煤矿是非法违规煤矿的事实并在当时将其以非法违规煤矿上报的原因。然而，2013年7月30日，《四川省整顿关闭煤矿补助（奖励）资金管理办法》的通知下发后，周某刚又于2013年8月2日向市政府

申请将江远煤矿的关闭原因调整为"企业申请，直接关闭"，并作为年生产能力9万吨、符合领取奖补资金条件的建设矿井予以上报，否认江远煤矿属于非法违规煤矿的事实。周某刚在侦查阶段供述其修改关闭原因的目的是为了让江远煤矿获得奖补资金，而根据《四川省整顿关闭煤矿补助（奖励）资金管理办法》第五条的规定，"按照四川省人民政府《关于推进煤矿企业兼并重组的实施意见》（川府发（2013）15号文件）的规定，非法违规煤矿……不属于奖补资金补助范围"，亦印证了周某刚如果不修改关闭原因则江远煤矿确实不能获得奖补资金的情况，结合其在2013年6月5日将江远煤矿作为非法违规煤矿上报时，补偿政策并未出台，其与钱某良之间并无利益纠葛，亦无将钱某良合法在建煤矿故意按非法违规煤矿上报的动机；而奖补政策出台后，其因修改江远煤矿关闭原因，江远煤矿从而获得奖补资金，钱某良因此给予其巨额感谢费的事实，均证实其在侦查阶段的供述具有真实性。即其修改煤矿关闭原因的目的并非是为了反映真实情况，而是为了掩饰真实情况，使江远煤矿获得本不应获得的奖补资金。

其次，在江远煤矿提交关闭煤矿的资料时，经钱某良询问后，周某刚叫钱某良将江远煤矿2008年的井上、井下图纸时间修改为关闭煤矿时的2013年，井口修改为封闭。虽然该修改主要是时间的变动，但是，江远煤矿如果是合法的在建矿井、生产矿井，其2013年的矿井图纸必然与2008年的矿井图纸不一致，无须将2008年的图纸修改时间后使用。而江远煤矿井下被淹长达五年时间，其并未生产和建设，且井下被淹已无法实际取得图纸，而2013年的矿井图纸显然是获得奖补资金的必须资料，且应当是真实的资料。钱某良亦供述过如果不改图纸则可能领不到奖补资金。因此，本院有理由认为其修改图纸时间是为了掩饰江远煤矿并未生产和建设的真实状况。但是，周某刚作为经办人员，不仅仅不如实上报江远煤矿并无2013年真实图纸的情况，反而指使钱某良修改图纸时间，将2008年图纸作为2013年图纸上报，足以证实周某刚明知江远煤矿不属合法生产矿井和建设矿井且在上报的过程中刻意隐瞒的事实。

综上,根据周某刚长期在经信局任职并负责煤矿相关工作的情况,其对江远煤矿不符合领取奖补资金的条件具备相应的认知和判断能力。但是,其在经办江远煤矿关闭的过程中,明知江远煤矿不属合法生产矿井和建设矿井并且已经将江远煤矿作为非法违规煤矿上报后,为了使江远煤矿能够得到奖补资金,擅自调整江远煤矿关闭原因,指使钱某良修改江远煤矿图纸,超越限度地履行职责,致使国家利益遭受特别重大损失,情节特别严重的行为已构成滥用职权罪。因此,上诉人周某刚及其辩护人的上列诉辩意见,本院不予采纳。

2. 关于上诉人胡某培及其辩护人提出其不构成滥用职权罪的诉辩意见。经查,胡某培在侦查机关稳定供述其初审时即发现江远煤矿证照已过期,按照奖补政策不具有合法性,但其依然同意将江远煤矿作为符合领取奖补资金的条件上报。周某刚亦供述经信局的所有文件都需胡某培同意或签字,胡某培知晓江远煤矿的情况。结合在案多名煤矿监管行业的工作人员的证言均证实江远煤矿不符合领取奖补资金的条件,根据胡某培长期在经信局任职并负责煤矿相关工作,其对江远煤矿不符合领取奖补资金的条件具备相应的认知和判断能力。因此,其在明知江远煤矿不符合领取奖补资金的条件下,同意上报并签字拨付奖补款,致使国家利益遭受特别重大损失,情节特别严重的行为已构成滥用职权罪。上列诉辩意见,本院不予采纳。

(三)关于上诉人钱某良是否构成行贿罪

上诉人钱某良提出,其煤矿得到奖补资金是政府行为,其无法决定,其行贿是在获得奖补资金后,即便造成了国家经济损失也是因周某刚等人滥用职权,与其行贿无关。其辩护人除提出相同意见外,还提出:即使江远煤矿不应获得奖补资金,钱某良亦不明知其获得的是不正当利益,且其行贿行为发生在领取奖补资金之后,与造成国家经济损失没有因果关系。

经查,首先,上诉人钱某良与同案人陈某5供述证实,在提交申领奖补资金资料前,钱某良就已经与陈某6约定,陈某6

利用职务之便为其煤矿获得奖补资金提供帮助，事后钱某良送给陈某 650 万元。钱某良供述陈某 6 告知其煤矿既可以按每年 6 万吨的产能上报，也可以按每年 9 万吨的产能上报。而陈某 4 上报资料的过程中，也将江远煤矿作为符合领取奖补资金条件的年产 9 万吨的煤矿予以上报。

其次，钱某良在提交申领奖补资金资料过程中，在咨询周某刚后将煤矿 2008 年的井上、井下图纸时间修改为 2013 年，井口改为封闭后作为关闭煤矿时的图纸上报。钱某良在侦查阶段供述其知道如果不修改就可能通不过审查，得不到奖补资金。证人杨某的证言证实在关闭煤矿过程中，钱某良与周某刚关系密切，经常到经信局来找周某刚，周某刚还让其为江远煤矿制作相应申请资料。

最后，钱某良与周某刚在侦查阶段的供述证实，在获得奖补资金前，钱某良与周某刚有过获得奖补资金后向周某刚表示感谢的约定。

因此，上述客观事实表明钱某良知道或者应当知道江远煤矿不符合领取奖补资金的条件，但仍为谋取不正当利益，承诺获得奖补资金后向相关经办人员行贿，并提交了未反映真实情况的矿井资料，其上述行为与国家利益遭受特别重大损失存在刑法上的因果关系，其行为构成行贿罪。上列诉辩意见，本院不予采纳。

（四）关于上诉人的量刑情节认定及原判量刑存在的问题

1. 上诉人周某刚及其辩护人提出，其受贿金额不大，具有自首情节，在提起公诉前如实供述罪行，未造成国家经济损失，原判量刑过重；其辩护人提出，钱某良虽先于周某刚交代其收受贿赂的事实，但侦查机关在对周某刚讯问时并未将该供述用于立案、侦查、审讯，因此周某刚系在侦查机关没有掌握其受贿事实下主动供述，构成自首的辩护意见。

经查，二审期间公诉机关补充提交了上诉人钱某良于 2015 年 5 月 16 日交代其向周某刚等人行贿事实的供述，该供述早于周某刚作出自书供述的时间。且检察机关出具了说明称钱某良在 2015 年 5 月 7 日即已供述其行贿事实，检察机关亦于当日对钱某良行贿、周某刚受贿案立案侦查。辩护人提出侦查机关在对周某刚讯问时并未将该供述用于立案、侦查、审讯的意见明显与事实不符。因此原判认定周某刚构成自首错误，但依照上诉不加刑的规定，本院不加重对其的处罚。上诉人周某刚为他人谋取不正当利益，致使国家利益遭受特别重大损失，原判对其判处有期徒刑三年六个月不属量刑过重。

2. 上诉人钱某良及其辩护人提出其接受侦查机关传唤后如实供述了其行贿的事实，构成自首；二审出庭的检察员提出可以认定上诉人钱某良构成自首的意见。经查，钱某良在侦查机关未掌握其行贿犯罪事实的情况下，先于同案关系人周某刚等如实供述其行贿犯罪事实，庭审中，虽然辩解自己不明知是谋取不正当利益，但系其对行为性质的辩解，不影响自首的成立。本院对控辩双方的意见予以采纳。钱某良在被追诉前主动交待其行贿行为，又系自首，依法可以对其减轻处罚。原判未认定上述量刑情节，本院依法予以纠正。

关于上诉人钱某良的辩护人提出钱某良系被陈某6等人索取贿赂的意见。经查，钱某良在侦查机关虽供述系陈某6向其索要贿赂，但该供述未得到其他证据的印证，不能认定。因此该辩护意见不能成立，本院不予采纳。

关于上诉人钱某良的辩护人提出原判不应对钱某良适用罚金刑；二审出庭的检察员提出原判对钱某良并处罚金刑不当的意见。经查，上诉人钱某良的行贿行为发生在《刑法修正案（九）》实施之前，依照从旧兼从轻的原则，对钱某良应适用修正前的《中华人民共和国刑法》的规定，不应对其并处罚金。原判适用修正后的《中华人民共和国刑法》对其并处罚金，属适用法律错误，本院予以纠正。该意见成立，本院予以采纳。

本院认为，上诉人（原审被告人）周某刚、胡某培身为国家工作人员，在经办和审核煤矿关闭奖补资金的过程中，滥用职权，将不符合领取财政奖补资金条件的江远煤矿作为符合条件的煤矿上报，并分别收受该煤矿业主钱某良贿赂 49 万元、44

万元，数额巨大，并致使国家利益遭受特别重大损失，情节特别严重的行为均已构成受贿罪、滥用职权罪，依法应当数罪并罚。上诉人（原审被告人）钱某良为谋取江远煤矿获取财政奖补资金的不正当利益，给予国家工作人员周某刚、胡某培、陈某6财物共计143万元，致使国家利益遭受特别重大损失，情节特别严重的行为已构成行贿罪。上诉人钱某良在侦查机关未掌握其行贿犯罪事实的情况下，主动供述其行贿犯罪，是自首，且系被追诉前主动交待行贿行为，依法可以对其减轻处罚。上诉人周某刚如实供述其受贿事实，依法对其从轻处罚；上诉人胡某培主动向办案机关投案并如实供述其受贿及滥用职权的事实，是自首，依法对其从轻处罚，原判仅认定其受贿罪构成自首，未认定其滥用职权罪构成自首，本院依法予以纠正。案发后，上诉人周某刚、胡某培、钱某良所得赃款已全部退清，酌情对其从轻处罚。

综上，原判认定上诉人（原审被告人）周某刚、胡某培犯受贿罪、滥用职权罪、上诉人（原审被告人）钱某良犯行贿罪的事实清楚，定罪正确。但认定钱某良、胡某培的量刑情节及量刑时适用法律错误，导致量刑过重，本院依法予以纠正。上诉人钱某良、胡某培及其辩护人提出原判对其量刑过重的意见，本院予以采纳。

本案系渎职犯罪，被告人周某刚、胡某培滥用职权，致使被告人钱某良违规取得国家财政奖补资金。但直至审判阶段，行政机关尚未对其是否违规作出认定。该裁判文书详细论证了其取得国家财政奖补资金是否违规、各被告人是否构成相应犯罪，并明确了各被告人的量刑情节，依照各被告人的犯罪情节、造成的损害后果，作出了罚当其罪的判决。在说理论证方面同样具有代表性。

第一，事实认定清楚，表述条理清晰，层次分明。该案系多名被告人、多个罪名，事实较为复杂。判决书依照被告人的"职务情况""基本犯罪事实""被告人到案及退赃等情况"三个部分进行表述，逻辑清晰，层次分明。其中，"职务情况""基本犯罪事实"部分紧密围绕犯罪构成进行描述，表述规范、客观、中立、完整;"基本犯罪事实"部分将滥用职权与行贿、受贿事实一并表述,力求还原客观真实情况;"被告人到案及退赃等情况"部分对量刑事实予以明确。上述相应事实均与相应证据紧密联系,并与文书"本院认为"内容相呼应。

第二,证据归纳繁简得当,证据罗列逻辑分明,多而不乱。该案证据较多,特别是相应书证,如行政机关出具的规范性文件较为繁杂,若罗列不当则必然会杂乱无章。判决书依照证据所证明的内容,与审理查明的事实相呼应的程度,依照时间先后、证明力强弱、先客观后主观等原则,分组对证据进行罗列,确保证据逻辑分明,一目了然。证据归纳繁简得当,语言精练。

第三,论证严密、说理透彻,定罪准确,量刑公允。该案被告人及辩护人均系作无罪辩护,争议较大。判决书根据相应辩护意见,归纳为事实认定、法律适用、量刑情节三个方面并依照相应顺序逐一进行回应。首先围绕该案争议焦点"是否违规获得奖补资金"进行论证,再依照犯罪构成对各被告人是否构成犯罪进行分析认定,最后根据审理查明的事实确认各被告人相应的量刑情节,论证逻辑严密,用语规范准确,说理清晰透彻,定罪准确,量刑恰当。通过释法说理,增强了裁判行为的公正、透明度,提升了司法公信力和司法权威。

四、再审刑事裁判文书说理的标准

再审裁判文书是基于刑事诉讼法的有关规定,在确实改变了原生效判决所认定的事实、证据和法律适用逻辑而形成的新的裁判。据此,再审裁判文书的生活里要紧密围绕与前判的区别之处,避免对原判文书支持的部分进行不必要的、重复的论述,相关做法和评判标准与二审案件相近。

【典型案例】
张某中诈骗、单位行贿、挪用资金再审改判案[①]

[①] 参见中国裁判文书网,最高人民法院(2018)最高法刑再3号刑事判决书。

【基本案情】

原审被告人张某中，男，汉族，1962年7月1日出生，山东省即墨县（现山东省青岛市即墨区）人，博士研究生文化，原系物美控股集团有限公司董事长。2006年12月7日被刑事拘留，同年12月20日被逮捕。河北省衡水市中级人民法院审理衡水市人民检察院指控被告单位物美集团犯单位行贿罪，被告人张某中犯诈骗罪、单位行贿罪、挪用资金罪，被告人张某春犯诈骗罪一案，于2008年10月9日以（2008）衡刑初字第22号刑事判决，认定物美集团犯单位行贿罪，判处罚金人民币530万元；认定张某中犯诈骗罪，判处有期徒刑十五年，并处罚金人民币50万元，犯单位行贿罪，判处有期徒刑三年，犯挪用资金罪，判处有期徒刑一年，决定执行有期徒刑十八年，并处罚金人民币50万元；认定张某春犯诈骗罪，判处有期徒刑五年，并处罚金人民币20万元；张某中、张某春违法所得予以追缴，上缴国库。宣判后，物美集团、张某中、张某春均提出上诉。河北省高级人民法院于2009年3月30日以（2008）冀刑二终字第89号刑事判决，维持一审判决对物美集团、张某春定罪量刑部分，对张某中、张某春违法所得追缴部分以及对张某中单位行贿罪、挪用资金罪定罪量刑和诈骗罪定罪部分；撤销一审判决对张某中诈骗罪量刑以及决定执行刑罚部分；认定张某中犯诈骗罪，判处有期徒刑十年，并处罚金人民币50万元，与其所犯单位行贿罪、挪用资金罪并罚，决定执行有期徒刑十二年，并处罚金人民币50万元。

判决发生法律效力后，原审被告人张某中向河北省高级人民法院提出申诉，河北省高级人民法院于2015年12月21日予以驳回。2016年10月，张某中向本院提出申诉。本院经审查后于2017年12月27日作出（2017）最高法刑申683号再审决定，提审本案。本院依法组成合议庭，于2018年2月7日召开庭前会议，于2月12日公开开庭审理了本案。

【裁判结果】

依照《中华人民共和国刑事诉讼法》第二百四十五条第一款、第二百二十五条第一款第（二）、（三）项及《最高人民法院关于适用〈中华人民共和国刑事诉讼法〉的解释》第三百八十九条第一款第（三）（四）项、第二款和第四百四十五条的规定，经本院审判委员会讨论决定，判决如下：

一、撤销河北省高级人民法院（2008）冀刑二终字第89号刑事判决和河北省衡水市中级人民法院（2008）衡刑初字第22号刑事判决。

二、原审被告人张某中无罪。

三、原审被告人张某春无罪。

四、原审被告单位物美控股集团有限公司无罪。

五、原审判决已执行的罚金及追缴的财产，依法予以返还。

【文书精华】

一、关于诈骗罪

针对原审被告人张某中、张某春及其辩护人关于诈骗罪的辩解、辩护意见和最高人民检察院出庭检察员的意见，根据再审查明的事实、证据，综合评判如下：

（一）物美集团作为民营企业具有申报国债技改项目的资格，其以诚通公司下属企业名义申报，并未使负责审批的主管部门产生错误认识

1. 相关政策性文件并未禁止民营企业参与申报国债技改贴息项目，且身为民营企业的物美集团于2002年申报国债技改项目，符合国家当时的国债技改贴息政策。原判认定物美集团作为民营企业不属于国债技改贴息资金支持范围，所依据的是原国家经贸委、原国家发展计划委、财政部、中国人民银行于1999年制定的《国家重点技术改造项目管理办法》《国家重点技术改造项目国债专项资金管理办法》等政策性文件，但上述文件均未明确禁止民营企业申报国家重点技改项目以获得国债

技改贴息资金支持。2001年12月，我国正式加入了世界贸易组织，由于国有企业三年改革与脱困目标基本实现，国家调整了国债技改项目的投向和重点，在规定的范围、专题内，进一步明确了对各种所有制企业实行同等待遇，同时将物流配送中心建设、连锁企业信息化建设列入了国债贴息项目予以重点支持。原国家经贸委投资与规划司于2002年2月27日下发的《关于组织申报2002年国债技术改造项目的通知》附件《2002年国债技术改造分行业投资重点》，国务院办公厅于2002年9月27日转发的国务院原体改办、原国家经贸委《关于促进连锁经营发展的若干意见》，以及原国家经贸委于2002年10月16日印发执行的《"十五"商品流通行业结构调整规划纲要》等，对此均有明确规定。2002年物美集团申报国债技改项目时，国家对民营企业的政策已发生变化，国债技改贴息政策已有所调整，物美集团所申报的物流项目和信息化项目属于国债技改贴息资金重点支持的项目范围。物美集团作为国内大型流通企业，积极申报以获取国债技改贴息资金对其物流和信息化建设的支持，符合当时国家经济发展形势和产业政策的要求。

2. 有证据证实，民营企业当时具有申报国债技改贴息项目的资格。（1）一审期间，辩护人提交的中国新闻网2001年11月16日报道《中国国债技改贴息将对各所有制一视同仁》载明，时任原国家经贸委负责人公开表示，从2002年起，改革国债技改贴息办法，对各种所有制企业均实行同等待遇。（2）证人门某证实，2002年国家没有禁止国债技改贴息资金支持民营流通企业的规定，当时的第七、八、九批国家重点技术改造国债贴息项目中，确实有民营企业得到支持并拿到贴息。（3）辩护人提交的《2003年第二批国债专项资金国家重点技术改造项目投资计划表》和相关企业工商注册登记材料证实，在与物美集团同时获批的企业中，还有数家民营企业获得了国债技改贴息资金。（4）再审期间，证人甘某出具的《关于2002年国债技术改造项目相关情况的说明》证实，从2001年开始，部分民营企业进入国债技改贴息计划；证人黄某1出庭作证称，第八批国债技改贴息对企业的所有制性质没有限制性要求。上述证据足以证实2002年民营企业具有申报国债技改贴息项目的资格。

3. 物美集团通过诚通公司以真实企业名称申报国债技改项目，没有隐瞒其民营企业性质，也未使负责审批的主管部门产生错误认识。(1) 经查，根据财政部《关于同意中国诚通控股公司财务关系单列的通知》及附件《中国诚通控股公司所属成员单位名单》，物美集团确实不是诚通公司在财政部立户的所属成员单位，但物美集团以诚通公司下属企业名义申报国债技改贴息项目，获得了诚通公司同意，且物美集团在申报材料企业基本情况表中填报的是"北京物美综合超市有限公司"（后经原国家经贸委投资与规划司审批同意，项目承担单位调整为物美集团），其以企业真实名称申报，并未隐瞒。(2) 证人黄某1的证言及原国内贸易部《关于确定全国第一批连锁经营定点联系企业的函》证实，物美集团是原国内贸易部及原国家经贸委贸易市场局的定点联系企业；证人李某2证实，在物美集团申报过程中，其曾听过张某中、张某春等人的汇报，并考察了物美的超市和物流基地，参与了审批，经审查认为符合国债项目安排原则。可见，作为审批部门的原国家经贸委对物美集团的企业性质是清楚的。张某中、张某春将物美集团以诚通公司下属企业名义申报国债技改项目，并未使原国家经贸委负责审批工作的相关人员对其企业性质产生错误认识。

（二）物美集团申报的物流项目和信息化项目并非虚构

1. 物流项目并非虚构，项目获批后未按计划实施及未能贷款系客观原因所致，且已异地实施。(1) 物流项目本身并非虚构。2002年4月18日，物美集团在申报之后，与北京市通州区政府签署的《合作协议书》证实，物美集团积极参与通州区物流产业园区的建设，通州区政府将提供政策和资源支持，协助物美集团在通州建立大型现代化的物流中心；2002年9月，清华大学环境影响评价室出具的《北京市环保局建设项目环境影响评价报告表》证实，该室受物美集团委托，对其在通州区物流产业园区的物流项目进行了环境评估。可见，物美集团申报的物流项目并非虚构。(2)物流项目未能获得贷款和未按计划实施有其客观原因,且已异地实施。证人王某1、吴某1、于某1、李某5、许某、张某2、袁某、王某2等人的证言证实:物美集团在北京市通州区的物流项目起初因"非典"推迟,后来在土地出让方式方面,通州区物流产业园区要求购买,而物美集团原计划是租赁土地,因投资成本太高,双方未能达成一致。后物美集团在北京市百子湾等地建了物流中心。证人于某1在侦查阶段还证实,因无法提供用地及开工手续,在北京市通州区的物流项目不能取得银行贷款,后按要求办理异地实施项目的变更手续,但因故最终未能落实。可见,物美集团所申报的物流项目没能按计划在原址实施,未能申请到贷款,系因"非典"疫情及通州区物流产业园区土地由租改卖等客观原因造成。(3)物美集团报送的物流项目《可行性研究报告》虽有不实之处,但不足以否定该项目的可行性和真实性。物流项目《可行性研究报告》、北京市通州区规划局出具的规划意见书及证明等书证,证人张某1、于某2、孟某、李某6、张某2、刘某2、张某4等人的证言,以及原审被告人张某春的供述等证据证实:物美集团在联系编制物流项目《可行性研究报告》过程中,副总裁张某1等人到物流项目所在地北京市通州区物流产业园区考察并要求出具相关土地证明,通州区规划局出具了盖有该局规划管理专用章的规划意见书,同意物美集团在通州区物流产业园区规划建设商业项目,物美集团在规划意见书后附加了拟建项目地理位置图、平面布置图,而非规范的土地地形图。上述规划意见书和附图虽不规范、不具有法定效力,但不能据此否定整个项目的可行性和真实性。

2. 原判认定物美集团申报虚假信息化项目,依据不足。(1)物美集团申报的信息化项目主要内容包括:通过改造各业态店铺和总部计算机硬件以及对其软件系统升级改造,建立快速适应市场变化的经营组织及管理模式和运作方式,实施和完善网络支撑系统、现代物流系统、供需链管理系统、电子商务应用系统及经营决策支持系统等。经查,物美集团日常经营中在这些方面已有大量的资金投入。原判因物美集团将以信息化项目名义申请获得的贷款用于公司日常经营，即得出信息化项目完全没有实施的结论，依据不足。（2）物美集团虽然采用签订虚假合同等手段申请信息化项目贷款，但并不能据此认定信息化项目是虚假的。国家发放国债技改贴息的目的在于支持企业的技术改造项目，而物美集团申报的项目经相关部门审核属于政策支持范围。根据申报流程，物美集团申请银行贷款时，其国债技改贴息项目的申报已经获得审批通过。物美集团在此后采用签订虚假合同等手段申请信息化项目贷款，虽然违规，但并非是为骗取贴息资金而实施的诈骗行为，也不能据此得出信息化项目是虚构的结论。

（三）物美集团违规使用 3190 万元国债技改贴息资金不属于诈骗行为

物美集团在获得 3190 万元国债技改贴息资金后，将该款用于偿还公司其他贷款，但在财务账目上一直将其列为"应付人民政府款项"，并未采用欺骗手段予以隐瞒、侵吞，且物美集团具有随时归还该笔资金的能力。因此，物美集团的行为虽然违反了《国家重点技术改造项目国债专项资金管理办法》中关于国债专项资金应专款专用的规定，属于违规行为，但不应认定为非法占有贴息资金的诈骗行为。

综上，原审被告人张某中、张某春及其辩护人所提物美集团作为民营企业有资格申报 2002 年国债技改贴息项目，张某中、张某春没有实施骗取国债技改贴息资金行为，没有诈骗故意，不构成诈骗罪的辩解和辩护意见成立；最高人民检察院出庭检察员所提张某中、张某春的行为不构成诈骗罪的意见成立，本院予以采纳。

二、关于单位行贿罪

2002 年，原审被告人张某中获悉国旅总社欲转让所持有的 5000 万股泰康公司股份，即通过国旅总社总经理办公室主任赵某（另案处理）向国旅总社负责人明确表达了原审被告单位物美集团收购该股份的意向。张某中请赵某提供帮助，并表示事成后不会亏待赵。物美集团与国旅总社经多次谈判就收购股份达成一致。2002年6月26日，物美集团以其关联公司和康友联公司的名义与国旅总社签订了股权转让协议。根据张某中的安排，2003年1月至2004年2月间，张某1通过物美集团的关联公司卡斯特经济评价中心以报销费用的方式分三次向赵某支付了30万元。

  2002年，粤财公司为缓解经营困难，决定转让所持有的5000万股泰康公司股份。泰康公司董事长陈某1将这一信息告知原审被告人张某中并建议其收购，张某中表示同意。为促成股权转让，陈某1向粤财公司总经理梁某提出，股权转让后给梁500万元好处费，并向张某中提出此要求，张某中表示接受。梁某的校友李某3（广州市华艺广告有限公司和广州市华艺文化有限公司董事长）应陈某1、张某中要求，为帮助原审被告单位物美集团收购股份，也找梁某做工作。之后，物美集团提出以每股1.35元的价格受让粤财公司持有的泰康公司股份，梁某没有同意。经梁某提议，粤财公司按规定委托广州产权交易所挂牌转让，挂牌价为每股1.45元。在无人摘牌的情况下，粤财公司与物美集团经多次谈判，最终以每股1.4元的价格达成一致。2003年3月20日，物美集团以其关联公司华美公司的名义与粤财公司签订了股权转让协议。数月后，李某3在梁某不知情的情况下，通过陈某1向张某中索要500万元。张某中应陈某1的要求，安排张某1将500万元汇至李某3的公司账户。梁某事后得知，明确表示与其无关，并拒绝接受该笔款项，该款一直被李某3的公司占有。

  上述事实，有一审及再审开庭审理中经质证确认的物美集团出具的情况说明、物美集团关联公司关系图表、国旅总社会议纪要、国旅总社营业执照、国旅总社关于干部任免事项的通知、粤财公司会议纪要、关于转让泰康股份函、关于接受转让泰康股份的函、股权转让协议、中国保险监督管理委员会批复、泰康公司章程、粤财公司及其投资股东的营业执照、转账支票、进账单、记账凭证、发票等书证，证人赵某、梁某、陈某1、李某3、张某1、王某1、张某5、许某、李某7、王某3、孙某、黄某2、田某2、潘某、刘某3、刘某4、韩某、蔡某、李某8、张某6等人的证言,司法会计鉴定意见以及原审被告人张某中的供述等证据证实。

针对原审被告人张某中及其辩护人、原审被告单位物美集团诉讼代表人关于单位行贿罪的辩解、辩护意见和最高人民检察院出庭检察员的意见,根据再审查明的事实、证据,综合评判如下:

(一)物美集团实施了给予赵某30万元和向李某3公司支付500万元的行为

原审被告人及其辩护人、原审被告单位诉讼代表人提出,给予赵某30万元和李某3公司500万元并非物美集团支付,经查与事实不符。

1. 和康友联公司、华美公司、卡斯特经济评价中心、敬业和康中心等均为物美集团的关联公司,由物美集团直接控制。司法会计鉴定意见、物美集团关联公司关系图表、物美集团出具的情况说明,证人张某1、王某1、许某、张某5等人的证言,以及原审被告人张某中的供述等证据证实:张某中在物美集团注册资本中的投资比例为61.78%,且为和康友联公司、华美公司、卡斯特经济评价中心、敬业和康中心等企业的控股股东;物美集团与上述关联公司的资金由财务部在集团内部统一调度;这些关联公司的财务、记账工作均由物美集团财务人员负责兼职管理,并受物美集团主管财务的副总裁张某1直接领导。

2. 以关联公司名义收购股权的行为由物美集团董事会决定,费用由物美集团筹措,股权收购费等费用的支付均由张某1根据原审被告人张某中的安排,亲自或指派集团的财务人员操办。物美集团出具的情况说明、泰康公司章程、转账支票、记账凭证等书证,证人陈某1、张某1、赵某、李某7、梁某、韩某等人的证言,以及张某中的供述等证据证实:国旅总社、粤财公司转让所持泰康公司股权时,是物美集团与国旅总社、粤财公司进行谈判并达成收购意向。因物美集团已持有一定比例泰康公司股份，为不违反泰康公司章程关于单一股东持股不允许超过10%的规定，物美集团董事会遂决定以其关联公司和康友联公司、华美公司的名义分别与国旅总社、粤财公司签订股权转让协议；收购款由物美集团内部调度给和康友联公司、华美公司支付。物美集团给予赵某的30万元和向李某3公司支付的500万元，分别由物美集团关联公司卡斯特经济评价中心、敬业和康中心支付，其中的500万元系物美集团转至敬业和康中心。

（二）物美集团支付给赵某30万元好处费的行为，依法不构成单位行贿罪

在案的转账支票、赵某报销会议费及装修材料费的发票等书证，证人赵某、张某1、陈某1、孙某、黄某2、田某2、潘某、刘某3、刘某4等人的证言及原审被告人张某中在侦查阶段的供述等证据相互印证，足以证实物美集团支付给赵某的30万元系好处费而非劳务报酬。张某中的辩护人再审期间向法庭提交新证据，用以证明赵某自2003年4月至2008年作为泰康公司监事、董事为物美集团的关联公司和康友联公司、华美公司提供了劳务。经查，物美集团给付赵某30万元的时间与赵某担任泰康公司监事、董事提供劳务的时间并不相符，二者之间缺乏关联性。

根据刑法第三百九十三条规定，单位为谋取不正当利益而行贿，或者违反国家规定，给予国家工作人员以回扣、手续费，情节严重的，构成单位行贿罪。物美集团给予赵某30万元好处费，属于违反国家规定，在经济活动中账外给予国家工作人员手续费的情形。但根据国旅总社转让所持泰康公司股权情况、会议纪要、股权转让分析报告、股权转让协议等书证，证人赵某、李某7等人的证言以及原审被告人张某中的供述等证据，本起事实具有以下情节：（1）国旅总社为缓解资金紧张意欲转让所持泰康公司股份，经泰康公司董事长陈某1沟通联系，物美集团决定收购并与国旅总社多次谈判后就股权转让达成一致，其间没有第三方参与股权收购，不存在排斥其他买家、取得竞争优势的情形，双方的交易没有违背公平原则。（2）在没有第

三方参与、双方自愿达成收购意向的情况下,物美集团承诺给予好处费并非为谋取不正当利益。(3)国旅总社将其所持泰康公司股份转让给物美集团以及具体的转让价格等,均系国旅总社党政领导班子联席会议多次讨论研究决定,双方最终成交价格也在国旅总社预先确定的价格范围内,物美集团没有获得不正当利益,国旅总社的利益亦未受到损害。(4)赵某作为国旅总社总经理办公室主任,其在股权交易过程中仅起到沟通联络作用,没有为物美集团谋取不正当利益。综合考虑上述情况,可以认定物美集团的行为尚不属于情节严重,依法不构成单位行贿罪。

(三)物美集团向李某3公司支付500万元的行为,依法不构成单位行贿罪

1. 在粤财公司意欲转让股份的情况下,陈某1向梁某提出由物美集团收购,并让张某中给梁500万元好处费,后又向张某中提出该要求。因此,股权转让前,给梁某好处费系陈某1提出,张某中只是被动接受了陈某1的要求。

2. 在案证据证实,梁某并没有同意物美集团提出的受让价格,且提议按高于该价格挂牌转让;物美集团与粤财公司最终的股权交易价格,是在粤财公司挂牌转让未果的情况下,经多次谈判而确定的,且高于物美集团提出的受让价格。因此,梁某在股权转让过程中没有为物美集团提供帮助,物美集团也没有因此获取任何不正当利益。

3. 在案证据证实,签订股权转让协议后,物美集团并没有向梁某支付500万元好处费,梁某也未提及此事。直至数月后,在梁某并不知情的情况下,李某3通过陈某1向张某中索要该500万元,张某中才安排张某1将款汇至李某3公司的账户。梁某事后得知,明确表示与其无关,并拒绝接受该笔款项。该款一直被李某3的公司占有。因此,股权转让后,物美集团支付500万元系被李某3索要,并没有为谋取不正当利益而行贿的主观故意。

综上,原审被告人张某中及其辩护人、原审被告单位物美

集团诉讼代表人所提30万元系给赵某的劳务报酬、物美集团不是收购股份及支付款项主体的辩解及辩护意见，与再审查明的事实不符，本院不予采纳。最高人民检察院出庭检察员所提30万元系物美集团给予赵某的好处费，物美集团是收购泰康公司股份主体的意见成立，本院予以采纳。检辩双方所提物美集团、张某中的行为不构成单位行贿罪的意见成立，本院予以采纳。

适用再审程序的案件，由于争议往往比较大且具有持续性，因而再审刑事裁判文书应当给出更加充分的理由，论述原审生效裁判文书是否公正以及当事人的再审请求是否成立。这是与再审程序的最终权威性相适应的。从这篇文书的论证可以看到，再审文书的论证标准应当是围绕再审提起的原因和改判的原因，以区别于原判，从侧面反映再审程序、再审结果的必要和当然。

第五章 刑事裁判文书证据审查判断的说理

刑事裁判文书中，对于证据审查判断的说理内容是对构建刑事证明体系问题的基础性说理论述内容。其之所以重要，是因为刑事证据本身是用以证明案件事实的基础，对证据进行说理的必要性与证据之于案件的价值是相辅相成的。在证据审查、排除、比对、采信等环节方面，法官应当予以充分阐释，方能有效提升裁判的公信力。如果刑事裁判文书对证据的有关问题不做回应，只是在文书中就证据内容进行简单罗列，在裁判结论方面制作采信或者不采信的结论性交代，就无法解释诉讼参与人的疑问，不足以回应公众，不能体现司法裁判的公正性。

第一节 刑事裁判文书证据审查判断说理概述

刑事诉讼中能够被证明的法律事实都应当源自刑事证据，法律事实的归纳和呈现不能离开证据，故而形成"刑事、民事、行政三大诉讼都是奉行证据裁判主义"[①] 的格局。其中，刑事证明标准一般高于民事和行政。刑事案件的认定必须坚持"案件事实清楚，证据确实、充分，且排除一切合理怀疑"，刑事裁判所依仗的证据是刑事诉讼的基本素材。

一、刑事裁判关于证据的说理逻辑

（一）基于庭审举证、质证的证据说理逻辑

刑事裁判所引用和评述的证据一定是源自庭审过程中的举证、质证。没

[①] 孙华璞、王利明、马来客：《裁判文书如何说理》，北京大学出版社2016年版，第64页。

有经过庭审举证、质证的证据不得被放入裁判文书中进行阐述，否则有违庭审中心主义的要求。在实际操作中要注意一种情况，即证据确实存在于侦查卷宗或者审判卷宗等处，但在庭审中并未被公诉方或辩护方拿出来作为证据使用；如果法庭认为确有必要，则必须将该证据重新提交法庭予以举证、质证，才使得该份证据具备作为裁判依据的基础法律条件；未被控、辩双方举证、质证的证据，不但没有说理的必要，且无法纳入裁判文书之中。

1. 控辩质证意见充分的证据说理

对于已经公诉人或者辩护人详细宣读内容，详细说明了取证时间、取证方式等，法庭开庭时的庭审笔录也会对质证问题做详细记载，该类证据具备作为说理对象的基础条件，在裁判文书中可以通过对比控辩双方的意见从而进行详细说理，阐明合议庭是否采纳及如何采纳意见，使之成为裁判文书中关于证据说理的内容。比如，公诉人详细出示和宣读了伤情鉴定意见后，对于该部分证明内容，控辩双方都有机会发表各自的观点，合议庭是否采纳该份鉴定意见，就是可以重点说理的内容。

2. 控辩质证意见不充分但不影响认证的证据说理

对于公诉人仅宣读或出示证据的主要内容，而未予以展开出示的，虽然不妨碍使用该份证据及所带来的待证事实的明确性、唯一性，那么对于举证质证所引发的观点交锋，合议庭仍然可以做合理的解释说明，包括详细列举证据的内容、合议庭采信证据的方面或者因矛盾而不予以采信等问题。只不过，在这种论述中，建议对证据的内容作更详尽的明示，否则无法充分展示证据引发争议的原因。

3. 控辩质证表达不充分且已影响证据采信的证据说理

对于公诉人仅宣读证据名称、主要内容，未予开示证据详情，质证时控辩双方分歧严重的，如果公诉方对于证据未予以充分的说明，且书面的质证意见、公诉意见均未表达观点的，则说明此前的庭审活动并不充分，法庭调查的效果不尽理想，这就为裁判文书关于证据的说理问题设置了障碍。对此，可以通过两种方式予以处理：

第一，结合出庭时各方的意见，通过书面或电话进一步征求各方意见，丰富质证观点，将观点交锋情况阐释在裁判文书中，用以进行说理。如果证明事项确实无法做到确实、充分，则应在证据采信问题上作"存疑有利于被告人"的处断。在裁判文书的表达上，要将庭审中双方的观点表达出来，同时要表述双方以书面形式提交的意见内容，最终要表达合议庭对该份证据的态度。

第二，如果分歧严重其无法在合议庭内部达成一致意见的，对于该份证据的使用问题存疑，则需要通过补充开庭质证和进行辩论，要求各方完善观点。对此，裁判文书有必要就该情况的实体内容和程序性内容一并加以表述，明示对该份证据的裁判信息。

（二）对辩方举证情况的说理逻辑

1. 一般情况下无须就刑事举证责任作专门说理

举证责任在刑事诉讼中的体现不明显，这是因为刑事诉讼中用于证明被告人有罪、罪轻等的举证，责任都自然放在了控方，举证责任的分配问题并不是刑事裁判文书中用以进行详细说理的内容。这一特点是有别于民事、行政裁判的。但是有种情况比较特殊，那就是有证据反映指控逻辑存在致命缺陷、定罪证据之间存在明显矛盾的，则辩方完全将其在辩护人出示证据的环节上予以强化。这种情况下，如果法庭采信了辩护人的意见和质证所提观点，则有必要就该份证据的内容和采信的情况，在裁判文书上做详细的记录。

2. 对辩方所提证据应当进行专门性说理

关于辩方所提相关证据，是否会得到合议庭采信的问题，通常在裁判文书中会有专门的段落予以论证，其中的内容包含三点：一是辩方就某一问题提出证据的目录、证据的来源和希望证明的事项；二是公诉方就辩方的举证问题如何进行回应；三是合议庭就该份证据是否采纳，以及采纳或者不采纳的理由是什么。这样论述的好处在于，能够一目了然地解答被告人、辩护人和公众的疑惑，既体现了对举证和证明责任的尊重，又反映出辩护人提出证据的考量、诉求以及合议庭对此的意见看法，其论证结论更具有可读性、可信性。

（三）对关键证据存疑、无法排除合理怀疑情况的说理逻辑

"疑罪从无"作为基本的原则立场应当予以坚持。在这一原则背景下，如果关键证据存在重大疑点，无法排除合理怀疑的案件，则应当宣告无罪。无罪的裁判文书中，应当将发现证据的重大疑点和所引发的质疑性思考进行详细阐述，并围绕证据的"三性"展开，使之成为"支撑"无罪判决成立的重要"支点"。

第一,从证据综合判断的角度看,有个别证据能够用以证明存在犯罪,特别是证明犯罪动机的证据不能被过分夸大。纠结于犯罪动机的审查,而忽视全部证据所形成的链条完整性,则会导致错误的定罪结论。无罪裁判应对该类证据的"孤立性"和成立有罪证据链条的"完整性"之间的差异进行论述,补强其无罪结论。

第二,从证据间印证的程度看,有部分证据能够用以证明存在犯罪,而又有部分证据反映上述待证内容不扎实、存在其他有利于被告人的可能的,则应当将上述疑点进行逐个分析。证据能够得到印证的情况下,依然不能排除错误证据相互印证的可能性,仅靠印证的存在而论证认为犯罪事实存在,依然存在风险。印证的数量是衡量能够印证认定事实是否可靠的重要标志,多份印证强于少数印证,不同证据之间存在大部分内容可以相互印证的情况,要强于仅有少部分内容得以印证的情况。对此,在证据印证方面进行阐述,归纳无法排除合理怀疑的观点,是强化判决无罪正确性的重要内容。比如,对于从开放场所取得的物证,如果没有其他证据加以佐证,就要慎重使用[①],比如被害卖淫女出租房被杀案中,指控被告人犯罪的有罪关键证据系场所内的生物学痕迹,对该证据的比对过程和论证说明就是裁判文书中的重点,如果不做系统陈述说明,则很难具有说服力。

第三,从证据不足的标准看,对于指控事实系因证据不足而无法认定的,证据不足的情况应当作详细的论述。刑事诉讼法中所指"证据不足",是指用以证明犯罪构成要件的证据不足,而非关键证据不足;如果认定基本犯罪构成的证据充足,仅仅是某些影响量刑、影响事实完整性的证据确实,不属于证据不足的范畴。裁判文书关于证据不足的论述,必须结合犯罪构成要件进行阐述,构建犯罪构成要件无法协调和组合的局面,方能佐证无罪结论的正确性。

[①] 于同志:《刑事实务十堂课》,法律出版社 2020 年版,第 95 页。

二、刑事裁判关于证据的说理策略

（一）关于证据本体的说理策略

1. 刑事证据说理的层次

就说理内容而言，刑事证据的说理内容包含对证据能力的说理、对证据证明力的说理以及对证据采信的说理。其中，审查判断证据能力适用证据的关联性、合法性和真实性三项标准，审查判断证明力则适用证据的确定性和充分性两项标准①，对证据的采信则是在完成上述审查判断之后的论证总结。三者之间的关系属于递进式，说理的逻辑顺序应当按照上述递进关系进行。然而，这不意味着每篇刑事裁判文书都要必备以上三个方面按并进行谋篇布局，而是说需要在阐释证据的问题时遵循上述论证逻辑。

2. 刑事证据说理的标准

就说理标准而言，对刑事证据的说理要求比较高，需要逐证进行说理，不提倡笼统的定性阐述。根据《最高人民法院关于加强和规范裁判文书释法说理的指导意见》第四条规定"裁判文书中对证据的认定，应当结合诉讼各方举证质证以及法庭调查核实证据等情况，根据证据规则，运用逻辑推理和经验法则，必要时使用推定和司法认知等方法，围绕证据的关联性、合法性和真实性进行全面、客观、公正的审查判断，阐明证据采纳和采信的理由"，所以，裁判文书中对于刑事证据的呈现、证明规则、证据与事实认定和法律适用的关系问题，需要进行详细的说明。除了论证证据的静态呈现，也要将通过开庭调查、侦查和补充侦查活动反映出的证明事项、证据与案件事实要素间的逻辑关系等逐一分析论证出来，对动态内容也需要进行全面的描述，充分反映证据之于刑事逻辑论证的价值。

3. 刑事证据说理的方式

就说理方式而言，刑事裁判中对证据的说理方式可以采取多样化的策略。对证据的说理，通常安排在裁判文书中证据内容的后面，并包括直接与单项

---

① 最高人民法院司法改革领导小组办公室：《最高人民法院关于加强和规范裁判文书释法说理的指导意见理解与适用》，中国法制出版社 2018 年版，第 43 页。

证据结合论证的；当然，对于需要说理的证据较多时，也可以一并进行论证，阐明关于证据体系的观点。除了说理阐释的行文位置外，在裁判文书内容要素方面，证据说理的内容当然可以与事实、法律适用一并阐明。只是在综合阐述的行文方式下，不容易突出证据本身的问题，而更注重强调证据为证明事项和法律适用进行服务。

（二）关于证据体系的说理策略

2018年6月1日，《最高人民法院关于加强和规范裁判文书释法说理的指导意见》提出了关于证据体系问题的说理方略。第三条规定："围绕证据审查判断、事实认定、法律适用进行说理，反映推理过程"；第六条要求采用推定方法认定事实时"阐释裁断的形成过程"。以上内容说明，证明体系的说理可以做超越一份证据或一种证据类型的综合叙述，即通过证据的分析和采信情况得出某一、某类证据的价值和作用。

在这种情况下，以各证据综合起来的证据体系就是说理内容的真正起点。从侦查阶段开始，证据的产生不是同时而是具有先后顺序的，即一定要符合侦查的内在逻辑，不得出现违反证据产生的顺序、侦查过程中证据搜集顺序的问题。以死刑案件为例，死刑案件的证据裁判标准是绝对标准，必须达到确实、充分的证明程度，在任何时候、任何情况下都不能打折扣。那么，在进行死刑案件的现场勘查时，如果犯罪嫌疑人杀害被害人所使用的刀具存疑，即其并非当时当地的条件所能够出现的，那么，辅助论证该刀具的发现、辨认证据需要符合先后顺序，在血迹鉴定意见得出以后再补充到位其来源性证据，并就可能的出处进行调查，排除其他能够将证据引导至其他嫌疑人的可能性。如果控辩双方就证据的来源问题进行了质证并提出不同意见，裁判文书中有必要就上述问题进行逻辑分析，以确定是否能够确工具来源。

（三）关于证据种类的说理策略

刑事证据的种类，是指根据证据事实内容的各种外部形式对证据所作的分类，属于法律上所规定的证据的法定形式概念。刑事证据的种类包括8种，分别是：（1）物证；（2）书证；（3）证人证言；（4）被害人陈述；（5）犯罪嫌疑人、被告人供述和辩解；（6）鉴定意见；（7）勘验、检查、辨认、侦查实验等笔录；（8）视听资料、电子数据。在裁判文书关于证据的说理中，有必要根据证据种类的问题进行区别：

1. 根据证据种类的自身特点进行详略配比

从繁简角度而言，对证据的详细论述应集中于变化程度较高的证据种类上。比如，犯罪嫌疑人、被告人供述和辩解易变，证人证言易变，对其是否予以采信则应在裁判文书中详尽叙述；而对于物证、书证等不易发生内容变更的证据，裁判文书中的论述可以适当简略。

2. 根据案由选择关键证据种类进行专门性说理

从案件类型角度而言，对证据的详细论述应集中于犯罪构成的关键证据种类上。比如，在诈骗罪案件中，因围绕非法占有目的和诈骗的方法问题，被告人供述、被害人陈述是关键性证据，需要详细论述，而对于佐证双方意思联络的试听资料、电子数据，除非发现证据能力存在问题，否则不用特别进行学理论述，只需表明其主要内容即可；比如，在生产、销售伪劣产品罪案件中，因需要围绕产品属性和生产、销售环节的配合问题而展开，对于书证材料、鉴定意见的论证就需要非常详细，在裁判文书中可以通过大量的笔墨反映该环节的违法性问题，而对于遭受其害的消费者所提供的证言，则可以内容较为接近为由，不作详细阐释。

3. 根据裁判结论突出证据说理的重点

从结论性支持角度而言，对证据的详细论述应集中于支持裁判结论的关键证据种类上。比如，在作出故意杀人罪的有罪判决时，围绕犯罪手段、犯罪动机的被告人供述和现场勘验、检查笔录内容，则值得进行比对分析，通过客观事实论证成立犯罪的主观方面，从而肯定定罪的结论；比如，在将贩卖毒品罪指控变更为非法持有毒品罪的案件中，围绕缺乏证明贩卖行为属性的证据，如不认罪的犯罪嫌疑人、被告人供述以及不能证明贩卖沟通情况的电子数据，则需要进行详细说明，用待证事实缺失论证变更轻罪的合理性。

第二节　对证据能力的说理

对证据能力进行说理，就是要对证据之所以能够或者不能够成为刑事案件定罪量刑所依据的基础素材的资质进行说明，采取的判断标准包括证据的关联性、合法性和真实性。证据通过庭审举证、质证的环节被纳入考察范畴中，但会否留在该范畴中用以论证证明法律事实成立，以及对法律关系、法律适用产生影响，首先要通过的一关就是对其证据能力的质疑。一般情况下，刑事裁判文书中对于刑事证据能力的论述并非文书表述的重点，大多数的证据在证据能力上不需要作详细阐述，甚至对其证据能力的关注都少之又少。然而，在非法证据排除情况下，在控辩双方对关键证据的证据能力提出异议情况下，在对部分证据用以定案确有必要进行说明的情况下，裁判文书中的说理性内容需要发挥详细标明裁判者的思路和观点。

一、关于是否具有证据资格的说理

（一）是否具有证据资格的说理依据

论证某一证据是否具有本案的证据资格，说理的方式应当结合审查证据能力的标准进行，即围绕证据的"三性"展开论述，包括合法性、关联性和真实性，从而得出认定该证据是否可以作为本案证据的资格的结论。

1. 合法性说理

合法性说理，重点围绕的是证据的取得方式和取得来源，包括证据在侦查、审查起诉和审判环节进行流转过程中是否存在资格贬损的问题。如果在控辩双方之间就证据取得合法性展开了激烈交锋，根据现有刑事诉讼规则，则可能走入非法证据排除的步骤中去。

2. 关联性说理

关联性说理，重点围绕的是证据与本案的待证事实之间是否存在联系，能否证明或者不能证明某项事实、情节和法律后果。如果案件的争议焦点集中在关键证据的关联性上，特别是当事人提出了证据异议，则在裁判文书中必须对该问题进行正面、详细的回应；如果经论证认为该份证据与本案无关，则其所代表的证明内容将从证据范畴中剔除。

3. 真实性说理

真实性说理，重点围绕的是证据所反映的情况是否符合事物发展的一般规律，排除证据及待证事实系编造、臆想、猜测的情况存在，需要结合与证据相关的常情常理进行判断。对于证据真实性的说理，通常而言不用耗费太多的文字和精力，在论证中进行简要的描述即可。

（二）对证据资格表达观点的说理方法

1. 关于证据资格的表述方式

一方面，对实践中占有绝大比例的有罪判决而言，证据资格的说理通常一笔带过，以"经庭审举证质证，并经本院予以确认的下列证据予以证实"方式一揽子肯定了众多数量的证据的资格。这种表述方式是以最简略的语言表达了裁判观点，值得肯定。

另一方面，对于部分由被告人、辩护人提交的证据，经庭审举证质证后，如果合议庭认为不应作为裁判可以考虑的证据范畴，实践中通常用如下理由予以回应，例如：该份证据因为复印件且缺少原件佐证，无法核实其真伪，故本院不予采信；该份证据所能证明的事项与本案无关，不能作为证据使用。排除证据资格的论述通常千篇一律，说理的内容并不详尽。

整体上看，现实中关于证据资格的表达方式较为笼统，深入分析的情况并不多见，也造成了一些辩护人认为合议庭不采信其提供的证据是"习惯性"且"蛮不讲理"的。

2. 对证据资格说理的方式建议

第一，对于决定予以采信的证据，可以采用整体承认证据资格的表述方式。能够经过庭审举证、质证的证据，大都还是具备证据资格的，对其资格问题的肯定可以作为常规的"套话"。不过，仅凭"经过庭审举证、质证并经本院确认"的表述方式过于草率，建议将其丰富为"下列证据经过庭审举证、质证，其合法性、真实性、关联性经核实可以确认"，从而突出其作为证据的资格条件。

第二，对于决定不予采信的证据，根据举证责任和证据种类的特征，逐项论证其在真实性、合法性、关联性上存在的问题。不予采信的证据，要么来自公诉方，要么来自辩护方，交代其举证方是第一步；接下来，关于其作何种种类的证据，同类证据需要具备的合法性、真实性特征是什么，本案中其缺少的是什么，或者其为何与本案无关联性，均要结合证据的内容以及待证的事实进行分析，从而否定其作为证据的资格。切忌通过依据"缺乏证据应该有的属性，且与本案无关"进行搪塞。

第三，对于决定不予采信的证据，应如实在裁判文书中列明举证的过程。即便没有被列入证据范畴，但是其曾由控辩任何一方提出，并经过何种讨论方式进行核对、审查，应当将上述工作记录在案且表达在裁判文书上，使得裁判中关于证据的工作可以立体化呈现，令人信服。

二、排除非法证据的说理

（一）对排除非法证据的程序性说理

非法证据排除是 2012 年修改后的刑事诉讼法确立的新制度。2017 年 6 月 27 日，最高人民法院、最高人民检察院、公安部、国家安全部、司法部联合发布《关于办理刑事案件严格排除非法证据若干问题的规定》（以下简称《严格排除非法证据规定》），就预防和排除非法证据，非法证据的范围、标准、排除的范围和程序等进行了详细的规定。审判实践中有关于非法证据排除的内容应当被纳入刑事裁判文书说理的重点，需要特别突出。《最高人民法院关于加强和规范裁判文书释法说理的指导意见》用浓重的笔墨提出了非法证据排除该如何说理，在技术层面入手解决[1]。

1. 对庭前会议流程做程序性说理

非法证据排除工作通常通过庭前会议的形式完成，即在向被告人、辩护人发放起诉书副本时即征求其意见，如果提出了非法证据排除申请的，则应召开庭前会议一并解决，合议庭对于是否排除及如何排除作出裁决，从而为接下来的刑事庭审扫清障碍。当然，非法证据的排除也包含法庭根据案件审理情况依据职权主动提起的情况，不过这种方式在目前实践中的适用数量并不多。

裁判文书中关于该项程序的说理内容集中在法庭审理的自然段中，需要特别交代应某诉讼参与主体之请求，法庭就排除非法证据问题召开了庭前会议，会上提出了何种范围的排除申请及法庭对此的裁决结果。对于决定排除和决定驳回排除申请的，文书中需要交代该项证据的内容及裁决的理由，作为对非法证据排除申请的回应。

《严格排除非法证据规定》第二十五条第二款、第三款规定："人民检察

---

[1] 宋北平：《建立裁判文书说理机制 推进法治中国建设前行》，载最高人民法院司法改革领导小组办公室：《最高人民法院关于加强和规范裁判文书释法说理的指导意见理解与适用》，中国法制出版社 2018 年版，第 344 页。

院可以决定撤回有关证据,撤回的证据,没有新的理由,不得在庭审中出示。被告人及其辩护人可以撤回排除非法证据的申请。撤回申请后,没有新的线索或者材料,不得再次对有关证据提出排除申请。"对于撤回而又再次提出申请的,合议庭在裁判文书中需要对这一情况进行阐述,将撤回、申请出示、被驳回的过程列举清楚。这样进行说理的目的,旨在向诉讼参与主体和公众明示非法证据排除程序中的规则意识。从刑事裁判的作用角度看,如果是公诉机关能够证明取证合法性,而当事人及其辩护人、诉讼代理人认可,等于撤回了排除非法证据的申请,法庭亦予以统一的,裁判文书对于该种情况的表述可以作简化处理,甚至可以不做表述[①]。

2. 对调查情况做程序性说理

排除非法证据的审查针对非法证据排除而进行的调查,需要公诉人出示证明证据收集合法性的证据材料,被告人及其辩护人可以对证据进行质证,经审判长准许,可以向出庭的侦查人员或者其他人员发问。对上述法庭调查过程,刑事裁判文书说理时应当采取必要性原则,进行详略得当的叙述,将其表述为开展调查时各方参与诉讼的过程。

(二)对排除非法证据的结论性说理

根据《严格排除非法证据规定》第三十五条:"人民法院排除非法证据后,案件事实清楚,证据确实、充分,依据法律认定被告人有罪的,应当作出有罪判决;证据不足,不能认定被告人有罪的,应当作出证据不足、指控的犯罪不能成立的无罪判决;案件不认事实清楚,证据确实、充分的,依法认定该部分事实。"因此,是否排除非法证据本身与是否作出无罪判决并无必然联系。

1. 对是否决定排除非法证据的结论说理

申请排除非法证据的结果原则上由合议庭当庭作出,也存在个别在庭后经研究后作出结论;但不论结果如何,从裁判文书说理的角度而言,都应当将该申请被采纳、被驳回的理由予以论述清楚。论述的方式应采取逐证进行或归类进行:

第一,逐证论述是否需要排除。逐证论述是否排除的说理方式适合于申

[①] 于同志:《刑事实务十堂课》,法律出版社2020年版,第145页。

请排除证据的数量、种类有限的裁判文书，特别是对少数关键证据决定是否排除的案件，进行逐证论述的方式更能突出针对性。

第二，分类别论述是否需要排除。分类别的依据可灵活掌握，有按照证据种类进行的，有按照与待证事实的关系密切程度进行的，也有根据某侦查机关、侦查地点方式申请排除的。在论述是否决定排除时，归类论证的语言和内容要有涵盖性，即提炼此类证据的共同特点。这会出现在申请人与侦查机关存在严重对立观点，或者对某一指控事实完全不予认可的情况下。

第三，总体简要论述是否需要排除。对于申请排除非法证据不具有正当性，且无法补充说明的，驳回该项申请的论述可以采用简略的语言，论述申请本身不存在合理性和合法性的问题。

2. 排除非法证据后可能导致无罪判决的结论说理

对于排除非法证据后导致结果为证据不足、指控的犯罪不能成立的，其对于非法证据排除的论述要成为支撑结论的重点内容。文书说理的重点内容如下：

第一，对导致排除非法证据的关键事实要进行详细论述。致使非法证据排除的关键内容是排除理由的核心。面对公诉机关的指控，法庭通过调查认为该项证据应当予以排除的，一定要在裁判文书中详细阐明理由。比如，对于侦查机关暴力取证、刑讯逼供取得的有罪供述、证人证言依法予以排除的，导致同案中部分被告人的责任无法认定，对能够证明暴力取证的内容、暴力取证的后果、暴力取证对于司法公信力的危害等，可以展开详细论述。比如，对于致人轻伤的鉴定结论，如经不具备鉴定资质的机构所作，或者在盗窃案件中丢失的财物价值未经合法估价的，则导致认定犯罪成立的重要事实存在缺陷，那么，裁判文书应当就该鉴定机构、鉴定过程的违法性进行纤细阐述，突出该项证据被排除的正确性。

第二，对非法证据与指控事实之间的关联性进行详细论述。非法证据与指控事实之间的关联性，是指根据构成要件理论，非法证据所反映需要待证的事实系该构成要件的核心要素，则该项证据的排除直接导致犯罪不成立，对此裁判文书需要在关联性问题上进行详细阐述。比如，在诈骗罪案件中，如果虚构的微信聊天截屏照片系与原始载体所提取的截屏情况不一致的，则不能认定存在虚构事实；比如，在滥用职权罪案件中，如果办案机关未经授权，提取到的职位说明系经不当扩大导致，则可以认定存在内容虚构问题，对此份书证则可作为非法证据排除，从而无法建立被告人的职务内容与滥用职权指控存在关联，那么裁判文书中应当对该份书证的排除进行详细论述，并将结论直接引向无法构建犯罪体系问题上。

第三，对非法证据所体现的指控缺陷进行详细论述。提交法庭的证据如经非法证据排除程序决定予以排除的，则说明公诉机关的指控存在缺陷，起诉时的证据条件和证明情况不理想。对此，排除非法证据后所导致公诉机关指控逻辑和完整性存在的问题应当被明确指出，并在裁判文书上予以说明。

【典型案例】
张某、张某平叔侄无罪案①

【基本案情】
张某、张某平（张某之叔）因涉及2003年发生在杭州的一起强奸致死案，被判决犯强奸罪并分别被判处死刑、缓期二年执行和有期徒刑十五年。案经再审，浙江省高级人民法院（下称浙江高院）于2013年3月26日公开宣判，撤销原一、二审判决，宣告张某、张某平无罪。2013年5月2日，张某、张某平分别向浙江高院递交国家赔偿申请，请求赔偿合计266万元，其中人身自由赔偿金120万元，精神损害抚慰金120万元，财产损失16万元，律师费10万元。

【裁判结果】
浙江高院经审查认为，张某、张某平自2003年5月23日被刑事拘留至2013年3月26日经再审无罪释放，各被限制人身自由3596天，应由该院按照法定标准赔偿人身自由赔偿金并综合考虑两人被错误定罪量刑、刑罚执行和工作生活受影响等具体情况酌定精神损害抚慰金。据此，该院于2013年5月17日作出国家赔偿决定，赔偿张某、张某平人身自由赔偿金各65.57306

---

① 参见中国裁判文书网，浙江省高级人民法院（2013）浙刑再字第2号刑事判决书。

万元，精神损害抚慰金各45万元。

【文书精华】

原判认定原审被告人张某、张某平犯强奸罪的证据，现已查证不实。

一、有新的证据证明，本案不能排除系他人作案的可能

根据杭州市公安局2003年6月23日作出的《法医学DNA检验报告》，所提取的被害人王某8个指甲末端检出混合DNA谱带，可由死者王某和一名男性的DNA谱带混合形成，排除张某、张某平与王某混合形成。

杭州市公安局于2011年11月22日将王某8个指甲末端擦拭滤纸上分离出来一名男性的DNA分型与数据库进行比对时，发现与勾某某DNA分型七个位点存在吻合的情况，该局将此结果送公安部物证鉴定中心再次进行鉴定。2011年12月6日，该中心出具《物证鉴定查询比对报告》证明，经查询比对，王某8个指甲末端擦拭滤纸上的DNA检出的混合STR分型中包含勾某某的STR分型。上述鉴定意见具有科学依据，符合客观性的要求。

经再审查实，罪犯勾某某是吉林省汪清县人，2002年12月4日始在杭州市从事出租汽车司机工作，2005年1月8日晚7时30分许，勾某某利用其驾驶出租汽车的便利，采用扼颈等手段将乘坐其出租汽车的浙江大学城市学院学生吴某某杀死并窃取吴随身携带的财物。2005年4月22日，勾某某因犯故意杀人罪、盗窃罪被终审判处死刑，剥夺政治权利终身，并处罚金人民币1000元，经核准已于同年4月27日被执行死刑。

综合本案现有的相关事实证据不能排除系勾某某杀害被害人王冬的可能。检、辩双方对此所提的意见予以采纳。

二、原判据以认定案件事实的主要证据不能作为定案依据

原判认定原审被告人张某、张某平强奸的事实，主要依据两原审被告人有罪供述与现场勘查笔录、尸体检验报告反映的情况基本相符来定案。再审庭审中，张某、张某平及其辩护人以两原审被告人的有罪供述和指认犯罪现场笔录均是采用刑讯

逼供等非法方法收集等为由，申请本院对上述证据予以排除。出庭检察员认为，本案不能排除公安机关在侦查过程中有以非法方法获取证据的一些情形。经再审庭审查明，公安机关审讯张某、张某平的笔录、录像及相关证据证明，侦查人员在审讯过程中存在对犯罪嫌疑人不在规定的羁押场所关押、审讯的情形；公安机关提供的张某首次有罪供述的审讯录像不完整；张某、张某平指认现场的录像镜头切换频繁，指认现场的见证人未起到见证作用；从同监犯获取及印证原审被告人有罪供述等侦查程序和行为不规范、不合法。因此，本案不能排除公安机关存在以非法方法收集证据的情形，张某、张某平的有罪供述、指认现场笔录等证据，依法应予排除。

综上，原判据以定案的主要证据即原审被告人张某、张某平的有罪供述、指认现场笔录等不能作为定案依据。

本案对申请非法证据排除问题进行了详细的说理。对于非法证据为何要排除，证据的举证过程存在哪些违法问题，这些均在裁判文书中做了回应。就取证的错误问题进行详细叙述，以事实来推动非法证据排除合理性的论证，是一个非常好的方法。《严格排除非法证据规定》对非法证据特别是非法口供的内涵和外延作了明确规定，同时对依法讯问犯罪嫌疑人的程序进行了细化。审查发现，侦查人员在审讯过程中存在对犯罪嫌疑人不再规定的羁押场所关押、审讯的且情形，张辉首次有罪供述的审讯录像不完整，张辉、张高平指认现场笔录存疑，该判决紧紧围绕上述要点展开论证[①]。

三、境外证据的说理

（一）从主体角度说理论述境外证据

1. 对侦查机关提供的境外证据的资格进行说理

国际刑事司法协助是各国之间依照有关国际条约或者双向互惠原则，协

---

① 胡昌明：《裁判文书释法说理方法》，人民法院出版社2018年版，第316页。

助或者代为履行一定的刑事诉讼程序或实现刑事实体权力的活动①。因此,境外调查取证的成果能否被纳入我国刑事诉讼程序中来,需要进行一系列复杂的认证程序。对此,不能像其他由侦查机关直接侦查所取得的证据一样,而是有必要在裁判文书中就境外证据的来源问题进行论述,从程序法角度说理认定其是否具有证据资格。

境外证据的调查取证是指各种物证、书证、视听资料的收集、保全;对证人的询问;与犯罪有关的场所、物品、人员的勘验、检查、搜查;与犯罪有关的财物的查封、扣押等。《公安机关办理刑事案件程序规定》第三百四十九条规定:"地方公安机关需要请求外国警方提供形势司法协助或者警务合作的,应当按照有关条约或者合作协议的规定提出刑事司法协助或者警务合作请求书,所附文件及相应译文,经省、自治区、直辖市公安机关审核后报送公安部审批。"第三百五十条规定:"地方公安机关需要通过国际刑警组织缉捕罪犯或者犯罪嫌疑人、查询资料、调查取证的,应当提出申请层报公安部审批。"上述规定说明,在境外证据的资格问题上,需要通过符合条约规定的书面材料予以补充说明,方能提供给我国刑事诉讼程序予以认可,这是为了满足证据的合法性需求。

回到刑事裁判文书说理,对取证过程、取证资格和我国与境外的刑事司法合作情况,裁判文书需要予以说明,将通过国际刑事司法途径取得证据的合法性问题交代清楚,否则会在证据资格上存在巨大障碍。在这一过程中,如有条件,应当将辩护人、诉讼代理人是否对该份证据的来源和资格提出异议作为一个单独的情况,一并表述在裁判文书中,以佐证境外证据合法性得到诉讼参与主体认可的情况。

2. 对当事人、辩护人、诉讼代理人提供的境外证据的资格进行说理

如果是当事人、辩护人、诉讼代理人提供了我国领域外形成的证据,我们可以借鉴民事诉讼程序的有关规定。通常,当事人、辩护人、诉讼代理人能够提供的境外证据多局限于民商事领域,刑事领域的证据是无法通过上述主体向法庭提交的。但同时,因为刑事诉讼对证据资格的合法性要求较民商事、行政诉讼更严格,因此对该份证据是否予以接纳或者予以否定,则都需要在裁判文书中予以回应。

---

① 刘德权:《最高人民法院司法观点集成》,人民法院出版社 2014 年版,第 1737 页。

如果当事人、辩护人、诉讼代理人能够提供经过所在国公证机关证明、且经我国驻该国使领馆认证的证据材料，还需要由所在国外交部或者授权机关的认证。对于上述材料是否齐备，裁判文书需要通过详述表明情况，一并作为其证据资格能否承认的依据。

（二）从证据种类角度说理论述境外证据

境外证据合法取得并能够被认证的，通常以书证居多，这也是符合"国际惯例"的。这类实践中见到的书证多是公文书，公文书包括外国有关权力机关颁布的具有明确法律意义的文书，如法律条文、判决书、行政裁决书、政府函件、身份证明等。对于物证，但因其作为勘验、鉴定后者保全的对象内容通常需要结合鉴定结论、勘验检查笔录等方能在刑事诉讼中使用，故不得不涉及境外司法机关的参与问题，我国能否认定该国司法机关的取证活动就成了制度障碍。对于被害人陈述、证人证言等言词证据，即便在境外完成了公证认证，但因无法确保公证的真实性，我国目前仍无法承认。

对于这一情况，裁判文书的证据说理中，除了对书证材料可以进行资格审查和论证说理外，其余证据种类都因制度空白或不具有操作性，无法通过说理论证其具备我国刑事诉讼所需证据资格。

第三节　对证据证明力的说理

证明力的审查判断是对案件中各种证据的认识过程，应该从个别到整体，按照一定的认证逻辑规律循序渐进进行。在进行证据证明力说理时，应当遵循证据证明力的基本规律，比照规律进行论证说明才是具有说服力的。

一、直接证据和间接证据的证明力说理

（一）厘清直接证据和间接证据的关系

1. 直接证据和间接证据的关系

从证据与案件事实之间的证明关系看，可以将证据划分为直接证据和间

接证据。直接证据可以直接与待证事实之间建立联系，能够直接且独立产生构建待证事实；但是，单一的间接证据无法实现这一目的，间接证据必须与其他证据共同形成证据链或者相互印证，从而才能证明案件事实，那么在这一证明过程中关于间接证据的证明力判断，容易产生错误和偏差。

2. 巧妙运用间接证据进行说理

运用直接证据和间接证据，形成相互结合、互相印证的证据链是裁判文书说理论证的重点，也最能体现合议庭关于案件证据问题、事实问题的思路。因此，间接证据的使用并非对直接证据的排斥，而是对无直接证据论证时的补充。如果无法运用直接证据进行论述，则可以考虑选择用间接证据予以说明。

（二）间接证据说理论述的思路

1. 最高法院关于间接证据说理的思路

最高人民法院司法改革领导小组办公室曾撰文："运用间接证据，首先，应当审查每个间接证据的真实性、合法性，真实性是所有证据客观存在的基础，而合法性要求对非法方法收集的证据依法予以排除""其次，应当审查证据之间的关联性，判断个间接证据之间是否存在印证关系""最后，应当审查间接证据是否形成完整的证明体系""上述间接证据的运用、论证过程在裁判文书中应当予以充分说理"[①]。上述论断一气呵成阐述了间接证据在文书说理中的对象价值，其核心在于论证间接证据对于证明待证事实之间存在的各种属性的综合反映。

2. 针对性突出裁判文书中间接证据说理论述的分量

对间接证据，只有进行了充分的思辨、联系和说理，方能使其效果显现出来，从而论证待证事实和法律关系的存在。实践中，在没有直接证据的情况下，单纯运用间接证据定罪需要特别慎重。

一方面，对间接证据进行说理，可以有效验证间接证据定罪的可靠性。首先，间接证据相对于全案而言通常都是碎片化的，不能直接证明案件的主要事实，只有结合起来才具有证明作用。其次，在联系间接证据与待证事实

[①] 最高人民法院司法改革领导小组办公室：《最高人民法院关于加强和规范裁判文书释法说理的指导意见理解与适用》，中国法制出版社2018年版，第79~80页。

的过程中，间接证据所能"填充"的事实内容，恰是其在客观性、关联性上的体现，通过与犯罪构成、事实关键环节的衔接，可以检验间接证据的内容是否可靠及数量是否充足。再次，间接证据的联系不够紧密，可能形成证据链条"豁口"，即出现无法排他得出唯一性结论的情况；在这种情况下，通过排他法的检验，通过反证法的推论，可以帮助裁判者检验链条的裂痕，从而为得出"疑罪从无"结论做好准备。最后，在完全依靠间接证据定案时，其中任何一个间接证据被推翻了，就必须重新审视整个证据链条。"如果被告人的辩解具有一定可信度，会对证据和链条的完整性形成有效充饥，影响定案。"①

另一方面，对间接证据进行说理，可以回应诉讼参与各方对案件认定的质疑。间接证据定案的可靠性天然受到质疑，特别是被告人、辩护人会揪住间接证据作为定案依据的"把柄"，提出各种辩护意见。在回应辩护人的质疑时，间接证据的论述就显得尤为重要。同时，对间接证据进行完善的说理，其向社会传递的正义价值和司法自信是很强烈的。不论最终生效裁判的结果是有罪还是无罪，对间接证据定案所给予的论断方式本身就提示其所代表的司法理念。

二、原始证据和传来证据的证明力说理

（一）纠正对传来证据数量占优的误区

实践中，证明频度高、数量大，印证关系似乎是稳固可靠的，故仅以数量取胜并认定裁判结论的情况比较普遍，这也是这类裁判受到诟病的原因。即便在论证结论是否成立时，合议庭引用了某些证据"彼此之间能够相互印证，共同证明"了有关事实，该表达方式仍然缺乏对利害关系和印证关系的论述。

学理上，原始证据是指来自于原始出处，直接来源事实的证据材料，即第一手材料，如被害人陈述、物证原物等。相反，凡是不直接来自于案件事实，而是从间接的来源获得的证据材料，都称之为传来证据，如转述的则证

---

① 刘德权：《最高人民法院司法观点集成》，人民法院出版社2014年版，第1707页。

人证言、物证的照片等。通常情况下，原始证据的证明力要大于传来证据；只有无法获得原始证据的情况下，才可以用传来证据印证证明案件的次要事实和情节，且不能用来直接认定主要事实。从这个意义上说，传来证据的作用是帮助审查原始证据是否真实，而非替代原始证据，如果案件只有传来证据，不得认定为有罪。

（二）有限看待传来证据的证明力

在进行证据证明力论述时，有必要区分原始证据、传来证据，以及应当列明原始证据之间相互印证的情况，再辅以传来证据的内容作为佐证；不得单纯用数量多少，作为评价原始证据与传来证据可信度的依据。比如，在套路贷案件中，原始证据表现为投资协议的内容，包含当事人的签字和合同条款；但是传来证据即投资人听其他投资人所述公司的资金实力如何强大，从而认为犯罪嫌疑人、被告人夸大宣传，或者实施了诈骗行为，则面临很大的风险。

（三）慎重对待原始证据和传来证据之间的矛盾

原始证据的内容和传来证据的内容经常出现不一致，这也是符合证据变化的客观规律的。对于用以证明同一法律事实的证据而言，被告人供述、被害人陈述均作为事件亲历者的回忆和论述是较为直接的，证人证言通常会以传来证据的形式出现；如果同为原始证据的被告人供述和被害人陈述相互矛盾，那么一些具有原始证据属性的证人证言就变得非常重要，而又有一批具有传来证据属性的证人证言"干扰"对法律事实的认定，证据证明力的判断就非常困难。

对此，裁判文书在说理上，要按照原始证据、传来证据的层次进行划分归类，引导出原始证据中的矛盾点，并在传来证据上寻找佐证因素；同时，要分析传来证据提供者和原始证据来源人的身份关系，防治误信、误听。通常，传来证据的可变性较大、可靠性较弱，错判导致冤假错案的风险非常大。

【典型案例】

单某某、徐某某诈骗案①

【基本案情】

2010年5月至2011年10月间,被告人单某某伙同被告人徐某某(二人为夫妻关系)在被害人梁某生、达某荣家中,面对梁、达二人之子梁某因涉嫌犯罪被羁押一事,谎称可以帮助寻找门路求人把梁某放出来,以免予刑罚处罚,先后通过梁某生、达某荣的儿媳朱某(单某某的表妹,未被起诉),多次骗取被害人钱款共计人民币1916万元,且均为现金形式。

【一审裁判结果】

一审期间,一审法院曾要求本案的关键证人朱某出庭作证,并接受被告人、辩护人、公诉人的询问,尝试补强证据的证明力。最终,一审法院根据被害人陈述、被告人供述、证人证言等证据认定,被告人单某某、徐某某以非法占有为目的,虚构事实,骗取被害人钱财,数额特别巨大,其行为均已构成诈骗罪,依法应予惩处。单某某在共同犯罪中起主要作用,系主犯,徐某某在共同犯罪中系从犯,依法对徐某某减轻处罚。故判决:一、被告人单某某犯诈骗罪,判处无期徒刑,剥夺政治权利终身,并处没收个人全部财产。二、被告人徐某某犯诈骗罪,判处有期徒刑七年,剥夺政治权利一年,并处罚金人民币7万元。三、责令被告人单某某、徐某某共同连带退赔被害人梁某生、达某荣人民币1916万元。

【二审裁判结果】

一审宣判后,单某某、徐某某均提出上诉。

单某某上诉认为:其没有收受或接触梁家的钱款,捞人的钱是被朱某拿走的,其不构成诈骗犯罪。辩护人认为:一审判

---

① 参见中国裁判文书网,北京市高级人民法院(2016)京刑终129号刑事判决书。

决认定单某某构成诈骗罪的事实不清，证据间存在矛盾，不能排除其他合理怀疑，定案的证据不能形成完整的证据链，请求二审法院依法改判或发回重审。

徐某某上诉认为：其未答应梁某生、达某荣捞梁某的请托，没有证据证明梁家的钱给了其，其没有犯罪。辩护人意见认为：一审法院明知认定事实的部分证据存在重大瑕疵、证据间存在明显矛盾，按照疑罪从无原则和相应的法律规定，应当依法改判徐某某无罪。

北京市人民检察院的出庭意见为：一审判决认定单某某、徐某某犯诈骗罪的事实清楚，证据确实、充分，定罪及适用法律正确，量刑适当，审判程序合法。单某某、徐某某所提上诉理由无事实及法律依据，不能成立，建议二审法院驳回单某某、徐某某的上诉，维持原判。

北京市高级人民法院经审理查明：2010年5月，被害人梁某生、达某荣之子梁某因涉嫌诈骗犯罪被司法机关羁押。为使梁某免受刑事处罚，梁某生、达某荣通过儿媳朱某的介绍，认识了上诉人单某某及其丈夫上诉人徐某某。单某某、徐某某谎称自己具有特殊社会关系，可以帮助梁某生、达某荣办理梁某案件的相关事宜。同年10月12日，单某某、徐某某在梁某生、达某荣的住所内，以办理此事需要请相关领导吃饭为由，向梁某生、达某荣索要现金人民币12万元，后非法占有。

北京市高级人民法院认为，原判认定单某某、徐某某诈骗的事实成立所依据的证据存在证明力不足的问题，在诈骗犯罪数额中，仅能够认定单某某、徐某某以非法占有为目的，采取虚构事实、隐瞒真相的手段，骗取他人钱款共计人民币12万元。由此，原判认定单某某、徐某某结伙骗取被害人人民币1916万元的事实不清，证据不足，应予以改判。最终判决：一、撤销原判。二、上诉人单某某犯诈骗罪，判处有期徒刑三年六个月，并处罚金人民币4万元。三、上诉人徐某某犯诈骗罪，判处有期徒刑二年六个月，并处罚金人民币3万元。四、继续追缴上诉人单某某、徐某某的违法所得人民币12万元，予以没收。

第五章　刑事裁判文书证据审查判断的说理／153

【文书精华】

一审法院在判决书中列举的以上认定本案事实的各项证据，已经一审法院庭审质证属实并确认。本院经审核，一审判决的证据第 19 项证人梁娟提供的梁娟同朱某的谈话录音资料光盘及文字材料、第 20 项最高人民检察院司法鉴定中心出具的《声像资料鉴定书》、第 21 项最高人民检察院出具的《最高人民检察院不予受理通知书》、第 22 项北京市公安局朝阳分局出具的《情况说明》涉及的谈话录音资料由于持有人自身原因造成原始文件存放载体灭失，不具有证明效力，故不予确认；一审判决的其他证据属实，本院予以确认。单某某、徐某某的辩护人对证据所提的辩护意见，本院酌予采纳。

本院认为，上诉人单某某、徐某某以非法占有为目的，采取虚构事实、隐瞒真相的手段，骗取他人钱款共计人民币 12 万元，数额巨大，其行为均已构成诈骗罪，依法应予惩处。一审法院认定单某某、徐某某结伙骗取被害人人民币 1916 万元的事实不清，证据不足，本院不予认定，主要理由如下：

首先，根据被害人梁某生、达某荣的陈述以及证人朱某、李彬等人的证言可以证实，梁某生、达某荣为使梁某免受刑事处罚，先后将现金人民币 1904 万元交给儿媳朱某，用于疏通关系。虽然证人朱某证实其已将上述款项转交给单某某、徐某某或二人指定的接款人，但单某某、徐某某对此始终予以否认。由于涉案款项均为现金，没有相关书证证实钱款的来源、去向及归属，亦无证人证明朱某已将涉案钱款转交单某某、徐某某，故本案能够直接证明单某某、徐某某骗取人民币 1904 万元的证据只有朱某的证言，缺乏相关的补强证据。由于被害人在事发近四年之后才向公安机关报案，使得侦查机关在客观上已难以调取相关的补强证据，故朱某的证言事实上已成为孤证，无法独立达到确实、充分的证明标准。

其次，证人朱某与本案存在利害关系，导致其证言的可信度不高。法庭注意到，朱某作为被害人梁某生、达某荣的儿媳，双方本是近亲属关系。但梁某生、达某荣在报案以及作证时，均将朱某视为诈骗其钱款的共犯,且事实上朱某因涉嫌诈骗其公婆的钱款,曾与单某某、徐某某同时被检察机关批准逮捕;另外,从证言的客观性上看,朱某曾证明梁某生、达某荣先后将数百万元款项直接交给了单某某,但梁某生、达某荣在陈述中却一致证实其是将钱款交给了朱某;同时结合单某某关于朱某与其公婆关系紧张,欲多占拆迁补偿款的供述,法庭不能排除朱某因家庭矛盾、纠纷而个人占有涉案钱款的可能。

综上,依据现有证据,本着疑罪从无的原则,本院对一审判决认定上诉人单某某、徐某某骗取被害人梁某生、达某荣人民币1904万元的事实不予认定。

但是,对于上诉人单某某、徐某某及其辩护人关于应认定二上诉人无罪的上诉理由和辩护意见,法庭不予采信。经查,被害人梁某生、达某荣在多次作证时,均明确、稳定地证实单某某、徐某某以请有关领导吃饭为由,直接从其手中骗取人民币12万元。二位被害人对于给付钱款的时间、地点、情节以及钱款的特征,都描述的十分客观、详尽,证明力较强,可以作为定案的依据。由于排除了朱某从中侵吞的可能,使得法庭能够形成内心确信,依法认定单某某、徐某某非法骗取了被害人的人民币12万元。故一审法院对上诉人单某某、徐某某的定罪并无不当,应予支持。

本案二审关于一审认定事实进行了较大程度的改判,其中两点值得借鉴:一是在证明力上,对于与被告人供述、被害人陈述均存在关联性的证人证言,认为需要其他证据予以补强方能认定,存在重大风险的孤证不能用以定案,该证据证明力较弱的问题无法得到补强。二是综合内容相互矛盾的原始证据当中,将仍然能够相互印证证明的碎片事实予以评价,抽丝剥茧地挖掘了证据和待证事实之间的联系。

三、将证明力认证规则运用到说理中

(一) 运用关联性规则进行说理

关联性规则,是指证据索要证明的内容必须与案件事实有关联性,关联性是应当被采纳的首要条件。没有关联性的证据不具有可采性,但是具有关联性的证据未必都具有可采性,也有可能没有办法作为定案的依据。

1. 从证据是否具有关联性角度进行论述

确定存在关联性的论述属于性质判断的范畴,内容较为庞杂。但是如下的几种证据,通常不具有关联性,但却经常被引用,需要引起注意。

这些不具有关联性但经常被误判有关联性的证据是:(1) 品格证据,犯罪嫌疑人、被告人品行道德情况;(2) 类似行为,曾实施过与被指控行为类似的行为;(3) 特定诉讼行为,如先作有罪答辩,随后又撤回,这样的行为本身并不是错误,不得作为不利于被告人的证据;(4) 特定的事实行为,如事件发生后实施补救措施等,不能据此认为其应当负责;(5) 被害人过去的行为。如果在说理时,将上述不具有关联性的证据引述为论据,则会导致说理在事实判断层面出现严重的错误。

2. 从证据是否能够与其他证据存在矛盾角度进行论述

证据之所以被纳入案件考察范畴,并非是偶然性事件。为确保证据具有关联性其不存在矛盾,需要在说理时突出强调证据与证据之间的关系问题,这也是对证据间关系的检验。

(二) 运用补强证据规则进行说理

运用补强证据规则是一种补救措施,用于某些证明力显然薄弱的证据认定案情时,需要有其他证据补充、强化方能实现证明力的强化,据此被采信或者不被采信。不过需要注意的是,补强证据仅能够担保特定不抢对象的真实性,而对整个待证事实不具有补强功能,因此其效力是有限的。

在运用补强证据时,应当强调该补强证据所针对的对象是什么,该对象本身能够证明什么,在补强以后可以帮助认定什么。这样的论证逻辑才是符合补强规则的说理论述。需要提示的是,被告人的有罪口供是法定必须得以补强的证据，即仅有口供不得定罪，以补强证据的存在为认定有罪供述具有证明力；生理上、精神上有缺陷，对案件事实的的认识和表达存在一定困难，但尚未丧失正确认知、表达能力的被害人、证人和被告人所作的陈述、证言和供述，也需要补强，道理如上所述。

第四节　对证据采信的说理

当刑事裁判文书决定采信经庭审、举证质证的证据时，通常会在证据摘录、证据罗列等方面作更为大胆的表述方式，尽可能将能够采信的内容列示清晰，以此体现裁判者采信证据并得出结论的思维逻辑。

一、证据摘录

（一）证据摘录的原则

1. 繁简有度原则

所谓"繁简有度"，是指对于被告人不认罪、控辩双方争议较大、案件疑难复杂程度较高的刑事案件，应当总体上坚持对张恒局详细摘录、表述的原则。在证据充分摘录的情况下，分歧可以更好地呈现出来，以供案件核查和回应公众关注；相反，对于被告人认罪的案件，如果指控的事实通过书证、现场勘查笔录等能够确实充分地论证，则裁判文书在摘录证据时可以做适当简化，防止冗长。

2. 关键信息原则

摘录证据的具体内容是，要将重点放在关乎定罪量刑的关键信息上。再如，对于故意伤害案件，被害人的伤情鉴定情况、现场勘查笔录、到案经过等都属于关键信息，需要详细摘录；比如，对于强奸案件，一般情况下，因为其他种类证据形式较少，故被害人的陈述、被告人的供述都属于能帮助还原事实的关键信息，应当进行详细摘录；比如，对于聚众斗殴案件，参与人的笔录中能够相互印证在场发生斗殴起因、过程、结果的证据应作详细摘录，对于当事人陈述自己不清楚、不记得的内容，则可以不用摘录进证据中来。

3. 有利不利兼顾原则

对被告人有利和不利的信息，原则上都应该做客观的反映。即便案件的结果是定罪，但对于被告人有利的证明信息亦应体现在裁判文书中，不能以结论的倾向性而忽视证据全面展示的必要性。有利证据对于定罪、量刑均存在价值，进而不能够被忽略。

（二）证据摘录的内容

1. 言词证据的摘录

言辞证据是以讯问笔录、询问笔录的形式出现的。在转移到裁判文书上时，法官必须进行内容转写和誊抄，可将之称为"言词证据的引用"。引用时，应当注意三点：

第一，必须引用与案件有关的内容。笔录内容并非全都围绕案情展开，与案件无关的部分，引用的必要性很低，不用引述到裁判文书中。

第二，无争议的问题可适当简略，争议较大的要详细引用。关键的事实、情节，一般应当引用原话，甚至加注引号，突出其原文的特征。

第三，慎重对待概括性摘录用语。对于口头语、表达啰唆的用语，可以进行语言技巧上的高度概括，但不能出现歧义，或者因概括失当造成含义偏差。案情简单或者控辩争议不大的，可以集中概括主要事实；案情复杂或者双方存在争议的内容，不能做概括性引用。

在言词证据的说理上，如果言词证据内容之间具有较高的同一性，说理可以直接以各言词证据相互印证的角度进行论理，不必逐个引述言词证据的内容。但是，如果言词证据间存在差异，则应当以差异为基础，提出哪些言词证据支持某观点，而哪些言词证据否定该观点，以形成反差，利于论证说理。

2. 书证材料的摘录

在摘录方面，引用书证材料的内容务必确保原文用语，保持证据本来的面貌，不应出现引用和摘录篡改原意的情况。另外，如果书证对于案件当事人的称谓仍保留为其原有姓名，或者"犯罪嫌疑人"或"当事人"等，在引用时不得为了文书格式统一，从审理角度地直接将其改为"被告人"。书证材料自身的客观性应当做尽可能地保留，应当尊重书证和鉴定意见作出之时的情况。

在证据说理方面，书证材料、鉴定意见等的说理应当围绕与其他证据相互印证的内容展开。书证用于说理，主要是用以辅证物证、言词证据中是否存在符合或者不符合书证的内容。反之，如果书证材料本身被用作说理的对象，则主要是以书证的取得渠道、书证形成的过程作为重要论述内容，则涉及证据能力问题，不再赘述。

3. 视听资料、电子数据的摘录

视听资料、电子数据不同于书证、物证和言词证据，其载体和提取问题是导致视听资料、电子数据首要证明和解决的问题。对其进行摘录并明示在裁判文书上，则应包含以下内容：

第一，视听资料、电子数据的收集现场、经过、结果情况及可以通过录像反映其作为证据的资格条件。

第二，视听资料、电子数据不论是作为有罪证据还是无罪证据，其全面反映的事实情况是什么，与本案有关的内容占据总数据信息量的比例多少，其与本案建立关联的要点是什么。

第三，试听资料、电子数据中与待证事实有关的文字内容、视频内容、声音内容。

因视听资料、电子数据的内容需要经转换方能体现在裁判文书上，故在摘录时，需要裁判者投入更多的精力和辨识力。对上述视听资料、电子数据的摘录要做到信息全面、内容准确，且在核对证据时注意其中的内容是否与书证、证人证言存在矛盾之处；如果存在矛盾，则要在摘录时予以检查分析，排除摘录内容存在虚伪的可能。

4. 鉴定意见的摘录

鉴定意见作为定案的重要依据，在刑事诉讼中广泛存在。对其摘录、引用和说理，首要的原则是尊重其原文和原意本身，辅之以恰当的印证关系说理即可。

引用鉴定意见，在裁判文书中多引用与案情有关的材料、医疗记录和检查结果记录、身体或尸体的表征、解剖所见等充分反映鉴定对象性状的内容，而对委托鉴定的手续、鉴定人的资质等不做过多赘述，仅作为合法性审查的内容。

在对鉴定意见采信并进行时说理时，应当从证据的能力和证明力两个方面进行论述，通常要围绕鉴定范围、鉴定资质、鉴定程序、鉴定依据、鉴定结论的形式合法性和内容可信度等几个方面，具有较为固定的论述格式。如果结合鉴定人出庭的情况，可以做更为详尽的展开论述，表明鉴定人出庭所引发的对本案鉴定意见结论性的信任和质疑。该部分的论述要结合鉴定人出庭时所作陈述的内容展开，以印证或者否定鉴定意见的结论。

【典型案例】

林某浩故意杀人案[①]

【基本案情】

林某浩和被害人黄某均系研究生同学，分属不同的医学专业，其住在一个宿舍。林某浩因琐事对黄某不满，逐渐对黄怀恨在心，决意采用投毒的方法加害黄某。2013年3月31日下午，林某浩以取物为名，通过同学吕某进入医院某实验室，趁室内无人，取出其于2011年参与动物实验时剩余的装有剧毒化学品二甲基亚硝胺的试剂瓶和注射器，并装入一只黄色医疗废弃物袋中随身带离。当日下午5时50分许，林某浩将前述物品带至宿舍，趁无人之机，将上述二甲基亚硝胺投入饮水机内。次日上午，黄某从被林某浩投入二甲基亚硝胺的饮水机中接取并喝下饮用水。之后，黄某发生呕吐，于当日中午就诊。次日下午，黄某再次就诊，被发现肝功能受损严重，遂留院观察。4月3日下午，黄某因病情严重被转至外科重症监护室治疗。在黄某就医期间，林某浩还故意隐瞒黄某的病因。4月11日，林某浩在两次接受公安人员询问时均未供述投毒事实，直至次日凌晨经公安机关依法予以刑事传唤到案后，才如实供述了上述投毒事实。被害人黄某经抢救无效于4月16日死亡。经鉴定，被害人黄某符合二甲基亚硝胺中毒致急性肝坏死引起急性肝功能衰竭，继发多器官功能衰竭死亡。

[①] 参见中国裁判文书网，上海市高级人民法院（2013）沪二中刑初字第110号刑事裁定书。

【裁判结果】

法院经审理认为，林某浩为泄愤采用投放毒物的方法故意杀人，致一人死亡，其行为已构成故意杀人罪，依法应予惩处。林某浩的犯罪手段残忍，犯罪后果严重，社会危害极大。林某浩到案后虽能如实供述自己的罪行，但其所犯罪行极其严重，不足以对其从轻处罚。故判处被告人林某浩死刑，剥夺政治权利终身。

【文书精华】

关于被害人黄某的死亡原因

辩护人提出，认定被害人黄某系死于二甲基亚硝胺中毒的证据不足，相关鉴定意见的鉴定程序不合法，申请对黄某的死亡原因进行重新鉴定。经查：

1. 黄某饮用×××室饮水机内的水后即发病并导致死亡。黄某的医师规范化培训体检材料证实，黄某于2013年2月21日进行医生规范化培训体检时身体健康；证人孙某某、王某的证言均证实，黄某在案发前晚未饮酒；黄某病历资料及证人吴某某、孙某某、王某、葛某某、于某某、潘某某、罗某某、刘某、沈某某、钟某、黄某某的证言分别证实，黄某于2013年4月1日上午饮用了×××室饮水机内的水后发病，后经抢救无效于同年4月16日死亡；林某浩亦供称，黄某于2013年4月1日上午饮用了饮水机内被其投入二甲基亚硝胺的水。

2. 黄某体内检出二甲基亚硝胺。司法鉴定科学技术研究所司法鉴定中心《检验报告书》证实，送检的黄某血液、尿液、饮用水、饮水杯、刷牙杯中未检出常见杀虫剂及毒鼠强成分；证人葛某某、孙某某的证言证实，2013年4月8日深夜，葛某某根据黄某系急性肝损伤，林某浩曾使用二甲基亚硝胺做过动物肝纤维化实验等情，提示孙某某针对二甲基亚硝胺进行鉴定；证人王某、刘某、杨某某的证言证实，2013年4月10日，王某、刘某至杨某某所在的上海惠诚生物科技有限公司购得二甲基亚硝胺比对物后再次送检测；证人向某证言证实，在前述送检的饮用水样本中检出二甲基亚硝胺，后向某将相关检测样本交给了公安机关；上海市公安局物证鉴定中心《检验报告》证实，送检黄某尿液和黄某使用过的饮水杯中均检出二甲基亚硝胺成分。

3. 黄某系二甲基亚硝胺中毒死亡。上海市公安局物证鉴定中心《法医学尸体检验鉴定书》、上海市司法鉴定中心《法医病理司法鉴定意见书》以及鉴定人陈忆九当庭证言证实，黄某符合二甲基亚硝胺中毒致急性肝坏死引起急性肝功能衰竭，继发多器官功能衰竭死亡。

另查明：相关鉴定机构及鉴定人均有鉴定资质，其鉴定程序规范、合法，鉴定依据的材料客观，检验方法、检验过程、分析说明和鉴定结论不存在矛盾之处，且能够相互印证，均应予采信。

综上，现有证据足以证实，被害人黄某系二甲基亚硝胺中毒致急性肝坏死引起急性肝功能衰竭，继发多器官功能衰竭死亡。北京云智科鉴咨询服务中心《法医学书证审查意见书》和有专门知识的人胡志强当庭发表的"黄某系爆发性乙型病毒性肝炎致急性肝坏死，最终因多器官功能衰竭死亡"的意见，与查明的事实不符，不予采信。辩护人关于认定被害人黄某系死于二甲基亚硝胺中毒证据不足、相关鉴定意见鉴定程序不合法的意见，不予采信；申请对黄某死亡原因进行重新鉴定，不予准许。

本案是关于鉴定意见论证和说理较多的裁判文书，鉴定意见的重要性不仅体现在被害人的死因问题上，更重要的在于通过科学手段能够合理合法地真实还原案件发生的经过。对鉴定意见问题进行说理，不仅能够扫清辩护人对于鉴定意见的质疑，同时能够更明确地展现关于检材、来源、保管、送检的内容，使司法的公正性和公信力得以树立。综上，本案的鉴定意见程序规范，方法科学，依据充分，足以被作为认定案件的关键证据使用。

二、证据罗列

（一）证据罗列的方式

证据的罗列方式目前没有统一规定，各地法院在裁判文书中的表达方式存在巨大差异。从证据内容的罗列方式看，有以下几种：

1. 根据法定的证据种类顺序进行罗列

根据法定顺序罗列的好处在于一目了然，书证、物证、被告人的供述和辩解等分别按照顺序归类；但缺点在于无法体现证据与待证事实之间的关系，且不利于对证据间的印证关系、矛盾关系进行比对分析，在证据的说理方面没有优势。

2. 根据主观和客观的种类进行罗列

主观证据在前或者客观证据在前的方式都是存在的，主观证据主要是指言词证据、具有主观色彩的书证等，其余都是客观证据。从证据说理的角度看，这样的罗列方式没有显著的帮助。

3. 根据定罪和量刑的顺序罗列

以定罪和量刑顺序罗列证据的好处比较明显，能够直接指向裁判的思路，也利于进行说理分析。有些案件同时存在定罪证据和无罪证据，给证据说理提供了较大的分析空间。对此，应从存在部分证据认定有罪，但又有部分证据反映可能存在无罪的顺序，结合是否决定认定犯罪的结论做"三段论"模式的说理，会更令人信服。

4. 根据犯罪构成要件进行罗列

根据犯罪构成要件进行证据罗列的案件数量是有限的，多为具有暴力特征的普通刑事案件。根据犯罪构成要件罗列证据能够便于结合犯罪构成理论进行证据说理，特别是在认定有罪的情况下，对证据进行说理性分析就能够代表事实认定和法律适用问题了。

5. 根据认罪和不认罪案件情况进行罗列

如果认罪的，可以将被告人的供述与辩解放在最前面，其他言辞证据逐项排列。这样的证据罗列方式最利于对于被告人认罪案件的证据分析，特别是在被告人人数较多的共同犯罪案件中，结合证据所反映的情况，可以有利于认定被告人的责任大小。反之，则建议将被告人的供述放在证据的最后，通过其他证据的罗列，用来考察被告人无罪辩解的可信程度。总体而言，这样的罗列方式与证据分析是可以相得益彰的。

6. 控方证据在前、辩方证据在后罗列

大部分的证据都是控方证据，为了对比两者的观点，便于从控辩角度进行证据梳理论证，则这样的证据罗列顺序是较为现实的选择。

（二）证据罗列与诉讼程序的关系

根据诉讼程序论证证据罗列和证据说理的关系，一定要以证据内容能够被明示于裁判文书作为前提。不论是速裁程序、简易程序，都不会出现证据内容，因此不具备在裁判文书中进行证据说理的条件。因此，此处所提证据罗列问题是以一审普通程序、二审、再审程序等为目标进行的分类。

1. 普通一审程序的证据罗列

一审普通程序的证据罗列与证据分析，在中级人民法院审理的一审案件中较为常见。按照级别管辖，中级人民法院一审的刑事案件多为证据较多、案情复杂的重罪案件，证据在一审案件中的开示程度普遍较高，为裁判文书的证据说理提供了土壤。

中级人民法院利用普通程序审理的一审案件，不论被告人是否认罪，多建议根据"疑罪从无"原则先列举客观性较高的证据开始，逐步过渡到被告人供述和辩解这样的主观证据上。在做证据说理时，因为采用了这样的方式，能够便于梳理论证体系。如果前述证据能够证明有罪的存在，即便被告人不认罪，也能形成证据间的反差，利于论证，且不妨碍有罪判决和无罪判决结论的作出。例如，以被告人否认故意杀人事实的案件为例，从报案材料开始，到物证、勘验检查笔录，再到尸体的死因鉴定意见、凶器情况、案件和被告人的关系，再到证人证言和被告人的供述和辩解等，可以逐步梳理出侦查指向的思路，按照这样的顺序进行证据分析会比较顺畅。即便认为被告人不应承担刑事责任，论证的基本逻辑亦不受到影响。

2. 二审、再审案件中对新证据的罗列

二审裁判文书、再审裁判文书中对于原判认定的证据，通常不做详细的陈述和罗列，仅对足以影响裁判结论的新证据做罗列，并突出其作用。以此为基础，证据的罗列和证据的说理应当直指证据矛盾之处，直指原判的不足，突出证据反映的新情况、新问题，逐步帮助裁判结论作出。

三、证据采信

（一）证据采信的说理逻辑

根据证据裁判主义与正当程序原则的要求，法官在认定案件事实时，首先以直接证据认定事实，当以直接证据来认定事实有疑问时，才可运用逻辑推理、经验法则、司法认知、推定等司法证明方法，且运用的过程必须透明、公开，以确保司法的合法性与正当性[①]。那么，在裁判文书中关于证据采信的思路表达同样要遵循上述逻辑顺序。

1. 用演绎推理逻辑进行说理

推理逻辑中的演绎推理，是根据已知的事实或者判断，按照一定的规律推导出新的结论，在刑事案件中，类比推理就是最常用的演绎推理方法，裁判文书亦可使用该方法进行论证。只不过，类比的依据是什么？这可能是法官根据证据情况需要去寻找的内容，而且不容易寻找。

当证据能够证明被告人在实施某犯罪行为时确实存在经验判断错误、认识错误等因素时，对该份证据是否采信及其所能起到的作用如何，需要法官根据经验法则进行一定的演绎推理，以论证法律事实的合理性，将证据的作用从证明本身扩展到事实认定。所谓经验法则，是指人们从生活经验中归纳获得的关于事物因果关系或属性状态的法则或知识[②]。结合现有证据，且能够通过"举重以明轻"的逻辑论证法律事实中的当事人责任时，该责任属于有利于被告人的，则使用该证据的演绎推理就是值得接纳的；相反，如果该逻辑论证的指向是加重被告人的责任，则该论证逻辑可能存在被否定的风险，利用演绎推理方法论证证据则是不恰当地扩大了证据所能证明的内容。

2. 用归纳推理逻辑进行说理

归纳推理的方法，着重针对归纳推理的前提和结论之间的必要性关系，证据与相关事实之间可否建立起笃定的论证关系是对该类证据进行归纳推理

[①] 最高人民法院司法改革领导小组办公室：《最高人民法院关于加强和规范裁判文书释法说理的指导意见理解与适用》，中国法制出版社 2018 年版，第 41 页。

[②] 何家弘、张卫平：《简明证据法学》，中国人民大学出版社 2007 年版，第 119 页。

的重心。从学理上看，推理方法只是一种辅助性的证明方法，仅限于"司法上必须确认而又难以举证证明的案件事实"①。归纳已有证据、事实所反映的情况，通过法律规定或者经验法则推理认定事实，即便是法官尽职尽责且足够中立，也存在失误的可能性。因此，对于归纳推理的方法要特别慎重使用。

比如，在单位走私犯罪案件中，如果负责海关报关的公司员工基于为公司的利益进行了进口商品报关手续的伪造，基于一般的经验，她的部门经理即主管领导应该是存在很大概率的知情可能的；尽管其部门经理否认曾引导、教唆员工制作虚假的手续，但从其自供曾经让员工将报关手续都交予其审核的情况看，难以得出其自供内容属实的结论，相反，其将责任推给员工的可能性更大。在该类单位犯罪案件中，搜寻不利于具体被告人的证据信息，亦搜寻利于其的证据信息，进行综合比对，可以建立起一套关于推理的逻辑，裁判文书对上述认定的思路和逻辑需要进行一定文字数量的表述，使得裁判更具说服力。

【典型案例】

胡某琴劫夺被押解人员案②

【基本案情】

2016年3月22日9时50分许，湖南省怀化市公安局易汉忠、洪江市公安局刘丰勇等十余民警，在本市朝阳区民族园西路2号唐人街大厦3层"圣勋中国健康安全网"公司内，边抓犯组织、领导传销罪的嫌疑人。后"圣勋中国健康安全网"公司聘用的保安队长于春祥以湖南民警没有当地民警协助不能抓人等为由，在被告人谢广成、林秀娟的协助下召集何廷贵、吴印春、宁泽出、翟旺、吕凤云等保安，在通往公司办公区域的过道沿过道站成两排，并交待不让带人走，接着包含两名着警察制服民警在内的多位民警，经过两排保安中间进入办公区域继续执行抓捕。

---

① 何家弘、刘品新：《证据法学》，法律出版社2013年版，第268页。
② 参见中国裁判文书网，北京市第三中级人民法院（2017）京03刑终559号刑事裁定书。

当日 10 时许，民警易彩文等 3 人带着戴一副手铐的两名犯罪嫌疑人陈扬、丁代荣，经过两排保安中间进入电梯，在电梯门即将开始关闭时，于春祥用脚别住电梯门，并招呼保安进入电梯阻拦民警带人离开，在于春祥的指挥、带领下何廷贵、吴印春、宁泽出、林秀娟等人，采用拉拽、推搡等暴力行为将三位便衣民警及其带离的两名犯罪嫌疑人拉出电梯，并对闻讯赶来的一名着警察制服民警进行推搡。之后于春祥等人将民警及抓获的两名犯罪嫌疑人推进办公室。接着，胡某琴到达电梯间右侧卖场入口，与林秀娟等多人有交流。后在办公室民警将两名嫌疑人的手铐打开。胡某琴等人推搡、拉扯拿相机的民警刘丰勇，并抢走相机。后吕凤云拉住便衣女民警李文，着警察制服民警向安前来保护，被于春祥、何廷贵等推搡、拉拽、围堵，后在于春祥指挥下，何廷贵、吴印春、吕凤云抢走女民警怀中摄像机，胡某琴指使翟旺进行协助。后于春祥等人将湖南民警围堵在公司办公室，胡某琴等人强行收取民警的手机、证件等随身物品，并限制民警离开会议室，后要求民警交代被抓走的犯罪嫌疑人的去向并带回，谢广成等人前往北京西客站寻找、拦截湖南警方未果。其间，胡某琴对民警曾剑平、易汉忠等人采用扇耳光等方式殴打。暴力行为造成犯罪嫌疑人陈扬、丁代荣脱离民警控制；造成多名民警受伤，其中，经鉴定民警刘丰勇损伤程度为轻微伤。后湖南民警被亚运村派出所民警解救。胡某琴于 2016 年 8 月 24 日被民警抓获归案。

【裁判结果】

法院经审理认为，被告人胡某琴无视国法，明知是司法机关工作人员正在依法押解犯罪嫌疑人，仍然伙同他人，采用暴力手段劫夺在押解途中的犯罪嫌疑人，导致两名犯罪嫌疑人脱离了司法机关的实际控制，其行为已构成劫夺被押解人员罪，依法应予惩处。鉴于胡某琴能如实供述部分罪行，系初犯，故依法对其从轻处罚。胡某琴虽未参与将被押解犯罪嫌疑人劫夺出电梯，但其行为在后续导致两名犯罪嫌疑人最终脱离民警控制中起到重要作用,且胡某琴有采用扇耳光的侮辱性方式殴打押解民警的情节,其行为在共同犯罪中起到主要作用,系主犯。故判决:被告人胡某琴犯劫夺被押解人员罪,判处有期徒刑三年六个月。

【文书精华】

关于上诉人胡某琴所提其没有指挥他人、没有限制民警离开、其的作用仅系共同犯罪中的从犯而非主犯等上诉理由,以及其辩护人所提相关辩护意见,经查,虽然上诉人胡某琴没有参与实施将已被民警控制的被押解人员抢夺出案发现场电梯等具体行为,但根据证人证言、同案犯供述及监控录像等,可以充分证明,胡某琴积极参与了伙同他人针对民警采取暴力干涉司法活动的行为,包括曾在现场推搡、拉拽民警,抢夺并指使他人抢夺民警手中的相机、摄像机等,而该行为的后果在客观上加强并促进了实现劫夺被押解人员、妨害民警正常司法活动的作用;根据证人证言和被告人供述等证据,胡某琴在会议室曾采用扇耳光等具有侮辱性的行为方式,多次殴打多名执行押解任务的民警,强行收走民警的证件、手机等,参与并共同实施限制民警人身自由的行为,消解和抑制了民警的执法能力。上述事实说明,胡某琴的行为已成为本案中共同犯罪完成劫夺被押解人员的重要环节,胡某琴是共同犯罪中起重要作用的参与者和执行者,应依法对其行为的暴力性、违法性进行认定,追究胡某琴共同犯罪中主犯的刑事责任;因胡某琴的相关上诉理由及其辩护人的相关辩护意见与事实和法律不符,本院不予采纳。

本案的裁判说理严格根据在案证据展开。通过分析证人证言和监控录像的印证,证明了胡某琴行为的性质;通过分析胡某琴与周围人、周围环境的关系,证明了胡某琴行为能够造成的后果;通过分析胡某琴在群体行为中的作用,证明了胡某琴的地位和责任大小。正式基于证据的归纳分析,可以印证胡某琴在共同犯罪中担任了重要角色,是犯罪的参与者、执行者,应当承担相应的法律责任。

(二) 证据采信的具体方法

对于经庭审举证、质证的证据是否予以采信的问题，除了完成证据摘录和证据罗列以外，有必要就证据采信结果的情况进行说理。

1. 围绕证据采信问题进行说理的方法

第一，聚焦分析法，围绕关键待证事实构成的需要引述证据。各案不同，在案情较为简单的情况下，围绕关键事实可以由多个证据进行证明，包括直接证据和间接证据。据此，我们用3种句式进行展示。以论证侵财类犯罪中的"非法占有目的"为例，比如：(1)关于非法占有目的的证明，在案有证据1、证据2、证据3印证证明，其中，证据1……，证据2……，证据3……，其共同印证证明了……；(2)关于非法占有目的，证据1能够证明其在实施行为以前就不具备履行能力，证据2能够证明其在取得财物时并未将财物用于指定用途，而证据3又能证明；(3)本案中，关于非法占有目的论证，已有证据1作为直接证据予以论证，充分证明了……，而证据2、证据3作为间接证据佐证了证据1所反映的事实确为……

第二，逻辑推理法，用连串证据内容归纳待证事实和法律关系。与围绕关键事实构成需要引述证据相反，对于事实较为复杂、环节较多的，特别是被告人人数较多的共同犯罪，可以在进行证据说理时采用以证据为出发点，展开论证其能够证明的事实内容，从而得出裁判结论的方式。以论证故意杀人罪"剥夺他人生命"的要件为例，比如：被告人×××采用驾驶机动车的方式故意撞向被害人×××从而实施杀人行为，其中，勘验笔录记载，现场并未提取到刹车痕迹充分证明了其并未有制动汽车的行为，辩护人所提有过刹车的情况无法得到证明。从公安机关提供的方位图看，现场并非开阔性地带，被害人如果遭到汽车追赶则毫无逃跑可能，可以用以推论证明被告人试图通过驾车实现剥夺他人生命目的之确定性。

第三，正反论证法，利用证据与待证事实之间的必然联系进行正反两方面论证。在案证据中，有些证据是能够用来证明行为与结果之间的关系的，对此，利用证据所能证明的因果关系进行正向、反向两方面论证，可以得出确切的结论。以强奸罪中"违背妇女意志"的表现问题为例，比如：被害人身体上的伤痕足以证明其与被告人发生性关系时是违背其意志的。报案记录显示，在被害人逃离房间后的 6 小时内完成了报警，充分反映被害人自认受到伤害寻求法律救助的心态；虽然报警时间距离案发具有几个小时的时差，但其能够与被害人所述其害怕遭到报复、内心纠结挣扎的内容能够得到印证和解释，故而不足以推论被害人系自愿发生性关系。

2. 围绕证据采信进行说理应当规避风险的方面

为保证案件审理质量，确保证据采信的正确性，在证据的采信和说理上需要注意以下几个方面：

第一，不要论证证据采信时脱离证据内容。证据的采信不能只考虑证据的名称、种类，要结合证据的实质内容展开论理。不论是言词证据，还是书证、鉴定意见等，均应由证据的内容推论出认定的事实和法律关系。只将证据名称予以陈述而没有列明关键的证据内容要素的，无法清晰表明论证的明确依据。比如，裁判文书中经常出现的论述方式"在案的书证、证人证言、鉴定意见、现场勘查笔录等，均能够证实行为人……"，事实上，这样的印证论述缺乏论述和说理的基本态度，不仅不符合说理的方法，也对裁判文书的受众而言是不负责的。

第二，不要采信个别证据中的片段信息"以偏概全"。有论者指，"裁判说理必须局势论证，绝对不允许格列事实的过程，劫取部分似是而非的事实片段，作为裁判说理的依据，甚至按照主观臆断，对事实偷梁换柱，得出片面的结论"。[①] 特别是对于言词证据，采信言词证据加以论述不能脱离前后文，要与其他证据一并进行引用，共同论证梳理出事实和法律关系。个别只言片语的内容存在表述不清晰、不准确的情况，片面采信会脱离案情实际。

第三，不要被"意见证据"迷惑。意见证据是证据采信过程中容易出现的问题。关于事实的情况如何、当事人在案件中的作用和地位如何等，凡是提供了证人证言的，都有可能存在误判、误读。这一情况较多出现在对某一事实的法律定性、价值判断和可能性推测三个方面。首先，法律定性是需要结合证据进行科学判断的过程，证人认为某行为违反了某个法律，或者认为应当承担何种法律责任，这仅仅是其主观认识，并不能替代经调查论证得出的定性结论。例如，在滥用职权案件中，如果多名证人作证称某国家工作人员的审批行为一定属于违法，或者违反了行业规范，则应当具体分析该证人

---

① 沈志先：《裁判文书制作》，法律出版社 2017 年版，第 201 页。

是否具备判断的资格、经验和能力，否则，这些证人提供的意见证据很可能恰恰是不符合法律规定的，对其采信当然也就是错误的。其次，证人对某一事实的描述带有其自身价值判断色彩，在提供证言时其内容的中立性无法保障，因此必须通过证据间相互印证实现去伪存真。比如，对于聚众斗殴犯罪中，不同利益方的主体在进行事实描述时很难客观中立，因此证据比对、证据中共同点提炼出来以后的论述就显得非常有价值。最后，可能性推测是被害人陈述、证人证言中常出现的臆测内容，其可靠性更不高，因此对其的引用、论述要更加审慎。

第六章　刑事裁判文书事实认定的说理

刑事裁判文书的事实认定说理是其他说理内容的基础。事实的法律认定过程代表了刑事诉讼基于证据所作的事实判断,是对法律事实的完善和解释。法律事实不同于客观真实,前者来源于裁判者对证据的把握和相信证据、采信证据的能力,且主要以论证法律评价为主,而非回归事实本身。

第一节　刑事裁判文书事实认定说理概述

刑事裁判文书所要表达的最重要的内容就是法院经审理查明事实和依法适用的法律,简言之,即事实和推理。因此,刑事裁判文书的事实认定部分作为刑事裁判文书最重要组成部分之一,是裁量结果的根基和依据,具有重要意义。刑事裁判文书中对事实认定部分的说理,实际是通过对在案认定证据的罗列和总结,体现司法裁判者严谨的裁判逻辑,能够直观反映司法审判工作的质量,也是衡量司法活动客观公正与否的重要标尺。

一、事实认定说理的概念、特征与意义

(一) 事实认定说理的概念

裁判文书说理有广义与狭义之分。一般情况下,裁判文书的说理仅指狭义的说理,即法律适用说理。广义的裁判文书说理则包括事实认定说理与法律适用说理。[1] 事实认定说理,是以法律关系的构成要件为指导,在证据的支

---

[1] 赵朝琴:《司法裁判的现实表达》,法律出版社 2010 年版,第 130~134 页。

撑下高度概括事实要素，分析认定案件性质。① 事实认定说理包括定罪事实的说理和量刑事实的说理。

《最高人民法院关于加强和规范裁判文书释法说理的指导意见》第六条规定："裁判文书应当结合庭审举证、质证、法庭辩论以及法庭调查核实证据等情况，重点针对裁判认定的事实或者事实争议点进行释法说理。依据间接证据认定事实时，应当围绕间接证据之间是否存在印证关系、是否能够形成完整的证明体系等进行说理。采用推定方法认定事实时，应当说明推定启动的原因、反驳的事实和理由，阐释裁断的形成过程。"此条规定对人民法院裁判文书中涉及案件事实认定的说理进行了明确要求。

要对事实认定进行说理，首先要明确事实认定的内涵和外延。事实认定在司法语境下一般被认为是实体问题。特别是刑事诉讼领域中，基于公诉机关指控的事实范围，事实认定通常具有以下内涵：其一，事实认定是关于被指控行为是否发生、如何发生、行为人、行为的过程、时间、地点、当时的环境、事件的进展等等问题的确认。其二，事实认定是解决这些行为的法律性质，罪责，罪还是非罪，此罪还是彼罪的问题。② 在我国刑事诉讼中，以证据材料为中心，对事实认定的探究可以从一个诉讼阶段递进到下一个诉讼阶段，甚至在各阶段都可以程序倒流、允许多次反复，以确保法院裁判认定的事实经得起推敲和考验。

事实认定部分是刑事裁判文书的重要组成，其与附加其后的证据认证占据了刑事裁判文书的大片江山。除了适用陪审团制度的英美法系国家外，大陆法系国家在裁判文书中均会涉及事实认定部分的说理。对于事实认定的说理模式，域外通常采用以下三种模式：③

一种是判决要旨式。这种模式以法国、意大利的裁判为典型代表，事实认定部分以判决要旨形式出现。法国的裁判文书中没有专门叙述案件事实的段落，只有在法官有阐明观点的必要时，才会间接提及案件事实。意大利最高法院的大多数判决也只以判决要旨的形式公布，对事实部分进行极其简单的叙述。

一种是证据分析归纳式。这种模式以德国裁判为代表。在证据分析归纳

---

① 罗灿：《司法改革背景下裁判文书说理繁简分流研究》，法律出版社2018年版，第116页。
② 肖莉：《论刑事案件事实认定程序的理论探析》，载《法制与社会》2010年第9期。
③ 王贵东：《判决理由模式之比较》，载《贵州社会科学》2007年第10期。

模式下，裁判文书通常在概括当事人在庭审过程中所表述的事实和请求后，将证据认定作为事实认定的前提，先对证据具体内容及理由进行逐一评述，再将证据分为予以认定的证据和不予认定的证据，最后对予以认定的证据所证明的事实加以总结和归纳。

一种是焦点归纳分析式。这种模式主要体现在日本的裁判文书撰写中。植根于大陆法系，兼受英美法系影响，日本的裁判文书形成了独特的风格。日本的裁判文书中先对庭审前及庭审中当事人无异议的事实和证据进行归纳，再列出双方争议的焦点，然后对每个焦点分别写明各方的主张及证据、当事人的质证意见，最后再列明对证据的分析认定及采信理由。

我国的刑事裁判文书中关于事实认定的说理，基本采用的是证据分析归纳式。从结构上看，我国的刑事裁判文书的事实认定主要由两部分构成。一部分是经审理查明的事实部分，另一部分是法院认定的证明该事实的证据部分。一般认为，裁判的认定事实说理部分，要围绕控辩双方的争议焦点，要把法官的裁判思路和整个思考的过程呈现出来，反映出庭审的过程，据此作出最终的审判结论。①

（二）事实认定说理的特征

刑事裁判中的事实认定说理具备以下几个特征：

一是说理主体的特定性。基于专属的刑事审判司法权，刑事司法裁判活动中对刑事案件进行事实认定、阐述的主体是刑事审判人员即刑事法官。包括公诉机关在内的任何单位或个人，其对案件事实进行的推断、评判都不能产生既定效力。检察机关审查起诉环节认定事实和人民法院审判环节认定事实都是司法人员进行判断的结果，都属于司法活动，但当二者认定的事实不统一时，以人民法院认定的事实为准，这也是司法裁判终局性的体现。

二是说理内容的固定性。这种固定主要体现在裁判文书的事实认定说理内容限定于定罪事实、量刑事实和程序事实，超出定罪、量刑、程序事实之外的无关事实，不在事实认定说理的范畴内。根据《刑事诉讼法解释》的相关规定，人民法院在审理刑事案件时，应当运用证据证明的案件事实包括：（1）被

---

① 周庆华：《"裁判文书说理的技巧与规则"研讨会发言摘登》，载《人民司法》2016年第25期。

告人、被害人的身份；（2）被指控的犯罪是否存在；（3）被指控的犯罪是否为被告人所实施；（4）被告人有无刑事责任能力，有无罪过，实施犯罪的动机、目的；（5）实施犯罪的时间、地点、手段、后果以及案件起因等；（6）被告人在共同犯罪中的地位、作用；（7）被告人有无从重、从轻、减轻、免除处罚情节；（8）有关附带民事诉讼、涉案财物处理的事实；（9）有关管辖、回避、延期审理等的程序事实；（10）与定罪量刑有关的其他事实。

三是说理基础的客观性。刑事裁判中事实认定说理的客观性主要体现在两个方面，一是作出事实认定的依据，即证据，是客观的；二是法官在依据证据进行分析时运用的法则、规律是客观的。前者讲的是事实认定的"原材料"应当经庭审确认证据的客观属性，后者讲的是法官将"原材料"加工整理成"认定事实"时，所依据的方法包括逻辑法则、经验法则等，应当是客观的。如前所述，刑事裁判中的事实认定并不等于客观真实，而是一个多要素整合的结果，这种整合不能随意进行，它必须符合认识事物的客观规律，构建的证据链条要经得起验证。[①]

（三）事实认定说理的意义

有学者认为事实认定无须说理论证，[②] 因为其更多的是解决本案"是什么"的问题，多数是对客观存在的描述。但是，事实认定并不等于客观真实，任何案件审理查明的事实都只能无限贴近而不可能完全等同于客观真实。事实认定部分是法官通过对在案证据的甄别、取舍、分析后，对已然发生的案件事实进行的再认识。因此，这里的"事实认定"，其实是一种法律事实，深深地打上了裁判者主观能动性的烙印。对事实认定的说理，实际上是在解决法官"为什么"作出如此认定的问题。

刑事裁判中事实认定会直接影响结论的合法性、公正性和准确性，故而格外受到公众的关注。事实认定说理的影响和意义主要体现在个案和社会两个方面。

一方面，事实认定说理是个案公正的体现。事实认定是刑事审判中对庭

---

① 杜丹：《刑事诉讼事实认定的路径》，载《广西政法管理干部学院学报》2016 年第 25 期。
② ［美］理查德·波斯纳：《波斯纳法官司法反思录》，苏力译，北京大学出版社 2014 年版，第 11~12 页。转引自罗灿：《司法改革背景下裁判文书说理繁简分流研究》，法律出版社 2018 年版，第 118 页。

审证据的审查与结论，是法庭进行评议和作出裁判的基础和前提，事实认定的意义不言而喻。特别是对于刑事案件，事实认定直接关系到当事人的自由甚至生命，"刑罚就像一把烧得通红的熨斗，专门用来烫犯罪的衣服。一旦触犯刑法，势必会给他留下不可磨灭的烙印"。① 裁判的目的之一在于发现事实进而作出符合规则的结论，而由于刑事案件的复杂性和隐蔽性，认定事实作为刑事审判的必经之途，其过程更为困难。法官作为中立的裁判者，如果希望当事人对于裁判结果能够信服，就需要以"理"服人，这个"理"就体现在事实认定的过程中。法官从来不是照搬照抄整理材料的机器，而具有更高逻辑、更高智慧的裁判者。事实上，用于认定事实的证据材料经过庭审的举证、质证，控辩双方都已知悉甚至熟稔。如果法院最终的裁判仅仅是将证据进行简单的罗列，而不对采信情况加以说明、阐释或分析，那么控辩双方很容易产生困惑，既不能提高裁判结果的接受度，还额外增加了释法的负担。事实认定是一个认识过程，由于存在司法机关与当事人、控辩双方的意识与利益取向的差异，各方对事实的认定意见自然会存在不同，因此，事实认定说理是将法官发现事实的过程展现在当事人面前，从客观证据到主观认知，从无机的证据碎片到有机的完整链条的形成，使人一目了然，让事实认定结论乃至审判结论合法化并更易于控辩双方接纳。

另一方面，事实认定说理具有社会性示范效应。犯罪不是孤立存在的，它与周围的社会关系紧密相连。仿佛石子投入水中，犯罪引发的余波以案件为中心向整个社会荡漾，特别是在信息光速传播的时代，使犯罪影响波及的范围更加广阔。对整个社会关系而言，案件事实能否被认定以及认定的方式都会为社会公众提供心理预期，甚至对社会稳定产生深远影响。因此，刑事裁判中的事实认定在一定程度上并不局限于个案，而是超越了私人属性，成为公共事务的一部分。既然客观真实永远不可能被探知，那么希拉里·普特南提出的"合理的可接受性"② 在刑事裁判的事实认定上就有更大的指导意义。社会更愿意去接受根据充足的证据合理地推理出来、具有高度的真实性、正当性、合法性的事实，而这一切都有赖于裁判者基于天理、国法、人情的说理。在最高人民法院的积极推动下，司法裁判文书的公开使得文书的读者

---

① ［意］贝卡里亚：《论犯罪与刑罚》，黄风译，北京大学出版社 2008 年版，第 51～52 页。
② 史清竹：《合理的可接受性——普特南内在实在论真理观试析》，载《社会科学辑刊》2011 年第 1 期。

范围大幅扩展，影响面前所未有地扩大，社会公众成为文书的"受众"。只有积极的被社会认可的裁判才能持久地具有生命力，起到稳定社会预期、形成社会共识的作用；而简单粗暴、一意孤行的裁判，不但不能为社会所认可更可能会引发司法的信任危机。事实认定的说理将法官对事实的发现和认定过程规范化、体系化、明确化地呈现于公众，有助于司法裁判与社会认识达成共识，消除人们对刑事裁判结果的怀疑，使判决结果更具有权威性和说服力。

二、事实认定说理应当遵循证据规则

证据规则是事实认定规则之王。"以事实为依据，以法律为准绳。"在刑事诉讼中，证据是事实认定的基础，也是审判的关键所在。对认定事实的说理，很大程度上是对证据进行充分说理。法律事实的认定是法官思维见之于客观的活动，是法律事实形成的重要过程，也是保障当事人程序权利的重要体现。[①] 但"事实认定"这一基于审判权的认知活动并不是不受约束、凭空想象、任意产生的，而是裁判者在实质化的庭审后，听取控辩双方的意见，对在案的证据材料进行认定与分析，最终在严谨的逻辑推理下得出的结论。这就要求裁判者在文书写作中，遵守证据规则，对事实认定部分进行充分说理，而不是单纯、机械地罗列证据。

证据规则（rule of evidence）是典型的舶来品，我国法律对其并没有明确定义，英美法系国家普遍将其等同于证据的可采性，即我国语境下的证据合法性、真实性、相关性。[②] "认定事实，每为使用法律之前提、因而产生各种证据法则，遂为认事用法之根本"。[③]

证据规则运用在事实认定上主要体现在以下几个方面[④]：

[①] 胡昌明：《裁判文书释法说理方法：〈最高人民法院裁判文书释法说理指导意见〉的案例解读》，人民法院出版社 2018 年版，第 289 页。
[②] 郑崇智：《刑事证据三性审查判断技巧》，载《人民法院报》2011 年 11 月 2 日。
[③] 兰跃军：《刑事证据规则体系的建构》，载《中国刑事法杂志》2015 年第 12 期。
[④] 最高人民法院司法改革领导小组办公室：《最高人民法院关于加强和规范裁判文书说理的指导意见理解与适用》，中国法制出版社 2018 年版，第 77~78 页。

（一）举证规则

举证规则包含了证明责任分配规则、举证时限与责任规则、举证程序规则、申请证人和申请鉴定规则等，其核心是通过确定举证程序和证明责任分配为查明事实提供条件。

比"谁主张，谁举证"的民事诉讼更进一步，刑事诉讼中的举证规则直接规定了由控方即检察机关（或自诉人）承担证明责任，被追诉人无须自证无罪。刑事诉讼法第五十一条明确："公诉案件中被告人有罪的举证责任由人民检察院承担，自诉案件中被告人有罪的举证责任由自诉人承担。"因此，法官在事实认定说理时，必须坚持举证规则中证明责任的归属。公诉机关提交的证据能够充分证明指控事实的，法官应当在裁判文书中说明证据与证据、证据与事实之间的证明关系及理由；公诉机关提交的证据不足以证明指控事实、不能排除合理怀疑的，不得"疑罪从有、疑罪从挂"，不得以"不能证否存在犯罪"为由认定事实，追究被告人的刑事责任。刑事审判中的举证规则实质是无罪推定原则的具体体现，与侦查、检察机关的视角不同，法院秉承无罪推定原则，坚持举证规则，事实认定上要由公诉机关承担举证不利的责任，不能证明被追诉人构成犯罪的，法院应依法认定其无罪。

（二）质证规则

"质"是质证规则最本质的特征，是在庭审过程中控辩双方对证据进行质疑、提出意见的方式。质证具有当面对抗性，控辩双方的意见不断交锋，为法官是否及如何采信证据提供参考路径。特别是对于言词证据，我国刑事诉讼法第六十一条规定："证人证言必须在法庭上经过公诉人、被害人和被告人、辩护人双方质证并且查实以后，才能作为定案的根据。"

对于控辩双方一致确认并无异议的证据，法院在进行采信的时候相对更加容易也更有说服力；但涉及控辩双方有争议的证据，法院则应当更加审慎，在事实认定说理时也需要格外注意。

对于对认定事实有影响、控辩双方存在较大争议的证据，要辨别该证据是否属于应当排除的非法证据。证据的合法性主要体现在三个方面：一是证据的调查主体应当符合法律规定，二是证据的形式应当符合法律规定，三是证据的收集程序应当符合法律规定。根据我国刑事诉讼法的相关规定，人民检察院应当对证据收集的合法性加以证明。采用刑讯逼供等非法方法收集的犯罪嫌疑人、被告人供述和采用暴力、威胁等非法方法收集的证人证言、被害人陈述，应当予以排除。收集物证、书证不符合法定程序，可能严重影响司法公正的，应当予以补正或者作出合理解释；不能补正或者作出合理解释的，对该证据应当予以排除，不得作为判决中事实认定的依据。对此类证据，法院在事实认定过程中应当综合法庭调查中质证的情况，阐明排除该证据的理由，说明证据的非法性，而不是简单地不予引用。针对双方争议较大、但经补正后符合法律规定或能作出合理解释的证据，要结合庭审举证、质证、法庭辩论及法庭调查核实证据的情况，分别陈述控辩双方的意见，写明法院最终采信该证据的意见、理由和依据。

（三）认证规则

认证规则是指法院经审理查明的事实所依据的证据，应当符合相应的证明标准，这些标准包括逻辑规则、经验法则、司法认知规则等等。从本质上讲，事实认定是裁判者对事实客体的能动性建构过程，是一个经验推论的过程。在证据的认证规则下，法官将证据与事实紧密、有机地联系在一起，使前者能够符合逻辑、常理地支撑后者，形成完整的证明关系。认证的过程就是形成事实认定的过程，也是刑事裁判文书事实认定说理的重要基础。

逻辑规则，指的是裁判者运用逻辑推理思维，从一个或者几个已知的条件推演出另一个未知结论的思维活动规则。逻辑规则是认证规则中的最基本的规则，其最常见的形态即是"三段论"式的演绎推理。逻辑论证过程具有的周延性，决定了裁判者运用逻辑能够增强裁判结果的说服力。经验法则，指的是裁判者依照日常生活中积累的经验，作为认定案件事实依据的法则，是个别经验积累到一定程度总结出来的知识，具有普遍适用性。[①] 经验法则在一定程度上弥补了逻辑规则太过严格刻板、适用范围存在客观限制等短板，更符合社会的一般认识与期待。司法认知规则，也即审判上的认知或审判上的知悉，是指法官在审判过程中依职权或应当事人申请，对某些特定的事实直接予以确认，而无须当事人对此类事实予以举证证明的一种诉讼证明规

[①] 张卫平：《认识经验法则》，载《清华法学》2008年第2期。

则。① 我国现行的刑事立法中,并没有关于司法认知的明确规定②,但《人民检察院刑事诉讼规则》第四百三十七条规定:"以下事实不必提出证据予以证明:1. 一般人共同知晓的常识性事实;2. 法院生效判决所确认并且未依审判监督程序重新审理的事实;3. 属于审判人员履行职务所应知晓的事实;4. 在法庭审理中不存在异议的程序事实;5. 法律规定的推定事实;6. 自然规律或定律。"

三、刑事裁判文书中事实认定的说理现状

在最高人民法院的指导要求下,各级人民法院正在逐步完善文书说理,并且取得了长足的进步。但综观刑事审判实践,一些问题仍然相对比较突出:一是文书中对证据的机械罗列,裁判人员在文书写作中直接照搬卷宗材料,缺乏归纳整理,亦不说明证据的采信情况;二是对事实的分析论证不足,多数裁判文书模板化,对于相互矛盾的证据直接不予引用或不予解释;三是事实认定内容过于简化,因涉及指控范围,通常刑事裁判的事实认定与起诉书的起诉内容高度一致,有时并不能全面反映案件事实,导致反映在文书上的裁判结果过于模糊,让人难以捉摸。

(一)模板化的说理

事实认定是刑事审判活动的必然环节,证据分析是事实的认定的中心和

---

① 卞建林:《证据法学》,中国政法大学出版社 2002 年版,第 232 页,转引自朱健、徐胜萍:《司法认知:概念界定与制度构建》,载《人民司法》2012 年第 7 期。

② 在民事诉讼中有两个司法解释对司法认知规则进行了一定明确,1992 年《最高人民法院关于适用〈中华人民共和国民事诉讼法〉若干问题的意见》(已废止)第七十五条规定:"下列事实,当事人无需举证:(1)一方当事人对另一方当事人陈述的案件事实和提出的诉讼请求,明确表示承认的;(2)众所周知的事实和自然规律及定理;(3)根据法律规定或已知事实,能推定出的另一事实;(4)已为人民法院发生法律效力的裁判所确定的事实;(5)已为有效公证书所证明的事实。"其中第二项是典型的司法认知,第一项属于自认,第三、四、五项分别属于推定事实、预决事实和公证事实。2019 年《最高人民法院关于民事诉讼证据的若干规定》第十条排除了自认一项,规定:"下列事实,当事人无须举证证明:(一)自然规律以及定理、定律;(二)众所周知的事实;(三)根据法律规定推定的事实;(四)根据已知的事实和日常生活经验法则推定出的另一事实;(五)已为仲裁机构的生效裁决所确认的事实;(六)已为人民法院发生法律效力的裁判所确认的基本事实;(七)已为有效公证文书所证明的事实。前款第二至第五项事实,当事人有相反证据足以反驳的除外;第六项、第七项事实,当事人有相反证据足以推翻的除外。"

基础。但显而易见的是，法官在进行文书撰写时，大量套用模板，重格式化说理，轻个性化分析。

例如，一审刑事判决书的惯用模式基本是：先写明法官根据现有证据认定的事实即"经审理查明（事实）"部分，再按照法定证据种类罗列出法官认为能够支撑上述事实的证据，即"上述事实有以下证据经庭审举证质证予以证明，本院予以确认（证人证言、书证、物证、被告人供述等证据列举）"部分，接下来就是"本院认为，被告人（符合或不符合某罪名），公诉机关在指控的罪名（成立或不成立）"。这样的方式固然精炼、简明，但每个案件的案情和证据情况并不一致，只挑选"有用的"证据对控辩双方可能存在的异议进行统一回应，实际上割裂了证据与事实之间证明与被证明关系，使得事实认定的结论极为突兀。

而二审的刑事裁判文书模板化更加严重。有些裁判文书甚至在事实认定后仅引用一审认定的证据名称，直接强行得出结论。例如在维持原判的裁定中，基本上都以"上述证据经一审举证质证，本院经审核予以确认"，随后即为"本院认为一审认定的事实是正确的"作为结论，至于如何正确，基本上不会有分析。再如二审准予撤诉的裁定，更是简单到连认定事实部分都没有，在罗列本案诉讼参与情况及一审审理情况后，许多裁判文书就直接写明"上诉人某某申请撤回上诉符合法律规定，应予准许"。而根据《刑事诉讼法解释》第三百零五条，"上诉人在上诉期满后要求撤回上诉的，第二审人民法院应当审查。经审查，认为原判认定事实和适用法律正确，量刑适当的，应当裁定准许撤回上诉；认为原判事实不清、证据不足或者将无罪判为有罪、轻罪重判等的，应当不予准许，继续按照上诉案件审理。"准许撤回上诉的裁判文书应当至少在认定事实和适用法律及量刑方面进行评判，符合法律规定的才能准许，而这一部分说理在裁判文书中几乎空白。

裁判文书的模板只是提供了一个文书写作的外在形式，要由裁判者将真正的活灵魂灌注其中。照搬模板简单罗列事实、证据、法律条文，都是机器可以替代的工作，而真正发挥作用的裁判，应当是裁判者运用司法智慧对事实、证据与法律的有机整合。

（二）回避的精准说理

在很多刑事裁判文书中都会出现语焉不详、模棱两可、概而述之的情形，这种具有高度概括性和模糊性的语言广泛地出现在各类刑事裁判文书中，目前已经成为了说理用语的"主力军"。但公众只能诟病其不够精确，却不能将其定义为"错误"，这种"模糊"带来的潜在"利益"深刻地影响着裁判文书说理，特别是事实认定的说理。

当然，法官的业务能力和个人素质是一方面，但如果仅就此对这一现象进行分析，其实毫无意义。更何况，根据最高人民法院的工作报告，早在2003年，我国法官中大学本科以上学历就达到了41%，而现阶段各地区特别是发达地区的法院招考更是以硕士研究生为起点。而在2017年最高人民法院遴选的首批367名员额法官中拥有博士学位的占三成，硕博比占九成。① 因此，当我们把目光从法官个人身上转向其他方向后，至少三个方面值得探索：

一是以结果为导向的裁判思路导致"不愿写"。庭审实质化一直是我国刑事审判不断追求和充实的路径，但不能否认，现阶段的刑事审判工作大部分还是以大量庭前或庭后的审查判断工作为基础的，而在这一过程中，裁判者已经形成了对案件结果的预判，不愿也不会再以"无知人"的探索视角来撰写裁判文书。一方面，对于一审案件来说，在撰写文书的过程中，法官直接罗列支持事实认定的证据，对不支持事实认定的证据不肯再浪费笔墨，因此，对于认证分析事实和证据的过程，就很容易被认为是"显而易见"或"理所当然"。另一方面，对于二审案件来说，法官通常不会将其作为一个待认证的案件来处理，而是假定一审认定的事实正确，如果一审审理过程中没有严重的错误、二审中没有相反的证据出现或上诉人申请撤回上诉，那么案件的结果就是确定的，裁判文书无非就是要对一审的结果进行一个再确认，二审法官也就没有动力再行分析。

二是保守的职业习惯束缚导致"不敢写"。首先，司法系统本身就是相对封闭的保守系统，刑事审判更是因为其确定性、精准性、严肃性而成为保守中的保守，不敢轻易打破现有模式。其次，随着裁判文书的全面公开，法官撰写的文书面对的受众更加广泛，一旦部分内容被曲解、被不当放大，法院、法官个人承受压力不可想象。再次，我国虽然是成文法国家，但在很多时候法官都会在裁判文书的撰写、罪名及量刑的适用上参考已经生效的先例，某

---

① 《最高法首批367名员额法官宪法宣誓硕博占比近9成》，网址：http://www.chinanews.com/gn/2017/07-04/8268112.shtml，最后访问时间：2020年7月15日。

个类型的案件先例里如果没有写明分析论证,后来者亦不敢贸然细述,否则一旦有纰漏就会出现"写的越多、错的越多"的风险。事实上,法官在审理案件时,并不是没有分析事实认定。几乎每个案件,承办法官都会撰写详尽的审理报告,从证据、事实到罪名、量刑都有详细的分析,有些案件的审理报告甚至长达数百页,但反映到裁判文书上却仅寥寥数笔。在不求准确但求无过、"不写不错、多写多错"的心态下,法官只追求自己内心的印证、合议的合法、文书的四平八稳,宁愿将精心撰写的审理报告隐藏在副卷中,也不敢将其外化为面对公众的裁判文书。

三是对审判现实的妥协导致"不能写"。这种妥协主要体现在两个对象,一是对检察机关,一是对下级法院。不同于民事审判,刑事审判中对事实的认定受制于以起诉事实为代表的指控范围,法院无权对超出指控范围的事实进行认定,否则属于违法。而何为指控范围,立法中却并没有明确,司法实践里即以检察机关的起诉事实作为指控范围。这就带来了问题,如果法院审理查明的事实与起诉书一致,承办法官恪守所谓的"指控范围",就势必不可能对事实认定作出更详细、更全面的分析,而只能照抄起诉事实。如果法院经审理查明的事实与起诉事实虽不完全一致,但总体上能够相符,能够达到定罪的门槛,那么裁判文书就只能对事实认定部分尽可能性地抽象化、模糊化,反复斟酌字句,使其在外观上尽可能地与起诉书保持一致。而且,在一些检察机关的考核中,法院认定的事实与起诉书的指控事实是否一致,会影响检察官个人的业绩。因此,法官也会尽可能地尊重起诉事实,尽量不做改动。

二审本应对围绕一审进行全面的事实、程序与法律适用审查,但在现实中,考虑到司法裁判的既判力和严肃性、本院的发改率、下级法院承办法官的业绩等各方面,在一审法院的裁判事实认定、定罪、量刑没有原则性问题的前提下,二审法院一般不会变更一审裁判的内容。甚至在某些情况下,如一审裁判文书中部分证据引用有误、部分事实认定的表述存在瑕疵,二审法院会在文书撰写上进一步模糊用词,避免完全引用一审裁判的表述,代之以"等""情况"等字眼,虽然导致裁判文书不够精确,却绝对不能将其称之为"错误"。

第二节 对定罪事实的说理

一、定罪事实

（一）定罪事实的定义

在刑事诉讼中，待证实体事实基本被分为定罪事实和量刑事实。何为"定罪事实"，在学术和司法实务界有所争议。

根据理论通说，定罪事实是指符合犯罪构成要件的犯罪事实，也可以称为构成要件性事实。某些犯罪的成立还需要具备一定的客观处罚条件，表明客观处罚条件的事实也是定罪事实。[1] 但无论采取三阶层说还是四要件说，犯罪构成都应当包括犯罪主体，犯罪主观方面，犯罪客体和犯罪客观方面[2]。

（二）定罪事实与量刑事实的区别与联系

定罪事实和量刑事实同属刑事裁判中的"事实"部分，但定罪事实与量刑事实有显著不同，主要体现在：

一是目的功能的差别。定罪事实及证据适用于定罪活动，量刑事实及证据适用于量刑活动。在刑事审判过程中，定罪用来解决被告人的罪与非罪、此罪与彼罪的问题，目的在于实现刑法的惩戒功能，以维护社会秩序，满足公众心理预期。量刑则是在定罪基础上对被追诉人应当判处刑罚的衡量，既要体现刑罚的报应观念，又要充分考虑到预防的效果。因此，定罪事实以既往犯罪事实为中心，遵循无罪推定、排除合理怀疑、有利于被告人的原则；量刑事实则更加关注犯罪事实中既成的社会危害及未来可能对社会造成的危险，以确定被追诉人的社会危害性和人身危险性，实现刑罚的一般预防和特殊预防功能。

---

[1] 樊崇义、杜邈：《定罪证据与量刑证据要区分》，载《检察日报》2012年6月4日。
[2] 李元端：《定罪事实与纯正量刑事实：作用不同，标准不同》，载《检察日报》2011年2月14日。

二是证据范围的差别。定罪事实和量刑事实依据的差异性决定了认定定罪事实与量刑事实的证据范围存在差别。一般情况下，定罪依据的事实约等于构成犯罪的基本要素，那么定罪证据也应当与该起犯罪具有关联性。而量刑依据的事实则更加广泛，量刑事实的依据不仅包括部分定罪证据，还包括各种法定或酌定的从重、从轻、减轻或者免除处罚的情节，特别是酌定量刑情节。这些证据材料来源更加广泛，形式多样，如前科劣迹情况、是否存在预谋、被害人是否有过错、甚至还有被追诉人的职业、收入状况、心理健康情况等。

三是事实认定规则的差别。从证明的角度来看，定罪事实认定与量刑事实认定上存在较大差别。定罪事实的认定在时间上和逻辑上都先于量刑事实的认定。进入量刑环节后，在量刑事实上则一般无须再适用无罪推定原则。这是因为被告人的犯罪事实此时已经得到了充分的证明，法官对被告人构成犯罪已经产生了内心确信，这就意味着无罪推定发生作用的前提条件已经不复存在，原来存在的法院任意定罪的危险已经消除，被告人受到错误定罪的可能性也已经变得很小了。[①] 法院既然对被告人的犯罪事实作出了肯定的评价，那么，剩下的裁判工作就主要是确定适当的量刑种类和量刑幅度了。[②] 而且对于某些酌定情节来讲，认证的方式更加宽松，有时如品格证据、意见证据等都可能被法官考虑在内。

尽管有诸多不同，但定罪事实与量刑事实的分野有时并不清晰，甚至是你中有我、我中有你。在一些时候，存在定罪量刑的混合事实，"它们既是定罪事实及证据又是量刑事实及证据，对定罪量刑都会产生影响，……这些事实及相关证据，定罪不能没有它们，量刑也不能缺少它们。因此，称其为定罪量刑混合的事实及证据。之所以如此，是因为这类事实及证据'一身二任'，不可能从定罪和量刑的角度加以分割"。[③] 因为就一般情况而言，定罪事实的成立即是适用刑罚的基础，法官在对定罪事实进行认定时，其实也是对犯罪行为的性质、情节及对社会的危害程度、被告人主观恶性以及被告人能否正常回归社会、有无再犯可能等事实的确定过程。在某种意义上，法院通过对被告人定罪事实的法庭审理活动，客观上使部分量刑证据得到了举证、

---

① 熊选国：《关于量刑程序改革的几个问题》，载《人民法院报》2010年10月13日。
② 陈瑞华：《量刑程序中的证据规则》，载《吉林大学社会科学学报》2011年第1期。
③ 顾永忠：《试论量刑与量刑程序涉及的关系》，载《人民检察》2009年第15期。

质证和辩论，部分量刑事实也就随之得到了当庭认定。

二、对定罪事实的说理

对定罪事实必须进行严格的证明，这是定罪事实说理的其中之义。胡云腾大法官将裁判文书的说"理"分为事理、法理、学理、情理和文理。说理充分的标准即是"把案件的来龙去脉、本来面目和前因后果交代清楚，通过裁判文书认定的确实充分的证据，重现案件事实。使人看了裁判文书以后，感受到案件事实客观、真实、可信，不产生合理怀疑。"[1]

对于能够认定成立犯罪的直接事实，证明说理相对容易，但对于间接事实及证据，认证说理过程就更考验法官的功力。在事实认定说理中，有一些案件比如毒品案件、零口供案件等，有时仅存在间接证据，这些证据甚至单一在实体法意义上并不会涉及犯罪构成要件，而是要通过有机的组合和认证形成完整的证据链条后，才能"排除合理怀疑"地支持事实认定。法官在依据间接证据进行事实认定时，需要结合间接证据的特点，遵守相应的证据运用规则，并全面结合案件事实，使间接证据能够有条理、有逻辑地形成完整的证据体系且能够排除合理怀疑地得出唯一性的结论。

【典型案例】
莫某辉走私毒品上诉案[2]

【基本案情】
上诉人莫某辉以自己租住的深圳市龙岗区布吉街道信义假日名城×期菁华园×栋607房（以下简称607房）为据点，雇请原审被告人何某文、上诉人谭某庭，指使二人在该房内将甲基苯丙胺藏于事先购买的照明灯、断路器等电子器件内，而后由何某文、谭某庭将这些藏匿有毒品的电子器件拿到深圳市福田区华强北的物流公司寄往澳大利亚。

---

[1] 胡云腾：《论裁判文书的说理》，载《法律适用》2009年第3期。
[2] 参见中国裁判文书网，广东省高级人民法院（2015）粤高法刑一终字第308号刑事裁定书。

2014年4月23日，莫某辉通知何某文来到607房，之后安排何某文购买三个照明灯回到607房。何某文将三个照明灯内的零件拆除，再将三包甲基苯丙胺用复写纸和锡纸进行包裹后，藏进三个照明灯内。莫某辉提供给何某文一张写有英文地址的纸条，让何某文根据纸条地址将毒品寄往澳大利亚。当日16时许，何某文来到深圳市福田区华发北路桑达雅苑南座一楼深圳市中贸国际货运有限公司，将藏有毒品的三个照明灯交给该物流公司委托寄往澳大利亚，办好快递手续后离开。物流公司员工在进一步检查何某文所寄的三个照明灯时，发现内藏可疑物品，遂报警。公安机关当场缴获三个准备发往澳大利亚的纸箱，每箱藏匿白色固体晶体一包，共三包，经鉴定，净重分别为330克、336克、334克，均检出甲基苯丙胺成分，含量分别为72.1%、71.9%、72.5%。

2014年5月15日，莫某辉通知何某文及谭某庭来到607房，由何某文购买回二个断路器后，何某文与谭某庭一起在607房内将二个断路器内的零件拆除，再将14包甲基苯丙胺用复写纸和锡纸、塑料袋进行包裹后，藏进二个断路器内。莫某辉让何某文抄写了一张写有英文地址的纸条，安排何某文、谭某庭根据纸条地址将毒品寄往澳大利亚。当日20时许，何某文伙同佩戴假发的谭某庭离开607房准备出发邮寄上述毒品时，在信义假日名城小区门口被埋伏的民警抓获，当场缴获藏匿有毒品的二个断路器，后经检查，从断路器内查获用复写纸和锡纸、塑料袋包裹的白色晶体14包，经鉴定，净重分别为34.19克、98.89克、99.01克、95.4克、69.47克、80.36克、132.65克、100.81克、47.13克、46克、36.33克、43.87克、60.18克、62.93克，均检出甲基苯丙胺成分，含量为63.7%至71.3%不等。之后，公安机关根据情报，将从607房出门倒垃圾的莫某辉抓获，从垃圾袋内查获了塑料袋、复写纸、锡纸、断路器内零件、少量毒品。

【文书精华】

关于上诉人莫某辉及其辩护人所提莫某辉不构成走私毒品罪的意见，经查，何某文多次稳定供述莫某辉雇请其邮寄毒品的事实，谭某庭亦多次供述莫某辉雇请其邮寄毒品的事实，二人的供述能相互印证，并有以下间接证据印证：公安机关从谭某庭身上查获的藏匿于两个断路器内的14包甲基苯丙胺，并经何某文、谭某庭的指认，确认是莫某辉让他们去邮寄的物品；公安机关从快递公司查获的藏匿于三个照明灯内的甲基苯丙胺约一千克，经何某文指认是莫某辉让其邮寄的物品；公安人员分别扣押了何某文、谭某庭在被抓当天身上的人民币2000元、4000元，经二人确认，系莫某辉给他们邮寄毒品的报酬；公安机关在抓获莫某辉时，从其手中缴获的垃圾袋内查获了伪装毒品用的塑料袋和复写纸、锡纸，同时在垃圾袋内还有少量的甲基苯丙胺；公安机关从谭某庭身上以及快递公司查获了写有英文邮寄地址的纸条两张，经何某文、谭某庭指认，确认系莫某辉给的邮寄地址纸条；手机通讯记录显示了案发期间何某文与莫某辉之间的通话记录。综上，原判认定莫某辉召集并出资雇请何某文、谭某庭从事走私毒品活动，不仅有何某文、谭某庭的多次稳定供述以及明确指认予以证实，而且结合本案其他相关证据进行分析，各证据在细节上能够形成一致，且自然、合理，形成一个互相补充、互相印证的完整的证据链，足以认定。

毒品犯罪属于隐蔽性较高的犯罪，在行为人拒不供述的前提下，需要将各间接证据进行串联并形成完整的证据链，以证实案件事实。本案在未取得被告人莫某辉有罪供述的前提下，法官通过对同案犯的指认情况、从莫某辉手中直接起获的毒品包装及少量毒品、同案犯与莫某辉之间电话密切联系的情况等间接证据进行详细的分析认证，各证据在多处关键细节上均相互印证，形成完整的证据闭环，自然合理。上述证据确能从多个角度、不同侧面证实莫某辉召集交指使他人走私毒品的事实。

第三节 对量刑事实的说理

一、量刑事实

(一) 量刑事实的定义

量刑事实,也叫量刑情节,包括法定量刑情节与酌定的量刑情节,是指在行为成立犯罪的前提下,与犯罪行为或犯罪人相关的,体现行为社会危害性程度和行为人人身危险性程度的事实。同定罪事实依据定罪证据一样,量刑事实依据的是量刑证据。

量刑证据可以分为定罪量刑混合证据和纯粹的量刑证据。简单来说,定罪量刑混合证据,证明的是属于犯罪构成要件的量刑事实,如行为人的年龄、犯罪时间、地点和环境、犯罪手段、犯罪数额等,它们既是定罪证据又是量刑证据,在实践中很难明确地将两者区分开来。例如,"诈骗他人钱款100万元"的事实,"100万元"这一数额既是认定诈骗罪的定罪事实,证明该行为达到了入罪门槛;又是量刑时应当考虑的"数额特别巨大"情节,代表了量刑事实。因此"诈骗100万元"在证实了定罪事实的同时,也表明了应当科处的刑罚。

而纯粹的量刑证据,证明的是不属于犯罪构成要件的量刑事实。依照我国刑法与刑事诉讼法的相关规定,刑事司法审判中较为常见、主要的纯粹量刑事实包括:累犯事实、前科事实、一贯表现、是否积极退赃、是否有赔偿、认罪态度、成长环境、被告人是否正在怀孕等[1]。

(二) 量刑事实的相对独立性

如上文所述,定罪事实和量刑事实在功能、目的、认定过程中存在差别,有许多学者也提出了量刑事实的相对独立性,这也成为研究刑事审判实务中

---

[1] 左宁:《量刑证据的界定与调查初探》,载《云南大学学报(法学版)》2010年第4期。

的一个热点。囿于文章宗旨和篇幅所限，本文不再详述。但在此需要强调的是，量刑事实相对独立于定罪事实，有利于法官更加公正、中立地作出判断。将量刑事实与定罪事实合理地区分，能够帮助法官在认定定罪事实时排除纯粹量刑证据的影响，如前科证据、累犯证据等，从而做到准确定罪。

同时，刑事诉讼法规定在法庭审理过程中，对与定罪、量刑有关的事实、证据都应当进行法庭调查、辩论，在一定程度上区分定罪与量刑事实，能够确保控辩双方可以对量刑事实进行举证、质证，也有利于被告人更加充分、有效地行使量刑辩护权，进而有助于裁判者全面审查案件量刑事实，对案件的量刑事实进行综合考量，作出罪刑相适应的公正裁判。因此，相对独立的量刑事实认定应当被重视和肯定，在对待定罪事实与量刑事实时不能顾此失彼[1]。

二、对量刑事实的说理

量刑事实具有复杂性与多样性，因此要求裁判者在运用量刑事实对被告人进行适用刑罚的考量时必须慎重，至少应当遵循以下两个原则：

原则之一是全面评价原则，即在对量刑事实进行说理时，要注意被告人所具有的各项从重情节、从轻情节，不能有遗漏。而同一个被告人具有多个量刑事实时，则应当在确定量刑事实的属性和种类的基础上，依照一定规则进行认定和判断，以得出与罪行相适应的刑罚处罚，如单向相加法，逆向抵消法等。

原则之二是禁止重复评价原则，即当某一事实既是构成犯罪的要件，又是量刑情节时，不能对该同一事实进行重复的两次评价，即不能既在定罪时将该事实作为定罪事实考量的同时，又在量刑时以该事实为基础对被告人加以不利评价。

【典型案例】
被告人李某某交通肇事案[2]

---

[1] 李玉萍：《量刑事实证明初论》，载《证据科学》2009 年第 1 期。
[2] 参见中国裁判文书网，北京市朝阳区人民法院（2013）朝刑初字第 316 号刑事判决书。

【案件事实】

2011年10月10日21时30分许,被告人李某某驾驶中联牌重型特殊结构货车由东向西行驶至本市朝阳区朝阳北路金榆路口西内侧车道时,适逢樊某某骑普通二轮摩托车由东南方向驶来,李某某所驾车辆碾轧樊某某,造成樊某某当场死亡。事发后,李某某继续驾车向前行驶六七十米后停车,后驾车驶回公司。经公安交管部门认定:李某某发生交通事故后驾驶车辆逃逸,樊某某未按照驾驶证载明的准驾车型驾驶机动车,李某某为主要责任,樊某某为次要责任。当日23时许,被告人李某某连人带车被公安机关一并查获。

法院认为[①],本案公安交管部门认定被告人李某某在事故发生后具有逃逸行为,故推定其负全部责任;鉴于被害人樊某某未按照驾驶证载明的准驾车型驾驶机动车,存在一定过错,最终认定李某某负主要责任,樊某某负次要责任。公诉机关据此指控李某某的行为构成交通肇事罪,已将逃逸行为作为入罪情节加以考量,如再将该行为作为量刑加重情形,则有违刑法禁止重复评价原则,故本案被告人李某某尽管肇事后具有逃逸行为,但不属于刑法第一百三十三条规定的"交通运输肇事后逃逸"的情形。被告人李某某法制观念淡薄,违反交通运输管理法规,造成一人死亡的后果,承担事故主要责任,其行为触犯了刑法,已构成交通肇事罪,依法应予惩处。鉴于被告人李某某具有投案情节,法院在量刑时酌情予以考虑,故判决:被告人李某某犯交通肇事罪,判处有期徒刑一年。

本案是对"交通运输肇事后逃逸"情节在交通肇事案定罪和量刑时如何考量的说理。在交通运输罪中"交通肇事后逃逸"既属于定罪情节也属于量刑情节,在定罪情节与量刑情节重合时,应当注意不能重复评价。因此,在对被告人量刑时应基于刑法原理和公平正义的精神,适用禁止重复评价原则,故本案被告人李某某尽管具有逃逸行为,但不属于刑法第一百三十三条规定

[①] 杨万明:《示范性刑事裁判文书评析》,人民法院出版社2017年版,第129~131页。

的"交通运输肇事后逃逸"的加重情形，对李某某应在"三年以下有期徒刑或者拘役"法定刑幅度内量刑。

第四节　对免除或减轻刑事责任的说理

一、免除或减轻刑事责任

在三阶层理论的有责性层面，根据我国法律规定，免除或减轻刑事责任主要是基于行为人的自由意志受到年龄、精神状态等因素的影响，实际上在意志并不完全自由的状态下实施了符合犯罪构成要件的行为。这种情况下，虽然行为人的行为达到了构成要件的要求，但依法应当免除或减轻刑事责任。我国刑法对刑事责任能力进行了明文规定：

（1）已满十六周岁的人犯罪，应当负刑事责任。

（2）已满十四周岁不满十六周岁的人，犯故意杀人、故意伤害致人重伤或者死亡、强奸、抢劫、贩卖毒品、放火、爆炸、投毒罪的，应当负刑事责任。

（3）已满十四周岁不满十八周岁的人犯罪，应当从轻或者减轻处罚。

（4）已满七十五周岁的人故意犯罪的，可以从轻或者减轻处罚；过失犯罪的，应当从轻或者减轻处罚。

（5）精神病人在不能辨认或者不能控制自己行为的时候造成危害结果，经法定程序鉴定确认的，不负刑事责任，但是应当责令他的家属或者监护人严加看管和医疗；在必要的时候，由政府强制医疗。间歇性的精神病人在精神正常的时候犯罪，应当负刑事责任。尚未完全丧失辨认或者控制自己行为能力的精神病人犯罪的，应当负刑事责任，但是可以从轻或者减轻处罚。

（6）醉酒的人犯罪，应当负刑事责任。

（7）又聋又哑的人或者盲人犯罪，可以从轻、减轻或者免除处罚。

关于正当防卫和紧急避险是否属于免除或减轻刑事责任的范围，在三阶层理论下认为其属于违法性的讨论范围，系不构成犯罪的情况，因此不在"减免刑事责任"的讨论范围内。而在四要件理论下，其观察问题的实质在于是否需要追究被告人的刑事责任，故而部分学者认为正当防卫和紧急避免亦属于免除或减轻刑事责任的情况。

刑法第二十条规定了正当防卫的情形：为了使国家、公共利益、本人或者他人的人身、财产和其他权利免受正在进行的不法侵害，而采取的制止不法侵害的行为，对不法侵害人造成损害的，属于正当防卫，不负刑事责任。正当防卫明显超过必要限度造成重大损害的，应当负刑事责任，但是应当减轻或者免除处罚。对正在进行行凶、杀人、抢劫、强奸、绑架以及其他严重危及人身安全的暴力犯罪，采取防卫行为，造成不法侵害人伤亡的，不属于防卫过当，不负刑事责任。

刑法第二十一条则规定了属于紧急避险的情形：为了使国家、公共利益、本人或者他人的人身、财产和其他权利免受正在发生的危险，不得已采取的紧急避险行为，造成损害的，不负刑事责任。紧急避险超过必要限度造成不应有的损害的，应当负刑事责任，但是应当减轻或者免除处罚。第一款中关于避免本人危险的规定，不适用于职务上、业务上负有特定责任的人。

二、对免除或减轻刑事责任的说理

（一）刑事责任年龄

责任年龄影响责任能力，具体标准要严格依照法律规定，即使行为人身体心智发展水平高于实际年龄，也不得突破。对刑事责任年龄的认定，应当从有利于被告的角度出发。因我国的户籍管理制度在早些年存在不规范的登记情况，故在认定可能涉及未成年人犯罪的问题上，不应仅仅以户籍档案等资料作为依据，还要结合其他证据如医学出生证明、证人证言，甚至骨龄测试等情况进行合理认定。

【典型案例】

被告人韩某某盗窃案[①]

[①] 案件来自上海市长宁区人民法院刑事判决书，内容参见《最高人民法院公报》2018年第1期。

【基本案情】

2015年11月1日,被告人韩某某在其暂住的上海市普陀区常德路1258弄××号弄堂里餐馆员工宿舍,趁无人之际,窃得被害人吴正东放在床上的金黄色苹果牌IPHONE5型手机一部,以及被害人余施仓放在床上的苹果牌IPHONE5型手机充电器、数据线等手机配件,因将窃得的财物丢弃而无法估价和返还。

2015年11月10日晚上,被告人韩某某在其暂住的上海市长宁区武夷路491弄××号京荟萃餐馆员工宿舍内,趁同事睡觉之际,窃得被害人陈某良放在床上的白色华为牌P7手机一部(价值人民币727元,已被公安机关扣押后发还被害人)。2015年11月22日11时许,被告人韩某某在其暂住的上海市长宁区长宁路712弄××号鹿港小镇餐馆员工宿舍内,趁无人之际,窃得被害人王伦放在柜子抽屉内的钱包一只(内有人民币400元,已被公安机关扣押后发还被害人)。

被告人韩某某及其指定辩护人对公诉机关指控的、法院查明的上述盗窃事实和罪名均无异议。上述事实,有被害人吴某东、余某仓、陈某良、王某的陈述,案发现场照片,案发现场情况,上海市公安局追缴物品清单、证据保全清单、扣押清单、扣押笔录、扣押物品照片、发还清单,上海市长宁区物价局价格鉴定结论书,上海市公安局长宁分局行政处罚决定书、案发经过表格、工作情况等证据并经庭审举证质证查证属实,足以认定。

上海市长宁区人民检察院指控,农村户籍管理松懈,韩某某出生证补开有瑕疵,被告人陈述与证人证言证词一致,且有当地村民委员会证明和司法骨龄鉴定意见为证,可以认定被告人韩某某出生日期为1998年9月28日。

被告人韩某某及其指定辩护人辩称,对公诉人指控时确认的韩某某出生日期不持异议,其辩护意见与公诉意见相同,要求按照公诉人的意见加以认定。

经审理查明,被告人韩某某在检察机关审查起诉阶段,于2016年1月14日提出自己在公安机关侦查阶段所述年龄有误,实际年龄是 1998 年 10 月生。同年 2 月 1 日，上海市长宁区人民检察院将案件退回上海市公安局长宁分局补充侦查，要求补充韩某某的年龄证据。同年 3 月 3 日，上海市公安局长宁分局补充侦查完毕后，将韩某某父亲韩某坤的询问笔录、由韩某坤转交的安徽省涡阳县××镇××行政村村民委员会证明两份证言，随"补充侦查报告书"一并移送上海市长宁区人民检察院，要求依法起诉。上海市长宁区人民法院认为：

被告人韩某某以非法占有为目的，多次盗窃他人财物，其行为已构成盗窃罪，依法应承担刑事责任，并处罚金。公诉机关指控的犯罪事实清楚，证据确实充分，指控成立。被告人韩某某及其合适成年人、指定辩护人对此均无异议。

为了证实被告人的出生日期，本案穷尽证据调查和证明手段。通过调取档案资料、听取当事人陈述和走访邻居等证人、开展司法骨龄鉴定等方式，尽力收集所有证据。但上述证据有的有瑕疵，有的相互矛盾，有的证明力较低，对此如何评判，一般采用以下规则：一是户籍优先原则。《出生医学证明》是户口登记机关登记出生的重要依据，公安机关作出确认当事人身份关系包括年龄的具体行政行为具有法律效力。在调取的户籍资料与其他书证如学籍资料记载的入学日期、与其他证人证言等存在相互矛盾时，以认定户籍登记资料为原则，对户籍登记资料不予采信为例外。二是书证优先原则。有关部门存档的书证，尤其是在案发前形成的书证客观性较强，其证明的内容与证人证言存在相互矛盾时，以书证认定优于证人证言为原则，对书证不予采信为例外。三是参考鉴定原则。司法骨龄鉴定意见对判断被鉴定人年龄有科学参考价值。如果骨龄鉴定意见不能准确确定被告人实施犯罪行为时的实际年龄，存在一定的跨龄鉴定幅度，该鉴定意见不能单独作为认定年龄的证据加以适用，应当结合其他证据且必须是有效证据慎重判断才能作出综合认定。

但是，由于韩某某的父母违规超生，违规办理出生证明手续，违规办理户籍登记手续，致使留存在国家机关或机构内的与韩某某出生日期有关的档案资料存在一定瑕疵，与有的证人证言所反映的内容互相矛盾，使得形成于案发前的档案资料应当成为具有客观证明效力的证据难以认定。韩某某父母的行为已经严重扰乱了国家机关正常工作秩序，严重影响了司法机关正常办案，也严重损害了被告人韩某某的合法权益，应当对此承担相应的法律责任。

鉴于通过法庭调查确实无法查明被告人韩某某真实的出生日期，为了避免将未成年人犯罪当作成年人犯罪处理，保护被告人的合法权利，法院根据掌握的韩某某陈述与部分证人证言相互印证、与学籍资料中的初中入学日期以及司法骨龄鉴定中存在的未成年人年龄段的鉴定意见没有矛盾等现有证据材料，依法推定被告人韩某某实施被指控的犯罪时已满十六周岁不满十八周岁，系未成年人。

据此，被告人韩某某犯罪时已满十六周岁不满十八周岁，应当从轻处罚。被告人韩某某到案后能如实供述，系坦白，可以从轻处罚。被告人韩某某窃得部分财物已被依法追缴并发还被害人，可以酌情从轻处罚。公诉人提出的对被告人韩某某的量刑意见成立，法院予以采纳。被告人韩某某的指定辩护人提出的关于韩某某作案时未满十八周岁，系未成年人，应当从轻处罚；被告人系初犯，可以酌情从轻处罚的意见，法院予以采纳。但辩护人认为本案应认定自首，可以从轻处罚的意见，因被告人曾就本案第三节事实，主动到公安机关交代，但没有就另两节盗窃事实一并如实交代，故不能认定为全案自首，可认定为到案后如实供述，属于坦白，可以从轻处罚。

刑事被告人年龄认定尤其是临界年龄认定发生争议，穷尽证据调查和证明手段仍无法查明，或者查实的证据有瑕疵、相互矛盾或者证明力较低的，一般采用以下规则处理：一是户籍优先原则。证据相互矛盾时，以认定户籍登记资料为原则，对户籍资料不予采信为例外。二是书证优先原则。有关部门存档的书证，其证明的内容与证人证言矛盾时，以书证认定优先于证人证言为原则，对书证不予采信为例外。三是参考鉴定原则。如果骨龄鉴定意见不能准确确定被告人实施犯罪行为时的实际年龄，存在一定的跨龄鉴定幅度，该鉴定意见不能单独作为认定年龄的证据加以适用。不能排除证据之间的矛盾，无充分证据证明被告人实施被指控犯罪时已满十八周岁且确定无法查明的，应按有利于被告人的原则，推定其不满十八周岁[①]。

（二）排除精神障碍

精神障碍主要体现在行为人因患有精神疾病导致辨认能力和（或）控制能力未能达到正常人的水平。我国刑法第十八条规定："精神病人在不能辨认或者不能控制自己行为的时候造成危害结果，经法定程序鉴定确认的，不负刑事责任，但是应当责令他的家属或者监护人严加看管和医疗；在必要的时候，由政府强制医疗。间歇性的精神病人在精神正常的时候犯罪，应当负刑事责任。尚未完全丧失辨认或者控制自己行为能力的精神病人犯罪的，应当负刑事责任，但是可以从轻或者减轻处罚。"但是，对于因原因自由行为使自己陷入辨认、控制能力不能达到正常水平的，如因吸毒、饮酒等行为导致神志异常而实施危害社会的行为，构成犯罪的，依法应当承担刑事责任。

【典型案例】

被告人彭某故意杀人案

【基本案情】

福州市中级人民法院一审查明：2005年5月5日凌晨，被告人彭某因服食摇头丸后药性发作，在其暂住处福州市鼓楼区北江里新村6座204室内，持刀朝同室居住的被害人阮某森胸部捅刺，致阮某森抢救无效死亡。经法医鉴定，阮某森系因左胸部被单刃锐器刺中导致肝脏破裂大出血死亡。当晚9时许，彭某到福建省宁德市公安局投案自首。

福州市中级人民法院一审认为：被告人彭某故意非法剥夺他人生命，并致人死亡，虽系服食摇头丸药性发作后实施杀人

---

① 参见《最高人民法院公报》2018年第1期，网址：http://gongbao.court.gov.cn/Details/e6a5dec6315 27acf8687de552796b2.html，最后访问时间：2020年7月19日。

行为，但依法应当承担刑事责任。因此，公诉机关指控的罪名成立，彭某的行为已构成故意杀人罪。彭某及其辩护人关于彭某的行为不构成故意杀人罪的辩解理由不成立。彭某作案后能够主动投案自首，可以从轻处罚。

据此，福州市中级人民法院于2006年5月10日判决：

一、被告人彭某犯故意杀人罪，判处无期徒刑，剥夺政治权利终身；

……

彭某不服一审判决，向福建省高级人民法院提出上诉，主要理由是：1. 上诉人彭某作案时的辨认能力和控制能力已丧失，属无刑事责任能力人，不应负刑事责任。2. 即使认定彭某的行为构成犯罪，也不构成故意杀人罪，只能认定构成过失致人死亡罪。且上诉人具有投案自首情节，应从轻、减轻处罚。

福建省高级人民法院经二审，确认了一审查明的事实。

福建省高级人民法院二审认为：上诉人彭某应对其杀人行为承担刑事责任。

【文书精华】

首先，根据《中华人民共和国刑法》（以下简称刑法）的有关规定，在以下几种情形下行为人对其实施的造成一定损害后果的行为不负刑事责任：1. 行为人实施刑法规定的犯罪行为时尚未达到刑事责任年龄，即实施故意杀人、故意伤害致人重伤或者死亡、强奸、抢劫、贩卖毒品、放火、爆炸、投毒等犯罪行为时不满十四周岁，实施刑法规定的其他犯罪行为时不满十六周岁；2. 精神病人在不能辨认或者不能控制自己行为的时候造成危害结果，经法定程序鉴定确认的；3. 为了使国家、公共利益、本人或者他人的人身、财产和其他权利免受正在进行的不法侵害，而采取的制止不法侵害的正当防卫行为，对不法侵害人造成损害但没有超过必要限度的；4. 为了使国家、公共利益、本人或者他人的人身、财产和其他权利免受正在发生的危险，不得已采取的紧急避险行为，造成损害但没有超过必要限度的。上诉人彭某在服食摇头丸药性发作后实施杀人行为，导致被害人阮某森死亡，其行为具有严重的社会危害性，且显然不属于上述刑法规定的不负刑事责任的情形。

其次，上诉人彭某并未患有任何精神病，其服食摇头丸后产生的短暂神志异常，与醉酒后的短暂神志异常在本质上是相同的。刑法第十八条规定：醉酒的人犯罪，应当负刑事责任。根据该规定，因醉酒后出现短暂神志异常而犯罪的应当负刑事责任。因此，因吸毒后出现短暂神志异常而犯罪的，也应当负刑事责任。

第三，吸食包括摇头丸在内的毒品是违法行为。上诉人彭某曾经多次服食摇头丸，并出现过服药后的幻想症状。对此彭某自己完全清楚。案发当晚，作为一个具有正常行为能力的人，在明知自己吸食毒品后会产生短暂神志异常的情况下，彭某仍然自愿服食摇头丸，最终导致神志异常而实施杀人行为。正是彭某的自愿吸毒行为，使其陷于神志异常状态，并在此状态下实施犯罪行为，造成严重的危害后果。故彭某应当对自己的行为承担刑事责任。

综上，福建省高级人民法院根据刑法第二百三十二条、第六十七条第一款、第五十七条第一款、《中华人民共和国刑事诉讼法》第一百八十九条第（一）项之规定，于2007年2月28日裁定：

驳回上诉，维持原判。

本案的争议焦点在于因被告人的原因自由行为吸毒后产生的精神混乱状态，进而实施杀人的行为，被告人是否具有承担刑事责任的能力、是否需要承担刑事责任。法官将精神疾病与因吸毒产生短暂的神志异常进行了区分，并且举轻以明重，将醉酒下承担刑事责任的情形与本案进行比较，确定了彭某作为正常的成年人，具有刑事责任能力，应当负刑事责任。

第七章　刑事裁判文书法律适用的说理

　　刑事裁判文书的法律适用说理非常复杂，是司法裁判中说理内容最集中、最重要的部分。法律适用说理所需要完成的任务，在于通过一系列的论证使得外界理解并认同司法裁判观点。关于法律适用的说理，不是越复杂越好，而是越精准越佳，力求立足于事实、忠实于证据、着眼于法律，以法律论证取得认可。

第一节　刑事裁判文书法律适用说理概述

　　除刑事裁判文书中的证据说理、事实说理以外，法律适用说理是说理内容的重点。刑事裁判文书中法律适用说理的对象、程度和效果，直接关乎刑事裁判的论证。2018年6月印发的《最高人民法院关于加强和规范裁判文书释法说理的指导意见》，其中关于法律适用问题如何说理进行了较为详尽的归纳，从文件内容看，有将近一半的内容都涉及对于法律适用的说理问题。因此，解读上述文件，并在裁判文书中正确地进行法律适用说理，则是本章内容需要解决的问题。

　　从实务角度看，虽然近年来刑事裁判文书对法律适用的说理程度正在不断重视和加深，然而现状仍然与公众、律师们的期待有一定的差距。很多律师受访者认为，"裁判文书中没有充分论证裁判结果适用法律的正当性"[1]，裁判文书中对法条的适用是缺乏论证的，好在这种现状正在悄悄改变。

　　法官运用法律进行说理并非易事，这不仅需要法官对法律的理解到位、运用技能到位，而且要敢于承担因适用法律说理所带来的裁判压力，从思想上、技能上都更加主动地靠近娴熟运用法律、解释法律去分析论证具体的承

---

[1]　孙华璞、王利明、马来客：《裁判文书如何说理》，北京大学出版社2016年版，第67页。

办案件。法官在运用法律进行说理时，是在将其积累的丰富的法学知识和法律实践经验运用在案件处理当中，所暴露和呈现的是法官及其所在进行裁判活动的法院司法水准。所以，裁判文书法律适用说理的推动需要在法院内部达成共识方可。

一、法律适用说理的目标

关于法律问题如何解决，裁判文书中对于法律适用的说理就是最直接的呈现方式。《最高人民法院关于加强和规范裁判文书释法说理的指导意见》第七条规定："诉讼各方对案件法律适用无争议且法律含义不需要阐明的，裁判文书应当集中围绕裁判内容和尺度进行释法说理。诉讼各方对案件法律使用存有争议或者法律含义需要阐明的，法官应当逐项回应法律争议交代并说明理由。"关于适用法律的说理，其要解决的目标是解决诉讼各方的疑问、争议和法律含义。

（一）释法说理解答疑问

1. 解答关于法律概念、法律条文的疑惑

有观点认为，法官在裁判中以法学方法论为总体思路，"认定事实与适用法律，通常被认为属于司法三段论的运用，即将法律规范作为大前提，讲具体案件事实通过涵摄过程，归属于法律构成要件，形成小前提，然后通过三段论的逻辑推理以发生的法律效果为结论。"[①] 其所要表达的正是将法律概念、法律条文的含义以更为丰富、生动的语言进行释义，从而使诉讼参与人和社会公众理解与案件有关的法律适用的思路。

疑惑的产生是客观存在，即便是学过法律或者具备一定法律常识的人，在涉及具体案件时都可能因为相关的法律条文和含义不是很清楚，对裁判的理由存在各种疑惑。对于这一常见情况，法官如果了解到当事人对法院的司法裁判具有释法说理的需求，希望从裁判中解答相关的疑问，则有必要就有关问题在裁判文书的理由撰写上予以倾斜。同时，关于法律的规定是否存在

[①] 最高人民法院司法改革领导小组办公室：《最高人民法院关于加强和规范裁判文书释法说理的指导意见理解与适用》，中国法制出版社2018年版，第96页。

更新、法律适用的层次是否存在行政法律法规、民事法律与刑事法律的交织等额问题，都需要法官在浩瀚的法条中寻找最适合本案的法律，对此进行必要的说明。

在解释学的范畴中，各种文义解释、论理解释、比较解释、历史解释、体系解释、目的解释的方法都会被运用。上述不一而足的解释方法，正式希望从不同的角度为解释工作探寻法律的本真含义。其中关于立法时，某一概念、法律规定的立法背景和立法目的的解释，是最常用的一种方法。在刑事诉讼中，某一罪名设立的目的是经常被拿来解答疑惑的重要路径。例如，在刑事案件中，关于信用卡诈骗罪中所谓"信用卡"的规定，就与日常生活中所理解的"信用卡"存在一定的差异。如果行为人冒用他人借记卡进行了刷卡消费，直至案发，对其行为的定性为何要以本罪处理，则需要根据最高人民法院的司法解释、"信用卡"概念在刑法上的运用等进行说明，以此回应存在及可能存在的疑惑。

2. 解答关于法律政策、情理道德的疑惑

法律政策内容的含义同样需要进行解释。法律政策的含义及其把握，相对来说更需要依靠司法机关的权威解读，以近几年来中央在全国范围内开展"扫黑除恶"专项行动看，对"黑社会性质犯罪""恶势力犯罪"概念的理解仍存在很多的疑惑。具体个案中，能否根据该共同犯罪组织的性质、行为方式所体现的特征、人员关系的复杂程度和固定程度、其之于所在行业和环境的影响力等，从而论证某一组织是否"黑恶势力"，是一件无法回避的问题。

情感道德不是案件裁判的依据，但是在具体案件的裁判中是否需要考量这些因素，是一些刑事案件需要对诉讼参与人解释的内容之一。在诉讼参与人角度看，通常，在案件发生的原因、过程和北京中，情感道德因素占据很大成分，但从法律构成要件的角度，上述内容只能作为起因、矛盾激化以及量刑考量的一个方面，如果不做一定程度的解释工作，诉讼参与人是不易理解的。

3. 解答关于法学原理、法律科学的疑惑

"释法"二字本就带有解释法律的含义，即将原因和使用的法律条款的含义、原理、价值取向，结合案件事实阐述清楚，作出具有社会公信力的评述。在具体案件的裁判文书中解释法律的适用，其必然和写评论文章、学术文章的学理解释相区别的。就目的、场合和用途而言，在裁判文书中的释法说理应当结合具体案情，以案件本身作为背景并结合案件事实的细节，解释法律如何在案件中得以运用。这一过程所体现的法官的脑力劳动，正是一次用法律解释事实，用事实说明法律含义的过程。如果在结合案件进行法律含义释明，使得各方都懂得了法律的要义，则这样的说理就是成功的。即便对于案件事实本身没有争议，但是诉讼活动所体现的法学原理运用、法律科学的基本方法仍然以诉讼程序的进展、调查工作的成果等方式呈现，对此，法律适用的说理有必要对此予以适当的涉及。

比如，以审查起诉和附带民事诉讼的关系为例，在诉讼参与人和公众的角度看，公诉人以原告身份、代表社会和国家向被告人提起公诉，法院的审判活动应当在起诉范围内进行；然而，被害人及其近亲属存在认为法庭的审理可以突破起诉范围，更多地追究被告人的刑事责任的可能性。在当事人的期待和对法律科学的不理解之间存在的问题，需要裁判文书在说理时予以一定程度的回应，通过法律科学的含义解释其裁判权的运行规律。

再比如，对于主动到案后是否构成自首的问题，如果诉讼参与人在法庭上就其行为的性质提出了其他意见，进行了深入的辩解，在一些角度看来似乎是在做"不如实供述"，从而不符合认定自首的条件。对此，裁判文书中关于自首如何认定，其条件、实质分别代表了什么含义，则需要一并进行解释。

（二）释法说理解决争议

1. 突出控辩双方的争议焦点和解决路径

突出问题矛盾的焦点能够让裁判文书在内容上更有鲜明的特色，容易让读者抓住裁判要旨。案件存在观点的交锋和争议，正说明裁判文书对于定分止争、论述争议焦点、提出裁判思路的价值是更强烈的。正是因为诉讼各方基于各自主张和对法律的理解存在差异，会在案件的结果处理、程序选择等各方面存在争议。

对争议进行论述和辨法析理的难度较单纯解释法律概念和法律适用问题要更大，其还肩负着通过说理说服一方或两方诉讼参与人的责任。通过适当的法律说理，能够解释裁判思路和裁判标准，并取得相关当事人的认可固然可贵；但如果任何一方不满，依据程序法的规定可能会提起上诉、抗诉或者申诉，那么从上一审级的法院或者本级法院的再审部门看，案件适用法律的思路是什么、是否符合法律规定的原本含义，都是通过适用法律尽心说理作为路径的。

2. 明示定罪量刑的主要考量因素

对于大多数刑事案件，定罪量刑是多数情况。在关于是否定罪、此罪与彼罪、量刑轻重的问题上，诉讼参与人经常存在各种分歧。

关于事实认定、证据认定的说理此处不予赘述。但就量刑问题而言，自由裁量权是存在于案件审理的各个阶段的，一般来说，量刑问题是依据法律的授权在法定的幅度内进行量刑的，而在司法解释和量刑规范化标准不够明确时，需要法官将多年积累的经验运用出来，通过对量刑轻重予以分析，支撑起量刑的裁判结论。在这一过程中，说理必须遵守几个标准：第一，量刑合法原则，自由裁量权不能违背法律、司法解释的精神。第二，量刑要与社会发展阶段、案情的实际影响、社会的关注度和评价因素等相契合，在量刑上实现法律效果、社会效果的统一。第三，量刑要保持公正，在同类案件、同一案件中，量刑的轻重要与同类型案件、同案犯的情况保持相对的均衡和适度。

【典型案例】

李某达故意杀人案①

【基本案情】

被告人李某达和被害人周某某（女，殁年二十二岁）是某大学的同级校友。为寻求刺激并经预谋，李某达以拍摄微电影为名，于2015年8月9日14时许，将周某某诱骗至李某达位于北京市朝阳区广渠路北侧阳光家园×号楼×××号的暂住地，持事先准备的水果刀切、划周某某的颈部，造成周某某颈部左侧颈内静脉破裂。在周某某拨打电话求救期间，李某达对施救人员谎报地址，致周某某因失血性休克死亡。

被告人李某达作案后于2015年8月11日被公安机关查获归案。

另查明，被告人李某达的上述行为给附带民事诉讼原告人

---

① 参见中国裁判文书网，北京市第三中级人民法院（2016）京03刑初132号刑事判决书。

毛某国、周某飞造成的经济损失包括：丧葬费人民币 42519 元、交通费人民币 1 万元，共计人民币 52519 元。

【裁判结果】

北京市第三中级人民法院经审理认为，被告人李某达故意非法剥夺他人生命，致人死亡，其行为已构成故意杀人罪，依法应予惩处。被告人李某达的故意杀人行为给被害人周某某的近亲属造成了难以弥补的巨大伤害，其犯罪动机极其卑劣，犯罪性质极其恶劣，情节、后果特别严重，社会危害性极大。李某达到案后虽能如实供述所犯罪行，当庭认罪、悔罪，但不足以对其从轻处罚。因被告人李某达的犯罪行为给附带民事诉讼原告人造成的损失，应当依法予以赔偿。故判决：被告人李某达犯故意杀人罪，判处死刑，剥夺政治权利终身。

【文书精华】

对于被告人李某达、辩护人暨诉讼代理人的相关意见及所提相关申请，综合评判如下：

第一，关于被告人李某达是否构成故意杀人罪的问题。经查，在案有法医学尸体检验鉴定书、法医物证鉴定书、现场勘验笔录、现场照片、证人证言、被告人供述等证据，能够形成完整证据链，证明被告人李某达为寻求刺激，故意非法剥夺他人生命，其行为已构成故意杀人罪，依法应承担故意杀人罪的刑事责任。

第二，关于被告人李某达是否构成自首的问题。经查，根据刑法及相关司法解释的规定，认定自首需要自动投案和如实供述两个要件。其一，李某达到案具有被动性，根据破案报告、到案经过等证据，侦查机关根据报警人所述，经工作，发现李某达有重大作案嫌疑，在李某达的暂住地寻找李某达无果的情况下，经公安网查询，得知李某达已入住北京市朝阳内蒙古饭店，遂将其从客房内抓获。故李某达的到案过程不具有主动性。其二，虽然相关司法解释认定对在一般性排查询问中主动交代罪行的，视为自动投案，但在本案中，侦查机关根据相关线索，已将李某达列为重大嫌疑对象，侦查活动已具有明显的针对性，李某达不属于"形迹可疑"之人，或其尚未被察觉涉嫌刑事犯罪。其三，虽然相关司法解释认定明知他人报案而在现场等待，抓捕时无拒捕行为并供认犯罪的，视为自动投案，但在本案中，李某达被抓获的地点已非案发现场，而是李某达潜逃后所入住的酒店客房。在侦查机关寻找李某达并将其抓获的过程中，无证据证明李某达系明知他人报警而在现场等待，故不符合上述司法解释的规定。综上，根据在案证据，因被告人李某达非主动投案，故辩护人所提被告人李某达构成自首的辩护意见缺乏事实和法律依据，本院不予采纳。对于辩护人所提申请调取可能涉及李某达构成自首的新证据的意见，经庭外进行核实，亦无法找到能够证明辩护人所提该项主张的证据，故本院对该项申请予以驳回。

第三，关于被告人李某达是否具有完全刑事责任能力的问题。经查，在案有经鉴定机构作出的精神病司法鉴定意见书作为证据，用以证明李某达具有完全刑事责任能力。相关司法鉴定机构和鉴定人员具有鉴定资质，鉴定工作的过程、依据等均符合法律的规定，上述证据应被采信；根据被告人李某达的供述、视频资料等证据，能够证明李某达杀害周某某，既存在明确的预谋、准备、诱骗等犯罪预备行为，也存在持刀切、划被害人的人体要害部位、阻止他人施救等犯罪实行行为，且李某达对其实施故意杀人的性质、方法、结果及因果关系均具有明确的认识，其明知故意杀人定会造成被害人的死亡；李某达在到案后所作供述的内容详尽、稳定，是李某达对于其所实施犯罪的真实表述，相反，无证据证明李某达在作案时丧失了辨认和控制能力，故辩护人所提李某达在作案时不是完全刑事责任能力人的辩护意见缺乏根据，与事实不符，本院不予采纳。对于辩护人所提希望对李某达重新进行精神病鉴定的申请，本院予以驳回。

第四，关于如何评价被告人李某达故意杀人相关情节的问题。经查，李某达在到案后，虽然能够如实供述其所犯罪行，当庭认罪、悔罪，但是李某达对无辜的被害人周某某预谋故意杀害，其目的仅是为了寻求刺激，完全无视公民的生命权和国家法律的规定，其行为的性质、后果极其严重；根据相关证人证言和李某达的供述，可以证明，李某达在寻找被害对象时是具有随机性的，李某达是在无任何理由的情况下寻求故意杀人的机会，对无辜者伺机作案；李某达利用其和周某某原是中国传媒大学同级校友的关系之便，故意编造能够吸引周某某赴约拍摄微电影的剧本，并且是在未准备好犯罪工具的情况下，编造理由，更改见面的时间，以努力实现其预谋杀害周某某的目的，足见李某达对实施故意杀人行为之强烈意愿；特别是，在被害人周某某死亡之前对外求救期间，李某达不但没有幡然悔悟，反而编造假的地址，阻止他人对周某某施救，亲眼目睹周某某因失血而逐渐死亡，足见其对故意杀害他人致死后果之积极追求；综合全案情况看，被告人李某达因寻求刺激而故意杀人的动机极其卑劣，手段极其残忍，故意杀人的过程、情节、后果极其严重，主观恶性和人身危险性极大，其犯罪行为已严重触及法律和社会道德的底线，泯灭良知，并且无法获得被害人周某某近亲属的谅解，故对辩护人所提请求对被告人李某达从轻、减轻处罚等相关辩护意见，本院不予采纳。

这篇关于死刑适用的文书中，就自首情节认定、社会危害性问题等进行了论证。

对于死刑案件，自首情节的认定事关最后是否可以适用死刑这一刑罚。因此，李某达故意杀人案在开庭之初就吸引了各方的关注，自首的认定问题是一个焦点问题。

法院在处理这样的案件时，除了开庭、合议庭评议、审判委员会汇报决定等环节外，对于期待已久的社会公众，需要在裁判文书上回应自首情节为何不能成立，法律上自首的认定和本案已经查明的事实之间存在何种差异。据此，否定了辩护人所提希望认定自首情节的意见。同时，本案因涉及众多媒体和公众关注，是具有社会影响的案件，在这种情况下，很可能因为舆论压力导致裁判不公正、不客观,但是法院顶住压力,利用事实分析和证据分析,将为何判处死刑的问题进行了详细论述,把李某达同被害人的关系、杀人的经过、造成的后果等方面逐一解释清楚,实现了利用说理说服当事人的效果。

在这篇文书中,法律事实的评价是重中之重。特别是对于暴力、毒品、自然犯等类型的案件,通常来说,事实内容的归纳和证据内容的罗列很难实质性提高裁判文书的法理分析分量;相反,法律问题的解读、法律使用规则的分析能够提升其可读性和深度性,帮助公众以更加深入的视角分析一个很容易理解的案情。结合本案,在公诉方指控的内容容易获得压倒性趋势情况下,对于辩护人所提相关意见予以法律层面的回应,就是对裁判观点适用法律问题最佳的支撑。相比之下,对于法定犯的法律分析论证,则既要注重从控方角度分析,同时也要兼顾辩方。

二、法律适用说理的对象

《最高人民法院关于加强和规范裁判文书释法说理的指导意见》第七条规定:"法律适用存在法律规范竞合或者冲突的,裁判文书应当说明选择的理由。""法官行使自由裁量权处理案件时,应当坚持合法、合理、公正和审慎的原则,充分论证运用自由裁量权的依据,并阐明自由裁量所考虑的相关因素。"上述内容就法律适用问题的对象范围进行了划定,其核心要义在于充分体现和亮明裁判中最具争议性问题的突出位置。

(一) 以庭审为中心的争议焦点归纳和说明

目前,各地法院愈加重视刑事审判不走过场,庭审焦点归纳从庭审本身走向裁判文书。不少法院的合议庭在第一轮法庭辩论结束后,都会由审判长针对性地归纳双方的争议焦点,并要求控辩各方在次轮辩论中予以回应,回应的观点自然也成了裁判文书中予以评价的对象之一。虽然,争点的归纳问题则因人而异、因案而异,从整体上看并无定式,但归纳争点仍离不开一个总体要求:透过控辩争议,围绕被告人的责任归纳法律适用关键信息,且将事实细节与抽象法理对的关系予以往来评价,以体现裁判思维。

庭审争议通常与辩护人提交的辩护词是相关联的。辩护意见通常会在庭后提交法庭,将庭审中的争议焦点以更完备、更具有逻辑性的方式呈现,体现了辩护人的智慧和工作。不过,常见的情况是刑事裁判文书的写作者将本以足够精炼的辩护意见还要归纳为几个要点,但对其主要的论据不做引用,从而在裁判文书上只体现为一个自然段。不过,这样的做法并不代表裁判文书的回应是粗略的。相反,刑事裁判文书将有大量的篇幅用以回应辩护观点和公诉意见的差异,尤以前者为主。

(二)以法律适用规则为内容的论证分析

刑事裁判文书必须适用刑法、刑事诉讼法、监察法等法律,但在经济犯罪、职务犯罪中通常还涉及行业规范、其他部门法的问题,那么,在解决事实认定时,其他法律优先评价问题成为对事实定性的逻辑前提。

比如,在经济犯罪、职务犯罪中,关于经济活动的基础评价问题需要法律适用规则的具体落实。在经济犯罪、职务犯罪的刑事裁判文书中,引入以其他部门法、法规、规章适用分析,则为刑事裁判的作出进行了有力铺垫。

【典型案例】

上海华讯系统网络有限公司、陶某某、顾某某走私普通货物案[①]

【基本案情】

2010年5月至2012年2月间,陶某某作为上海华讯网络系统有限公司商务部高级商务经理,为使公司少缴进口环节税,指使该公司商务部外贸专员顾某某,在上海华讯公司委托代理公司进口腾博、思科牌视频会议产品的过程中,采取制作虚假发票低价报关、伪报贸易方式等方法,走私上述货物32票,经北京海关关税处计核,上海华讯公司偷逃应缴税款共计人民币579784.01元。顾某某于2013年11月4日被查获归案。被告人陶某某在接到电话通知后,于2013年11月5日自行到案。在案已扣押香港GMT公司、香港Datatron公司的印章,以及陶某某

[①] 参见中国裁判文书网,北京市第三中级人民法院(2015)三中刑初字第00500号刑事判决书。

的护照、笔记本电脑等物品。审理期间，上海华讯公司已缴纳116万元在案。

【裁判结果】

北京市第三中级人民法院经审理认为，被告单位上海华讯公司、被告人陶某某、顾某某违反海关法规，逃避海关监管，在进口货物过程中，利用虚假的报关发票等手续，并通过伪报贸易方式等方法，偷逃应缴税额较大，其行为均已构成走私普通货物罪，应依法予以惩处。被告人陶某某在单位犯罪中系直接负责的主管人员，被告人顾某某系其他直接责任人员。被告单位上海华讯公司已足额缴纳偷逃税款，能够弥补国家税收损失，且其余钱款可用于缴纳罚金。被告人陶某某经电话传唤主动到案，且如实供述其犯罪事实，应依法认定其构成自首，且其在单位犯罪中的主观恶性不深，危害不大，属于犯罪情节轻微，可依法对陶某某免除处罚。被告人顾某某在到案后如实供述犯罪事实，积极配合调查，认罪态度较好，亦属于犯罪情节轻微，综合其在单位犯罪中的作用，亦可依法对顾某某免除处罚。故判决：

一、被告单位上海华讯网络系统有限公司犯走私普通货物罪，判处罚金人民币六十万元。

二、被告人陶某某犯走私普通货物罪，免予刑事处罚。

三、被告人顾某某犯走私普通货物罪，免予刑事处罚。

【文书精华】

一、关于被告单位上海华讯公司所提本案系起因于海关归类不清的辩解，以及各辩护人所提海关未依法履行审核职责、申报错误的原因不在于被告单位和被告人等相关辩护意见，经查，2007年《中华人民共和国海关进出口货物商品归类管理规定》规定，进口货物的商品归类应当依据收货人或者代理人向海关申报时货物的实际状态确定，且收货人或代理人应如实、准确申报商品名称、规格型号并如实申报商品归类和商品编码，故正确确定商品的实际状态，以及正确、如实向海关申报商品的归类情况等，均属于上海华讯公司及其进口代理公司的法定义务，上海华讯公司应为其归类申报的过程及后果承担法律责任；同时，2007年《中华人民共和国海关进出口货物商品归类管理规定》还规定，海关应当依法对收发货人或者其代理人申报的进出口货物商品名称、规格型号、商品编码等进行审核；海关在审核收发货人或者其代理人申报的商品归类事项时，可以依照《海关法》和《关税条例》的规定行使权力，收发货人或者其代理人应当予以配合，故根据上述文件，海关的职责在于行政监管，以及在发现可能存在问题时，进行必要的执法纠正，而不在于代替进口申报主体来确定如何归类以及如何申报；经查，在案有证人证言、书证材料和被告人供述等证据，能够证明上海华讯公司在最初进口涉案腾博、思科品牌视频会议设备时，曾分别在上海口岸、北京口岸获得过进口代理公司或者直属地海关等关于分项申报的提醒或者要求，故上海华讯公司、陶某某、顾某某均应知道进行分项申报的必要性和合法性，且均应知道不同产品部件应当按照不同税率分别缴税，不缺乏对分项归类申报的认识条件；故对被告单位上海华讯公司的上述辩解，以及各辩护人的相关辩护意见，本院不予采纳。

二、关于被告单位上海华讯公司所提海关归类错误或者归类依据不明确的辩解，以及各辩护人所提对涉案产品缺乏可参照且明确的归类依据等辩护意见，经查，上海华讯公司在做进口归类申报时，应当依据2007年《中华人民共和国海关进出口货物商品归类管理规定》，以《中华人民共和国进出口税则》为基础，并按照《进出口税则商品及品目注释》《中华人民共和国进出口税则本国子目注释》以及海关总署发布的关于商品归类的行政裁定、商品归类决定等文件，合理、正确地确定进口货物的商品编码，做好归类申报工作；作为申报主体，上海华讯公司应依据货物在进口时的状态和功能，并依据上述规范性文件，确定进口涉案产品的归类编码；2007年《中华人民共和国海关进出口货物商品归类管理规定》规定，在海关注册登记的进出口货物经营单位可以在货物实际进出口的 45 日前，向直属海关申请就其拟进出口的货物预先进行商品归类，故上海华讯公司如果对进口涉案产品存在归类疑问，可以依法通过合法途径，从直属地海关获得必要的归类指导，具有从源头上避免归类申报错误的条件和可能性；关于其他公司向直属地海关申请、并由直属地海关所作的《预归类决定书》，经查，因《预归类决定书》具有特殊的法律性质，其在被适用时，应当以申请主体、预归类的产品名称及型号、进口状态、直属地海关等要素内容明确为前提，并确保其与实际进口相一致，并且，海关之所以按照申请主体的要求而作预归类决定，目的在于提高申请主体在直属地海关进口预归类产品时的通关效率，不能将其作为排除直属地海关就归类问题拥有执法权的依据，故上海华讯公司不但不具有参照适用其他公司《预归类决定书》的资格，并且，上海华讯公司应当依法接受北京海关就商品归类问题所作的具体行政行为，不能把《预归类决定书》作为针对北京海关行使行政权的抗辩理由；关于海关总署就具体产品型号所作的公告，经查，虽然海关总署所作公告在全国各直属地海关具有普适的效力，可以适用，但因上海华讯公司进口的涉案产品在名称、型号、部件组成及其数量、产品功能等方面，与公告中的思科网真 1000、思科网真 3000 型产品存在差异，并且，进口的涉案产品因缺少扬声器等部件，从而与海关总署公告中有关思科网真 1000、思科网真 3000 型产品的功能机组描述，即海关总署所认定的 IP 电话信号转换设备的属性功能存在显著的不同，不能参照适用海关总署的公告，而应依据一般的商品及其部件，进行正确的分项归类申报并依据不同税率计税；故对被告单位上海华讯公司的上述辩解，以及各辩护人的相关辩护意见，本院不予采纳。

　　三、关于被告单位上海华讯公司、被告人陶某某、被告人顾某某所提其均不具有走私主观故意的辩解，以及各辩护人所提被告单位和被告人均缺乏走私故意、外商发票无分项价格、被告单位和被告人是为适应海关要求而拆分价格、被告单位采纳进口代理公司的建议价格属于方式上的变通等相关辩护意见，经查，即便在腾博公司、思科公司出具的发票上没有具体部件分项价格或者价格不明的情况下，上海华讯公司作为进口申报主体，亦应根据2006年《中华人民共和国海关审定进出口货物完税价格办法》，与海关进行价格磋商，并依法依次采用"相同货物成交价格估价方法""类似货物成交价格估价方法"等方法，科学、合理、审慎确定涉案产品的部件分项价格并正确申报；在案的被告人供述、证人证言、进口货物单证、外商发票和顾某某所作报关用发票、外商关于涉案视频会议设备规格和性能的说明等证据证明，上海华讯公司、陶某某、顾某某在进口报关过程中，均已认识到单独采购部件的价格在外商发票上是单独列明的，且单独采购部件的价格较成套设备的部件分项价格要高；上海华讯公司、陶某某、顾某某为防止海关发现涉案产品部件的分项价格偏低，以及该分项价格与单独采购部件的实际价格存在巨大差异，故意以较低的分项价格水平向海关申报较高的单独采购部件价格，且以隐蔽的手段，将产生的价差计入编解码器等零关税的部件价格中去，保证所制作的报关用发票的总价与外商发票在形式上一致，以规避海关的监管；经查，在申报贸易方式方面，上海华讯公司、陶某某、顾某某未做如实申报，其冒用贸易术语CIF替代实际执行的FCA或FOB，导致本应计入完税价格的运保费被隐瞒，进而导致应缴税额计算偏低；据此，上海华讯公司、陶某某、顾某某的行为方式已符合"以明显低于货物正常进口的应缴税额委托他人代理进口业务"的情形，应当依法认定其分别具有走私犯罪的主观故意；故对被告单位上海华讯公司、被告人陶某某、被告人顾某某的上述辩解，以及各辩护人所提相关辩护意见，本院不予采纳。

四、关于各辩护人所提进口的涉案产品是成套产品、不存在单独采购摄像头、麦克风、显示器等部件的相关辩护意见，经查，在腾博公司、思科公司出具的外商发票上，外商已通过不同的方式，明确标注、列明了单独采购部件的型号、数量和价格，在发票内容上已明确区别于进口成套的视频会议设备及其部件，能够证明进口单独采购部件的性质不同于进口成套设备；同时，思科公司已出具相关说明，证明对于单独采购部件应不同于整套进口设备而需要单独申报；除编解码器等个别部件外，部分单独采购的部件虽然与成套设备中的部分部件在型号、功能上一致，但因其不属于归类申报后可缴纳零关税的产品，故从进口申报的角度看，无法被计入成套设备中去，因此，以国内客户在使用过程中的功能体验或机器组成情况，去解释进口申报层面上的成套产品概念缺乏事实和法律依据；故对各辩护人所提上述辩护意见，本院不予采纳。

五、关于被告单位上海华讯公司、被告人陶某某、被告人顾某某所提其不构成走私普通货物罪的辩解，以及各辩护人所提上海华讯公司未实施犯罪、陶某某和顾某某不构成走私普通货物罪的相关辩护意见，经查，陶某某、顾某某在上海华讯公司从事进口贸易岗位的工作，具体负责上海华讯公司进口涉案腾博、思科品牌视频会议设备的相关工作；根据在案书证、证人证言及被告人供述等证据，不论是从职务内容、职责范围看，还是从签订代理进口协议、下单采购、沟通贸易信息、汇报和决定工作、制作发票等手续、盖章付汇、安排货运等行为环节看，陶某某、顾某某均应对上海华讯公司在进口腾博、思科品牌视频会议设备过程中，低报单独采购部件的价格问题以及由此造成的国家税收损失，承担相应的责任；经查，上海华讯公司、陶某某、顾某某在报关时，不如实填写该单独采购部件的价格，向海关隐瞒了价差的存在，使得上海华讯公司少缴税款，给国家造成损失；上海华讯公司、陶某某、顾某某在明知实际贸易方式的情况下，针对部分订单仍向海关伪报贸易方式，使得完税价格及应缴税额计算偏低；上海华讯公司、陶某某、顾某某均对上述行为的内容及其后果具有明知，且偷逃税款的数额已达到认定单位走私普通货物罪的立案标准，并属于情节严重，应当依法追究其刑事责任；故对被告单位上海华讯公司、被告人陶某某、被告人顾某某的上述辩解，以及各辩护人的相关辩护意见，本院不予采纳。

六、关于被告单位上海华讯公司、被告人顾某某所提走私数额计算不清的辩解，以及各辩护人所提指控数额与《海关核定证明书》存在矛盾、重新核定人员存在问题等相关辩护意见，经查，北京海关关税处根据在案书证、进口货物单证等证据重新进行了核税，其核税资质和核税依据均符合法律规定，结果正确，不存在重复核算、鉴定人员缺乏资质、计算数额不准确等问题；作为用以证明走私犯罪数额的证据，《海关核定证明书》有报关用发票、外商发票、证人证言、被告人供述等其他证据与之佐证，能够证明案件事实和经过；依据相关法律规定，应当对涉案产品多次走私进口且未经处理的，依据各票货物在进口时的税则、税率、汇率和完税价格，逐票累积计算；经逐票核对，公诉机关的指控范围系《海关核定证明书》中有关单独采购部件的走私部分，故认定偷逃税款的总额与《海关核定证明书》的计核数额不同，应为57万余元；故对被告单位上海华讯公司、被告人顾某某的上述辩解，以及各辩护人的相关辩护意见，本院不予采纳。

七、关于被告人陶某某的辩护人所提陶某某不具有单位犯罪的相关身份和责任，以及被告人顾某某的辩护人所提顾某某不属于直接责任人员且具有自首情节、立功情节的辩护意见，经查，陶某某作为上海华讯公司商务部经理，在向公司汇报工作时，其工作内容包含指示外贸专员顾某某完成公司进口申报涉案产品的内容，陶某某直接参与了上海华讯公司同进口代理公司签订委托合同、完成付款等工作，并在上海华讯公司确定申报涉案产品的价格、税率、贸易方式等环节上起到了关键作用，应当被认定为直接负责的主管人员；顾某某在上海华讯公司进口涉案产品的过程中，根据领导指示具体负责申报、付汇等相关环节工作，根据其职责和工作内容，应依法被认定为其他直接责任人员；根据《到案经过》等书证及经庭审查明的事实情况可以认定，顾某某系被抓获归案，因其到案过程缺乏主动性，故不认定顾某某构成自首情节，顾某某在到案前后依法配合调查并提供证据的行为，属于其法定义务，顾某某的供述系其应当供述的内容，且无检举揭发他人犯罪，故不认定顾某某构成立功情节，但对于上述情况，可将其作为对顾某某的酌定量刑情节加以考虑；综上，对于被告人陶某某的辩护人以及被告人顾某某的辩护人所提相关辩护意见，本院不予采纳。

本案是属于典型的行刑交叉案件。在辩护人所提各项辩护意见时已经给司法裁判带来了很多关于行政法律法规适用、刑事责任认定方面的挑战。本案的论证说理非常充分，较好地体现了从行政违法升级为刑事犯罪的核心要义，即对于虚报关税和篡改手续问题的明知与低额缴纳进口环节税之间的因果关系是直接的，且存在规避行政处罚手段纠正该错误行为路径。在责任分配上，因单位犯罪中不同环节的被告人所参与的程度、担当的职责均存在差异，因此论述其职责与危害后果的关系方面，本案采用了归纳推理的方法，将被告人工作的内容和实际实施的行为之间的关系进行了匹配，可水到渠成地引导出其应当承担责任的原因。总体来看，这篇裁判文书的说理剥丝抽茧、娓娓道来，将释法说理的功能体现得淋漓尽致，令人信服。

行刑交叉案件是近年来刑事裁判领域争议较多的案件类型。通常，关于土地、房产、外贸进出口、票据管理、税务管理等领域，经常出现相关问题。行政违法的前提性，是此类刑事案件之所以能够定罪的关键，特别是对于阅读裁判文书但又对案情不甚了解的公众而言，将行政违法的基本前提交代清楚是非常重要的。行政违法上升至刑事犯罪，除了手段、程度、危害结果上的差异以外，很重要的在于其适用刑罚予以处罚的必要性论述。本案中，因为裁判结果是准备免予刑事处罚，那么，裁判文书就需要将危害性予以突出，但在刑罚适用必要性方面论述清楚为何不予处罚，体现刑事裁判的公正性。

（三）对司法机关法律适用的过程进行说理

只有程序公正，才能保障实体公正。司法裁判机关的法律适用说理不限于静态问题的描述和分析，同样，也需要就动态的法律适用过程进行必要的说明。过程的透明化也能够提供给裁判公正性的印象。

相比实体问题的阐述，程序性事项的释法析理出现的频率要小很多。近年来，最多见的程序性事项莫过于认罪认罚从宽制度的适用。这项制度是刑事诉讼法修改以后新引进的制度，在全国各地的司法机关法律适用过程中通常引发了矛盾和分歧。不过，正是因为该项制度的程序性事项是否公正保障了各方的诉讼权利，从而事关实体结果，因此广受各方关注。

定罪量刑本是法院审判权的核心内容，但随着制度的演变，公诉机关、辩护人和被告人的程序性价值得到了提升，将以定罪量刑为主要内容的审判权进行了繁简层面的拆解，对于值得通过发挥公诉、辩护的角力作用解决刑事裁判主要矛盾的案件，引入到认罪认罚从宽制度中来，用一种新的裁判方法解决问题，实现案结事了。不过，现实中对于该项制度适用条件、标准的把握仍不统一，对此，被告人上诉、检察机关抗诉的情况屡见不鲜。对于这项制度适用过程中程序性、实体性矛盾交织的情况，裁判文书的回应就是必需的。

【典型案例】

刘某华受贿案①

【基本案情】

2010年，被告人刘某华利用担任财政部正处级秘书的职权或者地位形成的便利条件，通过其他国家工作人员职务上的行为，为黑龙江省旺德福房地产有限公司董事长赵某之子考取中央财经大学提供帮助。2010年八九月，刘某华在北京市西城区金融街星巴克咖啡厅收受赵某给予的人民币20万元。2013年至2018年，被告人刘某华利用担任财政部正处级秘书职务上的便利，为鸿商产业控股集团有限公司（以下简称鸿商集团）及其实际控制人于某在日常联系财政部原副部长张某1、中法人寿保险有限责任公司（以下简称中法人寿公司）股权收购及中国邮政储蓄银行股份有限公司（以下简称邮储银行）股份认购等事项上提供帮助。2014年至2018年，刘某华在其办公室等地，先后多次收受于某给予的共计价值人民币10万元的购物卡及人民币30万元。2009年11月至2018年5月，被告人刘某华任财政

---

① 参见中国裁判文书网，北京市高级人民法院（2019）京刑终110号刑事裁定书。

部办公厅部长办公室正处级秘书,作为部领导秘书,其主要工作职责是根据工作需要和部领导意见,做好部领导参加各项公务活动的具体安排、协调等工作,根据部领导意见,做好与部领导分管单位及其他有关单位的联系沟通等。另外,中央纪委对反映财政部原党组副书记、副部长张某1的问题线索初核中发现刘某华涉嫌严重违纪违法问题,于2018年5月7日对刘某华采取留置措施。刘某华到案后先后主动交代了办案部门之前尚未掌握的其收受鸿商集团董事局主席于某30万元,收受黑龙江省旺德福房地产有限公司董事长赵某20万元和收受鸿商集团北京办事处王某1合计10万元购物卡的事实。案发后,被告人刘某华的亲属代其向调查机关退缴人民币共计60万元。

【裁判结果】

一审法院认为:被告人刘某华身为国家工作人员,利用职务上的便利,为他人谋取利益,或者利用本人职权、地位形成的便利条件,通过其他国家工作人员职务上的行为,为他人谋取不正当利益,非法收受他人财物,其行为已构成受贿罪。北京市人民检察院第四分院指控刘某华犯受贿罪的事实清楚,证据确实、充分,指控的罪名成立。刘某华所犯受贿罪,数额巨大,依法应予惩处。鉴于案发后刘某华主动交代办案机关未掌握的犯罪事实,可认定其具有自首情节;同时,考虑到其案发后能退缴全部赃款,当庭认罪悔罪,并自愿签署认罪认罚具结书,可依法对其减轻处罚。故依法判决:一、被告人刘某华犯受贿罪,判处有期徒刑二年,并处罚金人民币二十万元;二、在案扣押的人民币六十万元予以没收,上缴国库。

原公诉机关提出抗诉,其理由是:第一、本院提出的量刑建议无明显不当,一审判决适用法律错误。检察机关提出判处被告人刘某华有期徒刑三年至三年六个月、并处罚金人民币二十万元至三十万元、不适用缓刑的量刑建议,一审法院在量刑建议幅度之外判决系适用法律错误。主要理由为:刘某华的行为系以自首论,处理时应当有别于自动投案的典型自首;刘某华积极参与串供、订立攻守同盟，根据这些情况和办案经验，足以高度怀疑刘某华具有收受贿赂的犯罪嫌疑；刘某华到案后并未立即真诚悔罪、如实供述，而是在接受审查近十日后才分多次逐渐交代犯罪事实，对此更应有别于到案后立即如实供述全部犯罪事实的情形，故依法不对其减轻处罚并无明显不当。被告人刘某华具有以下从重处罚情节：被告人刘某华的大部分犯罪事实发生在党的十八大之后，主要犯罪事实发生在党的十九大之后。在反腐败斗争压倒性态势下仍顶风作案肆无忌惮，体现出极深的主观恶性，在人民群众对美好生活更加向往、对党风廉政更加信任的时期，刘某华仍然不收敛不收手，具有更加严重的社会危害性。被告人刘某华的行为系为他人在高招入学、经济领域竞争等事项上谋取不正当利益，严重侵害了高招工作的公平公正，严重影响了人民群众对高招制度的信任，其行为也对经济领域公平公正造成影响。因此，刘某华的行为具有较一般受贿行为更大的社会危害性。虽然刘某华的行为系以自首论，也存在认罪认罚等从宽情节，但根据前述事实情节，依法不对其减轻处罚并无明显不当。《中华人民共和国刑事诉讼法》第二百零一条第一款规定，对于认罪认罚案件，人民法院依法作出判决时，一般应当采纳人民检察院指控的罪名和量刑建议，但有五项情形的除外。本案并不存在除外情形，一审判决没有依据《中华人民共和国刑事诉讼法》第二百零一条第一款的规定采纳检察机关的量刑建议系适用法律错误。第二，一审法院在审判过程中违反法定诉讼程序。《中华人民共和国刑事诉讼法》第二百零一条第二款规定，人民法院经审理认为存在量刑建议明显不当等情形时，可以在量刑建议之外判决，但法定前置条件是检察机关"不调整量刑建议或者调整量刑建议后仍然明显不当的。"根据法律规定，在出现人民法院认为量刑建议不当等情形时，人民法院应与人民检察院进一步沟通，说明认为量刑建议明显不当的观点及理由，由人民检察院研究并答复是否调整量刑建议之后，法院再进行判决。本案中，一审法院未向本院明确表达认为量刑建议明显不当的观点以及具体理由，未明确表达拟判决的主刑、附加刑等具体内容，本院亦无从对是否"不调整量刑建议"进行研究并答复。本院未明确答复"不调整量刑建议"，一审法院即径行作出判决，违反了《中华人民共和国刑事诉讼法》第二百零一条第二款的规定。一审判决还会造成如下不良导向和司法效果：一是冲击了认罪认罚从宽制度的基本理念，违背了认罪认罚从宽制度确定的量刑原则；二是会造成司法公信力的损害，产生不良的办案效果。本院提出的量刑建议是在案件事实、情节的基础上，充分听取了对发案单位情况更为了解的有关部门、人员的意见，进行审慎综合研判后依法作出的决定，量刑建议也得到了被告人完全自愿的接受认可，体现了刑罚教育惩戒作用和良好的办案效果。一审判决忽视这些情况，径行在量刑建议幅度外进行更轻的处罚，并且没有明确阐述不采纳量刑建议的理由、未进行释法说理，对包括审判机关自身在内的司法机关的公信力会造成损害，会产生不良的办案效果。依照《中华人民共和国刑事诉讼法》第二百二十八条的规定，提出抗诉。

北京市人民检察院的出庭意见为：第一，该案在原审程序中系适用认罪认罚从宽制度的刑事案件。第二，本案不存在刑事诉讼法第二百零一条第一款规定的不采纳检察机关指控和量刑建议的例外情形，原审法院应当采纳检察机关指控和量刑建议。第三，原审法院不采纳检察机关量刑建议严重违反法定程序。刑事诉讼法第二百零一条第二款规定："人民法院经审理认为量刑建议明显不当，或者被告人、辩护人对量刑建议提出异议的，人民检察院可以调整量刑建议。人民检察院不调整量刑建议或者调整量刑建议后仍然明显不当的，人民法院应当依法作出判决。"原审法院未采纳检察机关量刑建议，违反了上述法律规定，理由如下：一是检察机关所提量刑建议无"明显不当"。参照《最高人民法院关于常见犯罪的量刑指导意见》（法发〔2017〕7号）等量刑指导规范得出，对原审被告人刘某华的犯罪行为法律规定的法定刑在三年以上十年以下，"三年至三年半有期徒刑"的量刑建议已经是在法定范围内体现了从宽处理。检察机关量刑建议具有合法性、合理性、正当性，原审量刑建议不存在"明显不当"。原审法院在原审期间也未向检察机关明确表达认为量刑建议明显不当的意见以及具体理由。二是原审被告人在原审期间未就量刑建议提出异议。原审期间，刘某华多次表示其系自愿签订认罪认罚具结书，原审法院已经进行了审查和确认。三是原审法院在调整量刑前未与检察机关沟通，未听取检察机关意见。《最高人民法院、最高人民检察院、公安部、国家安全部、司法部关于在部分地区开展刑事案件认罪认罚从宽制度试点工作的办法》（法〔2016〕386号）第二十条，《北京市高级人民法院、北京市人民检察院、北京市公安局、北京市国家安全局、北京市司法局关于开展刑事案件认罪认罚从宽制度试点工作实施细则（试行）》第三十四条，对人民法院调整量刑均设置了"建议人民检察院调整量刑建议"的前置程序。人民法院如果认为检察机关量刑建议明显不当，或者辩护人提出异议的情况下，应当先建议检察机关调整量刑建议，由控辩双方进行新一轮的意见表达和合意调整，然后再进行判决，而不应当径行调整合意内容。在本案中，原审法院在确认了认罪认罚的自愿性和认罪认罚具结书内容的真实性、合法性后，在未建议检察机关调整量刑建议、不征求检察机关意见的情况下，未采纳检察机关量刑建议，径行作出量刑建议之外的判决，违反了《中华人民共和国刑事诉讼法》第二百零一条的法定程序，对认罪认罚从宽制度适用造成严重损害。在本案一审审理中，人民法院在认定了原审被告人的认罪认罚自愿性和具结书的真实性、合法性的情况下，未征求检察机关意见，未在量刑建议范围内量刑，根本上违背了立法本意，严重违反法定程序，影响了案件公正审理，建议二审法院撤销原判，发回原审法院重新审判。

刘某华本人认为，一审判决对其量刑适当。

二审中，刘某华的辩护人认为：第一，量刑的主体是人民法院，审判权是人民法院的独立权能；检察院量刑建议是求刑权，对人民法院的实际量刑并没有强制性约束力。结合本案，检察院在一审量刑建议时，提出由于刘某华成立特别自首区别于一般自首等原因，因此不能减轻处罚、不允许适用缓刑的理由没有法律依据，并限制法院对自首情节减轻量刑的自由量刑权，是对法院量刑权的限制，明显不当。第二，刑法及司法解释没有规定涉案事实发生在党的十八大、十九大之后或发生在高招入学、经济领域方面就应从重处罚，故公诉方在一审庭审及抗诉书中所称刘某华具有从重处罚的情节，于法无据。第三，一审法院在审判过程中没有违反诉讼程序。我国刑诉法第二百零一条第二款明确规定，法院采纳人民检察院量刑建议的除外情形，即被告人、辩护人对量刑建议提出异议的，人民检察院可以调整量刑建议，人民检察院不调整量刑建议，或调整量刑建议后仍然明显不当的，人民法院应当依法作出判决。结合本案，一审庭审过程中，辩护人当庭明确提出量刑异议，检察院并没有调整量刑建议，人民法院依法作出相应判决是符合法定程序的；刑诉法没有规定检察院和法院必须沟通，抗诉意见中提到的相关细则也是法院可以建议检察院调整量刑建议，本案中检察院不调整量刑建议情况下，法院依法作出判决完全符合法律规定，抗诉意见称法院理应征求检察院意见没有任何法律依据，而且实施细则等属于下位法，上位法刑诉法没有规定的内容下位法不能创设性规定；一审法院没有采纳检察院的量刑建议并不会冲击认罪认罚的基本理念，法律执行的目的是为取得社会成员对法律的尊崇而非恐惧；刘某华犯罪数额不多，在侦查机关没有掌握其犯罪事实时主动交代，从侦查阶段就积极认罪认罚，积极悔罪退赔，审查起诉阶段退缴全部赃款；认罪认罚从宽细则规定，对于审查起诉阶段认罪认罚的被告人，原则上可以减少基准刑30%以下，根据人民法院量刑指导意见，对于自首情节可以减少基准刑40%以下，一审判决并没有超出上述规定中的幅度，而且被告人所在单位还对其在工作期间的表现予以肯定；无论是自首情节从轻减轻量刑，还是我国长期秉持的宽严相济政策以及新刑诉法规定的认罪认罚制度，都是鼓励被告人投案自首、认罪认罚，从而有效节省司法资源，并给予被告人宽大的处罚，既体现我党惩前毖后、治病救人的一贯方针，也有利于监察机关顺利查清案件，提高反腐败工作效率。综上，一审判决认定的事实和适用法律正确，量刑适当，审判程序合法，建议二审法院裁定驳回抗诉，维持原判。

通过以上情况可以看到，被告人、辩护人对于一审裁判是予以认可的，但争议的焦点就在于认罪认罚从宽制度的适用，如何既尊重当事人的主观意愿，又符合制度所规定的量刑建议，同时又确保人民法院审判权的独立行使，这是一个程序性事项在实践中适用的难题。对此，二审法院予以了充分的回应。

【文书精华】

北京市高级人民法院在裁判文书中进行了详细评判，其主要观点是：

一、一审法院适用法律正确，对刘某华所处刑罚适当

刑罚的轻重，应当与犯罪分子所犯罪行和承担的刑事责任相适应，认罪认罚案件，更应当坚持罪责刑相适应原则，根据行为人犯罪的事实、性质、情节、后果，以及认罪认罚的具体情况，依照法律规定准确裁量刑罚，确保刑罚的轻重与犯罪分子所犯罪行、应当承担的刑事责任相适应，避免罪刑失衡。对被告人而言，实体公正最终体现在量刑的公正上。本案中，刘某华具有以下法定及酌定从轻、减轻处罚的情节：一是刘某华具有自首情节，根据刑法第六十七条的规定，对于自首的犯罪分子，可以从轻或减轻处罚；二是刘某华自愿认罪认罚，根据刑事诉讼法第十五条的规定，依法可以从宽处理；三是刘某华亲属代其积极退缴全部赃款，可以从轻处罚；四是刘某华收受于某人民币 30 万元及价值人民币 10 万元购物卡的犯罪事实，虽发生在党的十八大后，但存在受领导指示为于某谋取利益的情形，与其积极主动为他人谋取利益的行为，在主观恶性程度上有所不同；五是财政部请求给予刘某华改过自新的机会。综合以上法定及酌定从轻、减轻处罚的量刑情节，参考近期已经发生法律效力的同类案件刑事判决，一审法院对刘某华依法减

轻处罚并无不当。

二、一审法院未违反法律规定的诉讼程序

定罪量刑是审判权的核心内容，认罪认罚制度，并没有改变刑事诉讼中的权力配置。办理认罪认罚案件，公检法三机关之间的分工负责、相互配合和相互制约关系没有变化，裁判权只能由人民法院依法行使。定罪量刑作为审判权的核心内容，具有专属性，检察机关提出的量刑建议，本质上仍然属于程序职权，是否妥当应当由人民法院依法判定。刑事诉讼法第二百零一条规定，对于认罪认罚案件，人民法院依法作出判决时，一般应当采纳人民检察院指控的罪名和量刑建议，但有下列情形的除外：（一）被告人的行为不构成犯罪或者不应当追究其刑事责任的；（二）被告人违背意愿认罪认罚的；（三）被告人否认指控的犯罪事实的；（四）起诉指控的罪名与审理认定的罪名不一致的；（五）其他可能影响公正审判的情形。人民法院经审理认为量刑建议明显不当，或者被告人、辩护人对量刑建议提出异议的，人民检察院可以调整量刑建议。人民检察院不调整量刑建议或者调整量刑建议后仍然明显不当的，人民法院应当依法作出判决。本案中，一审法院考虑被告人具有自首、认罪认罚、积极退赃等情节，以及同类案件量刑平衡等因素，依法对刘某华予以减轻处罚，充分体现了罪责刑相适应原则，并无不当。虽然对于认罪认罚案件，法院作出判决时一般应当采纳人民检察院的量刑建议，但本案属于刑事诉讼法第二百零一条第一款第（五）项即"其他可能影响公正审判的情形"，即不对被告人减轻处罚可能会影响到公正审判的情形；另外，此案在一审法院开庭审理时，刘某华的辩护人对公诉机关的量刑建议明确提出异议，公诉人当庭未表示调整量刑建议。庭审后，审判长就该案的量刑意见多次与公诉人电话沟通，公诉人明确表示检察机关不调整量刑建议。此外，刑事诉讼法未明确规定认罪认罚案件，法院不采纳检察机关的量刑建议，需要采用何种方式征求检察机关的意见，一审法院用电话沟通的方式征求检察机关的意见并无不当。因此，一审法院不存在程序违法问题。

综上，抗诉机关北京市人民检察院第四分院的抗诉意见、北京市人民检察院支持抗诉意见及出庭意见不能成立，本院均不予支持。刘某华所提一审判决对其量刑适当及其辩护人建议二审法院驳回抗诉，维持原判的意见，本院予以采纳。

据此，北京市高级人民法院维持了原判。

北京市高级人民法院作为北京地区审判权行使的最高权力机关，其对认罪认罚从宽制度适用过程的回应具有相当的代表性，也反映了北京高院对于裁判权和求刑权关系的理解。

作为独立于具体个案内容的量刑建议，以及作为制度存在的求刑权内容，程序性地分析可以较好地厘清裁判思路的基本出发点，划定具体个案中当事人的行为、责任、判罚结果与司法程序的边界，将本该由司法机关予以担当的内容突出出来。如果不进行程序性的解读，则会让公众将矛盾的关注点放到实体内容上，从而忽略认罪认罚从宽制度对本案实体结果的本质影响。本案在一审法院开庭审理时，辩护人对公诉机关的量刑建议明确提出异议，公诉人当庭未表示调整量刑建议。庭审后，审判长就该案的量刑意见多次与公诉人电话沟通，公诉人明确表示检察机关不调整量刑建议。此外，刑事诉讼法未明确规定认罪认罚案件，法院不采纳检察机关的量刑建议，需要采用何种方式征求检察机关的意见，一审法院用电话沟通的方式征求检察机关的意见并无不当。因此，一审法院不存在程序违法问题。北京高院在程序性论述的时候将这一内容进行了归纳，一审法院程序公正的保障可以水到渠成地推论出结果的公正，这正是这篇裁判文书的精妙之处。

第二节　法律适用说理的评述方式

一、运用繁简分流选择必要案件做法律适用说理

2016 年，《最高人民法院关于人民法院进一步深化多元化纠纷解决机制改革的意见》（法发〔2016〕14 号）提出："完善繁简分流机制。对调解不成的

民商事案件实行繁简分流，通过简易程序、小额诉讼程序、督促程序以及速裁机制分流案件，实现简案快审、繁案精审。完善认罪认罚从宽制度，进一步探索刑事案件速裁程序改革，简化工作流程，构建普通程序、简易程序、素材程序等相配套的多层次诉讼制度体系。按照行政诉讼法规定，完善行政案件繁简分流机制。"可见，法律适用的说理要与具体案件类型相联系，在决定进行说理以前做好繁简选择和区别对待。

裁判文书关于法律问题的说理并不是越详细越好。《最高人民法院关于加强和规范裁判文书释法说理的指导意见》第八条规定："下列案件裁判文书，应当强化释法说理：疑难、复杂案件；诉讼各方争议较大的案件；社会关注度较高、影响较大的案件；宣告无罪、判处法定刑以下刑罚、判处死刑的案件；行政诉讼中对被诉行政行为所依据的规范性文件一并进行审查的案件；判决变更行政行为的案件；新类型或者可能成为指导性案例的案件；抗诉案件；二审改判或者发挥重申的案件重审案件；再审案件；其他需要强化说理的案件。"第九条规定："下列案件裁判文书，可以简化释法说理：适用民事简易程序、小额诉讼程序审理的案件；适用民事特别程序、督促程序及公示催告程序审理的案件；适用刑事素材程序、简易程序审理的案件；当事人达成和解协议的轻微刑事案件；适用行政简易程序审理的案件；适用普通程序审理但是诉讼各方争议不大的案件；其他事宜简化说理的案件。"第十条规定："二审或者再审裁判文书应当针对上诉、抗诉、申请再审的主张和理由强化释法说理。二审或者再审裁判文书认定的事实与一审或者原审不同的，而活着认为一审、原审认定事实不清、适用法律错误的，应当在查清事实、纠正法律适用错误的基础上进行有针对性的说理；针对一审或者原审已经详尽阐述理由且诉讼各方无争议或者无新证据、心里有的事项，可以简化释法说理。"

在确有必要进行详细法律适用说理的案件中，要大篇幅地围绕具体法律概念、规则进行解读，但对于没有必要进行展开论述和说理的文书，要做到适可而止。法律适用问题本质上是裁判者对法律的理解和运用，在没有必要表述过于烦琐的文书中，将法律适用问题进行展开，会造成不必要的误解，反而不利于社会公众理解法律问题。

二、法律适用说理的类型和思路

通过繁简选择后，对于确需详细论述以解释法律适用规则的案件，有必要进行展开。当然，法律适用毕竟不同于对事实、证据的描述和分析，其更多体现了裁判者运用法律的智慧高度和思辨技巧。根据法律适用的角度和层次，可以在法律适用说理论述问题上进行类别划分：

（一）法律适用说理的常规评述

1. 从经验逻辑角度进行评述

生活经验角度不只是可以用以论证事实和证据，同样，对于法律的适用也是非常重要的。经验逻辑和法律适用之间的关系是相互促进的，法律适用不能违背经验逻辑的范畴，否则前者就是机械解读法律、机械适用法律。例如，在交通肇事案件中，驾驶员是否存在违反交通法规的前提性论述事关交通肇事犯罪的基本前提，在论述其是否存在行政违法前提时，需要将交通规则的设定、标准进行明确，并通过证据来印证证明其行为事实，通过经验逻辑分析其对自身行为违法性的认识问题，再回归到刑事法律规范范畴内进行法律评价。例如，在受人委托运输毒品的案件中，行为人辗转多地，试图避开高速公路检查，是否符合经验逻辑中所谓"帮人带货"的情况，也是论证其对自身行为是否有条件对其行为和毒品性质具有违法性认识的内容，可予以展开。

2. 从法理概念角度进行评述

如果裁判文书中涉及对自首、防卫过当、正当防卫等的分析问题，则需要注意从概念角度解读法律问题。例如，在某案件中关于不法侵害、防卫行为、特殊防卫、防卫限度等发案率问题，二审判决进行了注意深入的分析、阐释，"一方面及充分论证了被告的故意伤害行为构成防卫过当的法律及法律依据，另一方面也有力地回应了社会公众的关注与疑虑。"[1]

实践中，对法理概念的解读，以及将其与个案中的内容予以匹配，是刑事裁判文书法律适用说理的最普遍情况，也通常得到了认可和好评。但需要

---

[1] 于同志：《刑事实务十堂课》，法律出版社2020年版，第223页。

注意的是，对于法理概念解读是否正确，则要以实践中的通说或普遍认可的观点为准，而不宜以"本院认为"的一家之言作为解读的依据。另外，引入法理概念的目的在于论述清楚法律适用和案情的法律定性，并非知识性介绍，所以在语言表达上要注意凝练、精准，并非字数越多越好。

3. 从学术观点角度进行评述

学术观点的引入是对法律适用问题的较好支撑，但实践中这一做法并不普遍。这与我国学术界学者观点与司法裁判的立场存在差异有关。学术观点一般分为理论观点与应用观点，前者对应理论法学，后者与应用法学相呼应。理论观点以法学理论为研究对象，为实证法提供理论基础并决定实证法的前进方向。应用观点以实证法和司法实践为研究对象，在理论法学的指导下，解决实证法的理解与适用问题。引用学术观点作为支撑，利于将最新的研究成果运用到司法实践中，但是弊在学术观点的引用就是通过司法权将其争鸣之声予以地位提振，既不利于学术自由和争锋，又不利于司法裁判立场之中立。因此，在实践中引用较为审慎。

4. 从法律情感角度进行评述

法律适用的规则性较为明显，然而，法律并不排斥情理角度的解读。在案件起因和矛盾激化等方面，情理与法律关系的评判是必不可少的。很多案件的发生存在明显的因果关系，对于何为"因"、何为"果"，及其之间关系的关联性，则是法律适用上所需要论述的。

具体法律规则的解读只是法律适用论述的第一层次，更高的层次则需要回到运用法理智慧和良法之治的视角，对法律之所以运用到本案的具体情况予以关注，从而将天理、国法、人情进行综合考量，维护朴素的公正观念。刑事裁判运用普遍认可的价值观进行法律规则评判，会增强其可信度和接受度。

（二）法律适用说理的位阶评述

从解释学角度看，刑法解释活动是在刑法适用过程中进行的，即发生在"法律职业共同体之中，必须将球届时活动和解释结论的可交流性"。通常，公诉方和辩护方之所以会对法律适用问题产生争议，都是基于各自的主张不同以及对于法律问题的理解差异。对于不同法律位阶层次上的规范性文件，说理的方式绕不开解释学范畴。法律解释就是对法律的含义、外延进行归纳，并与案件内容进行具体结合，归纳形成新的具体观点的过程。法律条文的抽象性，与具体案件的具体性之间，正是因为解释规律和解释方法的存在，才出现了关联关系。对于法律适用存在规则，但需要存在民刑、行刑交叉的范畴，或者规则不甚明确的情况下，如何做好法律适用的说理分析，则需要依靠解释学的规则进行。这期间，需要注意的是：

1. 突出刑事法律最后保障法的属性

刑事裁判的法律适用问题如果涉及非刑事范畴的法律规范，则需要牢牢把握罪刑法定的基本原则，在刑事法律的作用和功能问题上进行终极评判。相比而言，刑事法律是社会规范的最后防线，对其他社会规范的论述要提前于刑事法律规范的评价。

2. 利用法律位阶体系中的一般性规则

一是要遵守上位法优于下位法原则，援引下位法时不得与上位法内容相冲突。二是同一位阶时，后法优于前法、特别法优于一般法。这些基本规则对于分析行为的民商事性质、行政法性质具有很大的帮助。

3. "疑罪从无"原则的运用

在确实没有明确规定采信控辩双方各自观点时，要果断通过"疑罪从无"原则立场进行评价。刑事诉讼法律关系的解说和论证要有充分的依据，这一特点区别于民商事等法律关系，在无法可依情况下，要从法理原则出发，通过最大限度"有利于被告人"的立场进行论述。

4. 论证和评述过程中禁止类推

法律适用在解释上禁止做有罪的类推。类推方法不适用于刑事诉讼，刑事法官在裁判文书写作上也不能利用类推解释来论证所保护法益的正当性，而要从罪刑法定角度论述相关事实、行为的无责问题。

【典型案例】

张某等行贿罪抗诉再审申诉案[①]

【基本案情】

一审法院认定：2011年4月，被告人高某注册成立了河北

---

① 参见中国裁判文书网，北京市第四中级人民法院（2017）京04刑抗1号刑事裁定书。

林雅达劳务派遣有限公司（以下简称林雅达劳务公司），高某任该公司法定代表人。张某利是石家庄客运段段长金某的司机，与高某系夫妻。二人为获取石家庄客运段列车实习生、劳务派遣工的用工指标，商量后决定将每批收取的实习生岗前培训费提出一部分作为好处费送给金某。张某利将此事与金某商量后，金某表示同意。2011年6月至2013年11月，石家庄客运段多批使用林雅达劳务公司推荐的实习生及劳务派遣工。2014年初，金某调至北京铁路局天津站任站长后，天津站继续使用多名林雅达劳务公司培训、推荐的劳务派遣工。被告人张某利、高某为感谢金某的帮助，张某利安排高某2011年10月至2012年5月24日多次向金某送好处费76.8万元，2014年5月张某利向金某送现金8万元，以上共计人民币84.6万元。2012年3月至2013年11月，被告人高某为得到时任石家庄客运段劳动人事科副科长安某某（已判刑）分管的实习生优选、面试现场的组织协调、劳务工转招等工作中的关照，分七次送给安某某人民币5.5万元。2011年4月19日，被告人高某为设立林雅达劳务公司，借用石家庄汇达财务咨询服务中心提供的资金人民币500万元，用于申请设立登记。通过验资后，林雅达劳务公司注册成立，工商企业档案显示股东高某出资400万元，股东高x2出资100万元，法定代表人高某。2011年4月20日，公司注册成立后，被告人高某于当日将注册资本500万元转出，偿还给石家庄汇达财务咨询服务中心工作人员及该中心指定的客户。2014年6月25日，石家庄鹿泉区公安局对高某涉嫌抽逃出资罪立案侦查，7月22日将其抓获归案。7月30日鹿泉区公安局将高某涉嫌行贿线索移交石家庄铁路运输检察院，8月1日石家庄铁路运输检察院立案。立案后高某主动交代了向安某某行贿的事实。经进一步做工作，高某如实供述了伙同张某利向金某行贿的犯罪事实。2014年8月1日对张某利涉嫌行贿罪立案侦查，张某利归案后交代了伙同高某向金某行贿的犯罪事实。

【裁判结果】

一审法院认为：被告人张某利、高某为谋取不正当利益，共同给予国家工作人员财物，其行为均构成行贿罪；被告人高某作为公司股东在公司成立后又抽逃出资，数额巨大，其行为已构成抽逃出资罪，应当依法予以惩处。公诉机关指控张某利犯行贿罪，高某犯行贿罪、抽逃出资罪，事实清楚，证据确实、充分。被告人张某利安排高某向金某行贿，起主要作用，应当认定为主犯。被告人高某按张某利指示办事，起次要作用，应认定为从犯。被告人高某犯行贿罪、抽逃出资罪，应当数罪并罚。被告人张某利、高某如实供述犯罪事实，当庭自愿认罪，予以从轻处罚。为了维护国家工作人员职务行为的廉洁性，为了维护正常的经济秩序，打击经济犯罪，对被告人张某利依照1997年修订的《中华人民共和国刑法》第三百八十九条、第三百九十条第一款，《中华人民共和国刑法》第十二条、第二十五条第一款、第二十六条第一款、第六十七条第三款；对被告人高某依照1997年修订的《中华人民共和国刑法》第三百八十九条、第三百九十条第一款，《中华人民共和国刑法》第十二条、第一百五十九条、第二十五条第一款、第二十七条、第五十二条、第五十三条、第六十七条第三款、第六十九条、第七十二条、七十三条第二款、第三款之规定，判决如下：一、被告人张某利犯行贿罪，判处有期徒刑三年六个月；二、被告人高某犯行贿罪，判处有期徒刑三年；犯抽逃出资罪，单处罚金人民币二十万元；数罪并罚，决定执行有期徒刑三年，缓刑五年，并处罚金人民币二十万元。宣判后，被告人张某利、高某未提出上诉，石家庄铁路运输检察院未提出抗诉，判决已发生法律效力。

抗诉机关认为：北京市人民检察院第四分院抗诉意见：第一，原审判决适用法律错误。原审被告人张某利、高某的行贿行为发生在《刑法修正案（九）》实施前，而原审判决发生在《刑法修正案（九）》实施后。依据从旧兼从轻的原则，应当适用《中华人民共和国刑法》第三百九十条，而不应当适用1997年修订的《中华人民共和国刑法》第三百九十条。第二，原审判决适用法律与量刑相矛盾。原审判决适用1997年修订的《中华人民共和国刑法》第三百九十条，在没有法定减轻情节的情形下，应当判处有期徒刑五年以上十年以下，但原审判决判处二被告人有期徒刑五年以下，属量刑明显不当。第三，应当依据《中华人民共和国刑法》第三百九十条和《最高人民法院、最高人民检察院关于办理贪污贿赂刑事案件适用法律若干问题的解释》第七条、第八条之规定，对原审被告人张某利、高某犯行贿罪，处五年以下有期徒刑或者拘役，并处罚金。原审被告人张某利、高某对原审判决认定的事实和证据均不持异议，认为抗诉机关以适用法律错误为由建议改判增加罚金刑无事实和法律依据。经本院审理查明，原审法院认定张某利犯行贿罪、高某犯行贿罪、抽逃出资罪的事实正确，认定本案事实的证据确实、充分，且经原审法院庭审举证、质证属实，本院对原审认定的事实和证据予以确认。本院认为，原审被告人张某利、高某为谋取不正当利益，共同给予国家工作人员财物，其行为均构成行贿罪；被告人高某作为公司股东在公司成立后又抽逃出资，数额巨大，其行为已构成抽逃出资罪，应当依法予以惩处。

【文书精华】

北京市第四中级人民法院经审理认为：

我国刑法第12条关于溯及力的规定遵循从旧兼从轻原则，即对犯罪行为定罪处罚以行为时有法律的明文规定为限，原则上要适用行为时的旧法，但适用新法对行为人有利时，应例外地适用新法。从旧兼从轻原则作为关于刑法时间效力的原则性规定，既是罪刑法定原则的应有之义，也体现了法律冲突时应当遵循的对行为人有利的原则。我国从1979年制定和颁行《中华人民共和国刑法》以来，历经1997年全面修订《中华人民共和国刑法》，以及此后《刑法修正案（一）》至《刑法修正案

（九）》对部分刑法条文的修改与补充，在新旧刑法的时间效力上始终严格遵循从旧兼从轻的适用原则，对于刑法条文规定的定罪处刑标准、法定刑在修订、修改前后并无变化的，强调应当适用行为时的刑法（参见《最高人民法院关于适用刑法第十二条几个问题的解释》第三条）；对于刑法条文规定的定罪处刑标准、法定刑在修订、修改后发生变化的，对具体犯罪行为处刑轻重的比较强调依据法定刑而非宣告刑（参见《最高人民法院关于适用刑法第十二条几个问题的解释》第一条、第二条）；在具体适用修订、修改前后的刑法条文时，更加强调法律冲突时应当遵循的对行为人有利的原则，法律并未禁止适用新法的同时选择适用旧法对被告人有利的规定（参见《最高人民法院关于适用刑法时间效力规定若干问题的解释》第三条、第八条等）。司法解释是最高人民法院对审判工作中具体应用法律问题和最高人民检察院对检察工作中具体应用法律问题所作的具有法律效力的解释。刑事司法解释并不是刑法本身，而是对具体应用刑法出现问题时所做的具有法律效力的解释，它既未创设新的刑法条文，亦不能改变刑法条文的原有之义。根据《最高人民法院、最高人民检察院关于适用刑事司法解释时间效力问题的规定》，刑事司法解释在具体适用中由于自身的特殊属性，决定了其效力不仅适用于施行之日后，而且及于法律施行期间。在特定条件下，司法解释既可以适用于其实施前发生的行为，亦可以在其实施后刑法条文出现修订或修改时继续适用，但在司法解释发生冲突时应当遵循对行为人有利的原则。对于原审判决适用法律是否准确，本院经审查认为，1997年修订的《中华人民共和国刑法》第三百九十条与《刑法修正案（九）》第三百九十条对于行贿罪主刑的规定均为三个法定量刑幅度，且每个法定量刑幅度内容完全相同，而且新旧刑法条文中均未对行贿罪起刑点、情节严重、情节特别严重作出具体数额规定，二者区别主要在于《刑法修正案（九）》增加了罚金刑的规定并对行贿罪规定了更加严格的从宽处罚适用条件，故《刑法修正案（九）》施行前实施的行贿行为，一般应当适用修正前的刑法。具体到本案，原审被告人张某利、高某的行贿行为发生在2011年10月至2014年5月，不论从行为时的法律角度考虑，还是从有利于行为人的法律角度考虑，原审法院适用1997年修订的《中华人民共和国刑法》第三百九十条都是准确的。对于原审判决适用法律与具体量刑是否相矛盾，本院经审查认为，本案中原审被告人张某利、高某的行贿数额分别为人民币84.6万元和90.1万元，适用行为时司法解释（2013年1月1日施行的《最高人民法院、最高人民检察院关于办理行贿刑事案件具体应用法律若干问题的解释》），属于"情节严重"；而适用裁判时的司法解释（2016年4月18日施行的《最高人民法院、最高人民检察院关于办理贪污贿赂刑事案件适用法律若干问题的解释》），则不构成"情节严重"。对于新旧司法解释如何适用，根据《最高人民法院、最高人民检察院关于适用刑事司法解释时间效力问题的规定》，"对于新的司法解释实施前发生的行为，行为时已有相关司法解释，依照行为时的司法解释办理，但适用新司法解释对犯罪嫌疑人、被告人有利的，适用新的司法解释。"即在适用司法解释发生冲突时应当遵循对行为人有利的原则。由于《刑法修正案（九）》未对行贿罪的基础法定刑作出修改，本案在裁判时《最高人民法院、最高人民检察院关于办理贪污贿赂刑事案件适用法律若干问题的解释》已经施行，两原审被告人行贿数额均不满一百万元，且未使国家利益遭受重大损失，从有利于被告人的角度出发，参照适用该司法解释确定的行贿罪量刑情节进行量刑，与适用1997年修订的《中华人民共和国刑法》第三百九十条法定刑幅度定罪处刑之间并不存在逻辑冲突，而且法律亦未禁止在适用旧法时参照适用新的司法解释。因此，原审判决适用法律与具体量刑之间并无矛盾。

据此，北京市第四中级人民法院裁判认为，原审法院根据张某利、高某犯罪的事实、性质、情节及对于社会的危害程度所作出的裁判，定罪及适用法律正确，量刑适当，审判程序合法，应予维持。

北京市第四中级人民法院的维持裁定将刑法适用的基本规则进行了阐释，以解释追诉时间的有关问题，具体应该适用哪部刑法非常重要。评判中，对于刑法溯及力的概念、刑法修正以后的新法适用、旧法适用规则进行了介绍，从而水到渠成地解释了为何要使用刑法修正案出台前的法律。值得称道的是，在争议性问题无法得到充分解答情况下，运用"疑罪从无"和"有利于被告人"的原则，可以鲜明表明法律适用的立场。

（三）法律适用说理的政策评述

在刑法规范之外，刑事政策也是可以用以进行法律适用说理的原因对象。法律适用说理在规则内容不够充分的情况下，可以考虑通过政策的解读进行必要的说明，从而提升说理的层次感和可信度。

在刑事裁判领域，能够被引用作为说理支撑的政策数量有限。近年来，可被用在刑事裁判中进行评述的政策，常见的包含：

1. 宽严相济刑事政策

宽严相济刑事政策是较为典型的，其实我国的基本刑事政策，贯穿于刑事立法、刑事司法和刑罚执行的全过程。从历史沿革角度看，宽严相济刑事政策是"承办与宽大相结合政策在新时期的继承、发展和完善，是司法机关惩罚犯罪，预防犯罪，保护人民，保障人权，正确实施国家法律的指南"。[1]

2. 死刑政策

进入 21 世纪以后，我国刑事司法中关于死刑适用的政策内容已转变为严格限制并慎重适用死刑，并通过在立法改革、司法控制等方面努力促进死刑数量的减少，使死刑仅适用于少量罪大恶极犯罪分子身上。对此，涉及可能判处死刑的案件，在刑罚适用问题上可以引用死刑政策有关表述。

3. 未成年人犯罪刑事政策

对于未成年人犯罪的法律适用问题，教育、感化挽救方针适用得以坚持，并不断强调"教育为主、惩罚为辅"的原则[2]，这些原则内容并不规定在刑法之中，而是在未成年人保护法、预防未成年人犯罪法的法律规范中，援引这些政策内容有助于对刑事案件法律适用的说理。

---

[1] 张军：《宽严相济刑事政策司法解读》，中国法制出版社 2011 年版，第 1 页。
[2] 卢建平：《刑事政策与刑法变革》，中国人民公安大学出版社 2011 年版，第 302 页。

4. 从严打击贪污贿赂犯罪的反腐政策

对于贪污贿赂犯罪案件的法律适用问题，在法律论证说理的同时，可以引用党的十八大以后针对贪污贿赂犯罪的基本观点。例如，可以在构成贪污犯罪、受贿犯罪的法律论证之余，对刑罚的具体运用加入"其行为破坏了党和政府的威信""极大损害了党和政府在人民群众心目中的廉洁形象""作为党员领导干部，要时刻保持对法律的敬畏，决不能越界"等用语，增强和丰富法律适用说理的内容。

第三节 法律适用说理的依据范围

一、说理依据的多样呈现

刑事裁判文书的说理依据是多样化的。说理依据不同于说理解释，前者是客观参照使用的对象，而后者是加入了裁判者的主观分析。因此，前者的存在不以具体案件中裁判者的认识为转移。说理依据引述的目的是支撑说理的充分性和可信度，提升说理的效果。在说理依据的选择上可以大致分为规范依据和裁判依据。

裁判文书说理引用的规范性法律文件应当遵循适用《最高人民法院关于裁判文书引用法律、法规等规范性法律文件的规定》，准确、完整地写明规范性法律文件的名词、条款项序号；需要加注引号引用条文内容的，应当准确表述、完整表述。

（一）规范依据

规范类依据主要包括刑事法律规范、法律解释和其他类型三个类别。其中，前两者不仅是司法裁判可以直接援引的内容，更是其裁判说理所必须仰仗的关键。而其他类型的内容可以作为说理的援引内容却不一定能够作为裁判援引的依据。

1. 刑事法律规范

刑事法律规范，是指刑法、刑事诉讼法等由全国人大及其常委会颁布、通过、修改的法律规范，这些规范是法律适用说理所必须引用的内容。其中，在应对引用依据的问题上，法律条文本身及其法律构成要件是援引的关键内容，需要将具体案情和构成要件等结合起来。"裁判文书说理与犯罪论逻辑，无论是犯罪论体系的构建，还是司法实践中犯罪的认定，均离不开论证逻辑。"① 在涉及刑事附带民事诉讼的问题上，允许在援引刑事法律规范同时，援引民事法律规范的内容、法律解释作为补充，但不能免去援引刑事法律规范。

2. 法律解释

根据立法法的规定，法律解释与刑法具有同等法律效力，可以在刑事裁判文书中直接引用。最高人民法院制定的刑事司法解释，本质上是对法律条文的理解，属于刑法应有之义。

近年来，司法解释出台的数量和内容逐渐增多，司法解释之间也存在更迭的问题。在援引司法解释时，需要注意其所解释的对象即具体的法律规范的适用时间、适用范围问题，不得出现援引的法律解释内容与所解释的法律存在矛盾的问题。此外，法律解释的适用时间和法律的施行时间不一致，原则上以遵守法律的施行时间为准援引法律，确有必要而相关法律解释未予以修改的，可以援引根据修改之前的法律所制定的司法解释。

3. 其他类型的规范性依据

除了法律、法律解释以外，部门规章、行业规范等内容可以被援引作为对具体问题的说理和论证，但不得直接作为裁判依据使用。刑事裁判区别于民事裁判、行政裁判的重要体现就在于其严格遵循罪刑法定和最严格的诉讼程序，如果在裁判依据上援引其他类型的规范，从侧面表明刑事裁判依据存在不足或者缺陷。

在论述具体问题时，刑事裁判文书并不回避对于部门规章、行业规范问题的剖析，甚至在很多情况下，剖析具体问题充分、到位反而有利于增强其说理的可信度，更充分体现了法官的专业性。

---

① 刘树德：《刑事裁判说理的实践之维——以理论与实务互动为视角》，载《南海法学》2018 年第 6 期。

【典型案例】

王某明、陆某弟污染环境罪上诉案①

【基本案情】

2016年2月，被告人王某明、陆某弟在拟通过孙某林介绍承接太湖戒毒所西山岛宕口（采矿形成的积水坑）填埋工程无果的情况下，要求孙某林先开具接收土方证明。2016年3月上旬，被告人王某明、陆某弟拟稿打印土方量为空白的接收土方证明，经孙某林电话联络获太湖戒毒所盖章。后被告人王某明、陆某弟自行在该证明中土方量的空白处填写了"叁佰万立方"，并在尾部打印"昆山市锦鹿建筑工程有限公司"字样。同年5月底，为便于供应商提供垃圾，被告人王某明、陆某弟再次变造该证明，在尾部通过打印、书写方式添加"其中建筑装潢垃圾约捌万立方"字样。并通过他人联系，将两船垃圾运抵太湖戒毒所码头并堆放此处。经鉴定，上述接收土方证明上的手写字迹系被告人陆某弟所写。同年6月，被告人王某明、陆某弟在未签订任何填土协议，且前述两船垃圾如何进一步处理尚未得到太湖戒毒所明确答复的情况下，为赚取接收垃圾费，擅自通过他人联系垃圾供应。同时，两被告人变造的接收土方证明照片经微信流传后，部分中间商主动将垃圾用船运至太湖戒毒所码头。涉案垃圾经他人联系，从上海长宁区虞姬墩码头、松江区九亭码头、嘉定区惠宾码头、闵行区解放岛码头、宝山区泰和路1810码头、徐汇区勤顺码头、浙江省杭州市拱墅区瓜山码头运至本案案发地点。被告人王某明、陆某弟明知上述垃圾系建筑垃圾及生活垃圾混合而成的固体废物，仍以每吨约7元至10元的价格接收，并未经处理直接倾倒至宕口内。

垃圾堆放地点位于本市西山岛戒毒所内宕口堤岸，倾倒区南侧固体废物堆体直接与宕口水体相连，并且有地表水流经倾

---

① 参见中国裁判文书网，江苏省苏州市中级人民法院（2017）苏05刑终933号刑事裁定书。

倒区域，冲刷固体废物堆体后汇入宕口水体。涉案垃圾受到雨水浇淋、高温影响、宕口水体浸润，至案发后，垃圾堆放地周边水体上有部分垃圾漂浮，且水体颜色变深，堆放区域有异味散发。经检测，现场固体废物堆体中采集的11个渗滤液样品均检出挥发酚，含量均超过了标准限值，且部分样品超标高达50倍至185倍。另倾倒区域地表水样品中挥发酚浓度高于背景地表水浓度，且超过背景值（基线）20%以上，固体废物倾倒区域的生态环境已遭损害。2016年7月14日至7月21日期间，涉案垃圾被清运至七子山生活垃圾填埋场处置。垃圾清运处置时经称重合计约23336.3吨，主要成分为生活垃圾和建筑垃圾，其中的渗滤液具有毒性，且破坏景观和自然风貌。涉案污染行为造成公私财产损失828万余元，另因对被污染场地进行覆土复绿已产生225128.3元环境修复费用，两者共计人民币850余万元。另有8艘载有垃圾的船只因被及时查获而未倾倒，已运回上海。

另查明，涉案宕口距苏州市吴中区金庭镇取水口直线距离仅2公里，且邻近太湖寺前（吴中区、工业园区）取水口，一旦发生水体污染扩散，将严重影响相关范围内的饮用水安全。该区域距太湖水体直线距离不超过600米，属于太湖流域一级保护区、生态红线二级管控区。西山岛位于苏州市吴中区，系我国淡水湖泊中最大的岛屿，属于太湖风景名胜区西山景区，全岛及周边岛屿，包含太湖西山国家地质公园，皆为生态红线二级管控区域，以自然、人文景观保护为主导生态功能。

【裁判结果】

一审法院依照《中华人民共和国刑法》第三百三十八条等有关法律规定，以及依照《最高人民法院、最高人民检察院关于办理环境污染刑事案件适用法律若干问题的解释》（2013年）第三条第四项之规定，以污染环境罪，判处被告人王某明有期徒刑五年六个月，并处罚金人民币三十万元；以污染环境罪，判处被告人陆某弟有期徒刑五年，并处罚金人民币二十五万元。

上诉人王某明及其辩护人提出，涉案垃圾未被堆积在宕口水体中，不应适用国家《地表水环境质量标准》（GB 3838—2002）Ⅱ类水质标准作为判断涉案垃圾渗滤液中挥发酚是否超标的依据，故原审判决认定涉案的建筑垃圾、生活垃圾系"有害废物"不当；原审判决认定的涉案垃圾过重，认定造成的公私财产损失过高；污染环境罪是结果犯，本案并未造成"严重污染环境"的实害结果，故王某明的行为不构成污染环境罪，只需承担行政责任，请求二审依法改判并宣告王某明无罪。

上诉人陆某弟及其辩护人提出，原审判决认定的涉案垃圾过重，认定造成的公私财产损失过高；陆某弟在共同犯罪中应系从犯；且有自首、立功情节，原审判决量刑过重，请求二审法院依法改判并对陆某弟从轻处罚。

经二审审理，江苏省苏州市中级人民法院二审驳回上诉，维持原判。

【文书精华】

关于上诉人、辩护人提出的上诉理由及相关辩护意见，本院分析评判如下：

一、关于上诉人王某明及其辩护人提出，涉案垃圾未被堆积在宕口水体中，不应适用国家《地表水环境质量标准》（GB 3838—2002）Ⅱ类水质标准作为判断涉案垃圾渗滤液中挥发酚是否超标的依据，并进而认定涉案垃圾系"有害废物"的意见，经查，根据公安机关制作的现场勘验笔录及照片、上诉人陆某弟指认垃圾倾倒现场的照片，南京环科所出具的有毒有害物质调查报告、生态环境报告及相关说明等证据可以认定，首先，涉案垃圾倾倒地点位于苏州市吴中区金庭镇蒋东村辖境的省太湖强制隔离戒毒所内，非法倾倒区域原为太湖西山岛宕口堤岸，倾倒区南侧垃圾堆体直接与宕口水体相连，并且有地表水流经倾倒区域，必然冲刷垃圾堆体后汇入宕口水体，同时地下水还可能与太湖水体相连。其次，涉案垃圾倾倒地点距苏州市吴中区金庭镇取水口直线距离仅2公里，且邻近太湖寺前（吴中区、工业园区）取水口，距太湖水体直线距离不超过 600 米，属于太湖流域一级保护区，环境敏感性强。第三，太湖西山岛是《省政府关于印发江苏省生态红线区域保护规划的通知》中明确划定的生态红线区，类型为风景名胜区，属于太湖风景名胜区西山景区，西山全岛及周边岛屿皆为二级管控区，具有重要的自然、人文景观保护价值。综合上述因素，以国家《地表水环境质量标准》（GB 3838—2002）Ⅱ类水质标准来确定检测因子，并评价涉案垃圾渗滤液中的污染物是否超标，理由合理、充分。通过对现场采集的涉案垃圾堆体下方约 3 米处 11 份渗滤液样品的检测，所有渗滤液样品挥发酚含量均明显超过标准限值，其中 4 个点位的样品超标 50 倍至 185 倍，可以认定涉案垃圾经上诉人王某明、陆某弟的非法倾倒、填埋，其渗滤液中挥发酚含量高，具有毒性。根据《江苏省固体废物污染环境防治条例》第五十二条之规定，含有毒有害物质，或在利用和处置过程中必然产生有毒有害物质的废物，即为"有害废物"。因此，原审判决认定涉案垃圾属于"有害废物"，并纳入刑法第三百三十八条中"其他有害物质"范畴，逻辑严谨、依据充分，并无不当。故该上诉理由及辩护意见，无事实和法律依据，不能成立，本院不予采纳。

二、关于上诉人王某明、陆某弟及相关辩护人提出，原审判决认定的涉案垃圾过重的意见，经查，1. 根据证人朱某 1、周某 1、於伟红的证言、上诉人王某明的供述、苏州市吴中区金庭镇人民政府的情况说明等证据，能够证实本次垃圾倾倒前，涉案西山岛宕口周边并无垃圾，本次清运处置的垃圾均系上诉人王某明、陆某弟非法倾倒、填埋，且无证据显示清运处置了其他无关物质。2. 该二上诉人对涉案垃圾的计量均是干燥垃圾的重量，但在其倾倒后至案发清理处置期间，有持续降雨发生，垃圾重量显著增加亦属正常。3. 该二上诉人采用的计量方式均是量船、估算等粗略估计方式，而本案认定的涉案垃圾重量，系经苏州市七子山生活垃圾填埋场地磅称重的结果，更加科学、精确。综上，原审判决认定共清运处置涉案垃圾 23336.3 吨准确、合理。故该上诉理由及相关辩护意见，无事实依据，本院不予采纳。

三、关于上诉人王某明、陆某弟及相关辩护人提出，原审判决认定造成的公私财产损失过高的意见，经查，垃圾倾倒事件发生后，当地各级政府均高度重视，迅速作出反应，科学编制环境应急处置方案，合理制定垃圾清理转运环保技术方案，对涉案垃圾的处置方式亦是当时的最优选择，有效控制并降低了涉案垃圾对当地生态环境的破坏，处置过程也最大限度地避免了二次污染的发生。在应急处置过程中产生的各项费用，均是在当时的情境下，为防止污染扩大、消除污染而采取必要合理措施所产生的费用。原审判决依据相关司法解释规定的公私财产损失范畴，结合相关费用的在案证据，认定的损失金额正确。故对该上诉理由及相关辩护意见，本院不予采纳。

四、关于上诉人王某明及其辩护人提出，污染环境罪是结果犯，本案尚未造成"严重污染环境"的实害结果，故王某明的行为不构成污染环境罪，只需要承担行政责任的意见，经查，首先，污染环境罪是《刑法修正案（八）》对1997年刑法重大环境污染事故罪的重大修改和完善，调整了有关犯罪构成要件，以"严重污染环境"取代了原先"造成重大环境污染事故，致使公私财产遭受重大损失或者人身伤亡的严重后果"的入罪门槛。而《最高人民法院、最高人民检察院关于办理环境污染刑事案件适用法律若干问题的解释》对"严重污染环境"规定的若干情形，亦非均须造成实害结果才构成污染环境罪。因此，认为污染环境罪是结果犯的观点，与现行法律规定不符，不能成立。其次，本案共清运处置的垃圾重达23336.3吨，已经造成相当严重的实害结果：1. 造成公私财产严重损失。为减轻本次固体废物倾倒污染事件造成的环境污染影响，当地政府委托相关科研所根据场地情况编制了相关应急处置预案，第一时间对涉案垃圾进行了有效处置，产生和支付了包括开挖清运费、卸船短驳运输费、处置填埋费、环境补偿费等多项费用在内的必要开支，合计人民币828万余元，该公私财产损失金额不仅达到"严重污染环境"的标准,而且属于"后果特别严重"的情形;2.倾倒区域的生态环境已遭损害。根据南京环科所出具的生态环境报告及相关说明,通过对比垃圾倾倒区域地表水样品与背景地表水样品检测结果可知,倾倒区域地表水样品中挥发酚浓度显著高于背景值(背景地表水浓度),且超过背景值(基线)20%以上。依据《生态环境损害鉴定技术指南总纲》中有关生态环境损害确定原则的规定,可以确认倾倒区域的生态环境已遭到损害;3.对生态红线保护目标造成现实威胁。根据南京环科所出具的生态红线报告及相关说明,太湖风景名胜区全区作为生态红线二级管控区,以自然和人文景观作为保护目标,严禁有损主导生态功能的开发建设活动。但在本次污染事件中,涉案垃圾被非法倾倒、填埋在风景名胜区内,情节严重,破坏场地植被、地形,破坏景观,污染环境,社会影响恶劣。第三,虽然其他相关法律会对行为人的行政责任作出规定,但这并不排斥刑法及相关司法解释的适用,行为人行政责任的承担与刑事责任的承担并不抵触,判断行为人是否应当承担刑事责任,关键还是要判断行为人的行为是否符合犯罪构成要件。在本案中,上诉人王某明、陆某弟明知接收的建筑垃圾和生活垃圾的混合物,会对环境造成污染,仍任意倾倒、填埋在西山岛宕口平台,并造成特别严重的污染环境后果,其行为符合污染环境罪的构成要件,应当承担相应的刑事责任。综上,认为王某明未造成"严重污染环境"的实害结果、不构成污染环境罪的上诉理由及辩护意见,缺乏法律依据和事实依据,本院不予采纳。

五、上诉人陆某弟及其辩护人提出,陆某弟在共同犯罪中应系从犯,经查,本次垃圾倾倒事件是上诉人王某明、陆某弟共同商议、决定和实施的,该二上诉人均联络、指挥施工人员并安排、监督现场施工。虽然上诉人王某明在垫付资金、收受货款、联络垃圾来源等环节作用较大,但上诉人陆某弟在对外沟通联络、变造接收土方证明等关键环节,行为积极,发挥重要作用。上诉人王某明、陆某弟虽在涉案垃圾的质量方面发生过争执，但二人争执的焦点也仅是其中可以夹杂多少生活垃圾，而非是否杜绝生活垃圾，并且上诉人陆某弟最终也未能有效避免卸载的建筑垃圾中夹杂生活垃圾。综上，上诉人王某明、陆某弟在污染环境的共同犯罪中，均起主要作用，系主犯，应共同对涉案垃圾倾倒的后果承担责任。故对该上诉理由及辩护意见，本院不予采纳。

六、关于上诉人陆某弟及其辩护人提出，原审判决对陆某弟量刑过重的意见，经查，原审判决依据上诉人陆某弟所犯罪行的性质、对生态环境的损害和生态红线的威胁程度、造成公私财产损失的大小、造成社会恶劣影响的范围、在共同犯罪中的地位作用，以及其具有自首、立功、曾有劣迹等从轻从重的法定、酌定情节，所作量刑并无不当，故对该上诉理由及辩护意见，本院不予采纳。

在裁判文书说理过程中，二审法院对水质标准应当达到国家《地表水环境质量标准》Ⅱ类水质标准的问题进行了阐述，将裁判的具体针对对象、范畴进行了明晰界定，且依据充足。这一点是区别于其他论述污染环境犯罪的刑事案件的。同时，根据这一标准，在涉案垃圾渗滤液张红检出挥发酚严重超标，所以，又要援引其他规范性文件即《江苏省固体废物污染环境防治条例》有关规定，将涉案垃圾论证为"有毒废物"，从而能够纳入刑法第三百三十八条进行调整的范畴里来。这种论述的过程是循序渐进的论证过程，符合认知规律，使得法律同行和社会公众都能够予以接受。

（二）裁判依据

法律适用说理在一些新的领域已开始逐步深入，通过比对分析和联想分析，能丰富裁判的思路，提高案件的审理标准。

1. 其他类案裁判结论

类案裁判结论的选择不具有强制性。对于这类情况，通常都以辩护人提交了其他法院的某个裁判作为辩护依据，对于该论述，法院有必要对其他司法机关的裁判作出一个正面或者非正面的回应。

各地法院在参考其他法院类案裁判时通常分成几个步骤：一是确定作出

裁判的法院级别是否与本院属于同一审级，以决定是否要参考其裁判观点，较高审级法院所作裁判的参考价值更大；二是确定类案裁判的具体理由与本案是否有相似度，这需要在裁判文书措辞上进行归纳和比较分析，从而论证参考引用具体类案的正当性或者不引用的原因；三是本院或本辖区法院所作类案的裁判引用要慎重对待，虽然有必要保持司法的协调统一，但在个案区别问题上，要审慎参考本院已作出的裁判。类案的判断本身就是值得思考的问题，如果判断不是同类型案件，则会失去引用该案例进行说明的空间。即使在已经初判属于类案情况下，对事实和证据问题的类案参考仍有难度，而量刑问题的可参考性显然会更大。

2. 指导性案例参考

最高人民法院发布的指导性案例，对于法院加强审判、执行工作具有很强的现实意义，这也是最高人民法院设立案例指导制度的初衷。在指导性案例的选择上，最高人民法院非常注重案例的逻辑性、说服力和科学性，通常在裁判标准的解释上耗费了巨大心血。各地法院如果遇到与指导案例相近的案件，或者公诉人、辩护人提出某一指导性案例与本案相近的，各地法院在裁判文书中都要对案例的相似性、参考与不参考理由进行描述说理，从而提高人们对其裁判的信赖。

援引指导性案例是值得鼓励的，但是否援引则要根据具体案情进行选择。援引指导性案例时，要将指导性案例的案号、当事人姓名、基本案情、法律适用的基本观点均有所表述，从而在裁判论述中做到依据透明，方便相关人员进行检索和学习。

二、类案检索制度的引入

2020年7月，最高人民法院发布《最高人民法院关于统一法律适用加强类案检索的指导意见（试行）》（以下简称《指导意见》），第二条规定："人民法院办理案件具有下列情形之一，应当进行类案检索：（一）拟提交专业（主审）法官会议或者审判委员会讨论的；（二）缺乏明确裁判规则或者尚未形成统一裁判规则的；（三）院长、庭长根据审判监督管理权限要求进行类案检索的；（四）其他需要进行类案检索的。"上述规定说明，对于符合类案检索条件的案件，检索工作是裁判文书作出以前法官所必须履行的法定职责，在裁判文书中援引、论证检索内容是题中之义。

（一）关于类案检索说理

对于如何进行说明，《指导意见》第十条规定："公诉机关、案件当事人及其辩护人、诉讼代理人等提交指导性案例作为控（诉）辩理由的，人民法院应当在裁判文书说理中回应是否参照并说明理由；提交其他类案作为控（诉）辩理由的，人民法院可以通过释明等方式予以回应。"也就是说，对指导性案例的援引是原则，对其他案例的援引和说明则更为灵活。鉴于指导性案例的特殊地位，对其援引和说明的内容只可能是对裁判思路、规则的符合和遵守，不得在说理问题上违背指导性案例的思路。

对于类案检索中存在意见不一致的问题，《指导意见》第十一条规定："检索到的类案存在法律适用不一致的，人民法院可以综合法院层级、裁判时间、是否经审判委员会讨论等因素，依照《最高人民法院关于建立法律适用分歧解决机制的实施办法》等规定，通过法律适用分歧解决机制予以解决。"鉴于当前在实践中尚缺少实践经验予以总结，我们也期待在法律适用上出现分歧的案件研讨可以围绕相关规范展开，从而为类案检索的完善提供助力。

（二）关于类案情况在裁判文书中的表述

类案检索制度的实践成果是检索报告在裁判考量中的运用。通过对案件的关键信息、罪名信息、适用规则等条件的科学设定，可以在中国裁判文书网、最高人民法院指导性案例、典型案例等渠道中寻找相关案件审结情况。

1. 类案检索成果在合议、法官会议上的运用

法律适用趋于统一是法治进步的表现，防范同案不同判的情况出现，以实现更大范围上的司法公正。除审判委员会讨论的案件以外，合议庭、独任法官是承担法官法、《最高人民法院司法责任制实施意见（试行）》所设定审判权的责任主体。类案检索成果在形成类案检索报告后，会在案件的研讨上成为必备的内容之一。以往，在审理报告讨论案件的模式之中，事实、证据和需要说明的问题成为主要内容，合议和法官会议的运作模式更倾向于倾听和纠正，对于承办法官个人意见的接受程度较高。在没有参照条件的情况下，对于承办法官建议的定罪量刑意见如何修正，凭借的是以往审判经验积累和可能找到的其他同类型案件审判情况，不具有强制性。

类案检索报告形成以后，体系性地介绍法律规则不明时的裁判思路、新类型案件情况、上级法院的裁判结果等，并需要就辩护人提出类案处理的问题进行回应，使得类案的评议讨论成为必经流程。类案检索成果和承办法官的建议观点之间相互映照，且前者的权威性和说服力明显更大。

2. 类案检索成果在裁判文书中的运用

类案检索的成果在合议、法官会议、审判委员会中进行讨论后，如何纳入裁判文书说理中，是一个需要实践进行试探和完善的过程。不过，根据报告结构中检索目的、检索平台、检索条件、检索分析、检索结论的分布情况看，能够纳入刑事裁判文书中予以说理阐释的，就是检索分析和检索结论的部分。对于刑事裁判文书而言，将裁判的思路、结论和论据予以展示是确有必要的，而对于检索平台的选择和条件的设定等程序性事项的披露并不是必须。由此，在文书中应当把检索成果和经分析得出的结论融入分析论证，是类案检索成果在裁判文书中具体运用的方式。

类案检索所涉及的内容类别包括罪与非罪、此罪与彼罪、量刑三个方面。其中，此罪与彼罪、量刑这两个方面是类案检索成果运用较为便利的方面。第一，对于同类型行为的定性问题，类案的定罪选择已经成为具有较高参考价值的裁判前提，防止本案与先前类案存在定性矛盾是法官、合议庭的首要考量。因此，在裁判文书的法律适用上，如何在不同罪名间进行比对分析的类案成果可以融入法律适用问题的说理部分。第二，对于案件定性以后的量刑思路和量刑策略，类案的量刑结论主要体现为法定刑幅度中具体量刑档次的选择。量刑结论在不同案件中具有有限的可参考性，具体案情的量刑要具体分析，即便在同一个案件中，不同的被告人量刑都会存在不同因素导致下的结果差异，其更难以在类案中实现高度吻合。所以量刑问题的参考性在于法定刑幅度的设定和量刑档次的选择，而不是具体的量刑结果。

3. 类案检索成果的文书呈现方式

作为成文法国家，即便是指导性案例也不具有强制拘束力。但是，作为"判决理由加以援引，确实值得认真对待的。裁判的核心实际上就是法官的说理论证。"[①]《最高人民检察院关于案例指导工作的规定》第三条规定："人民检察院参照指导性案例办理案件，可以引述相关指导性案例作为释法说理根

---

① 于同志：《刑事实务十堂课》，法律出版社 2020 年版，第 501 页。

据，但不得代替法律或者司法解释作为案件处理决定的直接法律依据"。同样，胡云腾大法官认为："如果当事人在诉讼中明确地要求法院参照某个指导性案例，法官可以在裁判过程中或者裁判文书中的说理作出回应并说明理由。"由此，在刑事裁判文书中，对于类案的援引要始终限制在说理部分。

作为说理依据的类案援引技术，文书的援引思路非常重要。第一，需要就类案的裁判要旨做好归纳、提炼，将类案的裁判浓缩成可以参照考虑的范本。第二，应当将本案中的相关情况如何与类案形成"同类型"的关系问题进行说明。第三，还需要将本案与类案存在的异同进行分析，从而提升类案援引效果，对裁判结果的支撑效果也呼之欲出。

现实中，有的裁判文书说理存在将合议庭的不同意见予以明示表达的情况，如裁判时合议庭形成了多种观点。这种多观点论述的表达方式常见于民商事案件的文书说理，但在刑事案件的文书说理中则不为多见。主要原因在于刑事裁判的性质，多数情况下是公诉案件，其所要代表的是国家审判机关的立场，而非具体法官的裁判观点。同理，在论证类案的参考作用时，亦不主张将类案情况的评析观点进行多面评析。类案检索和指导性案例的援引，旨在明晰和增强裁判理由成立，所以论述中使用类案要将案例本身的抽象性提炼出来，为论述的合理性服务。

第八章　刑事裁判文书说理的技术要求

说理技术是裁判者运用语言和逻辑的技巧，属于方法和工具的范畴。刑事裁判文书的制作与说理的技术要求密切相关，好的体系结构、语言表述、逻辑思维则可以精准反映裁判文书制作者的本意；反之，则会将裁判者所希望表达的意思带偏或者歪曲。

第一节　说理的体例结构要求

一、刑事裁判文书体例结构的演进历程

（一）新中国成立前的刑事裁判文书体例结构

在清朝末期，中国积贫积弱，逐步沦为半殖民地半封建社会，清政府试图通过推动法律制度的变革来达到维护统治的目的。1902年，光绪皇帝下诏："现在通商交涉事益繁多，著派沈家本、伍廷芳将一切现行律例，按照交涉情形，参酌各国法律，悉心考订、妥为拟议，务期中外通行，有裨治理。"[1] 当朝廷制定了修律的决策后，张之洞等人联名上奏，保举沈家本和伍廷芳主持修律工作。沈家本成为修律大臣后，坚持以"会同中西"为修法原则，翻译外国各类法律，清理国内各类旧法，设立京师法律学堂，培养施行新法的人才，取得了显著的成就。沈家本等人编撰的《考试法官必要》，对刑事、民事判决书的格式和写作内容作出了统一的规定。其中，刑事判决书应该包括如下内容：（1）罪犯之姓名、籍贯、年龄、住所、职业；（2）犯罪之事实；

---

[1] 周道鸾：《中国法院刑事诉讼文书的改革与完善》，法律出版社2002年版，第4页。

(3) 证明犯罪之理由；(4) 援引法律某条；(5) 援引法律之理由。可见，《考试法官必要》对刑事判决书的写作要从以新法制的需要出发，与我国古代的判牍及诉状要求大不相同。总体而言，清末对刑事判决书的格式要求侧重强调文书的法律性，已经具备了现代法律文书的特征。

民国时期，政府颁行了《刑事诉讼律实施细则》，对刑事判决书样式进行了规定。根据《刑事诉讼律实施细则》的规定，刑事判决书包括如下内容：(1) 罪犯之姓名、籍贯、年龄、住所及职业等；(2) 认定犯罪事实所凭之证据及认定之理由；(3) 对于被告有利之证据不采纳者，其理由；(4) 科刑轻重之标准和罚金之酌量加重所审酌之情形；(5) 刑罚有加重、减轻或免除者，其理由；(6) 易以训诫或缓刑者，其理由；(7) 谕之保安处分者，其理由。① 可见，相较于清末，民国时期的刑事判决书内容一方面贯彻体现了"无罪推定"的思想，用"被告"代替了"罪犯"；另一方面要求在判决书中进行充分的说理，确保对被告人的公平审判。

（二）新中国成立以后至 1999 年的刑事裁判文书样式

1951 年，在借鉴当时苏联等社会主义国家的法律文书制作经验的基础上，司法部制定了《诉讼用纸格式》，对当时的法律文书格式进行了统一。正文部分采用"主文+事实+理由"的三段论结构。此外，要求废除文言，强调法律文书的通俗易懂。在排版格式上，为了方便阅读，要求从直排改为横排。1980 年，司法部普通法院司起草，以司法部名义颁发的《诉讼文书格式》共 8 类 64 种，为各基层法院以及法律顾问处提供了较为完备的统一格式。其中，刑事判决书的内容包括查明事实、定罪量刑的理由以及法律援引、判决主文。1983 年，最高人民检察院在原有 17 种格式的基础上制定了《刑事检察文书样式》40 种。

1992 年，为了加强审判业务建设，提高法院诉讼文书的质量，改进和规范法院诉讼文书的内容要素和格式，在原有法院诉讼文书的基础上，最高人民法院制定了《法院诉讼文书样式（试行）》。该文书样式的修订以刑事诉讼法等法律法规和司法解释的有关规定为依据，从刑事审判工作的实际需要出发，总结刑事审判实践经验，参考法学研究的理论成果，力求达到法院诉

---

① 周道鸾：《中国法院刑事诉讼文书的改革与完善》，法律出版社 2002 年版，第 4 页。

讼文书的进一步规范化和标准化。根据《法院诉讼文书样式（试行）》的规定，刑事判决书的内容包括：（1）在审理查明的事实之前，应当首先概述检察院指控的基本内容，其次要写明被告人的供述、辩解和辩护人辩护的要点；（2）在查明的事实之后，增加列举证据；（3）在本院认为部分增加对于控、辩双方关于适用法律方面的意见和理由，应当由分析地表示采纳或予以批驳。1993年4月21日，《最高人民法院关于〈法院诉讼文书样式（试行）〉若干问题的解答》发布，针对地方法院提出的52个问题一一作了解答，内容详细到"共同犯罪的，引用法律时，是合并引用还是分别引用""一审判决书和审理报告是用'审理终结'，还是用'审理完结'"等问题，这为规范全国法院刑事裁判文书说理奠定了根基。

（三）1999年施行《法院刑事诉讼文书样式》至今

制作裁判文书是审判工作的重要组成部分，是法官的一项重要任务，也是法院审判业务的一项基本建设。对此，1999年4月6日，为了全面贯彻执行刑事诉讼法和刑法，大力推进控辩式审理方式，改革诉讼文书的制作，提高诉讼文书质量，最高人民法院审判委员会第1051次会议讨论通过了《法院刑事诉讼文书样式（样本）》（以下简称"99"样式）。此次修订的重点是事实（包括证据）和理由部分，这主要是基于当时刑事诉讼裁判文书存在两大缺点。一是在叙述事实部分，不证明犯罪，不写具体的证据，只是简单写"上述犯罪事实，有证人证言、书证、鉴定结论证实，被告人也供认不讳"这样的套话。法官对证据的采纳与认证情况无法在判决书中体现出来，这样的做法很难让人信服判决，在一定程度上影响了法院的公信力。二是判决书不说理或说理不充分问题比较严重，裁判理由部分没理由，只是简单引用法条，不阐明适用法律的具体理由，说服力明显不够。在裁判文书的内容中，理由部分是当事人以及社会公众最关心的，也是最能体现一个法官水平的地方。因此，需要加大对证据采信认真的论证分析，增强裁判文书的说理性。根据"99"样式的规定，刑事判决书的内容包括：（1）在事实部分增加概述辩护人的有关证据；（2）将控辩双方的意见分两个自然段表述；（3）对控辩双方有异议的证据必须进行认证，并阐明理由；（4）规定司法解释应当在说理部分进行援引。

"99"样式自1999年7月1日后，各地法院在适用上提出了一系列问题。

为了解答各地法院提出的问题，使一线法官正确理解和执行修订后的样式，最高人民法院于 2001 年 6 月 15 日以办公厅的名义发布了《最高人民法院关于实施〈法院刑事诉讼文书样式〉若干问题的解答》。该解答详细回答了各地提出的 60 个具体问题，内容涉及"对于当事人基本情况中的'出生年月日'与'出生地'，可否表述为'××××年××月××日出生于×××（地名）'""二审认定的事实和证据与一审没有出入，在二审刑事裁定书的事实和证据部分，应当详写一审还是二审认定的内容？如有出入时，又应当如何表述"等问题。

二、我国刑事裁判文书说理体例结构的反思

总体而言，我国现行刑事裁判文书说理的体例结构安排方面存在如下几方面的问题：一是说理要素的不完整，如缺少对证据和事实综合性说理的结构安排、缺少独立的良性说理程序以及缺少对程序性问题的说理等；二是缺少反向说理的结构安排；三是缺乏对说理内容公开的结构安排等。[①]

（一）刑事裁判文书说理要素不完整

1. 缺少证据与事实综合性说理的结构安排

现行刑事判决书的样式将证据与事实分成两部分论述，这种割裂式的体例结构安排容易使根据不同证据认定不同事实的逻辑推理过程变得模糊。这种说理的体例结构安排无法让人清楚了解法官对证据的认证过程以及定罪量刑的逻辑。

2. 缺少独立的量刑说理程序

现行刑事判决书样式并未区分定罪和量刑两种不同的审判活动，实践中侧重于对定罪过程的分析，对量刑的推理缺乏强有力的论证，量刑说理不充分、不系统。调研发现，我国刑事判决书量刑说理存在一系列问题，如在观念上，重定罪说理，轻量刑说理；在形式上，重事实列举，轻证据分析；在内容上，重主刑、实刑说理，轻附加刑、缓刑说理，重法定情节说理，轻酌

[①] 苏国华、陈义熙：《裁判文书说理完善的样式驱动——以刑事判决书样式重构为对象》，载贺荣主编：《司法改革与民商事法律适用问题研究——全国法院第 26 届学术讨论会论文集》，人民法律出版社 2015 年版，第 465~473 页。

定情节说理，重罪名选择说理，轻法定刑幅度选择理由；在对象上，重控方意见说理，轻辩方意见说理等问题。

3. 缺少对程序性问题的说理

一直以来，一线法官侧重于对定罪等实体性问题进行论证说理，而缺乏对程序性问题进行分析说理，致使当事人和公众对刑事裁判文书的正当性提出了质疑。事实上，随着公众程序正义意识的提高，刑事案件的程序性说理日显重要。一些案件裁判之所以引发议论、质疑和炒作，往往并不是因为案件在实体处理上存在什么问题，而是因为法定程序没有得到切实遵守。①

（二）缺乏反向说理的结构安排

现行刑事判决书结构样式要求对采纳认定的证据和事实进行说理，但并未要求对不予采纳的证据和不予认定的事实进行说理。逆向推理和顺向推理同样重要，刑事裁判文书说理不能只顾立论、不作驳论。若不对不予采纳或不予认定的证据和事实进行说理，容易使判决结论显得以偏概全、强词夺理。

（三）缺乏对说理内容公开的结构安排

现行判决书样式缺少附录法律条文的设置，使得判决书不利于公众阅读，难以保障公众的知情权。此种判决书的体例结构安排不符合司法公开的宗旨。司法公开不仅仅是简单的裁判文书在形式上的公开，而且还要求公开法官裁判的心证过程，还要求尽可能公开裁判文书说理的内容及其根据。

三、刑事裁判文书说理改革的体例结构驱动

（一）刑事裁判文书说理样式的域外经验与借鉴

在量刑说理方面，法国刑法典要求在审理请罪案件时，必须要有专门的说理理由，法官才能判决不带缓刑的监禁刑；德国刑法典规定，当被判缓刑或提出缓刑的申请遭拒绝时，刑事判决书必须对缓刑的原因加以说明。在反向推理方面，意大利刑事诉讼法典第 546 条明确要求在判决书中说明"据以

---

① 张军：《中华人民共和国刑事诉讼法适用解答》，人民法院出版社 2012 年版，第 5 页。

认为相反证据不可相信的理由"。在法官个人署名方面，英美法系国家和地区允许在判决书尾部明确指出撰写人并附其个人签名。近年来，比利时、意大利等大陆法系国家也开始明确判决书的撰写人。

（二）我国刑事裁判文书说理样式改革的地方实践

近年来，我国部分地方法院纷纷探索刑事裁判文书样式的改革，为创新刑事裁判文书说理的样式积累了丰富的经验。实践中，有法官以中国裁判文书网为案例检索工具，对地方法院在刑事判决书样式的创新实践进行了整理分析。①

1. 法官个体在判决书样式方面的实践探索

第一，量刑说理方面的探索。河南省郑州市中原区人民法院（2011）中刑初字第196号刑事判决书对量刑依据、步骤、方法进行了详尽说理，公开了量刑的推理过程。在该判决书中就量刑的问题进行了充分的说理，"关于本案具体的量刑根据、步骤、方法，本院详细阐释如下：犯交通肇事罪，死亡一人，负事故全部责任的，可以在一年至二年有期徒刑幅度内确定量刑起点……故对×××宣告刑的计算方法为18个月×（1-20%-15%），应判处有期徒刑一年。"

第二，法官寄语。山东省茌平县人民法院（2013）茌少刑初字第16号刑事判决书附了法官寄语，针对未成年人被告，寄语"希望今后两被告人要从中吸取教训，树立正确的人生观、价值观，用自己辛勤的双手来改变自己的生活"。

第三，法条引用格式。内蒙古自治区呼和浩特市中级人民法院（2014）呼刑二初字第00007号刑事判决书末尾设置了附录，将判决主文所涉及的法条全文附录在后。吉林省长春市中级人民法院（2013）长刑一初字第113号刑事判决书在主文引用法条时，同时还附上了法条的摘要，"依照《中华人民共和国刑法》第二百六十三条第四项多次抢劫、第六十五条第一款……"

第四，证据列举格式。山西省太原市中级人民法院（2013）并刑初字第98号刑事判决书在事实说理中，对证据进行了分类列举，并规范证据列举顺

---

① 苏国华、陈义熙：《裁判文书说理完善的样式驱动——以刑事判决书样式重构为对象》，载贺荣主编：《司法改革与民商事法律适用问题研究——全国法院第26届学术讨论会论文集》，人民法院出版社2015年版，第465~473页。

序。该判决书指出"证实上述犯罪事实的证据由：（一）书证 1. 受案登记表……；（二）证人证言……；（三）受害人陈述；（四）被告人的供述材料；（五）鉴定意见；（六）辨认笔录"。

从上述各地法院法官在刑事判决书的说理样式或体例结构方面的探索实践来看，各有其自身的特点和针对性。无论是在量刑说理样式、法条引用格式以及附录形式，还是证据的排列分析以及法官寄语，这些改革都有利于当事人和社会公众阅读和理解法官裁判的逻辑和根据，从而增强法院的司法公信力。

2. 法院层面在判决书样式方面的制度设计

2013 年，安徽省高级人民法院经过充分调研和应用研究，广泛征求全省法院刑事法官的意见建议，积极吸收全省法院在刑事判决书样式改革方面的成功经验，制定了《法院刑事诉讼文书规范及样式》。在制定该样式的过程中，安徽高院对一审、二审、复核、再审等程序的 8 类 160 种法院刑事诉讼常用文书逐类逐个研究，对文书的格式结构、事实要素、裁判说理、法律援引、语言表述、文字运用、技术规范等问题进行了反复推敲研究，先后形成了"刑事裁判文书规范、技术规范"和"刑事诉讼文书样式"并编印成书。

《法院刑事诉讼文书规范及样式》主要包括裁判文书类、决定类、报告类、笔录类、证票类、书函类、通知类以及其他类文书样式。各类文书后均附有制作说明及法律依据。在裁判文书的格式制作方面，要求保持首部、事实证据、理由、结论和尾部统一结构的前提下，客观全面反映从立案到裁判的审判流程，把刑事审判工作的流程体现在裁判文书中，增强审判工作的公开性与透明度。在加强刑事裁判文书说理方面，要求用朴素的语言把认定事实、采信证据、法律适用的理由和依据讲清楚、说明白，让当事人和社会公众从个案中领会法律精神，感受法律的权威和尊严，提高社会公众对法院裁判的认同。[①]

（三）我国刑事裁判文书说理样式改革的未来展望

安徽省高级人民法院在刑事裁判文书样式改革方面的实践，为最高人民

---

① 李忠好、白春子：《规范裁判文书提高司法公信：安徽法院统一刑事裁判文书样式》，载《人民法院报》2013 年 12 月 8 日。

法院对裁判文书说理进行顶层设计提供了经验。《最高人民法院关于加强和规范裁判文书释法说理的指导意见》第十一条对刑事裁判文书受理的样式或体例结构进行了改革。根据该条的规定，制作刑事裁判文书应当遵循《人民法院刑事诉讼文书样式》等规定的技术规范标准，但是可以根据案件情况合理调整事实认定和说理部分的体例结构。事实认定与说理部分的体例结构可以进行合理调整，实际上法院裁判文书规范化和个性化的融合。强调刑事裁判文书制作的规范化，并不排斥裁判文书说理的个性化因素。裁判文书说理与诉讼文书样式的关系是内容与形式的关系。刑事案件类型的复杂性、多样化决定了法院裁判文书说理模式应当是多元的。在坚持裁判文书规范化的同时，不能否定或者排斥"个性化"，法官应当在遵循裁判文书基本样式、逻辑推理规则的基础上，积极发挥主观能动性，充分展示裁判文书的自身价值。①

为了方便法官进行裁判文书说理，今后对刑事裁判文书样式进行改革时，应当明确几个原则。具体而言，主要包括以下几点：

一是应当设置"经审理查明不能确认的事实和证据"自然段，即根据证据和事实的类型进行分析论证说理，重视区分争议证据和无争议证据、争议事实和无争议事实，加强对法院不采信的证据和不认定的事实进行说理论证。

二是应当设置对控辩双方异议的证据和事实进行回应的自然段。对控辩双方进行回应性说理，有利于彰显控辩平等的程序正义、保障裁判公正的实体正义、实现服判息诉的终极效果以及确保司法权威的最终树立。② 因此，应当对控辩双方分歧较大的证据及事实焦点问题，进行回应式说理。

三是应当在理由部分增设程序性说理的自然段，对法院是否具有管辖权、是否公开审理、是否符合回避规定等程序性问题进行回应式说理。

四是在裁判文书的尾部，应当保持一定的开放性，可附录相关法律条文，法官可以根据需要撰写法官寄语等。

---

① 白泉民：《关于加强裁判文书说理的几点思考》，载《山东审判》2015年第1期。
② 叶琦、孙红日：《刑事判决书针对辩护意见的"回应性说理"之提倡——以S市基层法院无罪辩护的刑事判决书为样本》，载《法律适用》2017年第13期。

第二节 说理附件的运用与语言规范

一、刑事裁判文书说理附件的运用

（一）裁判文书附录的说理功能

裁判文书附录是指对裁判文书正文说理中不能或不便于包含，却又紧密相关且十分必要的内容，在裁判文书正文后面所附带的部分。裁判文书正文和附录是本和末的关系，如果裁判文书尚未说理就费尽心思雕琢附录，那就是舍本逐末，甚至沦为花哨的"形象工程"；如果裁判文书正文能够充分说理，就没有太大的必要再另起炉灶来制作附录。① 在裁判文书中增设附录部分是为了补充说理、延伸说理。

《最高人民法院关于加强和规范裁判文书释法说理的指导意见》第十四条指出了使用附件的目的是便于释法说理，明确了裁判文书说理的多元化表达方式。该指导意见作出这样的规定旨在阐明裁判文书可以采取形式多样、直观易懂的说理表达方式，以增强裁判文书说服力和说理效果，提高广大受众对裁判文书尤其是裁判结果的可接受性和认同度，能够让广大群众看得明、读得懂，从而在案件中感受到公平正义。

事实上，一份受到当事人和社会公众认可的判决书，说理方式是裁判论理之"技巧"，充分完整的论证结果是裁判论理之"器"。无论采取何种论证方式，只要能够清晰展示证据采信、事实认定和法律适用之间的关系，充分展现裁判结果的，就是好的论证说理方式②。

---

① 罗灿：《司法改革背景下裁判文书说理繁简分流研究》，法律出版社 2018 年版，第 256 页。
② 最高人民法院司法改革领导小组办公室：《最高人民法院关于加强和规范裁判文书释法说理的指导意见理解与适用》，中国法制出版社 2018 年版，第 220~221 页。

（二）裁判文书附录的具体内容

1. 附录法律条文

为了更好地说理，可以在裁判文书主文后附录相关的法律条文。在裁判文书中将案件裁判说依据的法律法规、司法解释等具体内容悉数列出，方便当事人查看和学习法条条文，可以使当事人更加直观地理解和详细知悉裁判理由和法律依据，同时也有助于实现宣传普法的目的。

附录法律条文需要援引法律法规、司法解释时，应当准确、完整地写明规范性法律文件的名称、条款项序号和条文内容，不得只引用法律条款项序号。事实上，在裁判文书中附录裁判所依据的法律规定已成为制作裁判文书的"标配"。

2007年，浙江省高级人民法院制定《关于加强裁判文书说理工作的若干意见》中明确指出，裁判文书一般应设附页，具体记载如下事项：（1）裁判所引用的法律、法规、司法解释条文的内容；（2）对不易理解的专业术语的解释；（3）其他需要特别说明的事项。

2. 附录证据目录

证据目录是针对案情比较复杂、证据材料比较多的案件创设的一种文书格式。证据目录能够帮助法官和当事人厘清证据材料，便于证据的质证和认证，有助于厘清证据与待证事实之间的关系。证据目录的格式通常包括证据编号、证据名称、页码范围、证据种类、证据来源、证明对象、原件与否等内容。

3. 附录法官后语

法官后语是上海市第二中级人民法院率先推出的一种制度。法官后语是附在裁判文书规范化格式之后的一段对当事人给予有关法律、伦理教育或个案启示的简短文字，它代表合议庭全体法官的道德评判或法律方面的意见，是对裁判理由和结果的补充说明，但不具有法律约束力。[1] 有观点也指出法官后语只不过是一种形式，有"喧宾夺主"之嫌。然而，法律的有效实施有赖于道德的支持，法官后语或寄语对裁判文书具有滋养作用。对于那些涉及家

---

[1] 上海市第二中级人民法院：《裁判文书附设"法官后语"的思考——我国裁判文书格式和风格的延续与创新》，载《法律适用》2002年第7期。

庭伦理、社会公德、未成年人犯罪等方面的案件，可以附加法官后语或寄语，从而实现道德教育的目的。值得注意的是，制作法官后语应当遵循必要性和妥当性原则。

4. 附录司法建议

司法建议是指针对在案件审理过程中发现的问题向相关单位或个人提出的建议，属于审判职能的合理延伸，同时也是推进国家治理体系和治理能力现代化的重要体现。实践中，司法建议书是独立于裁判文书的，并非直接作为裁判文书的附录，只是从审判职能延伸的角度将其视为裁判文书的附录。2012年最高人民法院制定了《最高人民法院关于加强司法建议工作的意见》，对司法建议工作进行了全面细致的规定。根据该意见，人民法院对审判执行工作中发现的下列问题，可以向相关党政机关、企事业单位、社会团体及其他社会组织提出司法建议，必要时可以抄送该单位的上级机关或者主管部门：（1）涉及经济社会发展重大问题需要相关方面积极加以应对的；（2）相关行业或者部门工作中存在的普遍性问题，需要有关单位采取措施的；（3）相关单位的规章制度、工作管理中存在严重漏洞或者重大风险的；（4）国家利益、社会公共利益受到损害或者威胁，需要有关单位采取措施的；（5）涉及劳动者权益、消费者权益保护等民生问题，需要有关单位采取措施的；（6）法律规定的有义务协助调查、执行的单位拒绝或者妨碍人民法院调查、执行，需要有关单位对其依法进行处理的；（7）拒不履行人民法院生效的判决、裁定，需要有关单位对其依法进行处理的；（8）发现违法犯罪行为，需要有关单位对其依法进行处理的；（9）诉讼程序结束后，当事人之间的纠纷尚未彻底解决，或者有其他问题需要有关部门继续关注的；（10）其他确有必要提出司法建议的情形。

司法建议书包括以下类型：（1）针对个案中反映的具体问题制作的个案司法建议书；（2）针对某一类案件中反映的普遍性问题制作的类案司法建议书；（3）针对一定时期经济社会发展中存在的普遍性、系统性问题制作的综合司法建议书。根据实际需要，综合司法建议书可以附相关调研报告、审判工作报告等材料。

5. 附录相关图表

根据裁判文书释法说理指导意见的规定，案件事实或数额计算复杂的，可以采用附表的方式；对于裁判内容用附图的方式更容易表达清楚的，可以采用附图的方式。在裁判文书中采用图表的方式进行分析论证，说理方式灵活多样，条理比较清楚，直白易懂，大大提高了当事人和社会公众对裁判的认可度。

实践中，要想使刑事裁判文书更具说理性，应当充分调动法官的主观能动性和积极性。从判决书的预期受众来看，刑事法官制作的判决书应当按照上述预期受众层次分层次说理，要对控辩双方的主张、理由和证据予以吸收归纳和辨析，给予理性的解释和交代；当全面反映案件的历史脉络和庭审过程，为二审法官提供清晰的事实依据；当引用专业术语、法言法语让法学家的专家学者能够清晰厘清判决的理由和自由心证过程；当全面衡量法律、社会、国家、被害人的各种法益，给予平衡保护，实现打击犯罪与保护人权的有机统一，为公民的日常行为明确法律边界，提供可靠指引[①]。

二、刑事裁判文书说理的语言规范

（一）刑事裁判文书说理的语言规范要求

根据《最高人民法院关于加强和规范裁判文书释法说理的指导意见》第十五条的规定，裁判文书行文应当规范、准确、清楚、朴实、庄重、凝练，一般不得使用方言、俚语、土语、生僻词语、古旧词语、外语；特殊情形必须使用的，应当注明实际含义。裁判文书释法说理应当避免使用主观臆断的表达方式、不恰当的修辞方法和学术化的写作风格，不得使用贬损人格尊严、具有强烈感情色彩、明显有违常识常理常情的用语，不能未经分析论证而直接使用"没有事实及法律依据，本院不予支持"之类的表述作为结论性论断。

（二）刑事裁判文书说理语言规范的典型案例：以"于某水案"为例

1. "于某水案"的基本案情

2013年10月30日晚，被告人于某水在广东惠州惠阳区某邮储银行的ATM机存款，发现几次存入钱款后现金均被退回，但账户余额相应增加。此

---

① 邓俊明：《刑事判决书说理论证进路》，网址：https://www.chinacourt.org/article/detail/2016/03/id/1826495.shtml，最后访问时间：2020年6月21日。

后，于某水共 17 次向该故障 ATM 机存入 97700 元，然后再跨行从其他的柜员机支取现金，累计窃取 9 万元。12 月 12 日，于某水在家被公安机关抓获，12 月 15 日，其退还银行人民币 92800 元。因为此事与发生在广州的"许霆案"类似，而被称作"于某水案"。此后，该案起诉罪名引发广泛讨论，在历经多次开庭审理后，法院最终以盗窃罪判处被告人三年有期徒刑，缓刑三年并处 1 万元罚金。宣判后，惠州市检察院提起抗诉后又撤回。2015 年 5 月 11 日，判决正式生效。

2015 年 6 月 15 日，这份"于某水案"的刑事判决书被公开。据悉，作出这份判决书的审判长万翔，为惠阳区法院院长。判决书共 12265 字，打破了固有判决书的行文格式，通篇用"我们"代替"本院"，并在全文中对罪名认定与刑罚裁量进行了充分的说理。此外，判决书末尾还注明了具有法官个人色彩的"最后的说明"，针对最终作出的判决结果给出了极具个人色彩的解读和思考。

2. "于某水案"刑事判决书摘录及评析

"于某水案"的案号是广东省惠州市惠阳区人民法院（2014）惠阳法刑二初字第 83 号刑事判决书。限于篇幅和分析的目的，此处仅就判决中说理部分进行简要评析。

　　本院认为，本案（惠阳于某水案）因与广州许霆案非常类似引起社会的广泛关注。本案审理过程中，控辩双方也针对被告人的行为是否构成犯罪？构成盗窃罪还是侵占罪展开了激烈辩论。根据双方的争论焦点及本案的所有证据，本院综合分析评判如下：

　　一、罪与非罪

　　（一）关于 ATM 机与银行的关系。ATM 是英文 Automatic Teller Machine 的缩写。中文一般称为自动柜员机，因大部分用于取款，又称自动取款机。它是一种高度精密的机电一体化装置，利用磁性代码卡或智能卡实现金融交易的自助服务，代替银行柜台人员工作，可以完成存入或提取现金、查询存款额、进行账户之间的资金划拨等工作。它是银行运用高科技进行自助交易的终端形式，也是目前银行与公众都认可的交易方式。

它意味着通过ATM机进行交易的行为一经结束，就某一个交易行为而言就已经具有了法律意义上的终端完成形式。所以，ATM机与存款人之间的关系应该确定为ATM机的管理使用者（银行）与存款人的关系，而不是ATM机与存款者的关系，更不是ATM机的技术维护人与存款者的关系。如果ATM机发生故障，造成损害的后果，银行作为机器的管理人，其责任是不能免除的。

在广州许霆案中，许多法律专家认为许霆不构成犯罪的主要理由也在于此。首先，ATM机被视为银行的延伸，ATM机所发出的指令代表银行的意志，那么许霆在ATM机上进行的符合规则的操作行为，以及ATM机对许霆所作的回应行为，都应被看作储户与银行的民事交易行为，这种交易由于银行方面的错误而支付了超出储户存款限额的钱款，这只能说明银行发出了错误指令，提供了不真实的意思表示，只是一种无效交易行为，而不具有盗窃犯罪的基本行为属性。其次，没有银行的配合和互动，许霆恶意取款是无法完成的。ATM机支付了许霆所申请的取款数额，只扣除了极少数额，这说明银行同意将这些所有权转移给许霆，而许霆并没有采取任何欺骗、暴力、敲诈等非法行为。不仅如此，作为银行意志的代表，ATM机一旦发现故障，既可能向储户多付款，也同样可能向储户少付款，这都代表银行表达了错误的意思表示，取款人只要是符合规范地进行取款操作，就属于无效交易情形，而不是盗窃行为。

我们认为，专家意见的立论前提很明显，就是不管ATM机是否正常都代表银行行为，不管是民事交易还是刑事罪案，其过错全部由银行负责或承担。对此，本院持不同意见，我们尤其不认可机器故障对操作人的刑事犯罪行为构成过错。理由如下：首先，ATM机并不是由银行设计生产，而是有专门的公司生产和维护，银行一般只是购买或租赁使用，机器是否发生故障，银行并不能控制甚至纠正，（经过法庭调查及证人出庭作证证明，银行人员没有人懂得ATM机的运行和维修技术）。即使ATM机作为银行服务延伸具有拟人人格，这种故障也不是银行所希望发生或故意造成的,所以,如果把机器故障导致的错误指令等同于银行的正常意志,是不合理的,对银行也是不公平的;其次,机器虽然能替代人完成一些工作,但机器本身是无意识的,人有意识机器无意识,这是人与机器的本质区别,也就是说,银行柜台员工一旦发现错误时会及时纠错,但机器在没有被发现并排除故障之前,它不会自动修复故障,它会一直错下去,所以机器故障不能等同于银行的过错,即使机器故障产生的民事后果可能要由银行或机器的生产和维护者承担。二者的关系放到刑事罪案中,更应该将责任进行明确的区分。本案中,我们只能说,机器故障是操作人产生犯意的前提之一,但绝不是操作人产生犯意的原因,银行管理即使有过错也不是被告人恶意存款的必然原因,也即,不能说银行对被告人的犯意存在过错,更不能说机器故障是银行在诱导被告人犯罪。因为物质前提不能等同于犯罪的因果关系,故障只是犯罪行为实施的前提,但与犯罪本身没有因果关系。所以,把机器自身故障视为银行对操作人恶意取款的配合和互动,显然有失偏颇。

(二)控辩双方的意见。在ATM机正常的情况下,被告人于某水拿着银行借记卡前往ATM机存钱,与其本人拿着现金前往银行柜台存钱完全一样,这是一种公开合法、为银行所允许和欢迎的交易方式。这种情况下,将ATM机接受指令的交易等同于银行柜台交易,交易双方及普通公众都会认可,没有疑问。所以,控辩双方对于某水开始不知情的存款行为的性质不持异议,均认为不构成犯罪。双方争论焦点是在于某水发现ATM机发生故障以后继续反复存钱这一后续行为上。

辩方认为,ATM机因发生故障造成存款入账成功但吐出现金,如同银行柜员发生差错,多付给客户钱款一样。于某水存款于ATM机后,手机短信提示存款成功,即说明于某水与银行之间的交易已经完成。交易完成后,ATM机又将于某水存入的现金原封不动地吐出来,这时候现金的性质已经发生变化,属于银行的遗失物,于某水不取其他人也会取走,所以于某水是在保管银行的遗失物。ATM机存款入账之后,又将现金吐回,这是银行的过错，于某水没有纠正银行过错的法律义务。于某水反复存款，与ATM机（银行）之间都是合法交易，最后将钱款从其他银行取走，也是处理遗失物，涉及是民法中的不当得利问题，而不是犯罪。道德的评价不能等同于法律的评价，刑法关注的是人们的底线行为。

控方认为，被告的后续行为绝对是非法的。于某水前往ATM存钱开始的目的是存300元，但因ATM机发生故障，存几次钱均被退回，于某水在准备放弃存钱时，发现手机来信息表明存款已经入账，他继而从旁边的农业银行跨行取款两次（分别是2000元和1000元）获得成功，被告人在此之前的行为不是犯罪。但此后于某水已经证实其存款时虽然现金被退回但存款已经入账，存款交易完成但没收现金。又返回邮政储蓄ATM机连续操作10次3300元，后又到附近银行ATM机取现金15000元，转账5000元，再次回到邮政储蓄这台故障ATM机反复存款，共17次，存入人民币97700元，并于当晚到深圳市龙岗区其他银行网点跨行提取现金和转账，得款人民币90000元。这时其与ATM机的一系列交易，完全是以非法占有为目的的行为，已经不具有合法性。

我们认同控方的观点，理由是，于某水通过取款方式验证，确认邮政储蓄这台ATM机已经发生故障，他此后17次交易的目的很明显，通过这种方式获取银行现金，而且，被告人于某水的所有行为也证实其内心非常清楚，这些钱不是他的，所以其行为构成非法占有。

被告人后续交易不构成民法中的不当得利。《民法通则》第92条规定，没有合法依据，取得不当利益，造成他人损失的，应当将取得的不当利益返还受损失的人。尽管发生不当得利的原因有事件也有行为，但本质上，不当得利属于事件，作为事件，应当与获利人的意志无关，不以获利人有行为或识别能力为前提，不是由获利人的意志决定而取得。本案中，既然后来的17次交易都是被告人故意为之，说明被告人已经由意外受益的心理转变为非法占有的意图，其先前不当得利的性质也已经发生变化，由意外被动获得转变为主动故意侵权，严重的侵权行为即可构成犯罪。所以被告后来的17次交易行为显然不再构成不当得利。同理，辩方称，被告人行为构成对银行遗忘物的占有或保管，也是不成立的，因为，如果说银行遗忘物是通过被告人故意、反复的行为而"制造"出来的，那么认定后续17次交易吐回的钱款是遗忘物，显然违背基本逻辑和常理。

综上，我们认为，被告人的后续行为是非法的，存在明显的非法占有的故意，并且具有社会危害性，应当进入刑法规范的领域。

二、此罪与彼罪

既然被告行为应当进入刑法规范的领域，那么他构成什么罪？控方认为，被告于某水的行为构成盗窃罪，辩方认为构成侵占罪。

（一）我们认为，被告人的行为构成盗窃罪。理由如下：首先犯罪的主客体不存在问题。被告人达到法定责任年龄，也具有刑事责任能力，侵犯的客体是银行财产权。

从主观方面来讲，被告人于某水具有非法占有的目的。责任主义原则要求，责任与行为同存，也即行为人必须在实施盗窃行为时已经具有非法占有的目的，本案中，被告人后面17次存款的目的非常明显，其明知ATM机发生故障，积极追求多存款不扣现金的后果，明显具有非法占有公私财产的故意。

本案的关键在于犯罪的客观方面，被告人的行为是否符合盗窃罪中秘密窃取的特征？本案及许霆案的争议集中于此，许多人认为，被告人以真实银行卡，到有监控录像的ATM机操作，银行可以根据真实账号查到，被告人的行为具有公开性，是"公开"窃取，不是秘密窃取，也就不构成盗窃罪。我国刑法理论认为，秘密窃取是指行为人采取自认为不使他人发觉的方法占有他人财物，只要行为主观意图是秘密窃取，即使客观上已经被人发觉或者注意，也不影响盗窃的认定。本案中，被告人利用机器故障，通过存款方式占有银行资金时，银行并不知晓其非法占有的目的，也不知道存款最后被非法占有的情况，即构成秘密窃取。身份的公开性并不能否定其行为的秘密性，不能将盗窃罪要求行为的秘密性等同于身份的秘密性，混淆两者的区别。退一步说，即使银行当时知晓情况，但只要被告人行为时自认为银行不知晓，也构成秘密窃取。从被告人后来连夜转移资金的行为来看，他就是希望在银行未知晓或将ATM机维修正常之前占有银行资金。因而，其行为符合秘密窃取的特征。

最后，辩方还认为，盗窃罪作为一种最原始最古老的犯罪，被赋予了约定俗成的含义，国民在日常生活中对什么是盗窃有明确的认识和界定，被告人以合法形式取得钱财，认定其构成盗窃罪很难让公众信服和认可，因为法律制度的正当性，必须使基本规则为民众所认可。我们认为，认定任何犯罪都需要主客观相统一。本案中，案件事实和被告的行为过程都显示，被告人于某水由于主观意图发生的变化，导致先前合法行为后来转化成了非法行为，所以被告人的合法形式并不能掩盖其非法目的。同时，本案也是因ATM机故障让被告临时起意的犯罪，发生的概率较小，在盗窃方式上具有特殊性，但概率小和特殊性都不影响对被告人犯罪构成的分析。被告人于某水后来的多次操作行为，主观上具有非法占有银行资金的故意，客观上实施了窃取银行资金的行为，已经构成盗窃罪。

（二）被告人的行为不构成侵占罪。我国刑法规定，侵占罪是指以非法占有为目的，将代为保管的他人财物，或者将他人的遗忘物、埋藏物非法据为己有，数额较大，拒不退还或拒不交出的行为。分析侵占罪的客观要件，侵占的突出特点是"变合法持有为非法所有"，这也是侵占和盗窃的本质区别，即行为人已经合法持有他人财物，是构成侵占的前提条件。刑法第二百七十条规定，合法持有他人财物包括两种情形：一是以合法方式代为保管他人的财物，是典型意义的侵占，二是合法占有他人的遗忘物或者埋藏物，即对于脱离占有物的侵占。本案不能认定是侵占的关键在于，银行没有同意或授权，所以不构成典型侵占；同时，被告人于某水对银行资金的占有是通过恶意存款取得，不是合法持有，也不构成脱离占有物的侵占。

其次，前面已经分析过，如果在被告人未采取任何主动行为时，ATM机吐钱，被告人得到，可以认定为遗忘物。但本案是被告人通过故意行为，ATM机"被操纵"而吐出现金，那么这些现金肯定不是银行的遗忘物，被告人也不是替银行保管钱财，因为从立法本意来说，遗忘物、保管物、不当得利都不是获得者通过主动行为来获得。如果说某人通过自己故意的、主动的行为获得他人的遗忘物，显然违反法律关于遗忘物的定义，违反基本逻辑。本案中，被告人通过故意行为取得的财物，显然与遗失物、不当得利的法律含义不一致。既然银行资金不能认定为遗忘物，那么被告的行为更不可能是替银行保管，因而其行为也不构成侵占罪。

三、刑罚的衡量

综观本案前行为合法后行为违法的全过程，我们认为，被告人犯意的基础动因在于一念之间的贪欲。欲望人人都有，眼耳鼻舌身意，人有感知就会有欲望，所以欲望是人的本性，它来自于基因和遗传，改变不了，因而是正常的。欲望本身也是有益于人类的，没有欲望人类可能早已灭绝。与此同时，人作为社会中的存在，欲望必须得到控制，必须被控制在合理范围之内。我们知道，许多犯罪尤其是财产犯罪的最初（甚至是唯一）动因就是贪欲，当然在极端情况下，如严重冻饿、危及生命时，可能还有其他动因，但是属于例外或极少数，这里不予以展开。对财产犯罪科以刑罚，目的就是通过报应和预防两种方式，将人的欲望控制在一个合理范围，不让欲望演变为贪欲而危及他人利益，以维持社会的正常交易秩序和人类正常的生活秩序。所以，从这个层面来说，必须对被告人处以刑罚，通过惩罚和警示，将被告人以及有类似想法和行为的人的贪欲限制在一个正常合理的范围之内，以防止犯罪行为的发生。

另一方面，我们同时认为，应当对被告人科以较轻的处罚。理由是：

第一，从主观来说，被告人的主观恶性是较轻的，在知道

ATM机发生故障之前，被告人就是去存钱，是一个合法行为，没有任何犯罪意图。他是在取钱过程中，发现ATM机故障并且这一故障可以给他带来巨大利益的时候，因为贪欲而产生的犯意。也就是说，没有ATM机故障作为前提，被告人不会产生盗窃的犯意，因此，其主观恶性有限。同时，银行作为ATM机的管理者和拥有者，其对机器故障（错误吐钱）应当承担过错责任，这一过错虽然与被告人的犯罪行为不构成因果关系，但可以作为对被告人从轻处罚的情节予以考虑。

第二，从被告人的行为方式来看，其获取钱财的方式是平和的，他没有通过其他手段如破坏机器、修改电磁信息、蒙骗他人或通过电脑技术侵入故意改变ATM机指令而窃取钱款，他只是利用了ATM机的故障，通过"规范"的方式获取钱款。被告人利用机器故障进行盗窃，与那些典型的盗窃罪案中，受害人因财物损失产生的痛苦和报复欲望，以及毫无民事救济的可能性，必须依赖刑法保护的情形截然不同，这在量刑上必须予以考虑。

第三，从被告人的行为后果来看，因为银行ATM机总体事故发生率很低，利用ATM机的故障进行盗窃，其发生概率更低；既然银行资金受损与其ATM机故障有直接关联，此后，银行必会在机器的运行精度以及失窃保险上完善制度，那么，将来这类案件发生率应该更低。另外，据银行方面称，当晚机器故障涉及存款错误的有二十多人，仅有被告一人利用机器故障进行盗窃。可以说，这一盗窃案是否发生，几乎产生于公民贪欲是否膨胀的一念之间。面对这种罪案，普通公民关注的应该是自己面对这种情况会怎么选择，而不会因这一特殊形式的盗窃对自己的财物产生失窃的恐惧感。所以，这一犯罪对社会秩序和公民的人身财产安全感并不会产生恶劣影响，本案的社会危害性比常态化的盗窃犯罪要小得多。

第四，对被告人个人生活状况等其他方面的考虑。被告人于某水的父母早已病亡，其与几个姊妹相依为命，生活困苦，不然，他也不会早早辍学外出打工谋生，以他的初小学历和人生经历，可以肯定，他对法律及其行为后果不会有高度清楚的认识，更不可能对这一法律界都存在争议的案件会自认为是盗窃犯罪。既然他不可能明确辨认自己的行为及其后果，我们也可以想象，对于一个穷孩子来说，几乎是从天而降的钱财对他意味着什么?! 我们不能苛求每一个公民都具有同等的道德水平和觉悟。同时，被告人取了钱带回老家，除了给弟弟一些钱，剩下的也一直不敢乱花，这说明他对社会管理秩序还是心存畏惧，被抓获之后，被告人随即全部退清所有款项，我们觉得，这孩子仍心存良知。

基于上述事实和理由，本院认为，对被告人判处刑罚并宣告缓刑的量刑幅度，是适当的，能够达到刑罚报应与教育预防的目的。

四、最后的说明

在作出本案判决之前，我们对与本案类似的著名许霆案作了详细的研究和对比，许霆案犯罪金额是十几万元，终审判决确定的刑期是五年。我们知道，法学理论界对许霆案的判决分歧非常大，国内多位顶尖刑法学教授也各自发表了论证严密但结论完全不同的法律意见。这既说明本案作为一个新类型案件有其自身的特殊性，另外也说明正义本身具有多面性，从不同的角度观察和认识会得出不同的结论。众多争论也说明，对复杂的新类型案件作出正确的司法判断是件非常困难的事，对法官的各项能力甚至抗压能力要求都非常高，因为法律毕竟是一门应对社会的科学，司法判断面临的是纷繁复杂、日新月异的世界，面临的是利益交织、千差万别的社会矛盾和价值取向，面临的是当事人、公众、媒体、专业人士等的挑剔眼光和评价。因而法律专家也好，法官、检察官也好，即使法律观念一致，但也存在不同的伦理观、道德观、世界观，存在不同的思维方式和行为路径，因此，在追求正义的过程中，司法官对案件的判断经常是不一致的但同时也是正常的。检察和审判机关之间，以及不同层级的审判机关之间对同一案件存在不同的认识和答案是正常的，希望得到社会各界的理解和尊重。

就本案而言，判词虽然已经详细阐明理由，但因本案被告在犯罪手段上非常特殊，合法形式与非法目的交织在一起，理论界对案件的定性争议也比较大，那么本判决结果可能难以让所有人肯定或认可。因此，我们也不能确认和保证本判决是唯一正确的，我们唯一能保证的是，合议庭三名法官作出的这一细致和认真的判断是基于我们的良知和独立判断，是基于我们对全案事实的整体把握和分析，是基于我们对法律以及法律精神的理解，是基于我们对实现看得见的司法正义的追求。

本案的判决在公布之后赢得了广泛赞誉和热捧。《检察日报》评论指出，"法院的判决书当然重在讲法，讲法律依据，讲犯罪事实，然后据此作出判决。但并不意味着判决书不需要说理，既讲法又说理的判决书更能令人信服，法与理相统一的判决更能体现公平正义。或者说，只讲法不说理的判决书是呆板、冰冷的，既讲法又说理的判决书才是有质感、有温度的。而且，说理的过程其实也是法治宣传的过程，这起案件审理通过网络全程直播，相信受众都能从万言判决书中体会到法治精神"。也有律师指出，"这份判决书受到法律界的肯定有两点原因：其一是判刑与此前广州的许霆案相比较轻，更易被接受；其二是判决书说理比较充分，不单单引用法条，还对法理和情理作了一番阐释，体现了法官创造性的一面。他不单单是一个判案的机器，还有自己独立的思考能力、法律修养和人文关怀，所以引起很多人共鸣"。

第三节 引用规范性法律文件的注意事项

根据《最高人民法院关于加强和规范裁判文书释法说理的指导意见》第十二条的规定，裁判文书引用规范性法律文件进行释法说理，应当适用《最高人民法院关于裁判文书引用法律、法规等规范性法律文件的规定》等相关规定，准确、完整地写明规范性法律文件的名称、条款项序号；需要加注引号引用条文内容的，应当表述准确和完整。刑事裁判文书在论证说理时，应当遵循规范性法律文件的引用规则和基本要求，从而确保裁判文书正确引用相关的规范性法律文件，避免引用不当导致的错误裁判，进而实现裁判文书的效力和公信力。

一、确保完整引用规范性文件

刑事裁判文书说理引用规范性法律文件的基本要求是准确、完整、有效、适当。特别是对于具有裁判依据作用的说理依据，其更重要的价值在于裁判结果的论据来源。在援引作为裁判依据的说理依据时，务必将法律文件的名称、法律条款项的序号进行详细说明，以便在说理论证之后接受外界检验。如果对于文件名称、条文名称、条文内容等进行删改，或者以"前者""前述规则"等进行简单概括，等于为规则的核查带来了障碍。因此，对于能够说明规则文件来源、发布机关、具体名称、年代的规则内容，要严格依照其文件内容表述作直述而非转述。

二、引用确保遵循一般规则

在援引规则论述犯罪是否成立时，规则的引用顺序非常重要，体现了裁判者的思维方式和思维重心。在裁判文书说理的通常情况中，要遵循以下几方面具体规则：

第一，法律位阶顺序规则。规范性文件的法律地位决定了援引的顺序，"引用法律条文，应当遵循法律条文与裁判之间的逻辑关系"[①]，在论述同一法律问题时，法律的位阶高于其他规范，虽然民商事法律、行政法规都不得出现在裁判援引规则的范畴中，但是在说理论述上要充分体现刑事裁判的特色，紧扣犯罪构成要件并援引法律进行说明。

第二，实体法先于程序法规则。撰写裁判文书时，应当将所引用的全部实体法和程序法都列上，特别是实体法有多个时，就要确定按何种顺序进行援引。在援引规则上，应当按照效力的顺序来援引。如果既需要引用实体法，又需要引用程序法时，应当按照先实体后程序。从实体法和程序法对于裁判的意义而言，实体法上判断是人民法院作出裁判的前提，程序法与作出裁判

---

① 沈志先：《裁判文书制作》，法律出版社2017年版，第189页。

之间的联系更为直接,所以从援引顺序上应当先引实体法后引程序法。①

第三,行为模式条文先于法律后果条文。对于刑事犯罪行为方式、法律后果等的表述上,能够用以描述行为方式、特征的条文要排列在前,对于量刑、财产处置等法律后果的条文,要放在后面。这样的规则排列,方便查找和核对法律适用规则,防止依据既定裁判结果向前推断行为的模式。另外,关于综合性刑事案件的法律后果,针对被告人人身权利的条文要优先于财产处置的条文。

---

① 吴兆祥:《〈关于裁判文书引用法律、法规等规范性法律文件的规定〉的理解与适用》,载《人民司法》2009年第23期。

第九章　常见刑事裁判文书的说理

判决说理和论证，是法官对其所作出决定的正当性进行解释的一个过程及其体现。判决说理是附属于司法权的一项理性技艺，在不同法律传统中有不同表现。我国司法制度受传统"法典主义"思想的影响，倾向于裁判程序就像一台"自动售货机"，输入事实和法律生成判决。"三段论"的逻辑强大，不言自明。以目前的刑事判决书为例，对说理部分的阐述过于简单。判决书的绝大部分内容是罗列证据，很小一部分篇幅用于分析定案理由。在确定被告人有罪时，往往说明被告人的行为符合某罪的构成要件，公诉机关的指控成立，得出有罪判决结论。实事求是地说，许多判决中缺乏将案件的演绎过程以及法官的心证过程予以清晰的呈现。

理想的刑事判决，其内容应当包括对推理过程详细的展示，对控辩双方相互观点充分的展示，以及法官的独立思考、解释。裁判文书说理本身就是一个过程，是具体展示裁判结果（包含证据、事实、法律适用的阶段性结果）何以得出的过程。

裁判文书说理和论证，展现的是审判权行使的表达过程；把道理说清楚，把论证过程表达清晰，是附随权力行使而产生的责任。在法官裁判过程当中，说理是裁判文书的灵魂，是法律事实与法官价值判断的结合，也是国家强制性命令与社会可接受性说服的结合。刑事判决书必须详尽说明裁判理由、推理过程，批驳相反观点。说理和论证的目的，是把法官的结论和判决与某些更高原则或具有首要合法性的某机构或制度联系起来，最终的目的是说服自己、说服法官同仁、说服当事人、说服法律职业共同体、说服社会公众。这就要求法官精通法理、精通法律，熟练掌握刑事政策。

需要注意的是，一个具体的司法决定包含了判断和说理两个部分，说理服务于判断，给出的是一个司法判断为什么正确的可能理由。判断与说理的关系不能本末倒置、因噎废食、以词害意。裁判结论尤其是实体性的判决结论——是对案件如何处理、纠纷如何解决所作的实体性判断，其要害是展示实体正义价值，体现裁判说理的结果正当性。裁判说理本质上是辅助性的，是手段，而说服当事人接受司法判断，从而息讼止争才是目的。就通常案件而言，法官的判断对了，说理不充分也没有太大关系，当事人还是会大体接受。判断不对，说理再充分，当事人也接受不了。故此，说理过程中提炼出的一般性规则，只能是服务于个案判断的副产品。不论对于纠纷解决、规则治理，还是政策制定，判断的对错都具有根本性的意义。说理的有无、强弱更趋向于是一种修辞，一种辅助增强正当性的表达。

第一节 危害公共安全案件裁判文书的说理

一、危险驾驶罪中"情节恶劣"认定的说理

法官适用法律的过程是一个将抽象法律向具体结论转化的过程。转化过程的展示即为判决理由。对于刑事案件，最基本的论证结构需要围绕被告人的行为是否构成犯罪、构成何种性质的犯罪、有无影响量刑的情节及控辩双方各自的意见是否正确等方面，进行有针对性的分析论证。从结构层面观察，至少存在三个基本要素，即"证据评断""事实认定"和"法律适用"。相应的，裁判文书的说理规则，应当包括"证据评断环节的说理规则""事实认定环节的说理规则"和"法律适用环节的说理规则"。当然，上述说理规则只是最基本的说理规则，事实上得到广泛应用的还包括法理分析、学理分析、情理分析、事理分析等其他说理方式。具体案件的裁判文书说理，应当在依照上述说理规则的前提下，坚持从实际情况出发，说明法理、事理、情理、文理等理由，展示说理应有的个性色彩。

危险驾驶行为自入罪以来，业已成为数量最多的犯罪。司法实践中一般并无过大争议，往往以刑事速裁程序结案。但在个别存在争议的问题上，仍富有说理和论证的空间。

以北京"东坝飙车案"为例，本案的案情极为简单，三人相约在社会道路上竞速行驶的客观事实有充分证据佐证，争点在于是否涉案的行为是否构成"情节恶劣"。在对于何谓"追逐竞驶，情节恶劣"明确规定的情况下，

就需要通过对在案证据的分析总结出案件事实，在此基础上提炼出具有实质社会危害性、需要进行刑法评价的因素，结合刑法基本理论进行展开。判决论述道：

> 有证据表明，当天晚上在指控的地点，存在较大规模追逐竞驶的活动，且该活动在社会上具有较为广泛的影响力和号召力，被告人通过公共途径了解到该处存在追逐竞驶的活动后驱车赶往现场并最终参与其中。虽然很多参与追逐竞驶的人存在更为恶劣的情节，如非法改装车辆、不按规定安装机动车号牌等，但他人未到案并不影响对被告人行为与责任的认定。本案虽然发生在深夜不繁忙的道路上，但是该处是允许社会车辆通行，并且确也存在社会车辆通行的道路，被告人参与到此种活动并进行了追逐竞驶的行为本身，已具有了严重的社会危害性，其在社会上产生了负面效果，并对公共安全产生了具体和现实的危险，应认定为"情节恶劣"，成立危险驾驶罪。
>
> 法律规定追逐竞驶"情节恶劣"的才构成危险驾驶罪。从刑法理论上分析，危险驾驶罪规定在危害公共安全罪项下，隐含要求至少追逐竞驶的行为应对不特定或多数人的生命、身体的安全或公共生活的平稳安宁存在现实的威胁。追逐竞驶类的危险驾驶罪属于具体危险犯。有别于只要实施了刑法规定的行为就具有了侵害法益的危险的抽象危险犯，具体危险犯中的危险，应由司法者以行为时的具体情况为根据来确定行为是否具有法益侵害的危险。任何细化规定的合理性都必须结合个案进行判断，被追诉的行为是否形成了对公共安全的具体和现实的危险，必须结合案情进行具体的判断，论证效果自然要好于泛道德评价或简单的"扣帽子"。

二、交通肇事罪法定刑升格的说理

在交通肇事案件中，"肇事后逃逸"情节具有双重属性，既属于定罪情节也属于量刑情节。刑法第一百三十三条规定交通肇事后逃逸作为法定刑升格的条件。《最高人民法院关于审理交通肇事刑事案件具体应用法律若干问题的解释》第二条第二款规定，如果行为人负事故全部或主要责任，"为逃避法律追究逃离事故现场"，即使只造成一人以上重伤，也构成交通肇事罪。显然是将逃逸情节规定为入罪条件。作为入罪条件，肇事后逃逸是影响犯罪成立与否的定罪情节。作为法定刑升格条件，肇事后逃逸定位则为量刑情节。如何准确认定并避免重复评价逃逸行为就成为交通肇事案件必须考虑的问题。

以下面的判决为例，被告人李某彬驾重型货车碾轧樊某某，造成樊某某当场死亡。事发后，李某彬继续驾车向前行驶六七十米后停车，后驾车驶回公司。经公安交管部门认定：李某彬发生交通事故后驾驶车辆逃逸，李某彬为主要责任，樊某某为次要责任。公诉机关指控李某彬肇事后逃逸，建议在有期徒刑三年以上量刑。法院裁判认为：

> 经查，"交通运输肇事后逃逸"是被告人李某彬承担事故主要责任的全部原因。公诉机关指控李某彬的行为构成交通肇事罪，已将逃逸行为作为入罪情节加以考量，如再将该行为作为量刑加重情形，则有违刑法禁止重复评价原则，故本案被告人李某彬尽管肇事后具有逃逸行为，但不属于《中华人民共和国刑法》第一百三十三条规定的"交通运输肇事后逃逸"，应在"三年以下有期徒刑或者拘役"法定刑幅度内量刑。

对于交通事故后逃逸情节在交通事故责任认定和交通肇事刑事处罚两个方面的处理应当协调一致。公安机关交通管理部门处理交通事故时应当依据交通事故当事人的行为对发生交通事故所起的作用以及过错的严重程度确定当事人的责任。如果已经考虑了逃逸行为在其中的作用，那么在入罪、量刑时要极为慎重，不应导致被告人的行为被重复评价的结果。

第二节　破坏社会主义市场经济秩序案件裁判文书的说理

一、销售伪劣产品罪中"明知"认定的说理

此类犯罪的主观要件只能是故意，即明知故犯。因涉及被告人的心理状态，在"零口供"的情况下，往往缺乏直接证据。辩方也往往由此入手进行辩护。对于明知的判断，不能片面地依赖口供，只能根据案件证据所反映的实际情况加以分析，在合理的基础上进行推定。在具体案件中，需要结合事实的梳理和认定，从认识因素和意志因素两个层面进行分析。

下面以新冠肺炎疫情发生期间北京市犯罪金额最大、判处刑罚最重的一起销售伪劣产品案件为例予以说明。该份一审判决写道：

> 从认识因素层面而言，李某对于产品质量问题自始至终具有明知，只是在明知的程度上随着其掌握信息的逐渐增加而逐步加深，从最初的阶段具有一定的或然性，是"可能知道"，逐渐转化为确切的、实然的知道，是"事实上知道"。
>
> 首先，市场在特殊时期会产生一些阶段性的需求和表现，比如需求增加会拉高商品价格，供给跟不上会刺激替代品如假冒伪劣产品涌入等。对于长期从事医药行业的人士而言，上述信息属于常识性的背景知识。被告人李某从事医药行业多年，具备相应的资历和经验，不能选择性地主张对其有利的因素，而否认对其不利的因素。此案发生的背景是，李某通过常规途径已经无法采购到口罩，依其经验足以判断疫情显著拉高了对防护用品的需求。这种情况下，其绕过公司内部合规程序，自行将采购防护物资的任务交予个人亲属李某章来处理，也未对质量保证等方面提出具体要求；在李某章到现场后，李某也未审慎查问货物具体来源，仅通过微信里查看对方提供的质检报告的方式来考察资质，即决定购入数十万只的货物。李某作为

长期从事医药产品购销的专业人士，对于这种在非常时期、特定地点、通过非正常渠道、按照非正常程序购进的产品极有可能是假冒伪劣产品是有意识的，但其仅进行了无关痛痒的形式审查，没有采取任何有效防范措施即决意购进，并在没有收货、实际查验的情况下就决定同步分销、收取预付款。其唯一可视为其具备防止危害结果发生的行动就是事前索取了产品质检报告，而这属于商品采购流程中再常规不过的行为，而即使这一环节李某也非常轻率地以在微信里看看的方式通过了查验。正如供述所称，其关心的是供货方能否开发票等商业因素，显然未将特殊时期、特定产品的风险把控置于首要位置，逐利动机压倒了此时本应恪守的谨慎义务。

其次，从价格区间来说，辩方反复强调李某因不知李某章、罗某毅收取回扣的行为，因此支付给伪劣产品生产者的货款尚在"正常"的价格区间。对此本院认为，就目前证据而言，1月21日康佰馨公司自正规渠道进货，单价已为4.8元，此后即断货；同期李某咨询其他渠道，报价为5~6元；李某购入后向其他商家分销报价6~8元，其他商家毫不犹豫地支付大笔预付款。虽然商品的市场价格受多种因素影响，难以一概而论"正常"与否，但是从上述参照数据完全可以认为辩方所谓的"正常"价格与当时市场行情是极不相符的。而且在这个价位基础上李某在两天内先后购入50余万只口罩抛售殆尽，仍想继续购入，反而是李某章、罗某毅未敢继续跟进，由此可见李某已然罔顾市场常识，可以作为探求其心态的旁证。

再次，开箱验货后，通过实物对比，涉案口罩同正品的差异根据当下随手可得的信息即可作出判断，至少可形成高度怀疑。有证据证明，终端消费者根据抖音视频普及的信息就足以产生"口罩是假的"的怀疑，那么李某作为多年医药行业从业者，在自己直接接触货物时至少应作出不低于普通消费者水平的判断，这是事之常理，并非出于"事后之明"的不合理要求。而李某收货后，对于从未合作过的供货商提供的产品，在能对实物进行审慎检验的同时，他却将重点放在查验有无所谓"合格证"上，而随货有无"合格证"实际上并不能对认定产品质量提供任何帮助信息。最终结果就是货物未经实际检验，直接分销给各药房。李某辩解确实开箱检验，且未产生上述怀疑，那么只能推断，他用形式审查代替了有效检验，对产品质量问题完全是一种漠视和放任的态度。

最后，关于"行为合规与否同产品质量是否有问题无直接关系"的抗辩，本院认为，李某以疫情紧急为借口，置公司正规采购、质检等流程于不顾，将"采购——分销——付款"全流程置于其一人控制之下，还出于个人目的故意增加京海艾康公司这一环节，使得其全程控制的行为更加严密。在消费者已经反馈质量问题后，李某所采取的措施也无非是要求李某章同上家联系退款退货，而在行政执法机关介入调查后，其还对产品来源等问题进行掩饰。

因此，在加强案件事实和证据的分析论证方面，可以使用"层层深入"的结构方式：首先是事实，然后是理由，即陈述法院所认定的事实，阐明法院认定事实和作出判决结果的理由，包括应适用的法律，最后是结论。这种论证结构的优点在于判决理由中既包括事实认定的理由即证据分析，也包括对性质、情节和处理方式的分析，便于展开法官就事实认定和法律评价部分的心证过程。

从上面例证分析可见"层层深入"方法的适用效果。判决没有长篇大论地引用关于故意的理论，而是聚焦于具体的事实层面，结合证据分析强化论证，通读下来自然而然就形成了被告人具有明知的结论，将说服力蕴含在过程中。被告人对于涉案口罩属于伪劣产品的认识是一步步加深的，从最初的阶段具有一定的或然性，是"可能知道"，逐渐转化为确切的、实然的知道，是"事实上知道"。而意志因素层面而言，被告人又是持有一种放任的心态。责任评价的核心所在不仅仅是行为人"认识到了"，更是"尽管认识到了，但是并没有形成反对的动机来打消犯罪念头"。李某在多个可能的节点均有"刹车"的机会，但都没有选择"刹车"，而是仍按原计划分销、获利，对法律所保护的消费者权益最终遭受损害是一种不管不顾的心态。其辩解所称不可能盼望、追求发生此种危害结果，但是单纯希望结果不发生本身并不能排除故意的成立，放任结果的发生仍是刑法所规定的故意。沿着判决一条条列出心证的过程，不偏私的读者自然而然能够得出符合逻辑的结论，即被告人的行为并不属于"被上家所骗，购得伪劣口罩进行销售"的情形，其在放任心态支配下从事购买、分销行为，销售金额达 400 余万元，使得 50 余万只伪劣口罩在新冠肺炎疫情发生之际流入京、津、冀各地药房，其行为的客观危害不可谓不重，其主观心态的可谴责性并不低于制假、贩假流程中的其他环节，对其的定罪、量刑是合适的。在这个基础上确定被告人的刑事责任说服力就比较强。

二、非国家工作人员受贿罪中"为他人谋利"认定的说理

关于公司、企业人员职务犯罪中"为他人谋利"的认定，一直困扰着刑法理论与司法实践。从比较法的层面看，域外刑法中的依据职务的受贿行为大多没有类似"为他人谋利"的规定。从我国的司法实践看，一系列司法解释和判例一直都在不断校正和改变"为他人谋利"的边界和含义。如何把握具体判决中变动的界线，需要结合证据予以分析。

下例中，二被告人在北京陌陌信息技术有限公司任职，2017 年 5 月至 2017 年 9 月间，二被告人利用同海南某公司合作的职务便利，各自收受对方给予的好处费 52.9 万元，后被查获归案。庭审过程中，辩方提出部分款项的性质并非基于职务行为的贿赂款，并申请了证人出庭对钱款性质予以佐证。对此法院进行了如下分析：

> 辩方意见可区分为事实认定和法律适用两个层面。事实层面上争点为王某给周某文的汇款是否为给张某媛的贿赂款，对此张某媛辩称不知情，而周某文称收到的款项系王某对矿业项目的投资，并提供了己方同张某国之间的股权转让协议等材料以证明确有其事。对此本院认为，周某文所谓投资 135 万发生在其收到王某汇款之前数月，所谓股权转让无论真假同王某汇款的性质均难认为具备关联性，周某文收到的钱款同亿科公司给付寿立群的钱款路径、时间、金额等细节完全一致，如果不

是同一事项，难以想象会具备如此巧合。本院也注意到辩方提出王某可能存在职务侵占的行为，即向公司冒称向张某媛支付了好处费但实际上截留了相关款项，对此本院认为认定有罪的标准是排除"合理"怀疑，并非是所有怀疑，辩方所提意见虽难称事之必无，但结合具体案件判断，王某同周某文必须利益攸关且有共同陷害张某媛的意图，但这点显然同周某文在诉讼过程中的表现不符，故本院认为此点意见并无依据。综上，本院认定王某汇给周某文的款项 52.9 万元系亿科公司向张某媛支付的好处费。

刑事判决的证明标准是"排除合理怀疑"。辩方常常会提出一些"难称必无其事"的辩解，试图给被告人创造存疑的空间。本案就是一个典型的案件。辩方所提出的"怀疑"理由未必不存在，但是一定是要符合很多条件下才能成立。判决没有武断地断言辩方所称一定不成立，而是列出一系列的前提条件，这些条件在现实情况下能否那么巧妙地——达成并契合在一起？所谓"摆事实，讲道理"，达到的效果显然好于断然否定辩方的意见。

至于本罪要求的职务便利及为他人谋取利益等要件，此点涉及对非国家工作人员受贿罪的理解，属于法律层面上的争点。其实，立法对于本罪并无利益正当与否的限定，故没有必要将"是否违背职务"作为构成要件来理解，否则就是不当限制了本罪的成立范围。本案中，相关证据足以证明二被告人作为直接负责对接行贿方的人员，其行为既包括酌情处理的决定，也包括按照流程框架日常开展的工作，足以认定具备"职务便利"，即使二人在履职过程中的行为均处于流程约束范围内，并不违法、违规，但基于职务行为而授受贿赂的行为已经将职务行为置于不当影响之下，符合本罪的构成要件。

三、非法吸收公众存款罪中"公开性"认定的说理

非法集资类犯罪包括集资诈骗罪和非法吸收公众存款罪。二罪的构成要件中一个重要条件就是"公开性"。在投资人人数较少、范围有限的情况下，辩方往往提出集资行为不具有公开性，以此作为出罪途径。

实践中，固然有很多采用各种公开宣传手段的非法集资活动，但也有很多隐蔽的方式，比如通过熟人口口相传的集资活动。以公开宣传手段开展非法集资活动，无疑涉及社会公众。但反过来认为非法集资的公开性就一定具备公开宣传方式，则并一定不成立。从理论上讲，公开宣传只是认定非法集资公开性的一种辅助手段或者充分条件，但不是必要条件。

界定某一交易群体是否特定，并不在于该群体是否事前根据某一标准确定范围，即所谓的"特定化"，而在于划定该范围的方法与界定其是否公开的目的之间是否相关。下面以一件非法吸收公众存款案为例对此进行说明，该案中募集资金3000余万元，报案投资人仅有7人，辩方强调本案属于"私募"，并非具有公开性的非法集资。对于在人数有限的情况下如何认定募集资金行为具有公开性，判决论述道：

（一）本案募集信息的传播具有公开性

私募基金的发行方式必须以符合特定条件的非公开发行方式进行，严禁采用公开方式或变相公开方式进行宣传。基于本罪的规范保护目的，宣传方式是否公开主要在于信息的接受者是否特定，即行为人在宣传时对于受众是否设置了相应的条件限制，使得信息的传播在特定对象中进行。本案中，投资人获取信息的渠道主要是通过口口相传的方式，虽然未采用司法解释所列举广告、座谈会等公开宣传途径，但在投资信息的传播过程中，并没有限制信息受众的条件和范围，所针对的投资者仍具有任意性和不特定性，故这种口口相传的宣传模式依然具有公开性。

（二）本案募集资金的行为具有公开性

私募发行的募集对象必须为"特定对象"，"特定"的评判

标准不是对象的自然身份或与行为人的关系亲疏，而是法定的"合格投资人"标准。我国《私募投资基金监督管理暂行办法》规定私募基金应当向合格投资者募集，合格投资者必须是符合法定条件的能够识别、判断和承担相应风险的单位或个人，其应当达到规定的资产规模或收入水平。作为私募基金的发起人和管理者，发行人负有确保其募集对象为合格投资人的义务。如果发行人对此持放任态度，那么其应当对发行行为所造成的危害后果承担责任。在案证据显示，被告人在确定募集对象时并未要求对方提供相关财力、能力证明，未实际落实投资人风险识别能力和风险承担能力评估机制，为了完成资金募集，漠视私募合格投资人制度的要求，其募集资金的对象不具备"特定性"，其募集资金的行为具有公开性。

非法吸收公众存款是向不特定的社会公众募集资金的行为，其侵犯的法益为金融管理秩序。而私募融资则属于法律允许的经营行为，因其募集对象属于特定对象，不关涉公共利益。在集资活动中，无论交易的载体为何，资金提供方的目的是获取未来的收益，即投资所产生的利润。这种具有投机性的投资收益这才是区分集资交易与其他正当交易的关键因素。客观地说，以宣传方式作为界定非法集资的必要条件，实际上不当地缩小了非法集资的范围。采用私募形式的资金募集行为是否构成非法吸收公众存款罪，应进行构成要件符合性审查。判决在论证了本案募集资金的行为具有公开性、利诱性和非法性后，认为被告人违反相关法律规定，借用私募基金形式变相吸收公众资金，构成非法吸收公众存款罪的结论也就水到渠成，说服力显然大于简单地套用犯罪构成。

四、强迫交易罪认定的说理

建构裁判文书说理的基本公式仍然是"三段论"模式，在说理和论证领域具有基础性地位。需要注意的是，在肯定"三段论"法律推理易被接受的同时，也要承认"三段论"式的法律推理具有机械性和僵化性。要想克服机械和僵化，可以运用各种方法去灵活建构大小前提，使事实一般化，使规范具体化。但是一定要注意，需要克服的是形式逻辑的刻板性和机械性，不能改变的是法律推理的基本逻辑。

以下面的几个判决为例予以说明：

（一）强迫交易罪发生场域的说理

强迫交易罪规定在刑法分则保护社会主义市场经济秩序一章中，本章的目的在于贯彻国家的市场经济管理法规，惩治的对象是破坏社会主义市场经济秩序，严重危害市场经济发展的行为，本罪所打击的显然是通过不公平的交易来谋取非法经济利益的行为。故本罪成立的语境应当是经营或交易活动中。"交易"应当同买卖商品、提供和接受服务相关，至少应存在一定程度的经营形式，只有存在特定的交易，才说明行为人是在牟取非法经济利益的主观动机驱动下，通过使用暴力或者威胁手段促成商品或者服务的交易，达到牟取非法经济利益的目的，这种行为破坏了公平、自由、平等的市场交易秩序，侵害了交易相对方的合法权益，才符合强迫交易罪的立法本意及构成要件。

> 被告人陈某东将被害人李某芹从家中骗出，后又驾车将其带至一葡萄园附近，称要向李某芹借款人民币50万元，在遭到李某芹拒绝后，被告人陈某东即用扳手等物对其殴打，导致李某芹受伤〔经鉴定属轻微伤（偏重）〕。后被告人陈某东被抓获归案。

本案案情看似简单，定性却一波三折。公安机关以敲诈勒索罪立案侦查，后以故意杀人罪对被告人采取强制措施。批捕部门以故意杀人罪附条件批捕，后以证据不足为由撤销批捕决定书。公诉机关现以强迫交易罪提起公诉。依据在于2014年4月发布的《最高人民检察院关于强迫借贷行为适用法律问题的批复》，该批复指出："以暴力、胁迫手段强迫他人借贷，属于刑法第二百二十六条第二项规定的'强迫他人提供或者接受服务'，情节严重的，以强迫交易罪追究刑事责任，同时构成故意伤害罪等其他犯罪的，依照处罚较重的规定定罪处罚。以非法占有为目的，以借贷为名采用暴力、胁迫手段获取他人财物，符合刑法第二百六十三条或者第二百七十四条规定的，以抢劫罪或敲诈勒索罪追究刑事责任。"法院对本案的定性问题进行了如下说理论述：

  关于本案定性的争议，本院认为：强迫交易罪规定在刑法分则保护社会主义市场经济秩序一章中，本章的目的在于贯彻国家的市场经济管理法规，本罪惩治的对象是通过不公平的交易来谋取非法经济利益、破坏社会主义市场经济秩序、严重危害市场经济发展的行为。《最高人民检察院关于强迫借贷行为适用法律问题的批复》有其针对性，并不适用于本案的具体情形。故不宜依此批复为本案定性。
  强迫交易罪成立的前提应该强调发生在商品经营活动中，而非两个没有关系的自然人之间偶发的行为。主体是否经常性地进行商业活动，或者以商业盈利为生，是本罪成立与否的前提。这就涉及对"交易"的含义的理解和解释。对法律条文、语词的解释，不应脱离其日常用法的核心含义作字面的理解，应当结合法条所保护的具体的客体进行解释。如果认为普通公民之间的借款行为一概属于强迫交易罪中"交易"的范围，显然脱离了交易这一语词的日常含义。另外，从手段上说，强迫交易罪中可以存在一定程度的强迫手段，但是适用强迫手段所达致的不公平条件也只能相对于正常交易的公平条件略有偏差。如果以严重的暴力或胁迫手段侵犯他人财产权的，尽管可能使用了商品交易的借口，仍然应认定为抢劫、敲诈勒索等侵财犯罪。
  虽然公诉机关提供了"先例"，但从指导案例的作用来看，也应该考虑在审案件同指导案例是否具有相似性。对案件事实是否类似或者同类的判断，是案例指导制度中的重要问题。其重点在于对待决案件与判决的案件在事实上是否具有类似性进行正确判断：如果类似，则可以适用先例规则；如果不类似，则不能适用先例规则。对案件事实类似性的争议及其裁判，将会成为司法活动的重要内容，直接决定着指导性案例的适用范围。而通过对上述批复所针对的案例的研究，可以发现该案中行为人同被害人之间不但存在亲属关系，而且案发前也多次有被害人借钱给被告人的行为，被告人也事先准备了明确还款日期、利息以及担保的书面文件让被害人签署。在这种前提下，法院才认为难以认定被告人有非法占有的目的，故此在该案中没有认定抢劫罪成立是合理的。这种背景关系决定了这一批复不具备脱离具体案件而存在的超越性，不应具有对此类案件普遍适用的性质。

（二）强迫交易罪与敲诈勒索罪界分的说理

强迫交易、寻衅滋事、敲诈勒索等是恶势力违法犯罪的主要手段，在实施犯罪的手段上也具有一定相似性，出现了行为、罪名交织的现象。这种情况下，如何准确把握行为人的主观目的，成为准确定性的关键。下面以北京市某法院审理的第一起"黑中介"恶势力犯罪案件为例进行说明：

> 被告人刘1、刘2共同出资购得营业执照后，合谋通过强迫客户交纳本来无须交纳的费用以及制造客户"违约"来获取非法利益。被告人刘1、刘2先后纠集其他被告人，使用伪造的"北京市通达置地房地产经纪有限公司财务专用章"从事房屋租赁中介活动。被告人刘1、刘2将多套房源对外出租。在被害人按照合同约定将租金、押金、管理费等款项打入银行账户并入住租赁房屋后不久，被告人便以语言威胁、辱骂、骚扰等方式强迫被害人交纳物业费、供暖费、中介费等额外费用，若不交纳就构成"违约"，必须搬离所居住的房屋。被害人被迫搬离后理应退还的剩余款项亦会被强行扣除。有的被害人即使交纳了额外费用，仍会被刘1、刘2等人以各种理由认定为"违约"。

本案公诉机关按照强迫交易罪提起公诉。法院认为，"黑中介"人员通过与承租人签订房屋租赁合同营造市场交易外观的假象，掩盖其非法占有他人财产的实质目的，实施骚扰、威胁、恐吓等"软暴力"行为，强迫承租人交纳不合理费用或迫使承租人搬离且不退还押金，因缺乏市场交易的实质性，该行为不构成强迫交易罪。被告人主观上以非法占有租客财产为目的，客观上在租客已经入住的前提下，实施"软暴力"行为强迫被害人交纳额外费用，不交就限期搬离，被害人由于不堪其扰，基于担心不交纳费用被限期搬离，以及即使搬离也会以各种违约的理由不退租金的心理强制，非自愿地处分财产，符合敲诈勒索罪犯罪构成。该份判决论述道：

> 强迫交易罪侵犯的法益（客体）是社会主义市场经济秩序，其行为虽然侵犯市场交易秩序，但仍基本符合一般交易规则。强迫交易罪违背了市场经济下等价有偿、平等自愿的交易原则。行为人欲通过强迫交易获得交易利益是以真实的交易为载体，已然获得的交易利益是以牺牲公平的市场交易秩序为代价的，构成强迫交易罪的前提是存在实质性的交易。
>
> 本案中，"黑中介"已经形成了固定的行业模式，被告人以非法获取经济利益为目的，与被害人签订合同，但签订合同的目的并不是满足租客的租房需求，而是营造其进行市场交易的外观假象，其实质是掩盖非法占有他人财产的目的，被告人一方不以交易为目的，不具有租赁服务的意图，不存在实质性的交易行为。被告人在租客入住后不久采取换锁、辱骂等胁迫手段，强迫被害人交纳额外费用或不退租金，从而非法获利，其行为直接侵犯的法益是被害人的财产权益，且被告人获取的经济利益与正常市场交易可以获取的利益相差悬殊，不符合强迫交易罪的特征。

（三）强迫交易"情节特别严重"认定的说理

强迫交易量刑分两档，在具体案件中是否认定"情节特别严重"，从而适用三年有期徒刑以上的刑罚也是法律适用的争议焦点。辩方常常提出，即使定罪，也应按照基本档标准在三年有期徒刑以下量刑。因为本罪是恶势力犯罪团伙经常使用的手段，在"扫黑除恶专项斗争"中这一争议尤为突出。以北京大洋路市场强迫交易涉恶团伙案件为例：

被告人穆某军伙同被告人乔某来、闫某义为垄断市场、攫取非法利益，纠集被告人廉某、王某富、乔某君、陈某祥、贾某、王某伟、魏某、蒋某生、徐某艳、林某兵等人，在大洋路市场强行推广销售总代理制度。被告人穆某军等人指使被告人廉某、王某富、乔某君、陈某祥积极巡查市场，并通过罚款、停业等手段欺行霸市、强买强卖，从而扶持北京治伟商贸有限公司、北京宗旺农副产品有限公司、北京璐怡商贸有限公司等公司在市场经营中形成垄断地位，多次实施强迫交易行为，致使多家商户退出该市场经营活动，迫使上千家商户接受指定代理商商品，严重影响市场经营秩序。

辩方提出不应认定"情节特别严重"，而判决论述道：

具体到本案来说，从侵害对象及其数量、违法犯罪次数、手段、规模、经济损失数额、违法所得数额、引起社会秩序混乱的程度以及对人民群众安全感的影响程度等方面，都有证据支持认定情节特别严重。比如，从被告人穆某军等主导建立代理制度到被查获，持续时间近三年，上千家商户受到代理制度的约束和影响（至少通过林某公司办理执照就达到这个数量级）；期间每天、不同领域都在进行交易，单次达到入罪标准的次数不可胜数；大洋路市场跻身京郊农产品批发市场的前列，占北京市蔬菜、水果等农产品销售的重要份额，从市场的体量和辐射范围可以合理推测相应犯罪行为的负面影响；本案中被告人所获违法所得数额难以直接计算，但指控中涉及的利益输送就达1500万元，可以合理推测代理商实际获利的情况。综合上述因素考虑，认定本案构成强迫交易"情节特别严重"具有充分的事实基础和法律依据。

对于达到何种标准方构成"情节特别严重"，目前确实缺乏明文解释，但不代表不能根据刑法理论作出合理判断。裁判文书对此问题既不能回避，也不能空泛地强行认定，而是应该结合法理深入探讨。判决对此首先从法理上论证了本罪的"情节特别严重"仅仅是量刑规则，而非加重的犯罪构成，解决了适用强迫交易罪"情节特别严重"刑档升格在刑法理论上的障碍。作为单纯的量刑规则，"情节特别严重"亦即沿着同一方向将损害放大多少倍，违法性的严重程度也相应地倍数增加。因此，对于是否构成"情节特别严重"也可以从上述的几个因素着手进行认识，论证事实基础扎实，法律依据充分，推导过程逻辑严密，从而使得认定构成"情节特别严重"具有较强说服力。

五、侵犯商业秘密罪中"重大损失"认定的说理

刑法第二百一十九条规定的侵犯商业秘密罪的基本犯罪要件是"造成权利人的重大损失"。在涉及侵害商业秘密的刑事审判与和民事审判中，正确认定侵权损失后果，直接影响刑事罪与罚的认定和民事侵权责任的认定。因此，对"重大损失"如何认定，一直存在着不小的分歧。常见的意见如下：

（一）"权利人利益损失说"

该说认为，应当以商业秘密权利人直接收入的减少额作为认定的依据，一般以权利人因侵权行为所遭受的市场竞争利益损失认定"重大损失"，包括实际损失和可得利益损失，具体可以权利人因侵权行为而减少的产品销售量乘以其产品合理利润率计算。这种意见认为侵犯商业秘密行为人的侵权行为直接导致权利人的营业收入受损，可依据营业额下降及利润下降等重大经济损失，认定侵犯商业秘密罪成立。但是这种意见也有其适用的局限性。因为市场形势复杂易变，权利人的经营状况受制于各种因素，其具体利益损失并非必然因商业秘密侵权行为造成，即使耗费极大的司法资源也往往难以查明两者完全、准确的因果关系。尤其在侵权人通过自身的特别努力或借助特别途径，自行开发新兴市场时，更难以认定权利人所丧失的具体市场份额及对应利润。

（二）"非法交易获利说"

该说认为，应当以侵权行为人因侵权行为所获得的利益和收入来认定本

罪的损失数额。司法实践中，侦查机关在无法查明权利人利益损失或侵权人获利时，有时还会以侵权人非法出售商业秘密所收取的货币金额认定"重大损失"，认为侵权人的非法获利也在一定程度上能间接反映权利人的损失。这种模式也是司法实践中认定"重大损失"时运用比较多的一种。但其缺陷在于正当性依据不足，侵犯商业秘密罪所保护的法益是社会主义市场经济正常的竞争秩序和权利人的无形财产权，而侵权人因非法窃取、泄露、转让商业秘密获取不当利益行为本身则侵犯了职务行为的廉洁性或不可收买性。两者能否相互转化还需论证。

（三）"商业秘密成本、价值说"

该说认为，商业秘密需要花费大量的人力、物力经过长时间的开发才能形成具有实用性、经济性的技术信息或经营信息，其自身价值较大，应当以商业秘密本身的价值来界定犯罪行为造成的经济损失，提出以较易鉴定评估出确切数额的、反映商业秘密自身价值的市场评估价、研发成本、许可使用费等予以确定"重大损失"。但是商业价值量评估往往具有相对性。一般来说，商业秘密的价值背景只有在诉讼过程中才能得到体现，而不常在市场交易中表现出来，这种特质给司法实践中准确认定商业秘密的价值造成了困扰。

"重大损失"这一要素属于法院必须查明的客观事实，依据罪刑法定原则和刑法谦抑原则，其金额亦必须依据可靠、逻辑清晰地运算得出具体数目。上述各种计算方式均有一定的道理，同时也各自存在局限。在司法实践中，应当遵循商业秘密本身价值 — 受害者的实际损失数额 — 侵权人的实际获利数额这一基本顺序进行认定。

以下面的判决说理为例进行考察：

> 被告人杨某超利用在北京某商务有限公司任接待员的便利，窃取并使用该公司客户资料。上述客户资料不为公众所知悉，能为权利人带来经济利益，具有实用性并经权利人采取保密措施予以保密，系商业秘密。因某甲公司与某乙公司签订的合作协议中有保密条款，条款规定某甲公司有义务对客户的信息进行保密，不得随意让无关人员获得客户信息并对客户进行各种形式的骚扰和收费，由于某甲公司违反了与某乙公司的保密条

款，某甲公司于 2013 年 10 月 22 日赔偿了某乙公司各项经济损失共计 50 万元。

本案中，支付该笔费用与被告人窃取并使用商业秘密的犯罪行为有直接的因果关系，系因被告人的犯罪行为造成的经济损失，故法院将此数额认定为犯罪行为造成的直接经济损失。在受害者的实际损失数额无法评估认定的情况下使用侵权人实际获利数额时，应当注重对于有利于犯罪人事实的认定。这实际上是侵权损失的一种合理推定。

上述论述是逻辑严谨的。需要注意的是，运用推定确认损失时必须遵循一定原则：一是在穷尽事实调查的手段后仍无法查明商业秘密侵权实际损失的情况下才选择适用法律推定；二是以商业价值为标准来衡量、判别推定侵权损失额的合理性，尽可能使推定的损失额接近实际的商业价值损失。可以说，上述裁判思路也为《最高人民法院、最高人民检察院关于办理侵犯知识产权刑事案件具体应用法律若干问题的解释（三）》所认可。

第三节 侵犯公民人身权利案件裁判文书的说理

一、轻伤害案件中"加害故意"认定的说理

司法实践中，故意伤害案件基本以结果论，构成轻伤即构罪，可捕、可诉、可判。但是在双方均仅有轻微暴力的情况下，是否能认定具有伤害的故意，值得探讨。以一审被宣告无罪的被告人陆某故意伤害一案为例，该案案情极为简单，但其中反映出来的问题颇有代表性。

该案中，被告人陆某因琐事与被害人黄某敏发生口角，后两人发生肢体冲突，陆某与黄某敏争抢黄某敏手中持有的棍子致黄某敏倒地，双方均报警处理。当日经辖区派出所进行治安调解，陆某赔偿黄某敏人民币 8000 元。后黄某敏反悔，公安机关带其进行了伤情鉴定，黄某敏所受伤情为"左侧多发肋骨骨折，左手环指裂伤"，已构成轻伤二级。陆某因此涉嫌犯

故意伤害罪，被提起公诉。一审法院认定被告人陆某不具有加害故意，其理由在于：

> 对于事发经过目前只有互有利害关系的证人所提供的言辞证据在案，本院只能以此为基础进行分析，尽量还原法律事实。首先，本案冲突起因及黄某敏的致伤原因不明。对于事发原因双方各执一词，难以认定。周某生到现场是在黄某敏倒地之后，陆某及其丈夫对于踢踹行为均予以否认，被害人黄某敏所称陆某对其踢踹攻击仅有其个人陈述，缺乏当日其他外观描述或者痕迹、检验结果予以佐证，故本院认为陆某对黄某敏踢踹的情节证据不足，只能认定双方争抢棍子、被害人倒地、受伤的这一过程。在这一前提下，黄某敏的伤情有可能在争抢棍子、相持较劲的过程中形成，也可能因倒地磕、硌形成。公诉机关指控"打伤"的证据不足。

> 第二，陆某争抢棍子、相持较劲的行为难以认定为故意伤害罪中的客观行为。故意伤害罪的客观方面要求行为人有伤害的行为。一般的殴打行为按照日常经验可以认定为定型化的伤害行为，但是并非典型殴打行为的举动是否属于伤害行为，只能结合一般社会观念来综合判断，比如该举动日常属性上是否具有导致对方身体机能受损的性质等因素。就本案而言，难以认定陆某同对方相持较劲的行为属于伤害行为。

> 第三，陆某追求伤害对方的主观故意证据不足。虽然产生了受伤后果，但是根据追究刑事责任需要主客观相一致的原则，仍要判断行为人主观上是否具有伤害对方的故意。在难以认定本案存在典型伤害行为的前提下，棍子是被害人的，陆某同对方争抢、相持应认为具有独立于身体接触之外的目的和意图，可以作为否定伤害故意的判断依据。本院认为陆某主观上对于自身行为所导致的结果最多是过失的心态，在仅导致轻伤结果的情况下，不构成犯罪。

本案中被害人一方为高龄老妇，被告人一方为半百妇女，双方本为邻里，为琐事发生口角，进而争执动手。被害人持有一根棍子，双方在争抢棍子的过程中被害人肋骨受挫伤。辩方一直强调伤情成因存在疑点。对于伤情的成因问题，鉴定机构表示直接攻击也可以形成，被害人倒地过程中受力也可以形成，无法进行进一步明确。通过考察分析轻伤的形成过程，既然被害人的伤情有可能在争抢棍子、相持较劲的过程中形成，也可能因倒地磕、硌形成。那么同一般的直接、有意攻击造成伤害的案件相比，本案的处理思路应有所不同。

判决先是从对"伤害行为"的分析入手，认为并非典型殴打行为的举动是否属于伤害行为，只能结合一般社会观念来综合判断，从而否定了本案存在"伤害行为"；进而从对伤害故意的分析入手，认为应对犯罪手段进行客观实际的分析，看其是否具有独立于造成对方身体伤害之外的目的和意图，如果存在，则可以作为否定伤害故意存在的判断依据。从客观行为和主观故意两个方面都能证成被告人的行为不能构成故意伤害罪。

二、绑架罪中"情节较轻"认定的说理

绑架罪作为侵犯公民人身权利、财产权利的重罪，以前法定刑起刑就在十年有期徒刑以上，对于个案往往显得罪责过重。后来《刑法修正案（七）》虽增设了"情节较轻"，但实践中应用较为罕见。以被告人谢某明绑架案为例，该案中，被告人系快递员，因琐事而起轻生的念头，借送快递之际劫持他人作为人质以求被公安机关击毙，被民警当场制服。法院认为，本案可以定性为绑架罪，但可以考虑认定为"情节较轻"。下面是判决说理举例：

> 第一，借他人之手以达自杀为目的是否属于不法要求。
> 自杀在当下虽不为罪，但是行为人实现自杀之手段及具体情形有可能对特定或不特定他人的人身安全造成影响，甚至影响到社会秩序，故特定情形下以自杀为目的而实施的行为仍可能构成相关犯罪。被告人谢某明为达到借他人之手实现自杀而挟持人质，其犯罪行为不但侵犯了当事人的行动自由及身体安全，同时给处置事件的人员造成伤害，给他人造成不同程度的

恐慌,其所提显然属于不法要求。

第二,本案可否认定为绑架罪中之"情节较轻"。

被告人谢某明借送餐之际选择女性作为犯罪对象,控制人质在先,传达不法要求在后,其绑架行为业已既遂,其在公安人员处置时并未主动放弃犯罪,是否仍可评价为"情节较轻"?对此本院认为,绑架罪侵害的法益以人质的行动自由及身体、生命安全为核心逐步扩散,蔓延至人身法益、财产法益以致社会秩序等多个层面。行为的社会危害性根据具体犯罪手段、犯罪动机、犯罪后果及犯罪情节有所不同是客观存在的,在绑架行为本身危险性较轻,对被绑架人人身安全虽形成了一定威胁,但尚未达到严重程度的情形下,可以根据个案情况认定为"情节较轻"。

对被告人的量刑必须要从罪责刑相适应的基本原则出发,考虑具体责任要素。刑因罪而生,足以治罪即可。责任程度同其实施的客观行为严重程度要相符。上文的判决在重申立法修订、重申公共政策、重申罪责刑相适应等方面下功夫,言简意赅地对于本案适用"情节较轻"作出了有说服力的论证,对被告人在绑架罪"情节较轻"的量刑幅度内从轻处罚、没有必要判处十年以上有期徒刑的合理性水到渠成。

三、认定"公民个人信息"的说理

法律人的看家本领就是论证。就刑事案件的处理而言,法律人论证技艺的娴熟运用与是否掌握刑法解释方法紧密相关。为了妥善说理,法官必须熟练掌握文义解释、体系解释、目的解释等方法。司法实践中,运用得最多的是文义解释,通过这种解释方法探究法条用语的文义,是解释的起点。文义解释之所以重要,是因为具体案件能否被纳入刑法概念之下并不清楚,需要对法条用语的含义进行阐释;解释无论如何不能逾越法条用语的可能含义,从而使得罪刑法定原则被坚守。这是几个不能逾越的界限。至于在此领域内如何尽情驰骋,取决于法官的能力和意愿。

以睿思科公司查询公民犯罪记录一案为例，如果按照文义解释来处理是一种局面，而透过法律去适用体系解释、目的解释，就是另外一重境界。

公诉机关指控，被告人董某以睿思科管理顾问（北京）有限公司名义，伙同北京市公安局西城分局某派出所民警聂某轩、辅警郭某等人，私自违规使用公安数字证书登录公安内部信息网查询系统，查询不特定人员公民个人信息共计54618条。

其间，董某、陈某进、王某华、蓝某等人以睿思科管理顾问（北京）有限公司名义非法获利人民币197万余元，聂某轩、郭某等人非法获利人民币32万余元。上述六人均应以侵犯公民个人信息罪追究刑事责任。

本院认为，睿思科公司接受多家外企单位的委托，对于应聘人员进行背景核查。其通过聂某轩利用职务便利进行有无犯罪记录的查询。根据目前材料显示，用人单位均已获得应聘人员的授权，在此基础上委托睿思科公司进行核查，用人单位获得犯罪记录信息后仅用于筛查应聘人员，现无证据证明用于其他非法用途或流出。本案不宜认定为侵犯公民个人信息罪，整体上属于职务犯罪。

其中民警聂某轩身为国家工作人员，利用职务便利非法收受他人财物，为他人谋利，数额巨大，其行为构成受贿罪。被告人董某作为睿思科公司的法定代表人，在中国境内行使单位最高管理者的职责，其作出的通过行贿手段来开展业务的决定符合单位的决策程序，并且由其直接实施，其目的在于为单位谋取经济利益，故应认定为单位犯罪。睿思科公司是依法成立的法人组织，为谋取不正当利益而向国家工作人员行贿，数额超过追诉标准，构成单位行贿罪。在公诉机关未按照单位犯罪起诉的情况下，法院按照相关司法解释的规定，对被告人董某以单位行贿罪追究刑事责任。

本案的争议焦点是（通过个人授权查询）这种情形下获取的公民的"无犯罪记录"这一信息是否属于刑法所保护的对象。相关司法解释中规定，刑法第二百五十三条之一规定的"公民个人信息",是指以电子或者其他方式记录的能够单独或者与其他信息结合识别特定自然人身份或者反映特定自然人活动情况的各种信息,包括姓名、身份证件号码、通信通讯联系方式、住址、账号密码、财产状况、行踪轨迹等。依文义解释,本案中涉及的个人信息符合司法解释所下定义的字面规定,但对于何谓"公民个人信息"不应就字面意思进行理解,以至于认为任何反映特定身份情况或活动情况的信息均构成本罪的保护对象。相反地,应从如下几个层面进行探讨,进行一定程度的限缩解释,方能确定合理的惩罚范围。

首先,依体系解释方法,个人权益应是本罪保护的优势法益。虽然侵犯公民个人信息罪有"违反国家有关规定"这样的用语,似乎重在维护国家对相关信息的管理秩序。但是从刑法分则的设置体系上看,本罪却没有放在"妨害社会管理秩序"一章,而是规定在"侵犯公民人身权利、民主权利"一章中。

对于本罪的保护法益,或者说侵犯对象的内涵,论者基本从隐私权、个人生活安宁权以及信息数据本身具备的价值等几个方面进行理解。无论是从人格权属性着眼,还是从财产权属性着眼,落脚点均是基于个人性质的法益。因此,即使承认本罪保护的法益具有复合性,既有社会管理属性,又有个人权利属性,仍然可以说本罪的主要保护法益是公民个人法益。

其次,在没有违背权利主体意愿的情况下,个人信息的获取、提供、传播行为不存在法益侵害。从被害人同意的理论视角观察,即使承认"有犯罪记录"属于应该保护的个人隐私(对此应根据犯罪记录的性质认定,并非毫无争议),对于该信息的定性和处置也首先应该考虑拥有记录者本人的态度,即其是否将相关记录视为个人隐私。何况本案涉及的其实是"无犯罪记录"这一信息。

本案中,用人单位要求应聘人员提供"无犯罪记录"的要求是符合一般社会观念的,并不涉及滥用强势地位或者用工歧视。应聘者在求职过程中显然是希望将自身"无犯罪记录"这一信息向用人单位披露，以证明自己的入职资格。

在权利主体希望信息得到扩散和传播的前提下，唯一合理的结论就是，个人有无犯罪记录、是否披露给他人完全属于权利主体自身控制的内容，法律应该尊重这种自决权利。如果将协助实现这一目的的行为认定为犯罪，明显违背一般人的认知和感觉。从本案实际情况看，传播行为也没有给其他人造成安全隐患或风险，没有侵犯到任何公民的利益。刑法没有必要也没有理由介入。

综上，侵犯公民个人信息罪虽然也涉及国家对个人信息的管理秩序，但这只是本罪的次要保护法益。本罪的成立关键在于"是否未经权利主体的同意，或者违背了权利主体的意愿"。如果是经过被收集者同意的信息获取行为，就可以认为至少存在被害人同意（或承诺），即便一定程度上违反了相关管理规定，也不能构成本罪。至于非法获取的手段行为另行构成其他犯罪的，可以以其他犯罪论处。

犯罪的构成要件有成文的构成要件与不成文的构成要件之分。成文的构成要件要素，是指刑法明文规定的构成要件要素；不成文的构成要件要素，则是刑法文字上没有明文规定，但根据刑法学理可以判断出来的、成立犯罪所必须具备的要素。最常见的不成文构成要件要素莫过于侵犯财产犯罪中的"非法占有目的"。法律适用的过程一定程度上就是发现法律的过程，其中一部分重要的内容就是发现法条文字背后的真实含义，以及发现不成文的构成要件要素。上述案例中所谓"被害人的同意"就是这样一种不成文的要素。在论理时，要注意运用文义解释之外的其他解释方法，同时善于运用刑法基础理论，挖掘、提炼构成要件中的不成文要素。

四、认定虐待被监护、看护人罪的说理

在涉及亲情、伦理关系的案件，尤其适合通过说公理、讲情理的方式强化论证。在此类案件中，法官也常常愿意在说理过程中强调家庭伦理和人情因素，增强裁判的说服效果。当然，法官的裁判说理，既不能仅限于法律关

系，也不能仅限于人际关系，而必须情法协调。很多研究者都观察到，中国古代裁判者之所以注重判决书中的"劝解"，除了"和为贵"等传统意识在起作用外，还缘于被裁判者常寄望裁判者能予具体化的自上而下的体恤、扶弱抑强。至于一般阅读者，则可从判决书中体会司法公正、深受教育或"被普法"，犹如最高人民法院希望并主张的，使裁判文书成为向社会公众展示司法公正的载体，进行法治教育的生动教材。

这样的判决不胜枚举，以下面的判决为例。2017年，被告人徐某芳至北京朝阳区黄某某的家中做保姆。2020年上半年间，被告人徐某芳在看护患病老人黄某某期间，为发泄不满情绪，多次采用推搡、击打头面部、扇耳光、薅头发等方式对黄某某进行虐待，致黄某某"左颞部皮肤挫伤、右颧部皮肤挫伤"等，经司法鉴定属轻微伤。后被告人徐某芳因犯虐待被看护人罪，判处有期徒刑一年。该份判决说理内容如下：

> 尊老敬老是中华民族的传统美德，也是每个公民应尽的义务。被告人徐某芳作为照顾患病老人生活的服务人员，负有看护职责，本应对被看护人悉心照料、保护，但其却违背职业道德和看护职责要求，多次采用推搡、击打等方式对被看护人进行伤害，情节恶劣，其行为严重损害了患病老人的身心健康，已构成虐待被看护人罪，依法应予惩处。

字数虽不多，但是情真意切，不仅重叙事内容，也重文学化的感染，以后者推动前者。这种诉诸公理、情理的表述体现了"伦理教化"对理性裁判的协调意义，展现了丰富的公共治理及社会关爱的内容，凸现了法律与文学的情怀融合的姿态。如果"度"把握得好，易为受众所接受，往往会产生"刷爆朋友圈"的传播效果。

第四节　侵犯财产案件裁判文书的说理

一、盗窃罪、诈骗罪与抢夺罪界分的说理

三罪均是常见的财产犯罪，属于研究比较充分的犯罪类型，一般来说，不会发生难以界分的困扰。但是在特殊案件中，会由于伴随着一定程度的掩饰行为，导致在定性上产生一定的争议。尤其是同时存在诈骗、盗窃及抢夺这三种行为中的两种甚或三种的时候，哪种行为是本质性的、值得刑法处罚的行为确实难以认定，极易混淆此罪与彼罪的界限。

实际上，三种财产犯罪分别有自己的核心构成要件，这些要件是互斥的，不存在竞合的关系，因此，不可能存在同时满足三种构成要件的犯罪行为，其中必然存在一个能够充分评价这一犯罪事实的构成要件，而另外两种要件只是牵涉到该事实的部分要素。此时，正确的认识本质行为对于正确定性具有不可或缺的意义，这就要求我们对于盗窃、诈骗以及抢夺这些常见的财产犯罪的基本构造有着深刻的理解和把握。这一任务，需要通过对财产犯罪进行深入的类型化分析才能够完成。对于定性的认定和说理，最基本的要求还是要建立在还原事实的基础上。以下面的案件为例：

> 被告人盛某某在网吧内遇见以前相识的被害人文某某，见其随身携带大量现金，起意占有，以送文某某回家为借口进行纠缠，并趁故意与文某某身体接触致钱包落地之际抢得钱包。文某某向盛某某索要钱包，盛某某拒不归还，并称让文某某陪其吃饭、聊天之后就归还。文某某被迫陪盛某某一起用餐、聊天达数小时之久。被告人盛某某又提出让文某某陪同其到某洗浴中心洗浴。5时许，盛某某趁文某某入浴之机携钱包（包内有人民币3000余元及银行卡等物）逃跑，文某某出浴之后找不到盛某某，随即报警。

本案公安机关侦查完毕后，以诈骗罪移送审查起诉。公诉机关对本案的定性聚讼不定，退回补充侦查一次，之后经过论证，在盗窃罪、诈骗罪和抢夺罪三个罪名中选择了抢夺罪提起公诉。法院在分析事实的基础上，提炼出盛某某取得财物的关键环节和手段，最终将本案认定为抢夺罪。

本案抢夺、诈骗和盗窃的因素同时纠缠于一桩事实之中。但是，为了正确定性，应该关注的"节点"是被告人取得财物的核心方式。其他的手段只是对这一核心方式的掩饰或掩盖行为，并不能单独满足其他构成要件。本案事实认定的关键在于钱包如何落入被告人手中。对此，被害人曾有过多次陈述，但是对于钱包如何脱离其控制的过程描述含糊，对于被告人对其是否使用了一定程度的暴力这一关键环节未能清晰说明；而被告人的多次供述反复无常，时而承认自己系采用暴力将钱包夺取到手；时而翻供，称系在拉被害人手的过程中不慎将钱包碰落在地。但二人的陈述及供述对于"钱包落地之后距被害人三四米，被告人反应较快，抢先捡起"这一细节能够相互印证。根据常理判断，钱包脱离被害人控制这一环节中被告人必然使用了不法腕力，否则被人握在手里并且揣在衣兜里的钱包是不可能被甩出几米之外的。但是这种力量可能比较微弱，未必达到可以压制被害人反抗的程度，从这个角度而言，可以作对被告人有利的推定，不认为其构成抢劫罪。但是根据现有证据能够认定被告人有使用不法腕力夺取钱包的事实，并且在钱包甩出后，被告人抢先一步，实现了对钱包的控制。

综上，本案的关键问题实际是：（1）被害人是否基于认识错误而对财物有终局性的处分行为？（2）被告人是否违反了被害人的意志秘密取得财物？对这两个问题的回答显然都是否定的。对于钱包这种形体微小之物，显然是处于被害人的紧密持有之下，被告人依靠不法力量的行使使其脱离被害人的占用，并建立了自己对钱包的控制。这一行为虽然发生在只有被害人和被告人双方在场的情况下，实施的抢夺行为仍具有公然性。因此，本案中值得刑法评价的核心在于被告人趁被害人不备或不及抗拒之机，公然掠取财物，并予以非法占有，故本案认定为抢夺罪定性准确。

二、敲诈勒索罪与诈骗罪界分的说理

理论上，在各种财产犯罪中诈骗罪同敲诈勒索罪具有独特性，更像是出于同源。

因二罪具有类似的结构：诈骗罪是行为人实施欺骗行为→受骗者产生错误认识→受骗者基于错误认识处分财产→行为人取得财产→受骗者遭受损失，而敲诈勒索罪则是行为人实施威胁、恐吓行为→对方产生恐惧心理→对方基于恐惧心理处分财产→行为人取得财产→被害人遭受损失。在行为方式上二罪都是开放性的，都可以通过虚构事实的方式来实施，那么，被害人在半信半疑的心态支配下交付财物的行为，应该认定为敲诈勒索罪还是诈骗罪（或招摇撞骗罪）？见下例：

被告人出于接受有偿性服务的目的，经微信联系"按摩"事宜后，进入被害人居所。被害人见其身穿警用大衣，主动询问其是否为警察，被告人本来系偶然穿着警用大衣，但随机应变，借被害人发生认识错误之际，声称自己系警察，被害人如不破财免灾，将会受到追究，同时还称以后会在执法方面照顾被害人。被害人信以为真，交付了财物。

从被害人的角度而言，其心理状态既有免除此次被追究的目的，同时也具有结识了警察以后可以受到一些照顾的目的。对被害人这种混合心态的地位如何判断影响到对本案的准确定性。在这种具有互动性的犯罪中，涉及被害人地位的判断。被害人的主观意思和心态对于准确定性具有重要的作用。虽然主观态度的具体内容具有变动性和混合性，证明起来非常棘手，但是也并非不可探知的，而且，证明上的困难不应成为影响实体法上逻辑演绎和推理的借口。

关于本案的处理，存在两种不同意见。第一种意见认为，被告人的行为构成诈骗罪或招摇撞骗罪。被告人冒充人民警察的身份欺骗被害人，使被害人对其身份产生错误认识，在这种错误认识的支配下产生了混合心态，基于此向被告人交付财物。被告人的行为实际上符合诈骗罪的构成。考虑到本案的具体情况，也可以参照《最高人民法院关于审理抢劫、抢夺刑事案件适用法律若干问题的意见》处理。该《意见》中规定，行为人冒充正在执行公务的人民警察"抓赌""抓嫖"，没收赌资或者罚款的行为，构成犯罪的，以招摇撞骗罪从重处罚，因此本案应认定为招摇撞骗罪。第二种意见认为，被告人的行为构成敲诈勒索罪。本案的被告人是以非法占有为目的，采取冒充人民警察的手段，以追究其违法行为为由威胁被害人，被害人因此产生了恐惧心理，基于这种恐惧心理向被告人交付了钱财，被告人取得了钱财，实现其非法占有的目的，因此应当构成敲诈勒索罪。

本案的处理采纳了上述第二种意见，理由如下：

第一，从招摇撞骗罪与敲诈勒索罪侵犯的法益来看。前者侵犯的法益是国家机关的公共信赖，后者被规定在刑法分则侵犯财产罪的章节，侵犯的是公民的财产法益。招摇撞骗罪一般是行为人为了获取钱财地位、荣誉、待遇或者爱情，以国家工作人员的身份进行欺骗、炫耀，主要强调的是给国家机关及其工作人员的形象造成损害，不以获取某种利益为要件。虽然在招摇撞骗的过程中，也可能会获得一些财物或者财产性利益，但这只是附带性的其他后果，没有这种后果发生，也同样会构成招摇撞骗罪。而敲诈勒索罪侵犯的是财产法益，构成本罪也要求行为人具有非法占有的目的，如果没有非法占有的目的，就不能构成敲诈勒索罪。在本案中，行为人假冒人民警察，以被害人涉嫌违法行为相要挟，很明显是想要从被害人处获取钱财，侵害其财产法益，非法占有的目的非常明确。

第二，在招摇撞骗罪以获取某种财物或者财产性利益为目的的场合，其与敲诈勒索罪的根本区别在于，被害人交付财物的原因不同。前者是被害人相信了行为人假冒的国家机关工作人员的身份，即对行为人身份产生了错误的认识，基于对国家机关工作人员身份的信任、崇拜，"心甘情愿"地交付钱财。在招摇撞骗罪中，行为人交付财物的原因与诈骗罪一致，都是行为人通过虚构事实、隐瞒真相的方式（在招摇撞骗罪体现为假冒国家机关工作人员），使被害人陷入错误认识（招摇撞骗罪中体现为对假冒的身份信以为真），基于这种认识错误交付财物。而后者是受到了行为人的威胁、要挟，产生了恐惧、害怕的心理，在这种受强制的精神状态、心理状态下，被害人"迫不得已"交付财物。简言之，虽然两罪中被害人交付财物都是出于形式上的"自愿"，但这种意志自由的瑕疵程度不同，招摇撞骗是基于认识错误，敲诈勒索是基于精神受压制，但是尚未达到不能反抗的程度（如果达到就是抢劫）。在本案中，尽管被害人对行为人的身份也产生了错误的认识，但是这种认识错误并不足以使其交付财物。交付财物是其心里害怕违法行为败露，其精神上受到了强制，在"迫不得已"的情况下把钱财交与行为人。对于交付财物，其内心显然并不情愿。

综上，行为人通过虚构事实对被害人产生了精神压制，这一效果居于主导地位，因此应该认为被害人处分财物的行为是在意志自由存在瑕疵的情况下所为，认定为敲诈勒索罪。

三、敲诈勒索罪与抢劫罪界分的说理

抢劫罪的手段中既有暴力也包含威胁，而这两种手段也属于敲诈勒索罪经常使用的手段，故被害人迫于威胁而处置财物的情况下需要结合具体情况判断成立何种罪名。此种情况下可以转换视角，以被害人的角度来对其交付财物的心理予以推断和确认。从被害人的角度来说，抢劫罪属于彻底压制被害人法益支配自由，敲诈勒索罪则属于利用被害人法益支配自由的瑕疵。两罪构成要件的关键差异在于被害人有无财产处分的余地而不在于其他。以下面的案件为例，公诉机关指控三名被告人犯抢劫罪，而法院作了如下认定和说理：

> 被告人牛某旭伙同李某、张某预谋结伙以"仙人跳"的方式非法获取财物。2017年6月27日零时许，被害人以做按摩为由召被告人张某进入酒店房间内，后被告人李某进入房间，被告人牛某旭通过电话联系、李某当面以被害人涉嫌违法行为相要挟，获取人民币6200元及手表一块。

对于定性，判决写道：

> 一般来说，判断（抢劫和敲诈勒索）两罪区别的标准包括暴力程度标准和"两个当场"标准，均是经验层面的总结和归纳，因此，以被迫交财的根据是暴力还是威胁定罪，难以成为一个可以清晰贯彻的区分标准。但是从被害人的角度来说，抢劫罪属于彻底压制被害人法益支配自由，敲诈勒索罪则属于利用被害人法益支配自由的瑕疵。两罪构成要件的关键差异在于被害人有无财产处分的余地而不在于其他。综合考虑本案的证据，本院认为指控被告人使用了被害人难以反抗的暴力或威胁手段证据尚不充足，但足以证明行为人实施威胁手段使被害人陷入被动处境而选择处置了自己的财产，故在目前证据下本案应定性为敲诈勒索罪。
>
> 在案证据足以认定被告人实施"仙人跳"借机非法获取钱财，但是对于定性为抢劫还是敲诈勒索存在争议。本案中并不存在直接的对人暴力，无论是以威胁还是以要挟的方式，从行为方式上，难以对两个罪名作出具有实际意义的区分。判决提出的努力方向是，想方设法走进原有的微观司法语境，查看细节，特别关注加害者和被害者之间的需求互动，以引出具有实际意义的判断标准。

四、通过第三方支付平台进行的盗窃罪认定的说理

法律问题背后隐含着经济学结构的观念已经为学界所熟知和认可，相对于教义学，用经济学方法分析法律问题有独特的功能和价值。人类行为应该是理性的，如果某一选择是合理的，那么背后必然隐含足够有力的经济学理论支撑。某种选择是否理性，某种规则是否具备优越性，不应仅能够从刑法教义学内部得到论证，同样也应该能够从法律经济学的外部视角得到论证。如果教义学分析的结论是合理的，那么引入了经济学的效率视角后，同教义学分析的结果必然也是一致的，同时还可以给责任分配的合理性提供实质性依据，由此论证了本案的定性在通向效率之路上的合理性。

经济学遵循的最基本逻辑就在于"成本—效益"分析，目的在于实现社会成本最小化。简言之，这一目标就是预防某一犯罪所付出的成本与犯罪造成的损失之间的差额。如果将犯罪视为一种"事故"，那么责任的分配原则是：必须以最小的成本防止类似事故的发生，同时必须能够在事故发生后激励相关人员努力减少事故所造成的损失。

不同的定性导致成立不同的犯罪，随之带来的是实体认定或者诉讼程序方面的差异等一系列问题。更重要的是，由于不同定罪结论带来的差异对未来事件的激励效果不同，因此，需要反过来考虑在一开始将风险和责任归属给谁更为合理，需要考虑这些实体认定和诉讼程序上的差异将会对潜在的被害人或行为人形成哪些激励，以及哪一种激励下产生的效果才是最有效率的。以下面的案件为例：

被告人陈某使用朋友全某的手机，以全某的身份信息注册支付宝账户后，将全某的光大银行卡绑定该账户，通过该支付宝账户使用卡内资金人民币13196元为自己购买苹果7plus手机二部。被告人陈某后被查获归案。辩方提出陈某的行为构成诈骗罪或信用卡诈骗罪，法院认定陈某的行为构成盗窃罪。判决说理写道：

> 关于辩护人所提定性之争议，若以刑法教义学驳之，无非围绕盗窃罪与诈骗罪的犯罪构成要件循环论证，本院试以经济分析的方式，分配相关方的责任与风险，并基于此作出定性判断。
>
> 首先，本案属于手机及个人信息为被害人身边之人窃取导致，行为人在物理空间上具备接近被害人的便利，该风险属于被害人可控范围，本应可以通过提高自身的注意义务进行合理控制。在没有其他更具有说服力的政策考虑的情况下，不宜将此责任范围分配给支付宝一方。其次，若将因犯罪行为导致的损失风险分配给支付宝一方，则支付宝同用户之间的商业保险合同目的落空，造成社会资源的无端浪费。且在这一本来通过当事人合意就可规范的领域，刑法应保持谦逊的姿态。最后，若将损失分配给支付宝一方，实际上提高了投保方制造保险事故以骗取保险金的可能性，有激发投保方道德风险之虞。

综上，将风险与责任分配给被害人，其完全可以在可控领域内提高注意义务以避免损失的发生。如发生损失，也可通过商业保险合同获得弥补，不至于有实际损失产生。因此，将身份被盗用者作为被害人，可以较好地安排相关各方的利益。故本案应定性为盗窃罪而不是诈骗罪。

本案事实清楚，唯对于盗用他人身份信息注册支付宝后，利用支付宝消费他人银行卡内资金行为的定性为盗窃还是诈骗（或信用卡诈骗）存在广泛争议。不少判决和学术论文都对此进行了探索。上文判决的亮点在于论证方式的创新，其依据有二，一是刑法教义学理论的充分支持，二是经济分析思维方法的必然结论。引入其他领域的知识增加判决的说理性应成为一个值得重视的途径。

司法实践中，涉及第三方支付平台的犯罪越来越多见，但是对于此类犯罪的基本认识还处于相对模糊的阶段，对于行为类型的界定以及犯罪的定性无论是理论界还是实务中都还存在较大争议。对此应该把握的原则应提倡从"加害 — 被害"关系出发予以考虑。即对财产犯罪案件性质的分析，首先要确定被害人，然后要确定被害人所遭受的财产损失的具体内容（即行为对象与侵害结果的具体内容，如是有体物遭受损失，还是财产性利益遭受损失，是何种财产性利益遭受损失），接下来要判断造成具体财产损失的行为是什么性质（具体财产损失应当归属于哪一行为），该行为符合何种犯罪的构成要件。按照上述步骤来考察涉及第三方支付平台的案件，可以得出的结论是：无论资金存放于何处，被害人都是同一的，被害人遭受的财产性利益也是同一的，行为人取得的是同样的财产性利益，最重要的是，"将他人占有（或享有）的财产性利益转移给自己或者第三者占有"这一要素得以保持，而这一点是盗窃罪的核心特征和定型要素。如此处理也符合资源配置的合理性。

五、职务侵占罪与诈骗罪界分的说理

职务侵占中，行为人可能采取包含诈骗在内的多种手段，在定性之时往往也会产生争议。由于两个罪名在起刑标准及量刑幅度方面有重大差异，往往成为控辩双方角力的焦点。

在职务侵占罪的构成要件中，"利用职务上的便利"应为"将本单位财物非法占为己有"的充分且必要条件，即行为人在利用自己的职务便利后，必然会导致将本单位财物非法占为己有的结果，而此结果的发生，必然是因为利用了职务上的便利，此逻辑关系是区分以虚构事实的手段实施的职务侵占罪与诈骗罪的关键。而在诈骗罪的构成要件中，被骗一方因相信行为人虚构的事实，最终作出的只能是自愿处分自己财产的决定，此点是认定诈骗罪及界定被害人身份的关键。可以通过下面的具体案例来了解一下两罪的界分。

被告人陈某是人寿北京分公司的员工。其以公司需核对保单信息为由，从投保人处骗得身份证及保单原件，并让他人冒用投保人的名义在银行开立账户，后持投保人身份证、保单原件等到人寿北京分公司，通过出具上述身份证、银行账户信息、保单原件等资料并伪造投保人签字的手段，虚构投保人申请办理其投保的国寿瑞丰两全保险（万能型）（以下简称万能险）的部分领取个人账户价值业务的事实，致使人寿北京分公司将人民币35万元转入上述投保人的银行账户内，该笔钱款后由被告人陈某分多次取现、转账并消费。

本案中争议的焦点集中在，被告人陈某利用其保险营销员的职务便利骗取客户资料后，冒充客户骗领保费的行为应该如何定性。对此存在两种不同的意见：第一种意见认为，被告人陈某能够顺利从客户处骗取身份证及保单原件等资料，进而持上述资料申领保费，利用的就是其作为保险营销员的职务便利，其行为应当构成职务侵占罪；第二种意见为，被告人陈某虚构事实从投保客户处骗取相关材料，进而骗领客户交由保险公司的保费，其行为应当构成诈骗罪，且客户为被害方；第三种意见认为，被告人陈某的行为是主要是通过虚构事实骗取公司控制、保管下的财产，应当构成诈骗罪，保险公司应为被害方。法院采纳了第三种处理意见，理由如下：

> 首先，被告人陈某能够从客户处骗取身份证、保单原件的关键在于其为保险营销员，客户正是在知晓其职务的前提下才相信其虚构的事实而将相关个人资料交由其保管，而上述资料是被告人最终能够骗得保费的关键，被告人陈某的一系列行为看似符合职务侵占罪的构成要件，然而，被告人在利用职务便利骗取相关资料后，还需实施擅自办理客户名下银行账户、伪

造客户签名等一系列行为,才能够最终齐备相关申请材料,才能够顺利骗领保费,而在上述一系列行为中,任何一个环节无法实现即会导致最终结果无法实现,由此可见,被告人"利用职务上的便利"后导致的结果并不必然是"将公司财产占为己有"。

其次,在本案中,被告人陈某伪造客户签字,进而虚构客户本人需办理个人账户部分领取业务的事实从保险公司骗领保费的行为是其取得涉案钱款、实际侵害法益的关键,而这一过程中,其并非利用了职务便利。根据在案人寿公司北京分公司关于保险营销员的相关管理规定,保险代理机构、保险代理业务人员和保险营销员不得接受投保人委托代缴保险费、代领退保金、不得接受被保险人或受益人委托代领保险金,而根据保险公司出具的关于万能险的部分领取个人账户价值申请业务的规定,客户本人办理该项业务需提交客户本人亲笔签名的申请书、客户身份证明、银行账户信息等,且应当由客户本人亲自在柜台办理相关手续,由此可见,被告人陈某作为公司的保险营销员,并不具有主管、管理、经手公司财产的权利,亦不具有直接控制和独立支配客户保费的权限,其能够取得涉案钱款的原因并非利用了职务上的便利,而是在于其通过骗取客户身份证和保单原件、擅自办理客户名下银行账户、伪造客户签名等一系列手段,齐备了相关申请材料,使得保险公司相信涉案万能险的部分领取个人账户价值业务符合投保人本人申领的条件,而错误地将钱款转入陈某实际控制的账户中。

综上所述,被告人陈某虽有利用职务便利的行为,但该行为并非是将公司财产占为己有的充分且必要条件,被告人陈某的行为不应构成职务侵占罪。裁判文书说理都离不开裁判结论这一核心,也离不开诉辩各方争议焦点。围绕裁判结论进行说理,旨在论证裁判结论的准确性,体现说理的实体性价值;围绕争议焦点进行说理,旨在展示裁判文书说理的博弈性,体现说理的程序性价值。说理要把二者结合起来,从过程和结论两个层面实现说理。

第五节　妨害社会管理秩序案件裁判文书的说理

一、妨害公务罪中判定"公务合法性"的说理

妨害公务犯罪中最常引发争议的就是"公务合法性"的问题。一般来说，国家工作人员职务的执行必须具有合法性，即"依法"执行职务。实践中，对国家机关工作人员的"违法"行为予以阻碍的，是否成立本罪以及如何判断，需要考虑哪些因素，是比较复杂的问题。以下面的案件为例可以一窥公安机关执法实践的复杂性。案情为：

> 因一车主同物业之间发生纠纷报警，派出所民警出警到场处理纠纷，引发群众围观。被告人连某围观过程中同民警发生口角，继而询问民警警号，称要对其投诉，并持手机拍摄，被民警将手机抢下，但并未宣布对手机实施依法扣押。连某上前抢回手机，在此过程中造成民警手臂抓伤及眼部受伤（经鉴定书认定属轻微伤）。

公诉机关认为本案构成妨害公务罪。但本案是否能够认定妨害公务罪，涉及如下几个问题的回答：在本案的具体情况下警察是否有进行现场管制的权力？在现场人员并非执法对象的情况下，其对警察的执法行为在何种范围内承担容忍、克制、服从及协助义务？在上述问题得到妥善分析后，才能得出警察"扣押"物品后，相对人自力抢回的行为如何评价的妥当结论。

综合来看，前期发生的纠纷性质未明，警察到现场的处理权限有限，仅限于进行调解矛盾，避免事态升级以至于危及治安秩序。在当时围观者甚多的情况下，警察应尽快确定当事人并隔离围观者避免纠纷扩大化，但是在没有明显突发紧急状况的前提下，警察并没有进行现场管制、强行驱散围观人员的权力。这种情况下，尽管围观者有保持秩序、协助警察执法的道义义务，但并无法律上的强制性的配合义务。

那是否可以认为控制手机是一种基于对现场秩序维持和控制的需要而进行的临时性对物强制措施？就本案事实来看，连某询问警号以及进行录像的行为尚未对警察正常的执法行为造成阻碍，在此情况下警察并无基于现场处置需要而产生的合理依据以强制手段控制手机。在职务行为缺乏合法性的情况下，连某采用暴力手段夺回手机，并在此过程中造成警察受伤的行为不宜评价为妨害公务罪。

综合目前对职务行为合法性的意见，大致可以接受的是：妨害公务所针对的职务行为应当是适法的，即符合法律对职务活动的实质和形式要求，但适法性应作相对宽松而非严格的解释，轻微违法一般不影响适法性；并且，职务是否适法得由法院根据职务行为发生时的情况、结合法律解释进行认定，而不能完全以事后纯客观判断为准，换言之，这就预留了职务行为虽在事后判断属于违法、但在事中仍被视为合法的空间。原则上，重大明显的违法行政行为不具适法性或不具合法有效的推定，对此类行为的不服从，无论采取何种形式，都不构成妨害公务的违法或犯罪行为；对于"某些"事后判断应属违法的行政行为，但在行政行为发生时可以视为适法或具备合法有效的推定，对这些行为的违抗和阻碍，构成妨害公务的违法或犯罪行为。

二、非法获取计算机信息系统数据罪与破坏计算机信息系统罪界分的说理

非法获取计算机信息系统数据罪和破坏计算机信息系统罪在实践中极为常见。无论是理论层面还是司法实践中，对这两个罪名之间的关系仍存在较大争议。由于两个罪名存在一定的竞合关系，对于行为的定性，控辩之间、检法之间往往存在较大争议。有的认为应从行为犯和结果犯的角度区分，也有意见认为应从保护目的的不同进行区分；有的认为应从法条文本出发进行文意解释，有的则认为应从分则结构出发进行体系解释。传统上，往往认为刑法第二百八十五条中使用的是"情节严重"的用语，规定的是行为犯，而第二百八十六条使用的是"造成计算机信息系统不能正常运行，后果严重"的用语，规定的是结果犯，这种意见在过去的司法实践中一向占主流，同时确实也能够解决一定范围内的问题，具有一定的现实合理性。

但是《最高人民法院、最高人民检察院关于办理危害计算机信息系统安全刑事案件应用法律若干问题的解释》颁布之后，可以看到对于以前认为是行为犯的非法获取计算机信息系统数据罪以及非法控制计算机信息系统罪，该司法解释中规定了数个明确的定罪标准，而且包括"违法所得"这种典型的传统上用于结果犯的概念。据此从行为犯和结果犯这个层面对刑法第二百八十五条和第二百八十六条进行区分已经不能受到实证法的支持，这种区分丧失了实质意义。相应地，文义解释和体系解释固然可以用于对两个罪名进行区分，但是同样缺乏结合分则条文的有力阐述。

因此，刑法第二百八十五条规定的非法获取计算机信息系统数据罪、非法控制计算机信息系统罪和第二百八十六条规定的破坏计算机信息系统罪的根本区别在于两个罪名的保护目的各有侧重，可以根据法益概念具有的解释论机能加以区分。前者规定行为人未经授权侵入系统、获取数据且情节严重构成犯罪，目的在于保护计算机系统中存储、处理和传输的"数据"安全；后者则由于"造成计算机信息系统不能正常运行"的规定，暗含要求导致计算机信息系统不能正常运行才构成犯罪，强调保护"系统"的安全。换言之，两个罪名所保护的法益侧重是不同的。从这个角度出发，可以对两个罪名进行有意义的区分。

在没有证据证明被告人的行为对信息系统的正常运行等基础功能造成严重影响的情况下，应根据具体证据情况考虑认定构成非法获取计算机信息系统数据罪。以下案为例：

> 北京百度网讯科技有限公司拥有百度网站，并由百度时代网络技术（北京）有限公司为该网站提供技术服务，同时以百度时代网络技术（北京）有限公司的名义同客户签订名为"百度竞价排名"的主题推广业务。客户购买推广账户并进行充值，之后可以在服务器中加入欲宣传的经营信息、联系方式等数据，搜索者可以通过在百度搜索引擎输入关键词进行搜索，该客户的推广信息根据其同百度之间的协议可能出现在搜索结果中，搜索者点击链接即可进入客户网站，这样客户就达到了宣传的目的，同时百度方面将从该客户推广账户余额中扣除相关费用。被告人王某山伙同陈某强、谢某培、曾某平于2011年年初至4月间，在海南省内海口等地多处网吧内，非法获取多名客户的

百度推广账号及密码等信息后，登录百度推广服务器对存储在推广服务器上的账户数据进行删除、修改、添加等操作，用上述账户中的余额进行不符合客户本意的推广活动，或将推广账户出售牟利。

本案中，公安机关无法通过 IP 地址等途径具体锁定每次造成损失的修改行为系何人所为，被告人王某山对于账户来源的辩解也具有一定合理因素，故在"事实存疑则做有利于被告的认定"原则的指导下，法院能够认定四被告人的行为实际包括多种类型：1. 通过入侵手段获取账户信息，并自己修改关键词用于推广；2. 通过黑市交易购买账户信息，自己修改关键词用于推广；3. 通过非法手段获取账户信息后用于出售牟利。对于第一种行为将其界定为典型的非法获取计算机信息系统数据的行为并无争议，但是对于第二种及第三种行为显然同第一种行为存在较大差异，是否能够将之界定为非法获取计算机信息系统数据罪的共犯确实是困扰司法实践的难点。

对此法院认为：

非法获取计算机信息系统数据罪和破坏计算机信息系统罪的根本区别在于保护目的各有侧重。前者规定行为人未经授权侵入系统、获取数据且情节严重构成犯罪，目的在于保护计算机系统中的"数据"安全；后者则要求导致计算机信息系统不能正常运行才构成犯罪，强调保护"系统"的安全。本案中四被告人行为的犯罪对象实际上是计算机信息系统中存储、处理和传输的数据，被害单位也没有提供相关材料证明被告人的行为对信息系统的正常运行等基础功能造成严重影响，因此也就不存在破坏计算机信息系统罪要求的犯罪结果，故四被告人的行为不符合刑法第二百八十六条规定的破坏计算机信息系统罪的犯罪构成，而应认定为非法获取计算机信息系统数据罪。

由于黑客技术手段日新月异以及侦查不可避免的迟滞性，导致网络犯罪同传统犯罪存在一个重大的不同：即攻击行为同危害结果之间跨越时空，证据搜集同犯罪行为跨越时空，故在传统犯罪中基本并不成为问题的行为及结果之间的关联性在此类犯罪中经常成为关键问题。就本案而言，从事盗取百度推广账户、用客户的资金进行自身宣传或将账户用于出售牟利显然并非本案被告人独有的犯罪手段。而如何确定具体行为人同危害结果之间的联系需要裁判者结合具体案情进行判断。公诉机关指控被告人王某山等人的盗号行为造成百度方面人民币100余万的经济损失，其依据是百度方面委托会计师事务所进行的鉴定意见，但该损失同四被告人行为之间的联系却不能得到现有证据的充分支持。法院整理了若干本不应出现在被告人邮箱内的账户信息，并将上述账户名单同百度方面已理赔的名单对照，整理出被盗账户60余组，涉及赔付金额人民币9万余元，认为通过这种途径建立起来的本案四被告人同损害结果之间的因果关系可以得到认可，最终确认四被告人的作案时间范围及造成损失的情况。这一认定是建立在充分的、客观的证据基础之上的，具有极强的说服力，最终无论是公诉机关还是被告人都没有对此提出异议。

司法实践已充分证明，涉及计算机信息系统安全的犯罪行为已存在成熟的黑市，参与者甚至进行市场化运作。通过刑法修正案、司法解释增设新罪状，对于为行为人提供黑客程序、工具、提供互联网接入、服务器托管、网络存储空间、通讯传输通道、费用结算、交易服务、广告服务、技术培训、技术支持等帮助，甚至提供资金的行为均认定为可构成犯罪，确实解决了实践面临的一部分问题，但仍远远不能满足处理实践中上下游犯罪的需要。实际上这是一个如何善用共犯理论的问题。共犯问题既涉及刑法教义学的基本体系结构，又涉及刑事政策的扩张与收缩，一直是刑法中的难点问题。刑法上的归责就是要从众多的自然因果流程中，找到能被看作是行为人"作品"的事物，而在判断侵害结果是否是行为人的"作品"之时，核心的概念便是"可支配性"。掌握、支配构成要件实现的人才是刑法真正要处罚的对象。囿于共同犯罪基本理论对于"共同故意"及"共同行为"的要求,诞生于古典时代的共同犯罪理论应在危害计算机信息系统安全类犯罪中有心无力。只有采纳犯罪支配理论,认可行为人能够使用任何的方式使构成要件得以实现,那么该行为人的行为就具有构成要件符合性。正如本案中被告人的所作所为,他们对账户信息流入黑市后的用途是明知的,对该信息会被修改的态度是放任的(尽管具体流向何方及被谁修改不得而知),对他人合法财产将面临损失这一后果是明知的。在公诉机关未能提供每次造成损失的修改行为系何人所为的前提下,法院坚持认为犯罪的不法内容不仅在于法益侵害的惹起,还在于社会上有害的行为。帮助的结果并非正犯行为的结果,而在于提高了正犯行为成功的机会。即帮助者通过自己的活动使法益侵害的实现具有盖然性,是否具有盖然性,要以理智的观察者的平均知识为基础,通过事前的客观预测来确定。被告人王某山等人的行为对整个流程都起着支配的作用,是侵害结果发生所必不可少的组成部分,他们的三种行为类型或属于非法获取计算机信息系统罪的正犯,或属于该罪的共犯,均应按照非法获取计算机信息系统数据罪论处。上述判断没有溢出刑法教义学关于共同犯罪固有原则的框架之内,尤其是责任主义为其确立的范围。

三、帮助信息网络犯罪活动罪"情节严重"认定的说理

《刑法修正案(九)》增设了非法利用信息网络罪,规定利用信息网络实施下列行为之一,情节严重的,构成本罪:(1)设立用于实施诈骗、传授犯罪方法、制作或者销售违禁物品、管制物品等违法犯罪活动的网站、通讯群组的;(2)发布有关制作或者销售毒品、强制、淫秽物品、管制物品或者其他违法犯罪信息的;(3)为实施诈骗等违法犯罪活动发布信息的。

本罪为《刑法修正案(九)》所设置,实践中尚不多见。关于"情节严重"起初尚无明确规定,后在《最高人民法院、最高人民检察院关于办理非法利用信息网络、帮助信息网络犯罪活动等刑事案件适用法律若干问题的解释》出台后方有依据。在没有明确依据的情况下,如何通过释法说理,认定

情节严重，下面就是一个很好的案例：

> 贾某河自2013年5月起建立网站，为介绍卖淫行为在网络上进行推广并从中牟利。被告人梁某波后接手该业务，并新建网站继续上述行为。2015年11月后相关行为被规定为犯罪后，二被告人仍继续经营。后被告人李某、郭某轩加入。被告人贾某河在自己经营网站的同时，为其余三人的网站提供技术支持，并从三人的推广牟利中提成。各个成员亦彼此帮助进行推广并分享盈利。因帮助在北京市朝阳区华贸公寓等地介绍卖淫的行为在网络上进行推广，后被抓获归案。

关于"情节严重"，法院认为部分可以结合本罪入刑初衷予以考量。设立本罪目的在于对抗网络空间内的犯罪预备行为，这一点决定了对于本罪罪量因素应从信息的传播面大小、引发违法犯罪活动的可能性高低等方面，结合网络犯罪的技术特征来予以考量。

1. 信息发布数量、网站、通讯群组设立数量

非法利用信息网络罪在立法上限定了犯罪的方法。因此，行为人实施特定行为的次数，如发布违法犯罪信息的条数、设立用于犯罪活动的网站、通讯群组的数量，是衡量"情节严重"的重要指标。

2. 传播范围、扩散速度

非法利用信息网络犯罪中，行为人利用网络技术优势使违法犯罪的信息以低成本迅速大面积传播，其危害性不断累积至刑事可罚的程度，从而构成本罪。因此，点击量、转发量、扩散速度等是衡量其危害性的重要指标。

3. 违法所得情况

行为人因实施犯罪行为获得违法所得的情况一方面可以从侧面反映出行为人实施行为的规模和效果，另一方面反映出行为本身的恶性程度，因此违法所得数额也是衡量"情节严重"标准之一。

4. 下游犯罪性质的严重程度

非法利用信息网络罪服务于下游的犯罪行为，因此下游犯罪性质的严重程度关系到行为的危害程度。以利用信息网络，发布违法信息为例，其下游犯罪如果涉及宣扬恐怖主义犯罪等性质极其严重的犯罪，可以认定为"其他

情节严重的情形"。

后来出台的《最高人民法院、最高人民检察院关于办理非法利用信息网络、帮助信息网络犯罪活动等刑事案件适用法律若干问题的解释》第十条从信息发布数量、网站、通讯群组设立数量，传播范围、扩散速度，违法所得，设立的网站的性质等多方面确立了"情节严重"的标准，是对长期司法实践探索结果的总结。回归到本案中，判决认为"情节严重"认定标准需要充分考虑非法利用信息网络罪的立法情况以及网络犯罪的特性来进行确定，可以综合下游犯罪性质的严重程度，信息发布数量、网站、通讯群组设立数量以及传播范围、扩散速度、违法所得等因素进行衡量。贾某河等人，在网站上发布招嫖信息，其服务的下游违法行为是介绍卖淫的犯罪行为，从发布信息的网站数量、信息的传播面大小等方面判断行为人非法利用信息网络的行为达到"情节严重"的入罪标准，最终以非法利用信息网络罪定罪处罚，该案的审理思路和案件结果均与最新发布的司法解释的规定相契合。

四、传授犯罪方法罪认定的说理

刑法第二百九十五条规定的传授犯罪方法罪，是指故意用语言、文字、动作、图像或者其他方法，将实施犯罪的具体做法、经验传授给他人的行为。传统的传授犯罪方法罪表现为行为人通过言传或者身教向特定的对象传授特定犯罪的方法。但是在网络时代，传播行为、渠道及方式均不同于传统的传授犯罪方法罪。处理此类利用互联网实施的新类型犯罪，需要结合网络环境治理的社会形势，充分考虑司法认定的社会效果，坚持对刑法分则条文进行适度扩张的理解与解释，以使其更为符合刑法的真实意思和实质正义。以下面的案件为例。

被告人冯某某自行搜集涉及炸药制造的信息，经整理形成一个电子文档，命名为《恐怖分子手册》，并先后两次在百度网文库栏目中发布，内容包括各种炸药、燃烧剂、汽油弹、炸弹、燃烧弹等配方及制作方法。两个文档在网络上共被浏览2065次，下载116次。法院最终认为其行为构成传授犯罪方法罪，依法应予惩处。

此案虽小，但可以从多个层面进行解读。炸药制造方法本身是"中性"的，具有两面性，既可以用于犯罪行为，也可以用于正当目的，并非传统上只能用于犯罪的目的。传播"中性"方法是否属于传授"犯罪方法"具有争议。

判决对此进行了回应，认为是否作为"犯罪方法"，取决于其实际运用的具体途径和场合。对于传授此类方法的行为如何认定，则需要结合整体传授过程，并根据社会通常观念作出恰当判断。在司法实践中应当重点结合以下情况予以认定：（1）行为人的个人情况；（2）向他人传授该种方法的原因；（3）在何种场合下或者利用何种途径传授该方法；（4）被传授人会基于何种原因向行为人学习该种方法；（5）行为人和被传授人言行的倾向性（如有无指明该种方法是实行某种犯罪的方法）等。

就本案而言，被告人冯某某所搜集的主要是炸药制造的方法，从其本身看是中性的，而且是通过正常渠道能够获取的，并非某种具体犯罪的技能和经验，而是科学知识。如果纯粹把这种炸药制造的方法通过网络传播，也不会必然地增加社会风险，通常不能以犯罪论处。但是，当把涉及恐怖的言辞穿插于炸药制造方法之中，并将之命名为《恐怖分子手册》，从而使浏览者很自然地将该炸药制造方法与恐怖活动联系起来，这就将原本中性的炸药制造方法类型化为恐怖犯罪、爆炸犯罪的方法了。事实上，公众通过正常渠道能够获得的只是一般炸药制造方法，而不是特定的恐怖气氛笼罩下的炸药制造方法。明显带有恐怖、爆炸犯罪倾向性的炸药制造方法，也不可能被允许通过公共媒介予以传播或获取。换言之，本案被告人通过网络不加限制地向公众传播此类信息，具有了传授犯罪方法的实质性内容。

五、侮辱国旗罪认定的说理

侮辱国旗罪是《刑法修正案（十）》增设的罪名，目前在司法实践中发案较少，在有限的案件资源下，有必要对该罪的构成要件以及裁判理由进行充分的释明，从而起到设置此罪名的目的。下面的案件就是一个很好的例子：

>2019年10月7日凌晨，被告人张某某为发泄个人不满，使用随身携带的打火机将一面悬挂在某大厦底商门口的中华人民共和国国旗点燃。后其行至附近另一处底商，又将一面悬挂在中国烟酒商店门口的中华人民共和国国旗点燃。被告人后被抓获归案。

判决说理内容为：

>1. 本罪的客观方面表现为在公众场所以焚烧、毁损、涂画、玷污、践踏等方式侮辱中华人民共和国国旗的行为。具体从以下几个方面认定：
>
>（1）行为发生在公众场所。所谓"公众场所"，一般包括两类：第一是根据《国旗法》规定应当悬挂国旗的公共场所，如北京天安门广场、新华门等公众场所或外交部等国家机关办公场所；第二是其他人员密集，公众出入的场所，如街道、商场等。本案中行为发生地为小区底商门店门口，其紧邻众多人员居住的小区楼，门外是社会人员自由出入的街道，属于公众场所。
>
>（2）侮辱国旗的行为须具有公然性的特征。一般是行为人明目张胆地在众人在场或能够多人知晓的情况下进行侮辱行为。但是行为人先对国旗进行焚烧等侮辱行为，然后再将国旗受侮辱后的状态呈现在能够使众人看到的地方并被众人知晓或可能被众人知晓的，也应视为具有公然侮辱的性质。本案中，张某某焚烧国旗的行为发生在凌晨，但被焚烧后的两面国旗持续被挂在店门口，直到第二天的9点多和17点多分别被发现，在此期间国旗受辱后的状态持续展示在公众场所，能够被众人看到。因此，本案中被告人侮辱国旗的行为具备公然性。
>
>（3）存在焚烧、毁损、涂划、玷污、践踏等侮辱国旗的积

极作为方式。所谓焚烧，指纵火焚烧国旗。本案中，被告人张某某使用打火机点燃国旗后，致其起火燃烧，属于焚烧国旗的行为。

2. 本罪的主观方面为故意。本案中被告人张某某作为具有完全刑事责任能力的成年人，主观上对于自己的行为有明确的认识，对于焚烧国旗的犯罪结果的发生持追求态度，属于故意犯罪。虽其犯罪的动机为发泄工作不顺所产生的不满情绪，但该动机不影响本罪的成立。

综上，被告人张某某的行为符合侮辱国旗罪的构成要件，应当以侮辱国旗罪定罪处罚。

判决从提炼本罪保护的法益入手，指出设立该罪的目的是维护国家尊严以及国家对国旗的管理活动，在此基础上结合刑法第二百九十九条的规定，对于侮辱国旗罪的犯罪构成要件进行了分析。通过释法明理，维护了国旗的尊严，增强公民的国家观念，弘扬爱国主义精神，体现了培育和践行社会主义核心价值观的取向，并为本罪的研究积累了难得的素材。2020年10月17日，第十三届全国人民代表大会常务委员会第二十二次会议通过了《全国人民代表大会常务委员会关于修改〈中华人民共和国国旗法〉的决定》，对《国旗法》进行了重要修改，对于维护国旗的尊严，规范国旗的使用，增强公民的国家观念，弘扬爱国主义精神具有重要意义。

六、拒不执行判决、裁定罪认定的说理

"执行难"是长期困扰法院的痼疾，已成为推进依法治国进程的一个重要障碍。拒不执行判决、裁定罪正是我国为解决执行难而设置的刑罚措施，是所有执行措施中最严厉、适用效果最显著的措施。但是，由于拒不执行判决、裁定罪的法源比较复杂，罪状的表述累次增加但未经梳理，犯罪客观方面的表述仍然较模糊，一定程度上导致了在实践中争议较大，应用不够充分。另外，从程序上看，对于拒执犯罪，不但可以通过公诉，还可以通过自诉解决。然而，在司法实践中，自诉却又极少被法院支持。下面是一个提起自诉得到支持的案例：

陈某子自愿为魏某云的借款提供担保,将其所有的宝马牌小轿车作为质押物质押给于某鹏。后双方发生纠纷。2017年3月15日,陈某子找到魏某云、于某鹏要求归还车辆未果,陈某子报警,三方共同被带到北京市公安局朝阳分局八里庄派出所谈话,八里庄派出所让于某鹏提供了双方协议并留存,但于某鹏仍未向陈某子归还车辆。2017年4月,陈某子向法院起诉魏某云、于某鹏质押合同纠纷一案,法院立案。2017年8月18日,法院于作出(2017)京0105民初28755号民事判决书,认定魏某云已于2017年1月2日前全部清偿了于某鹏所出借的款项本息,判决质权人于某鹏应当向出质人陈某子返还质物宝马牌小轿车并支付相关使用费用。该判决书已生效。2017年9月,陈某子向法院申请强制执行。法院于9月25日立案,并出具了执行通知书、报告财产令等文书。

在被告人始终未履行判决的情况下,陈某子向法院提起刑事自诉,控告被告人构成拒不执行判决罪。辩方所提辩解主要围绕两个问题,一是程序上,本罪提起自诉应以公安、检察机关不处理为前提条件;二是实体上,在陈某子诉诸民事诉讼之前,于某鹏已将车辆出售,执行标的已"灭失"的情况是否影响拒不执行判决罪的成立。对此法院判决写道:

对于程序问题,本院认为,《最高人民法院关于审理拒不执行判决、裁定刑事案件适用法律若干问题的解释》规定了拒不执行判决罪自诉的立案条件。在申请执行人有证据证明同时具有下列情形,人民法院认为符合刑事诉讼法第二百零四条第三项规定的,以自诉案件立案审理:(一)负有执行义务的人拒不执行判决、裁定,侵犯了申请执行人的人身、财产权利,应当依法追究刑事责任的;(二)申请执行人曾经提出控告,而公安机关或者人民检察院对负有执行义务的人不予追究刑事责任的。本案中陈某子确未曾向公安机关报拒不执行判决罪,但"控告"的内涵应结合案件情况而定,不应作形式主义的要求。具体到本案，在案证据显示陈某子以追回涉案车辆为目的，先后向朝阳分局、大兴分局报警，但都未得到进一步处理，虽然当时报的并非拒不执行判决罪，但均是系出于追回涉案车辆的同一事项和目的，故本院认为申请人已经向公安机关提出过控告，但是并没实现追究被告人刑事责任的目的，本案程序上符合拒不执行判决罪提起自诉的立案条件。

针对实体上执行标的"灭失"的问题，本院认为，根据目前生效的民事判决认定，被告人于某鹏私自在质押协议上加注借款履行期限，显非双方当事人真实意思表示，故其处置质物的行为不合法。其所谓车辆已"出售"仅系单方声称，并无相应证据支持（其声称的下家也不承认），法律上也不合法（车辆无法过户）。所谓"出售"只能视为是规避法律的行为，不能谓之标的"灭失"。事实上车辆仍客观存在并可以查找到下落，被告人于某鹏如有履行意愿完全可以私下回购或采用其他方式收回车辆以配合执行。

综上，被告人于某鹏在通过民事诉讼合法解决争端之前就随意处置车辆的行为属于隐藏、转移财产，最终导致不能执行到位，给申请人造成了经济损失，其行为构成拒不执行判决罪，情节严重，依法应予处罚。被告人于某鹏虽然对指控事实经过不持异议，但本院对其量刑时重点考虑其借款后即随意处置车辆、长期以来隐藏财产、抗拒执行的行为给自诉人造成的伤害和损失，及其缺乏解决诚意、蔑视司法权威的态度等因素，对其依法处罚。

"切实解决执行难，维护法律尊严"是当前社会各界普遍关注的热点问题。通过判例明确拒不执行判决、裁定罪的构成要素，规范罪状描述语言，完善法定刑的配置，不仅有助于更好地理解立法原意，而且能够有效地推动其在实践中的广泛适用，成为助力执行之利器。

七、非法行医罪致人死亡认定的说理

法官裁判在以法理说理为前提的同时，应辅以修辞学方法，充分考虑法律职业共同体成员、当事人和公众的心灵、情绪、情感因素，关注他们语言所表达的真意和价值取向，使用他们能够接受的语言和表达方式，克服法理说理缺陷，使可能发生的不利影响降到最低限度。同时，并不仅仅是文学性的语言才构成修辞的途径，刑法理论、刑事诉讼法理论完全可以借鉴过来，转化为修辞。

以下面的非法行医致人死亡案件为例。被告人施某志并无医生执业资格，长期非法从事医疗活动。2008年6月15日，其为被害人黄某英（女，殁年39岁）诊治并进行静脉输液，后黄某英出现不良反应，经抢救无效后死亡。经鉴定，被害人黄某英系在高敏体质情况下，在输液过程中因药物过敏而死于过敏性休克。

本案的关键问题在于加害行为及损害结果之间的因果关系以及行为人对发生损害结果的预见可能性问题。被告人当庭对指控事实并无异议，但认为自己在诊疗之时已尽现有医疗条件及方法下之注意义务；其辩护人认为被告人经过一定的医学培训后方行医，主观恶性较小，且被害人之高敏体质为被告人行医之时无法预见，故被害人的死亡同被告人的诊疗行为并无直接因果关系，被告人不应承担非法行医致人死亡的刑事责任。对此判决采用了刑法中因果关系的理论作为说理途径：

关于事实上的因果关系，虽然鉴定结论中并未能明确何种药品导致死者产生过敏反应，但综合考虑死者患病过程、就诊及发生不良反应的过程及后续抢救过程，可见死者并非因患有可能发生猝死的病而前去就诊，被告人对其进行输液治疗同死者发生严重不良反应具有高度的相关性，故被告人非法行医的行为是死亡结果发生的不可或缺的条件，二者具有事实上的因果关系。

关于法律上的因果关系，需要考察加害行为与损害结果之

间是否存在异常的介入因素，以及被告人对于死者的特殊体质及损害结果是否能够预见。

首先，被告人实施的非法行医的行为实质性地提高了损害发生的危险，增加了损害结果发生的客观可能性，死者发生急性不良反应后被送至正规医院抢救的过程为事件正常发展之所必经，并无异常、独立的原因介入。

其次，当时之医疗条件下，双黄连注射液本身以及其同地塞米松磷酸钠注射液等药品配伍使用并非属于被完全禁止的医疗方法，但患者仍可能因特殊体质而对药物发生过敏反应并产生严重后果，这一点应为具有医疗资质及经验的医生所注意，亦应为如被告人之类的"行医者"所注意。故被告人对于使用双黄连注射液并同其他药品配伍可能产生不良反应，尤其是对于过敏体质者可能发生严重过敏反应甚至死亡结果应有预见且有能力预见。

最后，禁止非法行医并以刑罚来进行威慑的目的即在于保护就医者的身心健康及维护社会公共卫生的合理秩序。本案中的被害人恰恰为刑法设置非法行医罪所欲保护的对象，即使其具有增加损害发生可能性的特殊体质亦不应剥夺其受刑法平等保护的权利。

在司法实践中，认定非法行医行为以及就诊人员死亡的结果均相对较易，而将二者联系起来的因果关系的认定最为复杂，也是成立非法行医致人死亡的关键。尤其是就诊人员的死亡往往是多种因素共同作用的结果，也就是常说的"多因一果"的情况下最为棘手。

如何将刑法理论中形形色色的因果关系理论妥善地运用于非法行医致人死亡案件中，通过说理实现说服确实是对司法能力的一种挑战。判决首先是给当事人看的，但是受众并不仅仅限制于当事人，还要考虑到潜在的受众，如查找案例的律师、寻找类案判决的法官同行。所以在考虑说服当事人"外行"的同时，也要考虑说服法律共同体"内行"的需求。修辞的重要意义就在于增强说服的能力和效果，包括使用当事人和公众易接受的概念和语言等一系列方式方法。需要注意的是，说理要在说服"内行"和"外行"之间取得平衡，首先取决于受众的接受习惯，其次才是自己的修辞手法。既要让普通人易于理解，又要防备普通人的潜在质疑；既要符合法律的一般学理，又不能过于学理。忽视乃至违反这一现实中的法民关系，一味求新求奇，剑走偏锋，只会加重实践困境，而起不到正向说服纾解的功能。

第六节　职务犯罪案件裁判文书的说理

一、"层层请托"型贿赂犯罪认定的说理

"层层请托"型贿赂犯罪是司法实践中一种俗称，是指行贿人通过中间人向国家工作人员进行行贿，中间人在交付贿款的同时，自己或多或少地截留一部分贿款。如同毒品销售链条上的中间人一样，贿赂犯罪的中间人既有可能归属于受贿方，也有可能归属于行贿方，定性在司法实践中存在法律适用不统一的情况。由于行贿罪特别的罪刑结构和法定刑升格标准问题，直接将上述行为认定为行贿罪往往会带来同受贿行为量刑不均衡的问题。以下面的魏某永转交贿款案件为例：

2011年，北京市人民政府出台了文件，规定持有本市有效暂住证在本市没拥有住房且连续五年（含）以上在本市缴纳社会保险或个人所得税的非本市户籍居民家庭，限购一套住房。2016年10月至2017年3月间，周某峰通过被告人魏某永为其提供有意向买房但不符合条件的人员信息，并由魏某永收取以上人员的钱款留存后再通过其名下银行卡向周某峰实际控制下的银行卡转账，周某峰留存钱款后将钱款转至刘某、黄某明、郝某澄（在地税所纳税服务岗负责代开发票、申报纳税、完税证明开具等工作）等人，由郝某澄利用其职务上的便利，为以上人员违规补缴五年个人所得税，骗取在京购房资格。魏某永通过上述方式为宗美龄等130余名人员办理补缴个税，收取并转至周某峰的钱款共计人民币1183.3万元，后被查获。法院认为：

第一，从主观方面考察。对于本案中存在行、受贿行为，控辩双方均不持异议。在案证据亦证明本案通过给予国家工作

人员财物谋取的不正当利益体现在违规办理了补缴五年个人所得税获得在北京的购房资格，但本案中，被告人魏某永显然并不是该不正当利益的归属人。相反，被告人魏某永意图谋取的利益系在于自己经手贿赂款过程中截留部分款项。这与郝某澄、黄某明、刘某等人收取贿赂财物具有利益共同性。

第二，从客观行为考察，被告人魏某永开办公司从事社保代缴等工作，应明知正常缴纳个人所得税的具体流程、材料要求和具体金额，周某峰作为一名普通公司经营者收取高价办理违规补缴税款，魏某永对此渠道的非法性应具有认知，其仍主动寻找批量无购房资格人员、搜集和传递人员资料并接收、转递贿赂款给周某峰，其行为系郝某澄等人受贿行为的中间环节，形成了与受贿人的共谋。辩护人提出被告人魏某永与国家工作人员无通谋的辩护意见，本院不予采纳。

第三，从钱款流向看，被告人魏某永系行、受贿链条中的中间人，其不是行贿款的支付者，相反，其对于该款项有一定的定价权和支配切分的权利。根据在案证据，魏某永收取钱款后截留一部分再交由周某峰，周某峰再交给刘某等人，其行为属于分赃的处置行为，应整体视为受贿罪的共犯。

第四，关于本案的受贿金额，目前依照在案证据能够确认被告人魏某永转给周某峰款项的具体金额，但未能查清魏某永接收的款项以及其留存的金额。辩护人提出应当只考虑魏某永获利金额，但首先魏某永获利金额仅有其自述且与在案证人证言、书证反映的情况并不一致；另本案系共同受贿，则魏某永转给周某峰的款项亦属于受贿款的一部分，故我院认定魏某永对该部分犯罪金额承担共同刑事责任。

通过检索相关案例，可以发现此类案件中涉及的请托事项极为复杂，涵盖社会生活各个领域；且多半关涉公共资源，涉嫌不当利益交换。从请托事项的内容来看，大多涉及紧缺的社会公共资源，多为谋取法律、法规、规章或者政策、行业规范规定的利益。既包括不正当利益，也包括正当利益；既包括财产性利益，也包括非财产性利益。请托事项游离于事实和规范之间，有的具有明显违法性,涉嫌刑事犯罪;有的则介于法律和道德的灰色地带,难以直接界定为非法。从处理结果看,相当部分案件存在"同案不同判"问题。在具体案件的处理中,以相关人员之间的量刑平衡作为优先考虑,因此为基础确定定性,并将转交的金额整体认定为犯罪数额,也是一种实事求是、保障量刑平衡的处理方法。

二、私分国有资产案件中违法所得如何追缴的说理

私分国有资产案件中,往往违法所得已在一定范围内被分配出去。但是实践中成为被告的人范围是有限的。即使构成犯罪,也可能未进入审判程序。那么对于该部分被私分的国有资产是由被起诉在案的被告人全部承担退赔责任,还是仅责令在案被告人退赔各自违法所得,其余人员分得的部分由单位以适当形式追回?对此问题存在分歧。从情理上来说,能够得到普遍接受的结论是:私分国有资产罪中,不应由被追究刑事责任者对全部被私分财产承担退赔责任,应责令被定罪者各自退赔违法所得给被害单位即可。那么如何来论证这一点呢?下面的案例可以提供一些借鉴。案情如下:

> 被告人程某某担任某全民所有制单位某部门主任、被告人周某某担任该部门下属科室主任、葛某某担任该科室副主任。被告人程某某等三人在任职期间私自共同商议,制定部门内部绩效奖金政策,指派下属员工以会议费、咨询费、购买办公用品等虚假名义向单位报销钱款,套取资金后购买购物卡金额共计人民币87万余元,后以部门绩效奖金的名义发放给部门职工。三被告人各自获得奖金数额不等。2016年本案案发,被告人程某某等人归案接受调查。
>
> 被害单位作为国有企业,其资产属于国有资产范畴,其下属的涉案部门违反国有资产管理法规,以本部门的名义套取国有资产集体私分,数额较大,侵犯了国家对国有资产的所有权和国家工作人员职务的廉洁性,被告人程某某等人作为直接负责的主管人员,其行为已触犯了刑律,构成私分国有资产罪,应予惩处。三被告人被处以刑罚,并责令其退赔各自的违法所

得发还单位。

　　本院认为,从私分国有资产罪的性质来看,本罪其实是单位犯罪。本罪表现为由单位的决策机构按照单位决策程序决定,以单位名义为本单位全体成员或多数成员谋取非法利益,由单位责任人员负责实施。所以属于单位犯罪无疑。但是处罚时有别于一般单位犯罪的双罚制,只处罚"直接负责的主管人员和其他直接责任人员",而不对单位判处罚金。既然本罪的犯罪主体不仅仅是法条所表述的行为人个人,那么因犯罪行为而产生的退赔义务的责任主体就不能局限于被追究刑事责任的个人。

　　从现有法律规定来看,目前刑事诉讼中对被告人违法所得进行追缴退赔的规定主要是刑法第六十四条。该条表述是"犯罪分子违法所得的一切财物,应当予以追缴或者责令退赔"。本条规定的"犯罪分子"应作广义理解,除了包括自然人之外,也包括犯罪组织与犯罪单位。既然本罪的犯罪主体并非仅仅是被追究刑事责任的个人,那么退赔责任当然也不应该由这些个人独立承担。这其实是出于刑罚的正当化的需要。刑罚的正当化决定了刑罚需要在责任的限度内作出具体裁量,必须在责任之下考虑比例原则,这种比例当然首先是与罪行成比例,其次要考虑与特殊预防成比例。让被追究刑事者承担全部的退赔责任显然超过了其应付的罪责,造成实质的不公平。

第七节　量刑情节的说理

一、适用免予处罚的说理

　　法官的职责首先在于裁判,运用法律及理性地判断纠纷是裁判的目标,而运用经验并实用地理解纠纷是另一目标。法官普遍拥有"无言之知",其中的重要内容之一就是用伦理内容支撑法律内容,以使伦理理解支撑法律理解;或是用伦理内容补充法律内容,在法律内容无法或难以触及的地方,让伦理内容发挥功能;或是通过富情感、文学化的叙述,给予慰藉,并使法律内容经生动而获得亲近法律裁判正式内容对被司法者的道德思想和预期会产生影响，也可能唤醒被司法者的伦理自觉。上述方法往往运用于定罪的论述，但是在刑罚具体裁量和适用的情景下，也可以得到很好的应用。以下面的案件为例：

> 2013年1月8日19时许，被告人张某兵因同北京市艾琳达服装设计中心存在纠纷，进入该单位位于库房内，窃取4562条狐狸皮毛衣领（经鉴定价值人民币1070245.2元），并通过物流发送至其位于安徽省合肥市的家中。2013年1月13日，被告人张某兵在其妻子汪某的规劝下将上述所窃的狐狸皮毛衣领通过物流运回北京，并通过匿名方式与北京艾琳达服装设计中心联系归还。上述毛领经公安机关清点后已发还北京艾琳达服装设计中心。被告人张某兵被抓获归案。

对于张某兵构成盗窃罪没有争议，但是对于如何量刑则产生了巨大的争议。按照量刑标准，其盗窃行为数额特别巨大，应在十年以上有期徒刑以上这一档次考虑宣告刑。但法院经反复斟酌，作出了如下判决：

> 本院认为，对被告人张某兵定罪并无疑虑，其以非法占有为目的，秘密窃取公司财物，其行为已构成盗窃罪，且属于数额特别巨大。北京市朝阳区人民检察院指控被告人张某兵犯盗窃罪的事实清楚，证据确实、充分，指控罪名成立。

但对被告人张某兵如何处刑则可深思。刑罚是惩罚犯罪的利器，但并非不归之路，亦有必要给走上犯罪道路的人架起一道回归的金桥。古语云："过而能改，善莫大焉"；俗话说："妻贤夫祸少"。被告人张某兵在犯罪之后能接受妻子规劝，幡然悔悟，及时、主动归还赃物，未造成被害单位实际损失，从而获得被害单位谅解，其罪行虽然严重，但其行动体现出认罪、认罚的态度；其亲属支持司法机关工作，促使被告人认罪、悔罪，所发挥的作用在具体量刑时应予充分评价。因此，对被告人张某兵应当从宽处罚，以罚当其罪。

惩罚犯罪固然系刑罚的固有属性，但刑罚的根本目的应在于犯罪预防，在于维护社会生活秩序稳定这一长远的、根本的利益。这一目的的实现有赖于一般预防和特殊预防功能分别发挥作用。就一般预防而言，在社会平和、生活秩序井然的时代，遵守规范是个人生活的一部分，盗窃罪作为传统型的自然犯，其可谴责性不言而喻，所以规范有效性已经无须多言，对被告人张某兵定罪完全可以保障国民对刑罚适用有效性的信赖，实现一般预防的目的。

就特殊预防而言，被告人张某兵此次已被羁押三年有余，亲历了刑罚带来的痛苦，体会了刑罚的威慑和教育，深刻认罪、悔罪，悔改表现真实，同时此次犯罪具有一定偶发因素，可以认为其主观恶性不深、人身危险性较小、不致再危害社会，没有必要对其判处重刑以实现特殊预防。综上，对认罪、悔罪、认罚的被告人张某兵从宽处理，免予刑事处罚。

刑法学以罪刑均衡原则为轴心，通过精细归纳不法行为模型，清晰解释未完成犯罪、共犯、防卫过当、避险过当等形态要素，加重、减轻等构成要件，累犯、自首等情节成立条件，无外是要准确定型犯罪行为及附着行为人因素；接续确立兼顾报应与预防的量刑规则，完成等式的另一端——刑罚及其他后果。但就在进入决定具体后果的阶段，规范刑法理论出现了短板。由于极其复杂的犯罪情形对应于有限的刑罚阶梯，法官往往无从解释每一读数的由来和读数之间的差异，只能基于结论可接受的经验判断，很难就情节作用赋值道明理由。在这种情况下法官如何化解感觉与结论的之前的张力？上面的例子通过诉诸于伦理的论理，是一个值得考虑的选择。

二、是否适用缓刑的说理

面对剥夺自由、财产直至生命的判罚，当事人以及社会公众要求给予明确、充分理由都是正当的，但是清晰表述出判罚理由又是困难的。在司法信度不高之当下，要求判罚说理尤其可以防止均衡原则的空心化，排除量刑中客观存在或者臆想的偏私与随意。下面引用的判决来自引发舆论高度关注的"北京大屯路隧道飙车案"，该案曾因若干因素引发线上线下高度关注。基本案情为：

> 2015年4月11日21时许，在本市朝阳区大屯隧道外环道路上，被告人唐某天驾驶兰博基尼牌小型轿车、被告人于某椿

驾驶法拉利牌小型轿车由东向西故意相互追逐，超速竞驶，后二车相继失控，发生事故，造成隧道内护栏、防护墙等公共设施损坏及两车损坏，并致被告人唐某天车内乘客徐某"腰椎爆裂性骨折"（经鉴定所受损伤构成轻伤一级）。事故发生后被告人于某椿拨打电话报警并与被告人唐某天在原地等待交通民警处理。次日，公安机关决定对本案以危险驾驶罪立案侦查，民警电话通知二被告人到交通队，被告人于某椿接到通知后主动到案；被告人唐某天手机关机，民警在徐某所住医院见到被告人唐某天后，对其传唤归案。经鉴定，事故发生前在隧道内，被告人唐某天驾驶车辆的瞬间时速超过179.3km/h；被告人于某椿驾驶车辆的瞬间时速超过165.1km/h。经道路交通事故认定，被告人唐某天、于某椿承担事故的全部责任。

辩方对于指控危险驾驶罪并无异议，但提出在认罪、赔偿的基础上，对被告人适用缓刑的请求。对此，判决写道：

> 关于辩护人所提请求对被告人适用缓刑的辩护意见，本院认为，根据《中华人民共和国刑法》第七十二条的规定，适用缓刑除要求被告人被判处拘役或者三年以下有期徒刑这一要求外，还必须同时具备犯罪情节较轻等条件，经查，二被告人共同实施危险驾驶行为，车速严重超过限速，导致交通事故，造成公共交通设施损坏及他人轻伤的后果，本院在量刑之际，已充分考虑从轻的量刑情节，为贯彻宽严相济刑事政策，惩罚和预防此类犯罪，不宜将本案认定为"情节较轻"从而对被告人适用缓刑。

判断结论是唯一的，如此判断的理由却难以精细言尽，因为评价社会事实不是完成数学公式，要求法官清楚说明某一案件判罚一年而非一年零一个月的理由，属于强人所难。但判决说理又是必须追求和提倡的目标。说理是为了让人们清晰看到判罚结论是否经过理性证立。说理的过程恰恰是将法官的主观判断及其客观根据放在明处。所谓"公论自在人心"，有这个态度作为基础,公众应能看到司法是讲理的场域。比如在上述案例中,不适用缓刑的理由就是充分的。"飙车"类追逐竞驶类危险驾驶行为,不但对公共安全形成重大的潜在威胁,同时还由于案件的特别因素更容易引发舆论聚焦和公众关注。个别飙车者往往因炫耀和竞争的恶性心态作祟,缺失社会公德,在社会道路上以飙车为乐,完全不顾自己及他人生命安全,不顾及自身行为给他人造成的重大危险和可能发生的严重后果。这不但是责任感的缺失,而且是道德观的扭曲。本案的审理结果保障了法律的正确、统一实施,依法惩处了危险驾驶类机动车犯罪,维护了公共安全和人民群众生命财产安全,切实了保护包括被告人、被害人在内的当事人合法权益,取得了良好的法律效果和社会效果,以判决昭示了"速度和激情"须与"法律和道德"为伴。

第十章 我国刑事裁判文书说理机制改革的具体路径

近年来，关于裁判文书说理的发力是很强烈的。在最高人民法院和地方法院，均开展了一系列提高法院法官裁判文书写作的努力和尝试，也试图通过改革一系列机制，引导裁判文书制作迈上新的台阶。对此，我们欣喜地看到了改变，并在朝着文书说理不断深入、完善的方向迈进。这一过程中，必然还伴随着很多配套机制改革需要，是当前人民法院法官工作情况的侧面反映。

第一节 完善刑事裁判文书说理指导机制

一、加强刑事裁判文书说理指导机制的必要性

党的十八届四中全会提出了全面依法治国，建设社会主义法治国家的总目标，同时强调实行国家机关"谁执法谁普法"的普法责任制，建立法官、检察官、行政执法人员、律师等以案释法制度。2010年11月26日，最高人民法院印发了《最高人民法院关于案例指导工作的规定》，明确了最高人民法院案例指导工作办公室每年度对指导性案例进行编撰，最高人民法院发布的指导性案例，各级人民法院审判类似案例时应当参照。2015年9月21日，最高人民法院印发了《最高人民法院关于完善人民法院司法责任制的若干意见》，要求建立审判业务法律研讨机制，通过类案参考、案例评析等方式统一裁判尺度。2015年6月2日，最高人民法院公布了《〈最高人民法院关于案例指导工作的规定〉实施细则》，指出指导性案例应当是裁判已经发生法律效力，认定事实清楚，适用法律正确，裁判说理充分，法律效果和社会效果良

好,对审理类似案件具有普遍指导意义的案例。我国建立的案例指导制度旨在使相似的案件得到相似的处理,统一司法尺度,进一步建立健全确保人民法院统一、平等、公正适用法律的有效方式。

最高人民法院为总结审判经验、加强对审判工作的监督指导,统一法律适用,提高审判质量,提升司法权威,在案例发挥指导制度优势的同时,积极推动各级人民法院收集、整理和汇编对审判、执行工作具有普遍指导意义的典型案件的裁判文书,一是用于各级法院法官之间的学习交流,规范法官自由裁量权;二是通过对典型案例的裁判文书汇编成册,向社会发放学习宣传,发挥司法规范、指导、评价、引领社会价值的功能,对大力弘扬社会主义法治精神和社会主义核心价值观,增强全民法治意识,倡导社会新风有着重要作用。

二、完善刑事裁判文书说理指导机制的具体路径

(一) 充分发挥案例指导制度在说理方面的指引功能

中国特色的案例指导制度主要有以下几方面的功能:一是具有对法律规范内涵明确化的宣示功能;二是具有对制定法漏洞的补充功能;三是具有对法官自由裁量权运用的约束功能;四是具有提升案件裁判质量的促进功能;五是具有排除不当干扰的防御功能;六是具有对社会主体的教育功能;七是具有促进法学研究和推动立法完善的辅助功能。[①] 刑事案例指导制度在很大程度上保障了司法公正公平,其良性发展也将极大地改变刑事司法理念、刑法解释的格局。[②] 刑事指导案例制度能够消除审级制度对司法统一带来的弊端,避免在统一的司法权域内出现"同案不同判"的问题。充分、完备的法理分析和论证,不仅使刑事裁判文书更有说服力,而且使上级法院的改判权力"无从下手",最终案件请示制度的不利影响将逐渐消解。如果一审法官所作的刑事裁判文书说理天衣无缝,则二审法官也就挑不出说理瑕疵,甚至"感

[①] 江必新、何东林等:《最高人民法院指导性案例裁判规则理解与适用·合同卷一》,中国法制出版社 2012 年版,序言。

[②] 林维:《刑事案例指导制度:价值、困境与完善》,载《中外法学》2013 年第 3 期。

同身受""认识归一",自然案件请示制度也就没有多大意义了。①

(二) 完善收集、整理、汇编优秀刑事裁判文书的工作制度

第一,进一步明确指导案例和优秀裁判文书的遴选标准。目前我国指导性案例的遴选标准存在界定不清、政策导向的问题,这导致指导性案例基于政策需要而产生,而非基于裁判技术的法律标准而产生。② 说理是裁判文书的关键所在,裁判文书需要说理,指导性案例或参考性案例更需要强调说理。法院收集、整理、汇编的优秀裁判文书必须理由充分,结论必须合理,令人信服。如果法院收集、整理、汇编的优秀裁判文书论证说理不充分,不能合理地说明其判决的正当性,就会阻碍指导案例制度功能的发挥。因此,法院遴选出的优秀裁判文书必须是事实认定清楚,适用法律正确,裁判说理充分,法律效果和社会效果良好的裁判文书。在标准方面,尤其要强调裁判的分析论证说理,既要注重定性说理,也要强调量刑说理,更要注重程序性说理。

第二,要以收集、整理、汇编优秀裁判文书为契机,积极引导和支持广大法官在审判执行中增强精品意识,规范裁判文书格式,强化法律思维,尤其是根据最高人民法院发布的裁判文书释法说理的指导意见的要求,注重裁判文书说理,从裁判文书说理入手把案件办成人民群众接受和认可的经典案例。正确把握收集、整理、汇编优秀裁判文书的指导思想,将最高人民法院裁判文书释法说理指导意见的基本原则、内容要求和理念贯彻到收集、整理、汇编裁判文书工作的始终,优选、精选出能够代表指导意见本质要求、突出"裁判文书说理"的优秀裁判文书进行整理、汇编,为指导开展裁判文书说理提供借鉴。

第三,要注重收集、整理、汇编优秀裁判文书的方法路径。长期以来,各级人民法院根据审判工作需要,开展裁判文书的评查、评比工作,并将成果汇编成册,供学习交流和对外宣传。最高人民法院定期发布的指导性案例、定期编辑出版的《人民法院案例选》《全国法院百篇优秀裁判文书》,以及组织评选出的优秀裁判文书等,为收集、整理和汇编优秀裁判文书提供了来源和素材,同时上述工作及资源也为后期收集、整理、汇编优秀裁判文书并形

---

① 王彦博:《论刑事裁判文书说理的蝶变——以刑事指导案例制度的完善为中心》,载《山东审判》2016 年第 3 期。

② 王彬:《指导性案例遴选标准的完善》,载《法律方法》2017 年第 2 期。

成体系积累了经验和奠定了基础。

第四,要加强对收集、整理、汇编优秀裁判文书工作的统筹指导。最高人民法院在收集、整理汇编裁判文书工作体系化建设中,将进一步加强统一规划,统筹协调,以此为契机,建立符合中国特色社会主义司法制度特点的优秀裁判文书汇编制度。与此同时,需要借助中国裁判文书网的建设经验和资源优势,实现优势互补、资源共享,拓展引导、规范、教育功能,使优秀裁判文书汇编成为保存和弘扬中国优秀法治文化的重要途径。

第二节 加强刑事裁判文书说理激励与考核机制

一、刑事裁判文书说理激励与考核机制的现状考察

2013年,党的十八届三中全会审议通过的《中共中央关于全面深化改革若干重大问题的决定》明确提出要增强法律文书的说理性,推动公开法院生效裁判文书。自此,新一轮司法改革在裁判文书改革上一改过去"口号式"的宏大叙述,从而具有了更多在微观上的可操作性举措。

2015年,《最高人民法院关于全面深化人民法院改革的意见——人民法院第四个五年改革纲要(2014—2018)》(以下简称《人民法院四五改革纲要》)第三十四条提出要推动裁判文书说理改革:根据不同审级和案件类型,实现裁判文书的繁简分流。加强对当事人争议较大、法律关系复杂、社会关注度高的一审案件,以及所有的二审案件、再审案件、审判委员会讨论决定案件裁判文书的说理性。对事实清楚、权利义务关系明确、当事人争议不大的一审民商事案件和事实清楚、证据确实充分、被告人认罪的一审轻微刑事案件,使用简化的裁判文书,通过填充要素、简化格式,提高裁判效率。重视律师辩护代理意见,对于律师依法提出的辩护代理意见未予采纳的,应当在裁判文书说明理由。完善裁判文书说理的刚性约束机制和激励机制,建立裁判文书说理的评价体系,将裁判文书的说理水平作为法官业绩评价和晋级、选升的重要因素。

2019年,《最高人民法院关于深化人民法院司法体制综合配套改革的意

见——人民法院第五个五年改革纲要（2019—2023）》第二十三条进一步指出要完善审判委员会制度：完善审判委员会讨论案件的决定及其理由依法在裁判文书公开机制。从上述指导性文件中，可以看出最高人民法院一直非常重视裁判文书说理和裁判文书公开制度建设。

二、刑事裁判文书说理激励机制的实践探索分析

（一）刑事裁判文书说理激励机制的实践形式

1. 江苏省如东县人民法院的说理激励办法

江苏省如东县人民法院于2013年制定了《法官审判业绩岗位目标考核办法》，并在考核办法中附加了《优秀裁判文书评定办法》。该办法中对优秀裁判文书的评价标准进行了规定，即论证清楚、透彻。抓住争议焦点，围绕请求，说理论证缜密，逻辑严谨，层次分明。适用法律准确，力求理由与事实、事实与证据、证据与法律一致，结论归纳完整、简洁。说理是否充分占到评价办法权重的40%。法官撰写的裁判文书评选为优秀裁判文书的，可以根据法官审判业绩岗位目标考核办法加分，成绩计入法官业绩档案或由法院发给证书和奖金。

2. 山东省德州市宁津县人民法院的说理激励办法

山东省德州市宁津县人民法院于2015年制定了《人民法院干警岗位目标考核办法》。该办法第二十二条规定，各庭室应按照上级法院、本院及审管办的要求报送优秀裁判文书、典型案例及调研报告等。未按照要求报送的，少报一件扣庭室负责人5分，按时报送的为承办人加5分。作为附加项考核项，法院干警应当积极撰写典型案例，参与裁判文书评选活动，被采用的，按照标准加分。典型案例被本院、中院、省院采用的，分别计2分、5分、20分；被《人民法院公报》采用的，加40分；被《人民法院案例选》或《中国审判案例要览》采用的，每篇计30分。法官撰写的裁判文书在本院组织的评选活动中获一、二、三等奖的，分别计5分、4分、2分；在中院组织的评选活动中获一、二、三等奖的，分别计10分、8分、5分；在省院组织的评选活动中获一、二、三等奖或优秀奖的，分别计15分、10分、5分和3分；在最高人民法院组织的评选活动中获奖的，比照省院计分标准加倍加分。

3. 河南省济源市人民法院裁判文书说理激励做法

河南省济源市人民法院自 2004 年以来，就积极着手探索建立法官绩效考核机制，在充分借鉴其他法院优秀做法、深入分析法院工作实际、深刻剖析工作中存在问题的基础上，对考核主体、考核对象、考核重点、考核指标、考核程序、考核结果的运用等进行研究论证，提出"让评估指标成为法官绩效代言人"的口号，遵循客观、公平、公正、科学原则，制定了《法官绩效考核办法》，并于 2006 年正式实施。该办法将考核指标总体上分为职业道德指标、业务水平指标、工作作风指标、工作绩效指标等四个方面。在业务水平指标部分，具体包括庭审能力、法律文书、培训考试、理论文章等四个二级指标。在法律文书二级指标项下，包含多个三级指标，即是否有错字、别字、漏字、病句、正本涂改现象；是否格式不规范、不标准、不正确；是否案由确定不正确；是否漏列、错列当事人；是否举证、质证、认证错误，证据列举不全；是否文书主文不准确；是否漏审漏判，超过诉讼请求裁判；是否裁判理由未针对当事人的全部主张；是否裁判日期提前；是否不加盖印章，正本与原件不一致；是否适用法律错误、不全、不规范；是否原件未按程序签发；事实叙述是否清楚、逻辑结构是否严谨；法理阐述是否清楚等。

4. 吉林省高级人民法院裁判文书说理激励做法

2015 年 12 月 30 日，吉林省高级人民法院制定了《吉林省高级人民法院机关 2015 年度法官审判绩效考核办法》，在审判质量考核部分增加了指导性案例和优秀裁判文书加分项。即法官撰写的裁判文书被评为全国指导性案例，承办人每 1 件加 10 分，合议庭其他成员每人加 3 分。裁判文书被评为全国法院优秀裁判文书，承办人每 1 篇加 8 分，合议庭其他成员每人加 2 分。此外，为了保证裁判文书的质量，考核办法还通过裁判文书常规评查、重点抽查、专项评查等各项工作中发现裁判文书差错，对裁判文书一般差错或严重差错进行认定并扣分。

（二）刑事裁判文书说理激励机制的存在的问题及原因分析

总体而言，我国裁判文书说理机制存在以下几方面的问题：第一，裁判文书说理激励机制并没有成为已被普及的刚性评价指标；第二，评价标准过于概括、主观、不够严谨，评比无法反映法官的真实水平；第三，裁判文书说理机制缺乏"惩戒"手段，无法为判决说理的质量提供刚性保障；第四，对裁判文书说理进行评价和考核的主体单一，缺乏多元主体参与。评比和考核都是按照行政化路径来约束被评比和被考核的对象，考核主体的单一化使得法官在裁判说理过程中侧重于考核法院所设置的标准；第五，现有的说理激励机制无助于法官薪资的提高和职务晋升。裁判文书说理激励效果和制度预期相差甚远。对此，有必要以专业性裁判文书说理激励机制代替裁判文书说理的政治性激励机制。新一轮司法改革提出裁判文书网上公开和案例指导制度，取消了裁判文书签发制度，案件繁简分流制度以及智慧法庭建设为裁判文书说理的专业性激励转型提供了良好的改革契机，逐渐形成了法官说理的内在动因。① 也有观点指出，裁判文书说理机制的缺失，是导致我国裁判文书说理不足的一个非常重要的原因。

实际上，影响法官在裁判文书中说理的因素，除了法官自身的综合素质因素外，更重要的还在于完成文书制作所需要依赖的外部制度环境。要提高裁判理由的说服力，离不开裁判说理的制度保障，具体来说是需要一整套激励机制的支撑。这是影响法官说理的外部因素，也是促使和激励法官提高自身素质的原动力。裁判文书说理的激励机制是一种法律机制，它是围绕着提高裁判文书的说理水平而构建的法律机制。通过制度改革与审判方式的改进以及裁判文书的写作制度的内容创新所建立的裁判文书说理激励机制，其目的是通过建立一整套合理、规范、有效的激励运作系统，从制度上激发法官进行裁判说理的动力，是裁判文书的充分说理成为法官的一种追求，从整体上提高裁判文书的制作水平。②

三、建立健全刑事裁判文书说理激励机制的路径

（一）进一步推进裁判文书公开制度改革

正义不仅正当实现，而且应当以看得见的方式实现。党的十八届三中全会通过的《中共中央关于全面深化改革若干重大问题的决定》中提出要"增强法律文书说理性，推动公开法院生效裁判文书。"2013 年，最高人民法院公

---

① 李拥军、周芳芳：《我国判决说理激励机制适用问题之探讨》，载《法制与社会发展》2018 年第 3 期。

② 马明利：《构建裁判文书说理的激励机制及实现条件》，载《河南社会科学》2009 年第 3 期。

布了《最高人民法院关于人民法院在互联网公布裁判文书的规定》要求"人民法院的生效裁判文书应当在互联网公布。"新一轮的司法改革掀起了全面推进裁判文书公开的浪潮,全国每一家法院、每一个法官的"司法产品"将直接面临包括人大代表、专家学者、律师、普通公众等所有人的检验和审视。裁判文书说理与司法公开、司法公正是相互促进的关系。司法公开倒逼裁判文书加强说理,裁判文书说理不仅可以促进司法公开,而且还可以提升司法公信。①

当前,裁判文书网上公开制度取得了重要实效,但也存在无序化、形式化、单向化等三大问题。因此,要进一步提升裁判文书网上公开的制度层级,厘清裁判文书网上公开的豁免范围和改变裁判文书网上公开的豁免方式。同时,应细化裁判文书网上公开的技术规则和加强裁判文书网上公开的程序保障。② 在司法责任制全面落实的背景下,应当考虑将裁判文书的少数意见进行公开。公开少数意见有助于规范合议制度、审判委员会的运行并对涌现的新类型问题积累相应知识。然而由于理论认识不到位、存在传统路径依赖、外在压力依存与内在动力不足,现行实务极少公开少数意见,且公开少数意见的裁判文书亦存在分歧焦点繁杂、表达顺序不一致、推理过程不清晰、论理失调的问题。为发挥裁判文书公开少数意见的最大价值,应以目标指引与传统理念的平衡为总体原则,对裁判文书公开少数意见进行"三进三退"的具体操作方案完善,使其在司法责任制全面落实的目标与我国裁判文书的传统之间取得纳什均衡。③

此外,针对裁判文书网上公开保障机制不足的问题,应当建立健全裁判文书网上公开保障制度。目前,有学者经过实证调研发现,实践中裁判文书网上公开保障机制存在文书查阅范围限缩、文书查阅时间延迟、当事人信息保护尺度不一、当事人信息保护措施不力和法院组织机构的设置不合理等问题。有必要通过增强对文书上网积极意义的认识,提升公众查阅文书的效果,完善相关立法,采用科学合理的考核方法和改革法院文书上网管理机构等举

---

① 孙华璞、王利明、马来客:《裁判文书如何说理:以判决说理促进司法公开、公正和公信》,北京大学出版社 2016 年版,第 2~5 页。

② 李莺:《裁判文书网上公开制度的健全与完善》,载《太原理工大学学报(社会科学版)》2016 年第 2 期。

③ 邵新、姜源:《司法责任制全面落实背景下裁判文书少数意见公开的再思考》,载《法律适用》2019 年第 11 期。

措,促进裁判文书网上公开保障机制的完善。①

(二) 进一步推进案件繁简分流制度改革

1996年修改刑事诉讼法,设置了简易程序,以案件简单轻微作为适用简易程序的主要依据。2006年,《最高人民检察院关于依法快速办理轻微刑事案件的意见》提出对于同时符合案情简单、事实清楚、证据确实、充分;可能判处三年以下有期徒刑、拘役、管制或者单处罚金;犯罪嫌疑人、被告人承认实施了被指控的犯罪;适用法律无争议的案件,要求快速办理审查逮捕和移送审查起诉。2014年6月,全国人民代表大会常务委员会授权最高人民法院、最高人民检察院在全国18个城市部分地区开展刑事案件速裁程序试点工作。各地法院积极贯彻落实试点要求,在法律框架和立法机关授权的范围内,开展最大限度简化轻罪案件审理程序、公正高效审理轻罪刑事案件的改革探索。随后最高人民法院、最高人民检察院会同公安部、司法部制定了《关于在部分地区开展刑事案件速裁程序试点工作的办法》,开启了刑事案件速裁程序试点工作。《人民法院四五改革纲要》提出要"构建被告人认罪案件和不认罪案件的分流机制"等制度,推动刑事案件繁简分流程序改革。

推进刑事案件繁简分流制度改革具有充分的现实基础。首先,在刑事审判中,对刑事案件进行繁简分流,是平衡司法公正和效率两者关系的实践要求。其次,针对不同的案件,适用不同的审判程序,该繁则繁,该简则简,实行刑事案件的繁简分流,是在当前司法状况下,破解"案多人少"矛盾这一司法困境的合理选择和现实需要。此外,推进刑事案件繁简分流制度改革,是为"以审判为中心"的诉讼制度改革提供配套支持。② 因此,要积极采取措施进一步完善刑事案件繁简分流制度。具体而言,要根据一审、二审程序的不同特点,建构符合不同审级特点的案件繁简分流制度。"案多人少"矛盾在基层更加突出,这就需要非常重视第一审刑事案件的繁简分流制度。明确案件繁简分流的标准,真正落实案件繁简分流的具体举措,如改革审判组织,增强刑事审判的专业化,变革审判模式,充分发挥庭前会议制度的作用,为充实庭审程序提供条件。

---

① 王阁:《裁判文书网上公开保障机制研究——以H省三级法院为调研对象》,载《学习论坛》2017年第8期。

② 朱士阔、王丽娜:《刑事案件繁简分流机制的构建》,载《人民法治》2016年第10期。

此外，要正确处理刑事速裁程序、认罪认罚从宽处理制度与案件繁简分流制度改革之间的关系。刑事速裁程序制度与认罪认罚制度的完善应当作为庭审实质化的配套性措施，庭审实质化与刑事案件繁简分流的关系是应然的要求和实然的需要的关系。关于审判程序中的程序分流，具体来讲可以有以下设想：对于可能判处三年以上有期徒刑的案件，适用普通程序简化审，重在庭审程序的相对简化，基本维持现有法律规定不变；对于可以判处三年以下有期徒刑的案件，适用简易程序的，统一采取法官独任审判；对于判处一年以下有期徒刑的案件，适用速裁程序，采取审查讯问式，并且实行侦查、起诉、审判的全程提速；对于可能判处罚金刑的案件，可以考虑增设刑事处罚令程序，进行完全的书面审理。①

（三）完善裁判文书说理评估体系与评价机制

建立健全裁判文书说理的评估体系和评价机制，能够为裁判文书说理提供良好的制度保障。《人民法院四五改革纲要》提出要"完善裁判文书说理的刚性约束机制和激励机制，建立裁判文书说理的评价体系，将裁判文书说理水平作为法官业绩评价和晋级、选升的重要因素。"对此，完善裁判文书说理评估体系和评价机制，首先需要解决的问题是制定科学合理的评估体系和评价机制的具体指标。最高人民法院出台的说理指导意见从证据审查判断说理、认定事实说理、法律适用说理、裁量权行使说理四个方面对说理的内容进行了详细规定。裁判文书说理评估体系和评价机制的设定，应当按照说理要求、繁简指引、技术规制、机制配套的逻辑顺序和规范内容设置不同的分值，从而构建评估体系和评价机制的基本框架，作为评价裁判文书说理的基本标准。构建裁判文书说理评估体系和评价机制应当符合说理的一般规律。

具体而言，推进裁判文书说理工作应当遵循坚持合法性原则、坚持问题导向、坚持从实际出发、坚持系统整体系统的原则；贯彻裁判文书说理应当坚持法律原则、正当性原则、针对性原则、必要性原则；裁判文书说理应当坚持繁简双轨分流，根据案情、审理程序、文书类别等标准简化说理，繁难强化说理；平衡好裁判文书说理的"法律文书"和"国家文书"的双重属性；注重裁判文书说理的评估与评价体系内的制度之间的统筹与衔接。

---

① 熊秋红：《刑事案件繁简分流背景下的简易程序》，载《人民法院报》2017年1月8日。

建立完善统一的裁判文书说理评估与评价体系，需要坚持顶层设计与地方实践探索相结合路径。最高人民法院既要加强对裁判文书说理评估体系与评价机制的顶层设计和宏观统筹，同时也应当鼓励和支持地方各级人民法院结合当地实际，建立符合辖区工作实际的裁判文书说理评估体系和评估机制。各地法院应当积极探索，不断创新，积累裁判文书说理评估和评价机制的经验，为建立健全全国统一的裁判文书说理评估体系和评价机制提供丰富素材和经验借鉴。

（四）建立健全刑事裁判文书质量评查制度

《最高人民法院关于加强和规范裁判文书释法说理的指导意见》指出，"地方各级人民法院应当将裁判文书说理作为裁判文书质量评查的重要内容，纳入年度常规性工作之中，推动建立第三方开展裁判文书说理质量评价活动。"推进裁判文书说理质量评查制度建设，具有以下几方面的作用：一是能够及时发现裁判文书中的瑕疵，并及时进行有效的救济；二是能够促进裁判文书整体质量的提高；三是有利于促进裁判尺度统一；四是成为法官动态管理、业绩考核、评先争优的主要依据。2015年发布的《最高人民法院关于完善人民法院司法责任制的若干意见》，提出要建立符合司法规律的案件质量评估体系和评价机制。审判管理和审判监督机构应当定期分析审判质量运行态势，通过常规抽查、重点评查和专项评查等方式对案件质量进行专业评价。

实践中，各地法院积极探索创新裁判文书质量评查制度建设。例如河南省高级人民法院制定了《河南省高级人民法院裁判文书质量评查标准》，该标准指出裁判文书说理应当具有合法性、逻辑性和针对性，应当具体引用裁判依据的法条文的内容，全面论证案件争议的事实问题、法律问题，认真分析各方当事人的主要观点及理由是否成立，详细阐述法官进行审判裁量的事实依据、法律依据和心证形成过程。对争议焦点，应当条理清楚地说明支持或不支持当事人主张的理由。该标准在第4章第13条又详细规定了"说理方面的评查标准"。裁判文书说理（裁判理由）方面的评查内容包括说理是否围绕争议焦点展开，论点是否清楚，论据是否确实，论证是否充分，是否对控辩双方的主要观点进行回应，引用法条是否正确等。说理方面无瑕疵或没有重大瑕疵的，评为优秀；反之，则有可能被评为瑕疵或重大瑕疵，例如应当对犯罪形态、犯罪主体、犯罪主观方面、共同犯罪中的地位作用、犯罪的次数和数额、自首、立功等内容进行论述，没有论述或者论据错误的，论述缺乏逻辑和针对性的，可以评为瑕疵或重大瑕疵。

完善刑事裁判文书质量评查制度，首先，需要制定明确且具可操作性的裁判文书质量评查标准，从证据说理、事实认定说理、法律适用说理以及自由裁量权行使说理等四个方面制定详细评查标准。其次，需要建立符合裁判规律的裁判文书质量评查机构和培养一批专业公正的高素质评查队伍。再次，建立专业权威和科学规范的评估程序，探索建立第三方评价裁判文书质量机制，例如构建常规评查、专项评查和重点评查相结合的多元化裁判文书质量评查体系。最后，要强化裁判文书质量评查结果的正确使用。裁判文书质量评查等级分为优秀、合格、瑕疵、重大瑕疵等四个等级。经裁判文书质量评查机构评定的等级作为法官业绩考核的重要依据，记录业绩档案，并与法官遴选、晋升、履职考评挂钩。

第三节　完善法官刑事裁判文书说理能力养成机制

一、法官刑事裁判文书说理能力的基本内容

一直以来，我国法院非常重视法官司法能力建设，并取得了显著的成就。理论上，法官司法能力的核心在于法官思维能力和法官语言能力。其中，法官思维能力包括逻辑思维能力、法律思维能力、经验思维能力和社会思维能力。法官语言能力是指法官在行使司法权审判案件时，对语言的运用和掌控直接影响着司法形象，甚至关涉人们对司法公正的认知。法官的语言水平包括法官应当以及如何在履行职务过程中使用语言。法官使用的语言包括司法口语和书面语言。法律的实施和运用依赖于司法口语和法律文书的书面语言交替使用来完成。法官的司法能力外在展现于法官处理案件中的各个环节，包括实施认定能力、法律适用能力、诉讼调解能力、庭审驾驭能力、裁判文书制作能力等方面。[①]

---

① 宗会霞：《法官司法能力研究》，南京理工大学2013年博士学位论文，第3页。

裁判文书制作能力是法官必须提升的能力之一。法官必须强化裁判文书的写作训练，不断提升自己制作裁判文书的水平。严谨规范的裁判文书说理能力是裁判文书写作能力的重要内容。裁判文书中的说理，最能体现法官的功底和水平。裁判理由没有讲清楚、没有充分地论证，即使裁判结果是正确的，也不能说是很好地处理了案件。[①] 总体而言，法官具备良好的裁判文书说理能力，应当掌握扎实的法律专业知识、严谨的法律思维方式、良好的法律人格心理和高尚的法律职业品行。

（一）法律专业知识

法官应当掌握的法律专业知识包括以下几方面的内容。

第一，现行的法律规定。依法裁判是法官审理案件的基本原则，因此法官必须要掌握现行有效的法律规定。对于法律规定的掌握，一方面要熟悉现行法律的规定的内容，例如刑法、刑事诉讼法以及相关司法解释等具体规定；另一方面要了解现行法律规定的立法背景，理解立法目的，掌握立法精神。

第二，法学理论知识。法学理论素养是对司法是什么的诠释和说明，可以帮助法官弄清司法实践的本质。法官在审判过程中，要不断更新对法学理论知识的学习和掌握。理论与实践是双向互动和促进的，法官应当在审判实践中不断检视法学理论知识，同时也应当在审判实践中不断总结理论知识，运用法学理论知识去进行说理论证。

第三，司法技术。法官在审判中需要掌握和运用的司法技术主要包括确定要件事实的技术、"找法"的技术、法律推理技术、法解释的技术、法漏洞填补技术、法论证技术、价值判断技术、利益衡量技术等内容[②]。

（二）法律思维方式

"司法公正不但是一种法律意义上的公正，而且是一种证明意义上的公正。司法公正之实现要求司法者应该具有法律人思维，缺失法律人思维的司法者将很难确定法律真意。"[③] 法律思维作为一种职业性思维，具有以法律语

[①] 田成有：《人额法官该具备何种能力》，载《人民法院报》2016年10月13日。
[②] 孙华璞、王利明、马来客：《裁判文书如何说理：以判决说理促进司法公开、公正和公信》，北京大学出版社2016年版，第215~218页。
[③] 董玉庭、于逸生：《司法语境下的法律人思维》，载《中国社会科学》2008年第5期。

言为思维语言、以"崇尚法律"为思维定式、以"恪守公正"为价值取向、以理性主义为指导的经验思维、群体性思维等特有属性,因而成为法律人的执业特征和法律职业共同体的联结纽带,作为法律推理和法律论证的核心内容,成为延续法律生命、实现法律价值所必需的具体路径[①]。法官思维方式的特点主要包括按规则办事,把法律规则作为思路所能触及的边界;重程序,把冲突和争议纳入程序中化解;拒绝先入为主,兼听各方主张;培育说理性思维[②]。根据郑成良教授的论证,法律思维有以下六个方面的基本规则,分别是合法性优于客观真实性、以权利义务的分析作为法律思维的基本逻辑线索、形式合理性优于实质合理性、程序公正优于实体公正、普遍正义优于个案正义、理由优于结论等。

郑成良教授在论述"理论优于结论"时指出,现代法治十分注重判决的理由,并对判决理由有着特殊的要求:其一,理由必须是公开的,而不能是秘密的;其二,理由必须有法律上的依据,而不是出于法官本人的、舆论的或者其他方面的考虑;其三,理由还必须具有一个自我检验的过程。当法官在判决书上写下判决理由的时候,其实际上是检验自己对案件事实的认识是否清晰、所适用的法条是否正确、法律的论证是否合理、逻辑是否严密、理由是否充分等[③]。

(三) 法律人格心理

法律人格心理是指法官作为一种特殊的职业群体,必须具备良好的性格和能力以及适于从事法官职业的气质和性格。法官的性格和气质,在很大程度上会影响法官的裁判说理。

法官应当具备忠诚、敬业等气质。法官还应当忠于法律,忠诚于法律就是要坚持司法为民,就是在维护公平正义。要成为一个受人尊敬和信服的法官,除了专业的训练和技术层面良好的技巧,最重要的就是要对法官这份工作的热爱和敬业。专注、踏实、执着的工作态度,会使整个人在精神气质上

[①] 石旭斋:《法律思维是法律人应有的基本品格》,载《政法论坛》2007年第4期。
[②] 孙华璞、王利明、马来客:《裁判文书如何说理:以判决说理促进司法公开、公正和公信》,北京大学出版社2016年版,第219页。
[③] 郑成良等:《司法推理与法官思维》,法律出版社2010年版,第36~44页。

散发出一种人格上的魅力，法官的风范、人品和声望就体现在对工作的态度之中①。

（四）法律职业品行

法官的职业性质及其在法治社会中的地位和作用，使人们有理由对其有更高的职业伦理道德要求。法官是依法独立行使国家审判的人员，法官在司法活动中处于什么样的地位以及充当什么样的角色直接关乎司法公正能否实现。② 良好的职业伦理观是一名优秀法官的前提和基础。作为法律人最典型的代表，法官应以实现公平正义为职业目标，处理好与党和国家、与职业、与利益、与他人及自己的关系，具备忠诚之德、信仰法律、人文情怀、廉洁自律、慎独慎行五大职业伦理。③ 事实上，我国对于法官职业道德规范已经有不少规定，法官法第七条规定：法官应当"清正廉明，忠于职守，遵守纪律，恪守职业道德"；第九条规定法官"应当有良好的政治、业务素质和良好的品行"。

2001年对于法官法的修改进一步加强了对法官职业道德的要求。此外，最高人民法院还制定了《中华人民共和国法官职业道德基本准则》（2001年）、《人民法院法官袍穿着规定》（2002年）、《最高人民法院、司法部关于规范法官和律师相互关系维护司法公正的若干规定》（2004年）、《法官行为规范（试行）》（2005年）等一系列有关法官职业道德和相应的行为规范的规定。清华大学王晨光教授认为法官职业道德规范的精神和内涵主要包括：坚持司法公正，司法为民；坚持司法独立，维护法律权威；坚持超然中立的审判立场，发扬正直、清廉的职业正气；应当勤勉有效地履行职责，做到以人为本，文明办案，文明执法；培养高度的职业自律性，避免任何有损司法和法治形象或有可能产生这种后果的行为；深入钻研法律业务，培养强烈的社会责任感④。

---

① 昃晶雯：《法官的气质》，载《人民法院报》2015年4月12日。
② 王淑荣：《论法官与行政官员职业伦理之别》，载《理论学刊》2005年第2期。
③ 刘昂：《法律人的职业伦理——以法官为例》，载《北京政法职业学院学报》2016年第1期。
④ 王晨光：《法官职业化和法官职业道德建设》，载《江苏社会科学》2007年第1期。

二、完善法官裁判文书说理能力养成机制的具体路径

（一）推动法学高等院校改革，提升未来法官的法律素养

新中国法学教育六十余载，尤其是改革开放四十多年来取得了斐然业绩，然而，新问题和新挑战也切实存在。中国的法学教育存在多方面的问题，需要进行深刻的改革。应当借鉴德国经验，将中国法学教育的目标定位在法官能力之培养，即培养学生掌握我国主要实体法、程序法的基本知识，并具备法律解释与适用的能力。

法学教育改革中最困难的部分是教学方法的改进。在课程结构上，基础的部门法课程最为重要，应增加民法、刑法、行政法、民事诉讼法的学分数，并增设相应的案例练习课，重点对开设案例练习课之必要性、方法以及可能的教学效果，以及其在课程体系中的地位进行研究。法理学等基础理论课程亦应具有重要地位，而实务技能课程应处于相对次要的地位。[①]

（二）进一步完善法官职业技能培训制度，更新法官知识

法官培训是审判人才战略的基础和重要组成部分，随着法官队伍"三化"建设、特别是专业化建设的有序推进，法官培训的重要性进一步凸显。

在法官培训模式上，有法官指出构建系统化的培训模式，即法官系统化培训模式是在系统论思想指引下，基于对法官胜任力模型的分析，系统化地整合机构设置、管理模式、资源配置等宏观管理机制及培训流程、内容、方式等培训微观运行机制，通过优化法官培训各要素、机制的性能与结构，提升法官培训的整体能效。进而通过培训使法官达到其岗位所需全面工作能力的要求，促进法官队伍实现专业化，实现法院的审判人才战略。[②]

在预备法官培训制度的定位上，有法官指出要在制度定位上，预备法官培训不仅是法官入职之形式上的必经程序，更是完成从非法官到法官之角色转换乃至质变的重要制度，其目标是培养符合现实中国社会需要的合格法官。

[①] 葛云松：《法学教育的理想》，载《中外法学》2014年第2期。
[②] 安凤德、吴久宏、苏煜：《法官系统化培训模式研究——以涉外刑事法官培训为视角》，载《法律适用》2015年第10期。

由此，预备法官培训制度应在宏观上加以改进乃至重构，包括复合培训模式的建构、统一测评和考核制度的确立，以及组织架构的完善①。也有法官建议提高基层法官的教育培训制度，指出人民法院的法官教育培训，是提高法官素质、确保审判质量、实现司法公正的有效途径和手段。作为承担全国法院80%案件审判任务、占全国法官人数80%的基层法院法官素质的高低，在很大程度上决定着司法改革的方向、进展和整体效果②。只有在法官培训方面增加对裁判文书说理的能力训练，才能鼓励各地法官将释法说理透彻作为裁判工作的一部分。

从近年来各地实践情况看，全国法院评比产生百篇优秀文书，以及各省、自治区、直辖市的优秀文书评选，都是围绕培训工作和文书说理进行的规范化举措。正如论者所指："文书事实陈述准确、说理论证透彻、法律援引精准、语言表达凝练、文书格式规范，凝聚了文书制作者的智慧和心血，作为标杆榜样，必将发挥良好的引领示范作用。"③

---

① 杨金丹：《预备法官培训制度的定位与重构》，载《人民论坛》2013年第20期。
② 王春年：《构建四大平台，创新与完善基层法官教育培训体系》，载《中国审判》2009年第9期。
③ 最高人民法院审判管理办公室：《全国法院百篇优秀裁判文书》，法律出版社2019年版，序言。